本书出版得到国家社会科学基金重大项目"土地和矿产资源有效供给与高效配置机制研究"（项目号：09&ZD046）的资助

国家社会科学基金重大项目成果

中国土地和矿产资源 有效供给与高效配置机制研究

Study on Effective Supply and Allocation Mechanism of Land and Mineral Resources in China

曲福田　等著

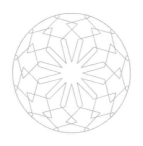

中国社会科学出版社

图书在版编目（CIP）数据

中国土地和矿产资源有效供给与高效配置机制研究/曲福田等著 . —北京：中国社会科学出版社，2017.8
ISBN 978 - 7 - 5161 - 8318 - 2

Ⅰ.①中… Ⅱ.①曲… Ⅲ.①土地资源—资源管理—研究—中国②矿产资源—资源管理—研究—中国 Ⅳ.① F323.211②F426.1

中国版本图书馆 CIP 数据核字（2016）第 124015 号

出 版 人	赵剑英
责任编辑	侯苗苗
特约编辑	明 秀
责任校对	周晓东
责任印制	王 超

出 版	中国社会科学出版社
社 址	北京鼓楼西大街甲 158 号
邮 编	100720
网 址	http://www.csspw.cn
发 行 部	010 - 84083685
门 市 部	010 - 84029450
经 销	新华书店及其他书店

印 刷	北京君升印刷有限公司
装 订	廊坊市广阳区广增装订厂
版 次	2017 年 8 月第 1 版
印 次	2017 年 8 月第 1 次印刷

开 本	710×1000 1/16
印 张	31.5
插 页	2
字 数	512 千字
定 价	116.00 元

课题组主要成员

曲福田　　吴　群　　郭贯成　　冯淑怡　　欧名豪
贾文龙　　陈利根　　陈甲斌　　刘向南　　王希睿
刘　琼　　王　婷　　任忠宝　　唐　宇　　王海军
胡明扬　　刘子铭　　邵黎明　　邵雪兰　　龙开胜
杨亚楠　　李　宁

目 录

第一章 绪论

加强 21 世纪前 30 年战略机遇期我国国土资源的保障能力建设,对于促进科学发展和构建"两型"社会具有十分重要的战略意义。而我国现阶段工业化、城镇化还未摆脱先期工业化、城市化国家的传统模式,土地、矿产等重要国土资源的短缺和后备资源的匮乏以及资源配置效率的低下和资源浪费严重已成为现代化建设的"瓶颈"问题,这迫使我们必须对国土资源有效供给与高效配置的机制进行深入的研究。增强保障能力是国土资源开发利用开源节流的根本目的,而现实途径是增加国土资源的有效供给能力和提高国土资源的配置效率,而最终的落脚点是要构建一个基于提高保障能力的我国国土资源有效供给与高效配置的机制,并形成现阶段我国国土资源有效供给与高效配置的若干对策建议。

第一节 问题的提出

一 研究背景

21 世纪头 20 年是中国经济发展的重要战略机遇期。其间,中国经济社会将处在工业化、城镇化、市场化和国际化步伐快速发展和人口持续增长的阶段,客观上需要大量耗费自然资源。据测算,要到 2030 年以后,随着经济进入后工业化时期和人口增长进入平稳期,中国对国土资源的需求才能进入稳定期。也就是说,在未来 15 年,国土资源为经济社会发展提供保障的压力将越来越大。因此,研究我国国土资源有效供给与高效率配置的机制显得十分迫切。

根据在社会经济发展中的重要性和供需矛盾情况,本书以土地和矿产资源为主要对象,研究探讨提升我国国土资源保障能力的机制与对策。其主要基于以下考虑:

第一，耕地后备资源不足，土地资源供需矛盾尖锐。根据全国耕地后备资源调查评价结果可知，全国集中连片的耕地后备资源只有734.39万公顷，仅占全国土地总面积的7.7‰，而且主要分布在边远地区，开垦难度很大。按照现有的用地方式测算，到2020年还需要增加建设用地上亿亩，将要减少耕地5000多万亩，直接挑战18亿亩耕地"红线"，耕地减少已到极限。

第二，重要矿产资源严重短缺。"十五"期间，大约50%的主要矿产资源探明储量减少，人均矿产资源探明储量仅为世界平均水平的58%，位居世界第53位（徐绍史，2008）。如不加强勘查和转变经济发展方式，在我国45种主要矿产中，能够保证需要的，到2010年只有24种，到2020年仅有6种，2/3国有骨干矿山进入中后期，400多座矿山因资源枯竭濒临关闭，可供开发的后备资源明显不足（张佳文，2009）。国内矿产资源呈现出"消费快于生产，生产快于勘探"的不利局面。资源供用难以为继，对外依存度不断攀升。原油对外依存度达到60%以上，铁矿石达到40%，铜和钾的对外依存度仍将保持在70%左右。尽管全球矿业市场活跃，资源配置和矿业全球化趋势明显，为我国利用国外资源和市场提供了难得的机遇。但市场竞争日趋激烈，矿产品价格大幅波动，境外勘查开发矿产资源和进口矿产品成本增大。加之我国资源战略储备能力不足，有效应对资源供应中断和重大突发事件的预警应急能力较弱，矿产资源安全供应面临更大的挑战。矿产资源特别是石油对外依存度的不断提高，始终使我国经济处于高风险状态，直接影响到经济安全以至国家安全，逐渐成为制约经济社会发展的"瓶颈"（韩海青、苏迅，2008）。未来20年，我国除煤之外，主要矿产资源都将告急，其中石油需求缺口超过60亿吨，天然气超过20000亿立方米，钢铁缺口总量30亿吨。

第三，资源浪费严重和资源配置效率低下并存，进一步制约了资源保障能力。在相当长的时期里，中国经济增长主要是依靠大量占用耕地和消耗矿产资源来实现的，基本上走的是一条资源高消耗、粗放经营的发展道路。土地利用中，闲置、浪费和低效利用的情况比较普遍，土地粗放利用严重。"十五"期间，我国第二、第三产业劳动的边际贡献率为0.56%，资本的边际贡献率为0.51%，而土地的边际贡献率仅为0.02%。1990—2004年，我国城镇建设用地由1.3万平方公里扩大到近3.4万平方公里，城市用地规模弹性系数从2.13增加为2.28，已大大高于1.12

的合理水平。2004 年我国城市人均建设用地面积达 133.68 平方米，超过国家规划用地标准上限达 30%，更远远高于发达国家人均 82.4 平方米的用地标准；人均村庄用地 218 平方米，高出国家定额最高值（150 平方米/人）的 45.3%。矿产资源的勘探、开发和利用方面存在高投入、低产出和浪费严重的现象。我国物理能耗综合水平比国际先进水平高出 20%—30%，每万元 GDP 能耗水平是日本的 4.5—5.7 倍，是美国的 2.6—3.3 倍（张佳文，2009）。

由此可见，土地和矿产资源利用方式落后、利用效率低下，与我国国土资源保障形势和经济社会科学发展的要求极不相称。加之，外部国际环境复杂多变，利用国外市场和资源的风险加大。破解国土资源管理面临着"既要保障发展，又要保护资源"的两难命题，必须从国土资源管理机制和体制创新入手，既要通过挖掘资源供给的潜力实现开源，又要通过提高配置效率，节约集约利用实现资源节流。

二　研究目标

本书研究的总体目标是从理论上构建一个基于国土资源保障能力建设的国土资源有效供给与高效配置的分析框架，提出"增加有效供给，增强高效配置"两大国土资源保障能力建设的核心内涵，分别探究不同类型的国土资源（土地、矿产等）开源节流的具体途径，通过国际经验借鉴，构建符合中国特色的有效供给与高效配置的机制与政策体系。

本书研究的具体目标包括以下四个方面：

（1）深入探讨国土资源保障能力与经济社会发展的内在关系，从而从战略高度构建转型期我国国土有效供给与高效配置的理论体系；

（2）通过土地资源开发、利用与保护的理论与实证分析，构建后备资源开发、土地整治、节约管制、集约利用的有效供给与集约利用机制；

（3）通过矿产资源开发与利用的理论与实证分析，构建基于"找矿"激励、国际贸易保护和增强勘查开发与矿业市场培育的有效供给与高效利用机制；

（4）提出转型期我国国土资源有效供给与高效配置的制度安排与政策体系。

三　研究意义

立足国内，增强国土资源保障社会经济持续快速发展的能力，必须解决资源供应能力不足和资源配置效率低下两个问题。这两个问题的解决又依赖于以下深层次理论问题的系统研究和科学回答：

（1）我国国土资源产权制度改革特别是土地产权制度、探矿权、采矿权管理制度改革；

（2）土地、矿产要素市场体系和矿业权市场体系构建，为资源的市场配置机制提供制度保障；

（3）保障矿产资源勘查投入良性循环机制建立；

（4）构建反映市场供求状况、资源稀缺程度和环境损害成本的资源价格形成机制，为资源的市场配置提供真实价格信号；

（5）土地资源开发利用、矿产资源勘查的收益分配机制和宏观调控机制构建，为资源节约集约利用提供激励机制。

本书将针对以上问题展开研究，将从理论上提出经济转型期我国国土资源供给增长、配置高效的理论分析框架，从研究明晰资源产权关系、完善资源市场体系和构建宏观调控体系等方面提出资源挖潜、节约集约利用的长效机制及其实现途径和政策保障体系，具有重要的理论价值。研究立足国内挖掘资源供应潜力，提高资源配置效率的同时研究如何参与和利用国际资源和市场，构建全球视野下立足国内，增强资源保障能力的多元化资源供应体系，对于确保18亿亩耕地"红线"不突破和实现重要矿产资源的国内可供性持续保持稳定具有重要的实践价值。同时本书的研究成果也有助于推进资源利用方式转变和产业结构优化升级，建设资源节约型、环境友好型社会，实现科学发展观。此外，本书的研究将土地和矿产资源综合纳入同一研究范围内，在一定程度上拓展了以往仅仅研究单一资源配置与管理的研究视角。

第二节 国内外研究进展

一 国内研究进展

（一）土地资源有效配置与集约利用研究述评

市场是资源配置的基本方式，为此，国内学者以资源配置理论为基础，针对我国土地市场发育程度、市场机制和政府机制在资源配置中的作用效率等方面进行了较丰富的研究，并取得了一定成果。

1. 土地市场发育与土地资源优化配置研究

国内学者针对我国的特殊国情，具体分析市场发育与土地资源优化配置和节约集约利用的关系。土地市场发育的不同阶段，主导资源配置和利用的机制及其作用效率不同，所能实现的市场本身的帕累托最优也是各异的，所对应的市场配置资源效率更是大相径庭（袁绪亚，1999），全国土地市场发展对土地节约集约利用有着显著的正向促进作用，而且处于工业化不同发展阶段的省市区土地市场化对土地节约集约利用水平的作用程度和作用方向有着较大差别（杨红梅、刘卫东、刘红光，2011）。

市场机制是节约集约用地的内在动力（李冰、周鹏，2011）。对江苏省和全国各省级开发区的实证表明，土地市场发育程度越高，土地节约集约利用的程度越高（曲福田、吴郁玲，2007）。土地市场发育能有效减少土地过度性损失（郭杰，2009）。由于我国仍处于计划经济向市场经济的转型阶段，土地市场化程度低、市场化制度创新缓慢，存在灰色市场行为和城乡建设用地市场分割，降低了市场配置土地资源的效率（王玉堂，1999；贾生华、张娟锋，2006；钱忠好，2007）。随着土地市场的发育成熟，市场将逐渐取代政府干预成为驱动土地节约集约利用的主要机制，而土地利用的节约集约度也随之提高（吴郁玲、曲福田、周勇，2009）。吴郁玲等（2014）以2001—2010年全国31个省会城市（直辖市、自治区）的面板数据为基础，分析了城市土地市场发育与土地节约集约利用的长期均衡关系和短期波动效应。研究表明中国城市土地的市场化程度与土地利用的节约集约度存在较稳定的长期均衡关系，而在短期内却是失衡的，且在东部、中部、西部地区表现各异。当城市土地市场化程度较低时，其对土地节约集约利用的影响将随着土地市场化程度的提高而增强；而一旦土地市场的发育水平较高时，其对土地节约集约利用的驱动作用将减弱。大力推进节约集约用地，其最终方向是通过市场化的手段实现土地要素的市场化（张晓晶，2012）。但随着土地市场由完全竞争向垄断竞争、完全垄断的市场结构转变，市场化程度在降低，市场机制配置资源的效率在下降；市场发育越不完善，政府对土地市场的干预越过度，越导致土地资源的配置和利用效率进一步降低（吴郁玲、周勇，2009）。

在市场经济条件下，单纯地依靠市场或政府，不可能实现我国土地资源的优化配置，必须将两者结合起来（牛星、吴冠岑，2010）。同时国家作为土地所有者代理人和土地行政管理者的双重身份决定了政府对土地市场必然的参与和干预（李明月、韩桐魁，2004）。但政府职能缺乏规范，并不能有效弥补市场缺陷，矫正市场失灵。资源配置中的行政力量常常扭曲了市场体系中的供求关系、价格信号、竞争机制和利益分配关系等，严重妨碍了市场机制的有效运作（曲福田、高艳梅，2005）。经济转型期，我国土地市场发育不完善，完全的市场化配置会导致土地资源配置效率的低下，政府利用规划手段进行管制则可以在一定程度上抑制市场失灵带来的资源配置低效率问题。然而，由于信息的不完全、调控市场能力的有限性，政府在资源配置中也会发生失灵（林娟、吴郁玲，2009）。城市土地资源配置中市场机制和政府干预机制的消长演变规律具有其内在的必然性，其根本原因在于市场和政府都是不完善的（钱文荣，2001；石晓平，2005）。同时唐鹏（2011）认为，地方政府竞争对土地市场化改革进程具有重要的影响，而且也会决定土地资源配置效率的高低。

但是我国土地市场具有空间区域和用途类型等方面的特殊性，不同社会背景下土地市场发育的影响因素以及土地市场中的价格、供求、竞争等机制究竟在土地资源配置中是如何运行的？运行效率有何不同？土地市场如何以及在多大程度上影响土地节约集约利用等问题仍需要进行系统而深入的研究。

2. 土地节约集约利用研究

（1）土地节约集约利用的内涵、概念

土地节约集约利用实质上是土地投入产出的关系，即以在土地上最少的投入获得最高产出，其内涵有以下三个层次：①土地地块节约集约利用，它是指区域某一土地利用类型的地块节约集约化利用。②土地类型节约集约利用，它是指区域同一土地利用类型的土地节约集约化利用。③区域土地节约集约利用，主要是根据有限土地资源自然属性（土地经济、生态、适用性）和社会属性（市场供求关系、城市发展需求、社会经济发展需求）对土地资源利用的优化配置作用，在一定区域的土地上，集中地投入较多的生产资料和劳动，使用先进的技术和管理方法，以求在较小面积的土地上获得高额产量和收入的一种经营方式。吴杨（2010）认为，它是通过提高土地投入强度以及土地深度利用与精细利用，达到节约集约与保护有限的土地资源的目的。对于城市土地节约集约利用的内涵，由于人们对其认识角度不一，并没有形成统一的观点。谢敏等（2006）、杨树海（2007）、王家庭（2008）等从不同的角度进行了界定，表述也各不相同，但有一共同点，均认为它是指在单位面积的土地上，通过增加生产要素的投入，实现土地利用产出效益的增加。王静等（2008）认为，土地节约集约利用是个动态的概念，在注重经济效益的同时，更应强调社会和生态效益，应体现经济效益与环境效益和社会效益相统一。武启祥（2013）认为，要从可持续发展的角度来把握土地节约集约利用，统筹考虑经济效益、生态效益和社会效益等综合效益的最大化。陈昱（2012）结合城市土地节约集约利用潜力的研究将其内涵界定为：以用地结构调整和用地布局优化为基础，以增加单位面积上的土地投入、改善经营管理等为手段，以土地利用强度提高为外在特征，以经济效益、社会效益和生态效益的统一协调实现城市可持续发展为终极目标。党青（2013）指出城市土地节约集约利用不是单一的一个概念或者孤立的一个系统，而是与周围其他事物紧密相连的一个动态的不断调整变化的综合体。在对其的研究中要依靠合理的土地空间布局和优化的土地利用结构，通过在单位面积上增加劳力、物力和财力的投入来提高土地利用的节约集约性，达到土地节约集约利用与社会、经济和环境四者的相互协调和统一发展的综合效益最大化。任柏华（2013）结合前人的研究将其内涵归纳为以下几个方面：单位土地产出率的提高、土地利用率的提高、土地利用强度的提高和土地结构的优化与合理的布局。吴丽（2014）综合已有关于城市土地节约集约利用内涵的描述将其总结为以下三点：①其核心在于通过要素的投入获得土地的经济产出，归根结底主要是解决经济范畴的问题。②城市土地节约集约利用不能单纯追求高投入产出比，而须以土地结构的优化配置为前提（孙利，2011），追求实现经济、社会、生态效益三者的协调统一。③城市土地节约集约利用是个动态变化的过程，通过提高经济实力，对现有技术进行改造，强大的科技水平，可以使城市土地的节约集约利用在不同时期表现出不同的特征。陈国壮（2014）认为，城市土地节约集约利用是指在控制土地总量的前提下，在提高单位土地面积的资本、技术及劳动投入的同时，通过土地利用结构与功能的管理与优化，促使城市土地利用的经济效益、社会效益及生态效益协调统一的土地可持续利用方式。其基本含义是指增加土地投入，获得土地最高报酬。谢正峰（2015）则在分析主体功能区对土地利用要求和土地集约利用概念演进的基础上，分别揭示 4 种主体功能区域土地节约集约利用的内涵。他认为，各类主体功能区域由于存在资源环境承载能力、开发强度、发展潜力和发展方向的差异，土地节约集约利用的内涵也各有不同，并不要求有统一的标准，关键是土地节约集约利用要能够符合各主体功能区域的发展目标。

（2）土地节约集约利用评价

土地节约集约利用评价的研究主要集中在评价方法和指标体系构建上面，然后针对特定区域选择适当的方法和指标进行评价。土地节约集约利用评价方法较多，最常见的就是主成分分析法和模糊综合评价法，层次分析法、模糊逻辑（Fuzzy Logic）法、物元模型、GIS 技术和方法、多因素综合评价法和聚类分析法等能清晰评价土地节约集约利用现状或潜力，PSR 评价法能较好地适应城市土地节约集约利用评价的需要，数据包络分析法（DEA）是分析土地节约集约利用区域效应的有效方法，全局主成分分析法（GPCA）能保证系统分析的统一性、整体性和可比性（范辉等，2012；周璐红等，2012；李淑杰等，2012；武启祥，2013）。但近年来，人工神经网络、云模型等一些土地节约集约利用的现代方法、模型、技术在理论研究和实践中也得到应用（武启祥，2013）。

对于评价指标体系的构建，学者们根据不同的研究区域（开发区）选择合适的评价指标，大都从土地利用投入水平、土地利用程度、土地利用效率、用地结构状况、土地利用环境质量或生态效益质量等几个层面构建指标体系（翟文侠等，2006；郑新奇等，2010；任柏华，2013），也有构建基于 PSR 模型的压力、状态、响应 3 个方面的土地节约集约利用综合评价指标体系（冯科等，2007；朱一中等，2011；武启祥，2013），还有从承载力、协调度以及知识创新能力等方面构建指标体系（曹银贵等，2008）。评价体系包括城市、城镇、开发区和农村居民点以及耕地等，尽管指标体系名称不同，但都涵盖了经济—社会—生态、投入—产出、集约—协调—高效等内容（祝小迁等，2007；武启祥，2013）。与此同时，张念（2013）认为，评价指标应涵盖四个方面内容：首先是环境污染指标和城市绿化状况等；其次是土地投入和土地利用强度等；再次是土地报酬产出指标等；最后是应该包括城市土地节约集约利用的可持续程度。但党青（2013）认为，对于商业、住宅和工业不同的土地利用方式其土地节约集约利用的含义并不相同，因此对于不同的土地利用类型要建立针对各个用途下不同的节约集约利用评价指标体系。他摆脱了传统的评价指标体系，而是根据影响各用途土地节约集约利用的因素来构建评价指标体系。谢正峰（2015）也认为，不同的主体功能区域，土地节约集约利用的内涵不同，对土地节约集约利用的评价应根据不同内涵建立相应的指标体系。

（3）土地节约集约利用的实现机制

国内学者在研究关于土地节约集约利用基础理论的同时，也讨论了土地资源合理配置、节约集约利用的实现机制问题，构建了基于市场机制、政府调控机制和公众参与机制的城市土地资源节约集约化配置模式。

一些学者将城市土地节约集约利用的动力机制进行划分（王家庭、季凯文，2008；周江、高崇辉、龙福堂，2008）。王家庭等通过对城市土地节约集约利用的动力机制的研究，将其划分为内在动力机制和外在动力机制两种类型。其中，内在动力机制主要由聚集效应机制和要素替代机制两方面组成，外在动力主要包括市场驱动机制、政府导向与激励机制、技术创新机制等方面。城市土地就是在内在动力机制、外在动力机制的共同作用以及多方面因素的制约下，逐步从一种在时间上、空间上的无序状态转变为有序状态的。江立武（2011）研究了开发区的内在和外在驱动机制，认为土地市场机制是价格机制、供需机制和竞争机制相互联系和相互作用的整体，任何一个机制的变动都会影响土地市场机制作用的效率及结果。

学者们也提出应积极探索城市土地有偿使用模式，进行城市土地产权制度创新，明确各产权主体的权利义务；全面培育和规范土地市场，建设和完善城乡统一的土地市场环境，充分利用市场价格杠杆作用，通过土地租金、地价和税收等手段促进土地合理流转，改革农村土地流转制度，以有效发挥市场对土地资源的合理配置作用，提高土地节约集约利用水平（高圣平、刘守英，2007；叶涛、史培军，2007）。一些学者根据级差地租原理提出"退二进三"的土地置换措施，并对产业用地置换做了初步研究（龙花楼、蒙吉军，1999）。同时一些学者立足于我国城市化迅速发展的实际，探讨城市化发展、耕地占用与土地节约集约利用的相互关系，结果表明城市化与土地节约集约利用的目标是一致的，因此应通过合理确定城市发展战略提高土地利用节约集约度，同时要注重土地潜力的适度和可持续挖掘，避免城市社会和生态环境的恶化（许树辉，2001；何芳、魏静，2001；刘定惠、谭术魁，2003；朱莉芬、黄季焜，2007；徐小伟、陈银蓉、陈昱，2012）。同时，还有部分学者探讨经济发展与土地节约集约利用的相互作用。提出应有效转变经济发展方式，加强土地利用监督管理，提高土地资源节约集约利用水平（郑华伟、张锐、张俊凤、刘友兆，2011；蔡俊、刘友兆、欧名豪，2012）。

由于市场机制配置土地资源必然存在一定局限性，政府宏观调控应该完善政府对土地使用的经济、法律和行政调控手段，建立城市土地利用动态监测体系，多方促进城市土地节约集约利用。许多学者强调规划与计划对土地资源的作用，欧名豪（2008）提出要科学编制和严格实施城市规划和土地利用总体规划，实施严格的土地用途管制制度。廖平凡（2011）强调要强化宏观管理，加强规划控制；建立政府调控与市场相结合的土地管理体系；调整用地结构，盘活存量土地；提高土地利用程度和投入强度。通过土地利用总体规划和土地利用年度计划总量的控制，以及制定有效的土地节约集约利用政策，发挥土地使用成本约束机制和挖潜增效激励机制的双重作用，形成城市土地节约集约利用倒逼机制（渠丽萍、张丽琴、胡伟艳，2010）。

也有众多学者建议建立完备的土地储备和土地供应计划制度，实行政府对土地一级市场的垄断，严格控制建设用地供应总量，实现土地供给方式"由需求确定供给"向"由供给确定需求"转变（李元，2003；罗鸿铭，2004）。此外，也有众多学者从农村建设用地粗放、农田布局松散等因素考虑，提出通过加大农村土地综合整治和城乡建设用地增减挂钩，全面提高农村土地利用节约集约度，增加有效耕地面积和城镇建设用地面积（蒋一军、罗明，2001；谷晓坤、陈百明，2007；林坚、李尧，2007）。

然而城市土地节约集约利用存在时空差异，应该区别对待。应根据城镇土地本身的自然特征和社会属性，合理划分等级、合理规划布局，确定各行业、各部门合理的用地结构和用地规模，发挥土地更大收益；同时从理论上说，城镇规模越大，土地利用效率越高，也越有利于土地的节约集约利用（叶剑平，2012）。提高实现城市土地节约集约利用的机制应从各个地区实际出发实行差别化政策、做好城市规划工作与基础设施建设，稳步壮大城市规模，充分发挥城市的聚集经济效应和规模效应（王中亚、傅利平、陈卫东，2010）。

一些学者通过实证研究同样也要求对土地节约集约利用实现途径进行差别化对待，如对山东的土地节约集约利用研究，建议山东省中西部地区从加快经济发展、增加土地投入强度、实行城市增长边界限制等方面入手，提高土地利用节约集约水平（王成新、张本丽、姚士谋，2012）。节约集约用地是一项系统工程，需要调整空间布局，实现节约集约利用；充分发挥市场作用，建立硬约束，把握土地供应时序；构建共同责任机制，创新节约集约激励政策（燕新程，2012）。

但已有研究在对土地节约集约利用的内在影响机理、作用效率和驱动机制研究等方面仍缺乏系统的理论和实证研究，针对性和可操作性较强的政策措施并不充分。

（二）矿产资源开发与节约集约利用研究述评

20 世纪 80 年代以来理论界的研究主要集中在自然资源的价格理论、税费理论和自然资源的产权制度研究上。1993 年后，强调综合运用新制度经济学研究自然资源优化配置问题，研究大多集中在产权制度改革、引入市场机制和激励性规制手段方面。

1. 矿产资源开发研究

有限资源的综合利用是实现矿业可持续发展的有效途径，它是一项复杂的系统工程，应因地制宜、因情而异（刘光华，2014）。基于经济增长视角研究较多，国内学者根据我国经济增长方式转变的实际，在资源最适耗竭理论方面也取得了一些进展，尤其是矿产资源的耗竭问题，提出了考虑矿产资源经济增长模型（刘凤良等，2002）。刘朝马等（2001）、芮建伟等（2001）、魏晓平和王新宇（2002）针对矿产资源的价值理论和最适耗竭问题，将矿产资源的勘探和发现引入到最优耗竭理论，从经济学角度对矿产资源耗竭过程进行了定量分析。严良等（2008）从建立西部矿产资源特区、建立西部矿业集团、建立矿业集团的循环经济模式和科学开发利用矿产资源的角度，对西部矿产资源开发利用的微观具体路径进行了研究。基于最优控制理论，胡静锋等（2011）建立了矿产资源耗竭时期内的最优消耗效率模型，求解出资源耗用的最优时间路径和资源存量的最优时间路径。任建雄（2009）从系统论视角论述了区域矿产资源开发利用的系统结构及其与环境因素的关系，指出系统的内部结构和外部环境是影响系统开发利用与协调发展的关键。基于系统有序演化的条件和协调发展的影响因素，从系统的协调发展路径、调控路径探讨了区域矿产资源系统开发利用的协调发展机理。李亮（2010）探讨实现矿产资源开发外部性最优化的路径，以湖南湘西州钒矿开采区为例，从生态安全角度提出了矿产资源开发应遵循可持续发展的理念，并结合外部性理论，运用生态足迹和生态演替理论模型量化矿产资源开发外部性最优化时的生态承载力关系。闫军印等（2009）从资源消费系统演进角度论述了我国横纵向的矿产资源开发战略规划。

2. 矿产资源有偿使用、资产化管理和价格研究

矿产资源有偿使用意味着矿产资源价格的存在。20世纪90年代以后，我国理论界开始引入现代资源价格理论，对矿产资源价格与价值构成及其计量开展了研究，认为其价值是由矿产资源的有用性、稀缺性和存在所有权三个前提决定的，包含了资源的开采成本、稀缺价值等（韩劲等，1997；王四光，1997；沈振宇，1999），杨玉凤、魏晓平（2001）通过构建矿产资源最优开采模型，研究了矿产资源的最优价格策略。同时吴元元（2008）以环境重置成本核算矿产资源可持续发展性价值并分析归纳了相关理论基础和实际操作可行性，设立了矿产资源价值模型和矿产资源价格定价模型。矿产资源价格由人类科技进步开发出的利用这些所获得的超额利润的资本化的数额决定（李晋旭、李克民、崔丽平、杨贺，2009）。刘志成、王娟（2015）指出完善的矿产资源有偿使用制度包括产权界定与管理体系、产权出让定价机制、矿产资源税费体系、矿业产权交易制度、矿产资源开发收益分配机制等一系列制度安排。现阶段我国在矿产资源有偿使用方面存在资源产权界定不清、管理部门责任不明、各种税费职能混同、交易市场不够规范以及产权经济收益偏低等一系列问题。完善矿产资源有偿使用制度，应明确界定各种自然资源产权，完善矿产资源价格形成机制，改革不合理的资源税费制度，完善资源产权市场交易制度，建立合理的收益分享机制。

随着我国市场化经济体制改革的推进，矿产资源管理制度研究的核心内容就是以矿产资源有偿化使用和资源市场化为方向的制度变迁分析，并基本形成了价值化、资产化和市场化的制度变革取向的主流观点。同时通过政府规制克服市场失灵，完善矿产资源核算体系，制定矿产资源规划，控制投资方向，实现矿产资源可持续利用（王四光等，2001）。刘曙宇、刘东欢（2011）认为要进一步对矿产资源管理的法制建设进行强化、要完善矿产资源管理体制、健全矿产资源的管理机制和对矿产资源管理的方式和手段进行创新。张复明（2013）认为矿业开发的特殊性决定了矿业收益分配和使用的特殊性。受外部市场和内部制度等多种因素的影响，矿业收益的分配和使用会出现三次偏离，即矿产品高价格波动带来的矿业收

益波动问题，产权制度缺失导致的矿业收益耗散问题，奢侈性消费和无效率投资带来的矿业收益转化问题。因此中国资源丰裕型区域要完善矿业收益的管理制度、建立矿业稳定基金、矿业收益社会化共享机制、真实财富积累机制等，以期规避"资源诅咒"，实现区域经济的可持续发展。

由于资产问题是我国经济体制改革的深层次上的核心问题，矿产资源资产管理体制的构建必将触动现行的矿业体制和矿政管理体制，如何建立适应社会主义市场经济特点的矿产资源资产管理体制尚有许多问题有待进一步研究。在交易权规定和产权交易制度方面，我国对矿产资源交易权的规定实质上体现了所有权与经营权的分离，为我国矿产资源使用权和经营权的市场化奠定了基础，但仍需引入非国有企业参与矿业权的经营和竞争，形成多元化的矿产资源经营制度，进一步建立规范的产权交易制度，使交易行为、规则、方式规范化。

3. 矿产资源产权制度研究

矿产资源产权是依据一定的法律或规则在矿产资源所有权的基础上形成的权利体系，实质上体现着矿产资源产权主体之间的权利关系。我国的矿产资源产权制度分为国家矿产资源所有权制度和矿业权制度。我国矿业权由探矿权和采矿权组成，并对探矿权、采矿权实行有偿取得制度。我国的矿产资源产权制度主要是由《矿产资源法》及相关法律、法规来构建，包括《宪法》、现有的《矿产资源法》（1997）和《中华人民共和国物权法》等（崔娜，2012）。张复明（2013）从矿产资源产权残缺属性入手，研究资源开发中存在的产权公共域和租值耗散问题，研究发现产权制度的排他性残缺与矿产资源的公共产权属性有关，该环节的租值耗散是一定程度上"公地悲剧"的反映；矿产资源产权转让性残缺下的租值耗散是行政垄断与政府管制的产物；收益性残缺是租值耗散的最终反映，其根源在于矿产资源开发中控制权与收益权主体不一致、非对称问题等，并给出了相应的解决办法。

学术界中许多学者对现有矿产资源有偿使用制度也进行了详细的概述，指出其制度功能、构成方面的负效应，并提出了许多有益的建议（赵淑芹、赵胜利，2008；晁坤、荆全忠，2010；张彦平、王立杰，2008）。白云飞（2008）指出资源问题已成为阻碍经济和社会发展的"瓶颈"，而实行"矿产资源资产化管理"是践行科学发展观，走可持续发展之路的有效途径。着重分析和论证了实行矿产资源资产化管理的重要性和必要性以及可操作性。何琼峰（2009）以湖南省为例，创新性地提出矿产资源资产化管理的"321"模式：构建三级矿权，优化矿产资源产权安排；健全两级市场，优化矿产资源的配置机制；优化一级控管，完善矿产资源宏观调控和管理。王雪峰（2008）通过对我国矿产资源产权关系的经济学分析，论证了产权制度创新对于矿业经济发展的重要性。矿产资源产权制度的安排必须兼顾中央、地方和矿山企业（漆佳，2008；李松青、刘异玲，2010；韩少华，2009）。产权明确不仅是对产权及其内部权能的归属进行明确划分，更重要的是，要建立起一系列的配套措施，使产权真正能够实现，这些措施包括矿业权市场的建设、矿产品市场的完善、税费的合理配置等（刘庆国、汪耿东，2012）。中国矿产资源产权制度的基本性质是：公有制基础上的委托—代理关系；矿产资源产权制度的基本结构由矿产资源所有权及其派生的矿业权（探矿权和采矿权）等权利组成的权利集合（吴垠，2009）。罗能生和王仲博（2012）以信息经济学中的委托—代理模型为基础，通过对矿产资源产权的明确界定，以及目前我国矿产资源产权管理存在的问题进行分析，通过建立多重委托—代理模型，逐个分析各个模型中委托人和代理人的行为选择所带来的收益和潜在问题，探讨哪种产权配置更有效率。指出构建政府、资产经营管理公司和矿业企业的三级矿产资源产权安排是最优的，能同时满足政府部门收益最大化和企业利润最大化目标。为有效解决矿产资源资产化管理中的产权配置问题提供了改革和创新思路。

4. 矿产资源税费研究

资源税费制度的研究主要是从理论上围绕资源税和矿产资源补偿费展开的，概括起来有三种观点：第一种观点是，取消资源税和矿产资源补偿费，改征权利金（关凤峻，2001；袁怀雨、李科庆，2000；柳正，2006；贺有，2006；崔娜，2012）。第二种观点是，将资源税和矿产资源补偿费合并，实行税费合一（肖兴志、李晶，2006；叶建宇，2007）。第三种观点是，暂时维持税费分征的格局（孙刚，2007；殷焱、苏迅，2006）。崔娜（2012）在此基础上还补充了增设矿产资源生态补偿费，按矿区面积计征，按年缴纳；增设矿产资源耗竭补偿费，实行从价计征；保持石油特别收益金、探矿权、采矿权价款和使用费不变三种观点。我国矿产资源税费制度发展经历了三个阶段，即由初期针对个别矿种的发起阶段到普遍适用各类矿种法律制度的确立，再到逐步完善的发展过程

（许大纯，2010）。

在矿产资源税费制度发展的过程中，许许多多的学者从理论上论证和实践中剖析了目前的税费制度的利弊，纷纷建言献策。赵建平等（2000）、王甲山等（2003）对我国石油企业的资源税费问题的现状及改革方向进行了较为详细的分析；殷燊（2003）和潘婉雯等（2003）从矿业权的角度分析了我国矿产资源税费设立理论的缺位；张东华等（2009）针对矿业税费的主要组成部分，建议设立权利金和矿业租金和资源超额利润税以及推进耗竭补贴的改革。国土资源部课题组（2000）、王广成（2002）、李自如和冯菱君（2003）等系统地研究了我国矿产资源税费制度的演化历程，对我国的矿产资源补偿费、资源税等资源税种进行了很好的分析，提出了诸如建立权利金制度等税费改革的政策建议。郑玲微和张凤麟（2010）界定了矿产资源生态税费的含义，将我国矿山企业应缴纳的税费按照是否有生态补偿性质分为有生态补偿性质和无生态补偿性质的两类税费形式，并对这两类形式进行了分析论证，在此基础上构建了我国矿产资源生态税费体系的基本框架。李国平和张云（2005）提出，对矿产资源不同产权主体所代表的各价值组成部分的有效补偿，是矿业可持续发展的关键。殷爱贞和李林芳（2011）对现行矿产资源税费体系各构成部分进行了分析，总结我国现有矿产资源税费体系存在的问题，结合国外矿产资源税费体系的成功经验，设计了包括矿产资源权利金、资源税和矿地恢复保证金等税费构成的新矿产资源税费体系。

我国目前矿产资源主要征收的矿产资源税费，包括资源补偿费、资源税、探矿权使用费、采矿权使用费、探矿权价款和采矿权价款、矿区使用费、石油特别收益金等，具有矿产资源补偿费和资源税并存的现象，给矿产资源的开发利用，矿产资源补偿费、资源税的征管以及矿业企业的发展等，带来了诸多问题。此外，过低的初始资源税导致的资源价格形成机制扭曲的问题，都直接影响循环经济的比较经济效益，制约着循环经济和矿产资源的可持续发展。施文泼、贾康（2011）也认为与一般发达国家相比，我国矿产资源约束特征更为突出，有必要借鉴国际经验，对矿产资源税费制度进行整体配套改革。

二 国外研究综述

（一）土地资源合理配置与利用研究

国外重视各项社会、生态指标在可持续性发展评价中的使用，土地利用效率的决策与评价当中牵扯到的利益关系更为复杂，总体评估、不确定关系与多指标体系的折中往往成为解决问题的最终手段（Kok Kasper，Verburg Peter H.，Veldkamp Tom，2007；Prato Tony，2007；Giordano Lucilia Do Carmo，Riedel Paulina Setti，2008）。在国外土地资源节约集约利用是由于"弹性匮乏"，它大多是由环保主义的盛行引起的（Bartelmus Peter）。国内由于人多地少、建设发展与耕地保护发生严重冲突而引起城市用地的紧张属于"刚性匮乏"（郑斌、黄丽娜、卢新海，2010）。国外的城市土地节约集约利用可以分为三个阶段：一是单纯的节约集约；二是适度的节约集约；三是协调的节约集约（宗毅、袁浩正，2012）。

1. 城市发展模式与土地利用研究

国外对土地节约集约利用的直接研究较少，相关研究主要体现在土地利用过程中。从城市发展模式、城市规划、城市土地配置和最佳利用方式、人居环境等方面研究土地利用过程中的粗放与节约集约的矛盾。在中国香港、德国汉堡、英国伦敦、美国芝加哥等国际大城市进行了高密度发展的模式研究（何芳，2003）。如美国的土地成长管理制度和日本的土地用途管制便是促进土地节约集约利用的主要制度。第二次世界大战以后，美国城市向郊区的无序蔓延带来了许多负面影响（王国爱、李同升，2009）。美国规划学界提出的"精明增长"、"紧凑式发展"、"内填式发展"等城市土地利用思想（James Brown，2005），最终目的就是遏制城市的无序蔓延，提高土地利用效率，实现土地资源的合理利用和保护。德国的法兰克福于1891年提出用区划控制技术管理城市土地，区划控制法采用的主要指标有土地利用类型、容积率、建筑密度和建筑高度。Thomas A. Gihring（1999）提出利用税收杠杆进行增长管理，通过模拟对粗放利用施以重税，节约集约利用的土地施以轻税后的效应，揭示出业主将在经济杠杆的引导下，更加节约集约利用土地的原理。中国香港特区采用混合节约集约用地模式，具体包括：建筑布局的紧凑化；土地利用的高密度；土地利用的立体化；底层空间开放化；以社区为核心的综合用地模式。Eddie C. M. Hui 和 Yuzhe Wu（2015）根据中国120个大中城市的数据实证检验了城市规模与土地节约集约利用的关系，研究发现随着城市化新政策的实行，城市集聚效应越明显，在城市规模与土地集约利用之间有紧密的正向连接关系。而在加强地下空间利用，实现土地立体开发方面，日本东京、加拿大蒙特利尔等是世界上地下空间利用较为成功的城市。

2. 土地节约集约利用的制度与政策研究

政府行动通过立法和制度的实施促进土地保护，对促进土地节约集约利用具有巨大推动作用。由于西方发达国家也存在保护耕地资源和城市开敞空间的问题，多数国家对于土地的节约集约利用仍比较重视，在实践上对节约集约化利用土地的方法和途径也做了较多的探索，其手段概括起来主要有分区管制、税收调节和规划控制三种（班茂盛、方创琳、宋吉涛，2007）。美国联邦政府及州和地方政府采取了一系列措施来控制城市规模，防止对优质农地的占用。美国政府先后制定实施《水土保持和国内生产配给法》《农地保护政策法》《联邦农业发展与改革法》等政策法规（张安录，2000），并提出"城市增长边界"的概念，就是为了保护农地，达到土地节约集约利用。美国、日本和韩国等国家还通过土地利用分区管制（杨雁、邓猛，2009）、土地使用规划和计划、细分控制，以及各种建筑、土地法令等，对国有和私人土地的使用权进行了某些限制，极大地促进了土地的持续和节约集约利用（但承龙、王群，2002；杨雁、邓猛，2009）。在中欧，由于土地私有制，农地使用细碎化，加上高额的农地交易费用不能形成农地资源合理节约集约利用，提出借鉴西欧的土地储备制度（land banking），提高农地综合效率（Terry van Dijk，D. Kopeva，2006）。南亚地区普遍存在土地使用分散化、细碎化，南亚国家政府一般实行土地整理（land consolidation）来应对逐渐恶化的土地质量及产出效率（Gajendra S. Niroula, Gopal B. Thapa，2005）。Erik Louw（2008）以荷兰的s - Hertogenbosch市为例，论述了细碎化、分散化的土地所有权阻碍了土地的节约集约利用转变，指出可以通过土地整理（land readjustment）和土地储备（land banking）制度来使土地积聚，实现规模化。新加坡针对用地类型的不同提出了不同的政策来提高土地节约集约利用水平，如住宅用地：合理推行组屋政策；商业用地：适应知识经济发展；工业用地：优化年租制政策；交通用地：可持续发展的绿色交通（黎孔清、陈银蓉，2010）。中国香港特区通过城市规划对用地结构进行科学合理的安排，从而提高土地的投入能力和产出水平。以及通过加大基础设施的投入，支持高密度混合利用模式，以此来提高土地节约集约水平（赵思凡，2009）。Kazuki Karashima（2014）以日本的丰桥市为例，在考虑了人口负增长和城市受灾可能性影响的情况下利用 GIS 手段，提出一种密集城市结构开发的工具；随着以色列农业产值占比的下降，使用了情景规划潜力测算各部门使用土地的成本效益，并提供了一种可能的土地分配方式（Yoav Gal，2013）；苏格兰政府通过综合生态服务的土地政策，来解决土地利用的冲突，并提出生态系统付费的灵活政策选择（Bill Slee，2013）；Ravit Hananel（2014）通过对以色列土地政策的研究，得出在以色列独特的历史原因影响下，土地偏向于流向城市部门和农业部门；Marcos Nino – Ruiz（2013）通过研究空间处理与多目标决策方法（MCDM）建模，开发了一个空间模型转向系统来研究土地节约集约分配问题。日本在土地的合理利用上最显著的特点是编制了详细的土地利用规划体系，它既包括宏观区域范围内的国土开发规划、城市土地利用规划等，也包括不同层次间的如都规划、府规划、县规划等，规划体系严格细致，各个区域在土地利用过程中严格按照每级规划实施，保障了土地利用的合理性。为了缓解区域用地紧缺状况，日本还鼓励修建高层建筑，大力发展地下空间，扩充城市容量，有效缓解用地紧缺，提高土地利用的效率（党青，2013）。

3. 土地资源配置的机制选择与作用效率的研究

发达市场经济主体的实践经验证明，市场机制在资源配置中的作用效率更高。但政府干预能否提高资源配置的效率存在一定争议。S. S. Y Lau 和 R. Giridheran（2003）等研究指出，中国香港特区政府通过规划手段，将居住、商业和其他用途的土地有机地整合在一起，提高了资源的配置效率。但 Koichi Mera 和 Eric J. Heikkila（1999）认为，政府所采取的严厉的管制政策会造成经济的衰退。David E. Dowall（2002）研究指出，政府应把握政府机制与市场机制在资源配置中的"度"，在政府与私人部门的责任间要注意寻找一个合适的平衡。同时 T. Firman（2004）也指出政府在城市土地发展中的角色不应该处于权威而应转化成管理者。单独的市场机制不能够实现城市土地发展的目标，因此，必须加入城市土地法令、管理、规划等措施来帮助市场机制发挥效率。

（二）矿产资源集约利用

1. 矿产资源产权制度与开发管理研究

李国平等（2011）从不同法系的视角分析了西方发达国家的矿产资源所有权制度的历史传统、各自特点以及不同体系，发现西方发达国家的矿产资源所有权制度不仅仅是单一的初始产权制度安排，而且是一个内容丰富的体系，不同法系对西方发达国家矿产资源所有权制度安排的约束是通过对地表权和地下权的制度安排来实现的。各国矿产资源产权制度情况不一，但大多数国家实行矿产资源国家所有制度，土地所有人不享有某些地下矿藏开采权利（王赞新，2007）。爱尔兰开展采矿活动必须要获得采矿许可证，开发私人所有矿产需给予补偿（何金祥，2015）；绝大多数国家都通过市场机制来运作矿产资源产权，实行矿产资源所有权与使用权相分离的模式，其核心是矿业权制度。矿业权交易具有很强的制度性，其产生、发展以及活跃程度等在很大程度上取决于矿业权有关的政策和制度（陈丽萍、孙春强，2010）。矿业权出让主要有非市场化及市场化两种方法。市场化出让方式多种多样，主要有授予（特许权）、协议、租让（招标、拍卖）、委托等几种。除个别国家外，多数国家均允许矿业权有条件地转让、出租、抵押与继承，形成了矿业权二级市场，国家对矿业权的二级流转市场实行监督管理。矿业权作为一种财产权，不但可以转让，而且可以依法出租、抵押，这就为矿权人的融资，无论是通过银行，还是通过股市，提供了极大的便利；发展中国家的小型采矿企业均在不同程度上造成了一系列的环境和社会问题，背后原因是这些小型采矿企业的采矿权无法得到有效保护，导致矿业权主体的短视行为（Fabian，2011）；从外国的矿产资源制度和矿业经济发展经验来看，完善的矿业权制度和矿业权合理流动是有效开发矿产资源，提高资源利用效率的关键环节。由于矿业权人对矿业权的运作是受利益驱动的，所以在矿产资源的勘查或开采时必然进行节约集约经营，从而从整体上实现了矿产资源在空间和时间上的有效配置。因此，矿业政策的制定应当立足于矿产资源所有权的清晰、明确，便于市场的建立与产权交易。

在开发管理上，目前，世界绝大多数国家实行矿产资源国家所有、中央政府代表国家管理矿产资源，实行统一的开发利用保护制度，只有部分国家（如澳大利亚、加拿大）规定大部分或者全部矿产资源由州、省或地区一级政府进行管理。目前，世界上多数国家实行勘查开采一体化，即勘查后直接开采或者申请采矿权即可，如美国1872年《矿业法》规定公有土地上的矿业开采具有优先权，不用交付权利金，也不需要提供最低环境保护。而我国却实行严格的审批制度（张文银，2012）。杨正存（2013）从多方面分析了加拿大和澳大利亚与中国的不同，认为加拿大和澳大利亚都属于联邦制国家，每个省或州都有自己的矿业法，可以对其管辖范围内影响到矿业活动的一切问题进行立法，省或州之间平等独立。在矿业管理上，加拿大联邦政府在矿业管理方面的直接责任相对于省而言来得有限，联邦政府更多的是通过制定政策和法律，从宏观上控制全国的矿产资源。澳大利亚的地矿管理具有横向统一、纵向分权、集中分散管理等特点，管理职责明晰，没有部门间的争权、推诿和扯皮等。

2. 矿业税费制度研究

国外针对主要矿产资源建立的是以反映绝对地租的权利金为核心的矿产资源税费制度，相关税费主要包括权利金、资源超额利润税、矿业权租金、红利以及资源耗竭补贴等。主要矿业国家的矿产资源税费制度的主体是普遍征收的权利金，体现的是资源开采者向资源所有者支付的因开采不可再生资源的补偿。权利金收入一般为资源所有者占有和支配（蔡鑫磊，2012）。国外通常把矿业作为一个独立的产业来对待，其矿业税费制度充分考虑矿业企业的特殊性和多样性，对矿业企业形成了一个较为稳定、完善、有针对性的宏观调控财政税收制度。国外现行矿业税费制度归纳起来也主要由两大部分构成：一是企业普遍适用的税费制度，如所得税、增值税等；二是矿业企业特有的税费制度，包括权利金、保证金、耗竭补贴、资源超额利润税、采矿业权租金、红利等（王文娟、李京文，2011）。J. V. M. 萨马、G. 纳雷西（2001）主要分析了世界15个主要矿产国的实例，探讨了目前国际矿产课税的趋势与问题；张新安（2004）对市场经济国家矿业税费制度的主要目标、演变过程、税制模式、税费种类、税收优惠以及近些年来一些重要矿产国对矿业税费制度的调整等内容进行了比较充分的比较研究。张新安（2004）比较分析了40多个实行市场经济的重要矿产国的矿业税费制度发现，虽然世界各国矿业税费制度各不相同，但市场经济国家经过长期的市场实践都逐渐形成了一套通行的、行之有效的、针对矿产资源产业的专门税收制度。其核心内容是，在矿山生产阶段，服从的是以权利金制度（绝对地租）为核心的财政制度。同时还有与取得矿业权有关的收费等。这套做法对保证主权国权益和区域经济发展以及对鼓励矿业投资，提高投资者的积极性促进矿业发展起到了积极的作用。国外也有单独针对石油矿产的研究，国外石油税费制度分为三种模式：完全开放模式、大开放模式、小开放模式（单卫国，1996；何巍、尹祥继，2009）。石油矿业特有税费是权利金、资源租金税、矿业权租金（庞敏、吕南，2011；李志学、彭飞鸽、吴文洁，2010；吴文洁、胡健，2006），且主要产油国或地区对油气资源普遍实行权利金制度（王甲山、马爽，2007）。Mitch Kunce、Shelby Gerking、William Morgan 和 Ryan Maddux（2001）研究了美国石油产业的政府税收、开采和产量之间的关系。研究结果表明，产量税率提高能够减少早期的开采努力，对未来的产量影响较小，并且能显著提高折现后的税收收入。这个结果的政策含义是，当损失未来的石油活动风险较小时，政府当局可以把提高产量税率作为提高收入的一种方法。Cawood（2010）针对南非新颁布的权利金法案，探讨了其制定的背景、理论依据及其制定原则，并从地租的角度探讨了南非矿产资源权利金制定的理论依据。Plourde（2010）对加拿大阿尔伯特省油砂的权利金及税费制度进行了介绍，探讨了矿产资源税费调整对矿业企业和政府收入的影响并分析了在这一制度下开发者和政府的收益分配关系。Bleischwitz 和 Bader（2010）从环境保护的角度，提出最优的资源税费应将矿产资源开发活动中的负外部性内部化。美国通过征收矿产资源费和矿产资源税，极大地提高了矿产资源的开发效率，同时也避免了高品位效应（张志鹏，2014）；国外矿产资源特有税费主要以权利金为主，代表了国家矿产资源所有者的权益（李刚，2015）；西方国家通过对不同资产及矿区征收不等的税费，可以促进矿产资源的合理开采使用，保护生态环境（杨炼，2015）；爱尔兰矿业的相关税费包括公司税、权利金、增值税、关税和二氧化碳税（何金祥，2014）。

近年来，矿业税费制度的发展趋势是降低矿业的税费负担，采用灵活的累进税制，降低生产税的税率与国家参与的程度，对国外投资者和国内投资者实行更平等的待遇等，同时关心环境方面的税收问题（Robert Conrad、Zmarak Shalizi、Janet Syme，1990；J. V. M. 萨马、G. 纳雷西，2001）。

三　国内外研究述评

（一）土地资源有效配置与节约集约利用研究述评

国外土地资源节约集约利用是因为"弹性匮乏"，它大多是由环保主义的盛行引起的。国内由于人多地少、建设发展与耕地保护发生严重冲突而引起城市用地的紧张属于"刚性匮乏"（郑斌、黄丽娜、卢新海，2010）。国内对土地利用节约集约和可持续研究尤其是评价指标研究重视的是经济、产业因素，而欧美国家评价指标十分丰富，大类就包含41

项，涵盖社会、经济、环境、资源等方方面面。如何在保证"刚性"需求前提下，借鉴国外的经验与教训，从传统的集中式节约集约过渡到满足各方面发展需要和以兼顾社会、经济、生态为标志的广义节约集约，从而做到真正意义上的"可持续"，应是今后考虑的重点。

国内外学者对政府规划与市场作用在土地尤其是城市集约发展中都比较重视，我国由于市场经济还处于发展中，市场机制发挥的效果还不够，相较于欧美资本主义国家，市场经济发展，并很早开始注重城市规划来合理引导城市规模，促进城市与经济、社会、环境和资源等的协调发展。这和从我国和欧美节约集约评价指标的差异就能看出的区别一样，各国节约集约利用的落脚点是有差异的。

国外普遍重视农地利用细碎化、分散化带来的土地利用不经济现象，并开展了一系列措施促进土地节约集约经营，尤其是土地整理和土地储备两项制度，在国外已经发展有很长一段时间，但国外和国内倡导的土地整理与储备又是有差异的。目前我国土地整理最突出的问题是由于采用了一些不适当的技术措施而引发的生态问题，从而损害了土地整理的可持续性，这已成为制约土地整理发展的主要因素之一。而国外土地整理正朝综合化、生态化、规范化、科技化和多样化的方向发展（张正峰，2007）。国外土地整理的特点有：有较完备的法律法规政策；注重土地的权属调整；重视生态环境的保护和建设；公众的积极参与和广泛支持；重视融资研究；重视信息技术的应用。这些都是我们比较薄弱的环节，更应当加强。

土地储备有利于合理利用城市土地，保证了城市规划的实施。国外的土地储备经验有：充分发挥政府的主导作用；完善的法律法规保证；完善的土地出让计划以减少投资的盲目性；批地后的监督管理，防止出现囤积土地的现象（王辰昊，2009）。当前我国土地整理储备体制还需完善；土地储备的法律依据和体系尚需完善和提高；土地储备运作的风险控制机制尚需健全和细化。

（二）矿产资源开发与集约利用研究述评

我国当前的矿产资源地下权归国家所有，但地表权的产权主体不清晰。我国实际行使地表权或土地所有权的主体在不同的地区、不同的矿藏所在地可能不尽相同，有可能是中央政府、省级政府、市级政府甚至是县级政府。因此造成了我国矿产资源有偿使用税费在设置上的理论依据不清晰、税费标准不合理、计征方式不完善、所规制的产权体系与实际补偿对象不一致等现象（李国平、李恒炜、彭思奇，2011）。而国外通过对地表权和地下权的制度形成了产权明晰的矿产资源所有制。

市场经济国家普遍建立了完善的矿业权交易体系。从目前了解的情况看，国外没有矿业权交易的有形市场。买卖双方交易通过政府信息公开、定向查询，证券交易所信息披露制度下的商业信息披露，商业信息咨询机构提供的矿业公司、矿产地、矿床发现等方面的信息寻求潜在的商业伙伴和投资对象。信息自由与公开确保了交易安全和交易成本的降低。矿业法、物权和财产权法等法律，在承认矿业权、物权和财产权地位的同时，设立了足够细分的可交易的矿业权（权益）单元，成为矿业权交易市场活跃的制度基础。在成熟市场经济国家，政府部门（尤其是审批部门和不动产权登记部门）、行业自律组织、融资管理机构、中介机构（律师事务所、会计师事务所、矿业权评估机构）及从业人员、矿业企业、股东/债权人等，在矿业权交易的不同阶段，以不同的方式介入，各寻利益并各司其职，形成了相对完善的矿业权交易市场体系（陈丽萍、孙春强，2010）。相较于我国实际情况，矿产资源市场信息平台还没有完全发挥出其作用，存在信息自由与公开还不够，法律体系还不够完善等问题。

对比国内外的矿业税费制度，总体上来看，我国矿产资源税费制度与国际惯例有很多相同之处，但是仍然存在不少差异，其最根本的差异在于：国外通常把矿业作为一个独立的产业来对待，因而其矿业税费制度充分考虑了矿业企业的特殊性和多样性，已经对矿业企业形成了一个较为稳定、完善、有针对性的宏观调控财政税收制度；而我国把矿业统归于第二产业，资源税成为矿业税费的主要内容，相关税费制度的制定很难体现矿业企业的特殊性，因而在管理实践中与国际有效经验相比还存在诸多不足。如资源税功能定位不明确，征税税额、征收范围、计税依据不科学。矿业税费制度中税金重复设计，税种设置不健全。矿业税费制度中优惠、补贴政策不到位、不明确、不完善（王文娟、李京文，2011）。

第三节　分析框架与研究内容

资源环境对经济发展的"瓶颈"约束难题实质上是经济发展方式的

问题。经济发展方式是实现经济发展的方法、手段和模式，本质上是生产要素（自然资源、劳动力、资本、技术等）的分配、投入、组合和使用的方式。长期以来，基于经济发展所处的历史阶段及整体技术水平的限制，我国经济增长主要是通过增加生产要素的投入和物质消耗的粗放型增长的方式来实现的。为提高经济增长的质量和效益，党的十三大提出，经济发展要从粗放经营逐步转变为节约集约经营。党的十四大指出，努力提高科技进步在经济增长中所占的分量，促进整个经济由粗放经营向节约集约经营转变。党的十四届五中全会明确提出，实现经济增长方式从粗放型向集约型的根本转变。党的十七大报告指出，要加快转变经济发展方式，推动产业结构优化升级。党的十七届五中全会强调，加快转变经济发展方式是我国经济社会领域的一场深刻变革，必须贯穿经济社会发展的全过程和各领域，提高发展的全面性、协调性和可持续性，坚持在发展中促转变、在转变中谋发展，实现经济社会又好又快发展。经济发展方式转变的内涵不仅包含了经济增长方式从粗放型向集约型的转变，而且从单纯注重数量的扩张转向既注重数量扩张又注重质量提高；不仅强调经济效益的提高，而且更加注重经济结构的调整和优化；不仅要重视经济的发展，而且还要保持人与自然、人与社会、人与环境的和谐发展；不仅要尊重经济发展规律，还要更加自觉地尊重自然规律、社会规律。当前，经济发展方式转变的关键体现在促进经济增长三个方面的转变：①由主要依靠投资、出口拉动向依靠消费、投资、出口协调拉动转变；②由主要依靠第二产业带动向依靠第一、第二、第三产业协同带动转变；③由主要依靠增加物质资源消耗向主要依靠科技进步、劳动者素质提高、管理创新转变。经济发展方式转变的核心和基础是摒弃靠自然资源和资本投入支撑的传统经济发展模式，采用靠效率提高驱动的发展模式（吴敬琏，2010）。这也意味着在经济发展中要注重提高自然资源利用的效率，一方面，是发挥既定资源的配置效率；另一方面，是在资源的开发利用过程中，充分发挥科学技术、劳动者素质、管理与制度创新等的作用，提高其他生产要素对自然资源的替代率。我国自然资源中，国土资源（主要是土地和矿产资源）占有重要的核心、主导地位，所以加快经济发展方式转变，离不开国土资源管理创新与利用效率的提高。本书首先回顾古典经济学、新古典经济学和新制度经济学对经济发展与要素投入的理论阐述与演绎，再从理论上分析不同经济发展阶段国土资源利用方式的演变规律，从而构建经济发展方式与国土资源利用方式转变的分析框架，在此基础上构建本书的具体研究内容。

一　经济发展与要素投入：理论回顾

从根本上来看，经济发展依赖于生产要素的分配、投入、组合和使用。所以经济发展的要素投入也就成了经济学研究的重点。古典经济学、新古典经济学和新制度经济学对促进经济发展的要素投入有着不同的看法（陈海燕，2011）。

（一）古典经济学关于经济发展与要素投入的理论

在以农业经济为主体的早期经济发展阶段，土地、劳动力和资本被认为是经济增长的要素。古典经济学家先驱威廉·配第在《赋税论》中提出"土地是财富之母，而劳动是财富之父和能动要素"。在重农主义看来，只有农业才是生产、才是财富的来源和社会收入的基础，一国的经济增长由其农业收成的多寡来决定。农业生产的基础是投入耕种的土地，因此扩大土地的耕种面积成了财富的源泉。随着经济的增长，人口的扩张，劳动力在经济发展中的作用逐步受到重视。

古典经济学体系建立者亚当·斯密在《国民财富的性质和原因的研究》中从理论和实践上较全面地研究了资本主义经济增长问题。他认为劳动是国民财富的源泉，增加劳动数量，提高劳动质量，成为国民财富增长的原因。当资本主义生产进入机器大工业阶段后，资本的作用对于经济增长作用开始显现。萨伊在生产三要素论（劳动、资本和土地）中强调了作为资本的机器以及科学对于财富增长的作用，认为正是这两者促使许多自然力为人类服务以增加产品的种类和数量，降低产品的生产费用，使一切消费者有收益，社会财富日益增长。萨伊提出了供给创造需求的定律，为资本积累是经济增长的源泉提供了理论前提。李嘉图也把资本积累看作国民财富增长的基本源泉，认为资本积累就是把利润转化为资本，国民财富的增长取决于利润率。

英国经济学家约翰·穆勒对古典经济学进行了综合和集成，提出了生产的增长规律：生产的增长取决于劳动、资本和自然（土地）资源三要素的性质、数量或它们生产力的增加能力，生产规律必然是这三者各自规律的作用结果。这三个规律是：①劳动增长规律，即人口的增长；②资本增长规律，资本是储蓄的结果，资本的增长取决于所能储蓄的数量和储蓄愿望的强度；③利用土地生产的增长规律，在某一阶段和一定的农业技术条件下，随着同一土地上使用的劳动力增加，生产数量的增加有减少的趋势。

从古典经济学关于要素投入和经济增长的理论可以看出，在经济发展的早期，自然资源（土地）要素在生产中占绝对优势。随着经济的发展，劳动力日益重要。随着生产规模的进一步扩大，资本逐渐占据优势地位，资本的应用导致财富的日益增长（曲福田等，2008）。

（二）新古典经济学关于经济发展与要素投入的理论

新古典经济学是 19 世纪 70 年代由"边际革命"开始而形成的一种经济学流派。它在继承古典经济学经济自由主义的同时，以边际效用价值论代替了古典经济学的劳动价值论，以需求为核心的分析代替了古典经济学以供给为核心的分析。新古典经济学认为边际效用递减规律是理解经济现象的一个根本基础，利用这一规律可以解释买主面对一批不同价格时所采取的购买行为、市场参与者对价格的反应、各种资源在不同用途之间的最佳配置等各种经济问题。

马歇尔是新古典学派的标志性代表人物，他试图重新构建古典经济学，他将生产三要素论发展为劳动、土地、资本和企业组织四要素。他认为资本的增加对于经济增长具有重要的作用。20 世纪 40 年代产生了哈罗德—多马模型，该模型假定每个经济单位的产出，取决于向该单位投入的资本量，该模型关注的是资本积累在经济增长中的决定性作用，并第一次在增长模型中舍弃了土地的要素。哈罗德—多马经济增长模型基于如下假设：一是资本和劳动的不可替代性；二是资本产出比例的固定性，从而逻辑一致地推出经济增长取决于资本积累能力。该模型的缺陷是忽略了技术进步对经济增长的作用以及资本和劳动之间的可替代性。针对哈罗德—多马模型的缺陷，索洛和丹尼森等人的增长要素模型指出了除资本要素以外的其他要素对经济增长的作用。丹尼森把经济增长的要素分为五类：①劳动力在数量上的增加和质量上的提高；②资本（包括土地）在数量上的增加；③资源配置的改善；④规模经济；⑤知识进展和它在生产上的应用。他们认为投入要素的效率提高在增长率中所起的作用越来越大。罗默在索洛等人工作成果的基础上建立了内生经济增长模型，把知识完整纳入经济和技术体系之内，使其作为经济增长的内生变量。罗默提出了四要素增长理论，即除了资本和劳动（非技术劳动）外，又加上了人力资本（以受教育的年限衡量）和新思想（用专利来衡量，强调创新）。由此可见，经济学家所关注的经济增长的核心要素开始转向各种投入要素的质量和技术进步。

（三）新制度经济学关于经济发展与要素投入的理论

在新古典经济学中，制度被看作一个独立于经济发展过程的外生变量，经济发展是通过市场的良好运行得以实现的。但是，在经济发展过程中，制度的作用无处不在，正如新制度经济学的代表人物之一的诺思所言："制度提供了人类相互影响的框架，它们建立了构成一个社会，或更确切地说一种经济秩序的合作与竞争关系。……实际上，制度是个人与资本存量之间，资本存量与劳务产出及收入分配之间的过滤器。"（Douglass C. North，1981）有效的制度能够保证市场经济有序地运行，从而促进经济更快地发展。

新制度经济学认为，制度在经济发展中发挥着重要的作用，包括以下几个方面：第一，制度通过确立明确的规则，增加了资源的可得性，提高了信息的透明度，因而减少了经济活动的不确定性和风险，降低了信息成本和交易成本，从而促进市场更好的运行；第二，制度可以通过明确界定的产权，促使个人的经济努力转化成私人收益率接近于社会收益率的活动，从而为经济发展提供更强的动力；第三，制度通过对财产权利和知识产权的保护，可以促进技术创新和大批企业家的涌现，从而为经济发展打下了很好的微观基础；第四，制度是"矫正价格"、"矫正政策"的核心，只有通过建立起适应市场经济发展需要的制度结构，才能够真正"矫正"由市场或政府所造成的价格扭曲或政策扭曲；第五，作为非正式制度安排的意识形态是一种节约信息费用的工具，因而可以减少其他制度安排的费用，而且成功的意识形态可以克服"搭便车"的问题，有利于维护社会的稳定；第六，制度通过建立社会活动的基本规则，扩大了人类在经济、政治、法律、文化等领域的选择机会，从而进一步丰富了经济发展的内涵。总之，有效的制度能够很好地促进一个国家的经济发展。相反，无效的制度则会严重地阻碍经济发展。因此，追求经济发展的政府应该根据本国的具体情况，建立并不断完善符合自身需要的、有利于市场机制良好运行的制度结构（陈海燕，2011）。

（四）关于经济发展与要素投入的理论总结

综合古典经济学、新古典经济学和新制度经济学对经济发展与要素投入的理论分析，可以发现：随着经济的发展和科学技术的进步，经济发展的动力源泉逐步改变，从原来要素数量的增加转变为质量的提高以及资源配置效率的改善，技术进步、制度创新在其中的作用日益加强，这种转变实际上是一种要素的相互替代。在经济发展的不同阶段，自然资源（主要是国土资源）与其他生产要素之间的替代以及既定资源利用效率对经济发展方式有着重要的影响，因此找出不同经济发展阶段自然资源与其他生产要素之间的替代关系及既定资源利用效率的客观规律对我国加快经济发展方式转变有着重要的理论价值与指导意义。

二　不同经济发展阶段国土资源利用方式的演变规律

经济发展阶段水平的划分包括两类经济指标，一类是以 GDP 为核心的经济数量指标，另一类是以经济结构指标为核心的经济质量指标，包括产业结构、区域结构、就业结构等（陈海燕，2011）。本书主要通过产业结构的演进来阐述所处经济发展阶段水平，而对产业结构演进的分析又可从工业化发展阶段的角度来进行分析，所以本书将经济发展主要划分为工业化初期、工业化中期、工业化后期三个阶段。在不同的经济发展阶段，国土资源（主要是土地、矿产）和其他要素的相对价格不断变化，国土资源利用方式呈现出清晰的变化规律。

（一）工业化初期阶段

在工业化初期阶段，由于资本短缺及技术水平低下，主要通过大量投入自然资源（主要是土地和矿产）和廉价劳动力来实现经济的起步。为了促进工业发展，产业准入门槛很低，国土资源利用的目的就是为经济起飞创造基础条件。在此阶段，经济数量上的增长是经济发展的主要目标。在影响经济增长的因素中，虽然资本因素对经济发展起着不可低估的作用，但是工业化初期由于资金短缺是普遍面临的难题，依照要素替代原理，经济发展倾向于用资源（主要是土地和矿产）替代资本的策略。在换取经济增长的同时，伴随着资源利用效率低下、产业结构雷同、经济运行质量低等问题，经济发展方式十分粗放，属于低效扩张模式。

（二）工业化中期阶段

经济发展进入工业化中期以后，工业化水平进入快速提高阶段。随着资本投入水平的大幅度提高，资本短缺问题已经得到缓解，资源需求也呈快速增长趋势。在经济快速发展过程中，资源的"瓶颈"和制约作用逐步显现，资源利用方式开始从粗放型向集约型转变，资源利用效率水平比前面一个阶段有较大提升，经济发展倾向于以资本投入替代资源

（土地）投入，经济发展方式属于投资拉动模式。在此阶段，国土资源利用由粗放、低效利用向节约集约、高效利用转变。

（三）工业化后期阶段

当经济发展到工业化后期及后工业化阶段，物质资本已经相当充裕，而国土资源尤其是土地资源却显得日益稀缺，政府和土地使用者倾向于以人力资本（主要包括劳动者素质、科学技术和管理创新等）和社会资本（包括经济增长质量、产业结构、用地布局及制度创新等）替代简单的资源要素投入。资源（主要是土地、矿产）被高度节约集约利用，资源利用的效率很高，资源利用的结构与布局也更加合理，在价格和效率的引导下，资源也逐步流向技术含量高、经济效益好、资源消耗低的产业。在此过程中，经济发展更加强调提高劳动者素质、科技水平和管理创新水平，更加注重提高经济增长质量、提升产业结构、优化用地布局、强调制度创新与进步，经济发展方式逐步向深度节约集约演进，更加强调内涵式的增长，体现了一种精细增长模式。在此阶段，国土资源利用逐步达到有效供给与高效配置的状态。

（四）小结

综上所述，不同经济发展阶段资源利用方式呈现出有规律性的变化趋势（如表1-1所示）：在这些不同经济发展阶段，自然资源与其他生产要素之间的替代关系及既定资源利用效率与经济发展方式相对应，在经济发展早期阶段，资源利用属于低效粗放方式，经济发展主要依靠自然资源和廉价劳动力来推动，经济发展方式属于低效扩张模式，随着工业化阶段的不断发展，资源利用方式逐渐由低效粗放型逐渐向高效节约集约型转变，经济发展的动力源泉逐步过渡到物质资本、人力资本（劳动者素质、科学技术和管理创新等）和社会资本（产业结构、用地布局及制度创新等）等，经济发展方式也逐步过渡到投资拉动模式和精细增长模式。在这种转变过程中，其他生产要素逐步替代了自然资源要素，经济发展由主要依靠增加物质资源消耗向主要依靠科技进步、劳动者素质提高、管理创新转变。

三　经济发展方式与国土资源利用方式：理论框架

前面的分析表明：经济发展的动力源泉是生产要素的投入，自然资源（主要是国土资源）与其他生产要素之间的替代以及既定资源利用效率对经济发展方式有着决定性的影响。经济发展方式转变的关键就在于

表1-1   不同经济发展阶段资源利用方式

经济发展阶段	资源利用方式	经济发展方式
工业化初期	较为粗放	低效扩张模式
工业化中期	较为集约	投资拉动模式
工业化后期	高度集约	精细增长模式

摒弃靠自然资源和资本投入支撑经济发展的传统模式，采用靠提高既定资源利用效率及其他生产要素对自然资源的替代率促进经济发展的新型模式。再考虑到国土资源在我国自然资源中占有核心、主导地位，所以加快经济发展方式转变离不开国土资源利用效率的提高，国土资源利用方式的转变在经济发展方式转变中起到关键作用，居于主体地位。而影响国土资源利用方式转变有多种因素，其中产权与市场、规划管制、价格与税收、科技进步、治理结构等是关键的影响因素。不同经济发展阶段既定资源利用效率及其他生产要素对资源的替代关系的客观规律则表明：我国资源利用方式需要向高度节约集约转变，以促进经济发展方式从投资拉动模式向精细增长模式转变。因此，分析我国当前国土资源利用方式的现状，分析其与经济发展转型之间的矛盾，找出当前国土资源利用方式不适应经济发展方式转变的问题与原因就显得十分必要。而解决这些问题，就需要国土资源管理创新，提高国土资源利用效率，提高国民经济发展的活力和可持续性。创新的着力点和落脚点是国土资源的有效供给和高效配置。基于这种逻辑，本书建立了如图1-1所示的理论分析框架。

四 研究内容

基于上述理论框架，本书主要包括以下五个方面的研究内容：

（1）我国经济社会可持续发展与国土资源保障能力研究。从我国国土资源的严峻供求关系出发，深入研究国土资源保障能力与经济社会可持续发展的内在关系；并进一步分析国土资源有效供给与高效配置的影响因素及其评价标准，从而构建有中国特色的国土资源有效供给与高效配置的机制框架。我国作为一个正处于工业化中后期和城镇化快速发展阶段的发展中大国，人均国土资源占有量明显低于世界平均水平的客观现实，不尽完善的制度状况，以及国土资源的供需特征和发展趋势决定了我国国土资源保障能力建设必须兼顾经济、民生和生态环境，以实现

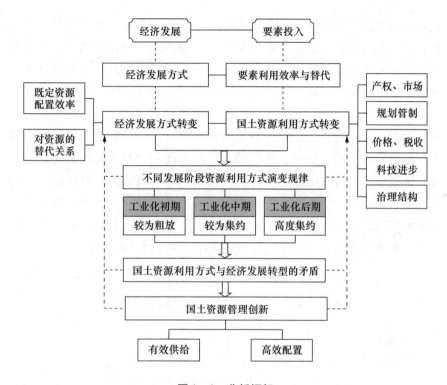

图 1 - 1　分析框架

全面、协调和可持续的发展。而要实现这一目标，则必须紧紧围绕国土资源的供给和利用，加强相关制度建设，完善经济治理结构，优化供求机制，通过国土资源的有效供给和高效配置实现国土资源对经济社会发展的可持续保障。

（2）土地资源有效供给与节约集约利用机制研究。从我国土地资源的现状及面临的问题出发，从耕地和建设用地两个方面分析土地资源有效供给和节约集约利用的主要途径；在分析其影响因素的基础上，构建有中国特色的土地资源有效供给和节约集约利用的机制体系。

（3）矿产资源有效供给与高效利用机制。在分析我国矿产资源对社会经济发展的"瓶颈"制约基础上，从资源勘查、国际贸易和集约配置等方面开展研究，探讨立足国内，充分利用国际国内两个市场、两种资源的我国矿产资源保障能力建设，构建矿产资源供给增长与集约配置机制。

（4）典型国家（地区）不同发展阶段土地、能源矿产利用特征及规律。对典型国家（地区）的国土资源有效供给与高效配置的战略进行分析，对国土资源有效供给与高效配置的实现途径进行比较研究，对有利于增强国土资源保障能力的法律法规和政策工具主要内容及其变迁进行剖析，并探讨国外实践对我国国土资源有效供给与高效配置的启示。

（5）我国国土资源有效供给与高效配置的政策设计。在国土资源有效供给和高效配置具体机制分析及国际经验借鉴的基础上，剖析我国国土资源有效供给和高效配置面临的关键政策问题，并评价相关措施现状及实施效果；然后提出我国国土资源有效供给与高效配置政策设计目标与思路，从政府与市场、社区治理等方面建立我国国土资源有效供给和高效配置治理结构改善的路径，最后从产权、市场、管制、税收、价格、技术、贸易等方面，提出我国国土资源有效供给和高效配置的政策体系。

第四节　本书的特色与创新

本书可能的特色与创新主要体现在以下几个方面：

（1）构建基于增强保障能力之中国特色的国土资源有效供给与高效配置的理论框架。中国人多地少矿产紧缺的基本国情和保障发展能力的国土资源战略需求，凸显国土资源有效供给与高效配置的重要性与必要性，在系统总结国内已有的模式和借鉴国外成功经验的基础上，基于国土资源人均量少、禀赋较差，矿产资源质差悬殊、分布不均、结构性矛盾突出，且总体上开发利用粗放的矛盾，深入研究的国土资源有效供给与高效配置的理论，探讨开源节流的途径与机制创新，成为本书需重点突破的理论命题。本书以"保障能力—有效供给—高效配置—机制创新"为主线，阐释了"有效供给、高效配置"的理论内涵，构建了转型期中国特色的国土资源保障能力建设及开发利用的开源节流实现途径与机制创新的理论分析框架，具体阐述如下：

首先，我国当前正处于一个重要的战略机遇期，如何提高国土资源对我国经济社会发展的保障能力，是一个值得引起全社会关注的重要问题，这就需要深入考察土地、矿产等稀缺资源的供给与配置状况及其与经济社会发展的联系，科学评价我国国土资源的保障能力，从而对我国国土资源开发利用有一个清醒的认识。

其次，在国际贸易日益发展的今天，提高国土资源对经济社会发展的保障能力，不能局限于利用国内资源，还可以依靠国际市场。但当前，国际贸易并非一帆风顺，而是充满了摩擦和争端。因此，寻找立足本国、依靠外国的国土资源有效供给和高效配置途径就尤为必要。

在此基础上，以土地资源和矿产资源为研究对象，通过建立国土资源有效供给和高效配置的评价标准，探析影响国土资源有效供给和高效配置的影响因素，提出土地资源和矿产资源有效供给及高效配置的实现机制，从而为提高国土资源对经济社会发展的保障能力提供机制创新的依据。

最后，通过借鉴国外（地区）国土资源有效供给和高效配置的经验，结合我国国情，提出中国特色的国土资源有效供给和高效配置的政策体系。

（2）研究内容体系完整，特色鲜明。本书既注重国土资源开发利用的开源节流基础理论与普遍规律的探讨，又针对土地和矿产两大主要国土资源分别进行具体研究与对比分析，研究设计则涵盖了理论框架、影响因素、核心途径、国际比较、机制创新与政策体系等多个层面，内容体系完整，研究内容设计具有一定的特色。

（3）国土资源有效供给与高效配置运行机制的研究具有创新性。国土资源有效供给与高效配置涉及两大关键机制，即市场机制与政府机制，市场机制主要包括价格机制、税收机制、财政补偿机制、利益激励及贸易机制等，政府机制主要包括用途管制、产权安排、生态补偿及调控机制等，本书立足于转变经济发展方式的崭新视角，对国土资源有效供给与高效配置运行机制进行了系统研究，并对不同区域土地资源及不同类型矿产资源有效供给与高效配置的模式开展了比较研究，提出了土地资源和矿产资源有效供给及高效配置的实现机制和政策体系。

第二章 国土资源保障与经济
社会可持续发展

国土资源是一国经济社会发展的基础保障，这种保障不仅体现在为发展提供绝大多数的物质资料和空间支撑，同时还涉及社会和谐与生态的可持续发展。我国 2010 年 GDP 总量达到 39.8 万亿元，一跃成为世界第二大经济体，但从发展水平来看，我国仍处于工业化中期阶段，产业构成以劳动和资源密集型的加工制造业为主，并付出了巨大的资源、环境代价；我国主要矿产资源保障年限远低于世界平均水平，主要金属矿产已探明人均储量不足世界人均值的 1/4，铁矿石对外依存度接近 50%，铜接近 70%，钾盐超过 80%，且有继续拉大之势（刘春江、薛惠锋等，2008）。2014 年全国废水排放量达 716.2 亿吨，二氧化硫排放量为 1974.4 万吨，氮氧化物排放量为 2078.0 万吨，工业固体废物产生量为 32.6 亿吨[①]，内陆十大水系中劣 V 类以下水质断面比例占 9.0%，全国重点监测的 61 个湖泊（水库）中富营养化比例达到 24.6%[②]，整体环境形势仍然不容乐观。国际经验表明，工业化中期是一个资源消耗的峰值阶段，但从各类资源的供需形势看，以我国现有的资源禀赋继续支持当前的发展模式面临巨大的挑战，同时现有的发展模式所导致的环境问题也带来了日益沉重的国内外压力。而从另一角度看，根据国际货币基金组织（IMF）发布的数据，2014 年我国人均 GDP 7589 美元，仅排名世界第 80位，要持续提高人民的福祉水平，经济发展尚任重道远。国土资源供给保障与经济社会发展需求的矛盾已经成为制约我国可持续发展的突出问题，在这样的一个形势下，如何转变国土资源的利用和管理方式，有效提高国土资源对经济社会发展的保障能力，已经成为转变经济增长方式

---

① 资料来源：《全国环境统计公报》（2014）。
② 资料来源：《2014 中国环境状况公报》。

这一国家战略下的重大课题。

第一节　国土资源与经济社会发展

国土是一国主权管辖下的地域空间的总称，包括领土、领海和领空。国土资源则是这一地域空间范围内各类资源的总称；在广义上国土资源包括自然资源和社会经济资源；狭义上则主要是指各类自然资源，包括土地资源、气候资源、水资源、生物资源和矿产资源五大类，其中特别是土地和矿产资源由于和经济发展的紧密关联受到普遍的重视。国土资源是一国人民赖以生存和发展的基础，其利用、保护和管理是一国公共政策的核心内容之一，具有十分重大的意义。在本书中，重点关注其中的土地资源和矿产资源两个部分。

一　国土资源在经济社会发展中的地位和作用

（一）基础性

国土资源既为一国人民提供了基本的生存空间，也是其生产、生活所需各类自然物质资料的主要来源，因而对一国经济社会的发展具有重要的基础性作用。据估计，人类的食物88%由耕地提供，10%由草地提供，人类消费的蛋白质95%以上来自土地（沈镭、成升魁，2002）；世界上95%以上的能源、80%以上的工业原材料和70%以上的农业生产资料来自矿产资源，还有30%的地下水供农业生产灌溉用水，40%以上的纺织品材料是由矿产加工而成的化纤尼龙材料（王安建、王高尚，2002）。国土资源的总量约束程度及其变化决定着一国长期的经济发展规模和速度，部分重要资源的匮乏甚至成为发展中的"瓶颈"，如我国西部许多地区水土资源的严重缺乏制约其发展甚至逐渐不适于人类居住，日益高企的矿产资源对外依存度对我国相关制造业的长期发展也成为一个突出的限制性因子。同时，国土资源的种类、品质和数量直接影响着国家或地区的经济结构和发展特征，相对全面的资源种类和丰富的资源储备更有利于形成产业部门体系完整、发展协调度高的经济体系；一些国家和地区尽管由于某类资源储量丰富可能在短期获得较快的发展，创造大量的财富，但从长期看，经济发展对优势产业形成的"路径依赖"和产业本身的非持续性可能使该国或地区的长期发展面临巨大的挑战，我国由国务院先后批准确定的 69 个"资源枯竭型城市"就是由于长期对优势资源过度依赖，在资源枯竭后陷入产业快速萎缩、地方财力严重下降、人均收入水平大幅降低的发展困境，我国其他一百多座矿业城市中相当一部分开发时间较长的也即将面临类似的问题；在国际上，比如 OPEC（石油输出国组织）中部分高度依赖于石油产业的成员国，其单一的产业结构对其经济社会政策的选择也形成了严重的制约。从这一意义上，国土资源体现着一国的综合国力和可持续发展的能力，是一国长期持续发展的物质和空间基础。随着经济全球化的发展和 WTO（世界贸易组织）在国际贸易中作用的发挥，国内、国外"两种资源、两个市场"一方面为缓解资源约束、摆脱资源过度依赖提供了良好的契机和条件，但同时，旧有贸易壁垒的打破也加剧了国际范围内对资源的竞争和争夺，并深刻影响和改变着一国的资源利用战略。这进一步凸显了国土资源的基础性地位和对国家发展的保障作用。

（二）战略性

国土资源的基础性地位使其对国家的经济发展、政治安全、社会稳定和生态环境的可持续性具有极其重要的影响，世界地缘政治发展和演变背后最主要的驱动力就来自对资源需求的保障，这使国土资源自然具有了影响一国经济社会发展全局的战略性地位。国土资源，特别是一些与国计民生紧密相关的关键性资源的有效供给和合理配置，有利于一国的社会稳定和政治安全，有利于一国经济的有序运行和稳定增长，并对生态环境系统有效提供各种生命支持服务具有重要的影响。在经济全球化和国际竞争加剧的背景下，在国家层面构建关系国计民生的战略性资源安全保障供给体系，特别是与国民经济发展紧密相关、供需矛盾紧张以及对于社会经济发展具有"瓶颈"影响的基础性、稀缺性的自然资源，以实现国民经济的持续、稳定、健康发展，是应对挑战和实现经济社会持续发展的基本对策（姚予龙、谷树忠，2002）。

由于资源禀赋、发展阶段、国际地位和发展方式等的差异，国土资源战略在不同国家表现出不同的特征。在美国的 21 世纪国家战略中，重点强调了能源特别是石油供给的保障，明确要保持重要产油区的地区稳定和安全，从而确保美国拥有得到这些资源的机会和这些资源的自由流动。[①] 俄罗斯的国家发展战略中则突出了对自然资源枯竭和生态状况恶化的担忧。[②] 中国目前既是资源存储量大国和开采大国，同时也是资源的消费大国，钢、铜等10种有色金属、煤炭、水泥等矿产品产量和消费量均位列世界第一[③]，还是全世界最大的粮食进口国之一；未来随着中国社会经济的发展，资源消费还将进一步增加；同时，中国部分优势资源的出口在国际市场上占据着压倒性的比重，2009年中国稀土产量占全球97%，锑产量占全球88%，钨产量占全球81%，而这三种资源中国的储量分别只占世界的36%、38%和60%。在贸易自由化背景下，中国重要资源的进口既面临激烈的竞争和挑战，主要出口资源也背负着沉重的国际负担，国土资源利用和开发战略对经济社会的长期发展具有至关重要的作用。其中，土地资源特别是耕地资源、以石油和天然气为主的能源资源、战略性矿产资源（铁、铜、铬、钾等）、水资源以及资源开发利用中的生态环境问题是我国当前国土资源战略中应引起特别关注的一些方面。

（三）安全保障性

国家安全是一个国家的基本利益，传统的国家安全主要表现在领土、主权、政治、军事等方面，在第二次世界大战特别是"冷战"结束以后，随着世界经济的快速发展以及全球化进程的持续推进，能源安全、经济安全、信息安全、疾病扩散、生态环境等非传统安全受到了日益广泛的关注，成为国际政治领域中的重要议题，国土资源由于其基础性和战略性作用日益成为国家安全体系中的重要组成部分。在20世纪70年代，石油安全、食物安全先后在不同背景下被提出，此后，淡水、生态环境、核能等先后进入国家安全关注的范畴，随着对资源关注范围的不断扩大，在20世纪90年代中后期，资源安全作为一个总体性的概念开始出现并得到广泛的应用。国土资源安全保障性作用的凸显除了因为其基础性和战略性作用以外，主要和当代经济社会的快速发展导致的资源供需矛盾日益突出，进而围绕资源的国际竞争日益加剧直接相关；同时，"冷战"结

---

① The White House, A National Security Strategy for a New Century ［EB/OL］. http：//www. dtic. mil/doctrine/jel/USA，1999.

② Russian Federation Security Council, Russian National Security Concept ［EB/OL］. http：//www. rusiaeurope. mid. ru/Russiaeurope，2000.

③ 国土资源部《2011中国矿产资源报告》。

束以后世界出现的多极化发展趋向和文化的多元主义使传统的国家安全威胁相对淡化，人们更加关注经济社会发展和生态环境保护等议题也是非传统安全领域包括资源安全受到重视的重要的环境因素。国际上对资源安全的关注主要集中在以石油为主的能源安全、食物安全、基因资源安全、水资源安全以及重要矿产资源安全等方面，特别是前三项受到的关注最多也最为持久（谷树忠、姚予龙等，2002）。中国作为一个快速发展的人口大国，资源安全具有其特定的内涵，其中，粮食安全、经济安全、环境安全等是受到特别关注的方面，具体到国土资源的开发利用，耕地资源的保护、重要能源矿产资源的开发和贸易是国土资源安全保障中的重要内容。

二 我国国土资源与经济社会发展现状与特点

（一）我国国土资源的现状与特点

国土资源在一国经济社会发展过程中具有重要的地位和作用，但由于资源分布具有典型的地域性特征，不同国家和地区均有其优势资源，相比其他国家或地区也表现出不同的资源优势。科学的国土资源利用和管理策略有助于规避资源短板，提升和保持一国或地区的竞争力；而资源利用政策的科学制定需要对一国或地区的资源现状做出客观的评价。总体来看，我国国土资源主要具有以下三个方面的特点：

1. 资源总量大，种类较为齐全

我国国土面积广大，从气候上包括东部季风区、西北干旱区和青藏高寒区三大地带，在纬度带上从热带、亚热带一直过渡到寒温带，不同区域在基本的光照、热量、降水上存在明显的差异；在地貌类型上则包括山地、丘陵、高原、盆地、平原等不同类型；由于这种丰富的差异性，我国是世界上生态系统多样性最为丰富的国家之一，广泛分布着不同类型的森林、草原、荒漠、湿地、农田、海岸与海洋生态系统，多样的生态系统为我国提供了极其多样的物种和土地资源。我国目前耕地总面积1.35 亿公顷，占国土总面积约 14.30%；园地 0.14 亿公顷，占国土总面积约 1.50%；林地 2.53 亿公顷，占国土总面积约 26.70%；牧草地 2.20亿公顷，占国土总面积约 23.20%；各类建设用地共计 0.37 亿公顷，占国土总面积约 4.00%①。仅长江、黄河等七大主要水系流域面积就达

---

① 资料来源：《2014 中国国土资源公报》。

4.29 亿公顷，河长 1.98 万千米。

同时，中国是世界上矿产资源种类齐全、储量丰富、开发配套程度较高的少数国家之一。2004 年统计数据显示，我国已发现矿产 173 种，探明有储量的矿产有 155 种，其中能源矿产 8 种，金属矿产 54 种，非金属矿产 90 种，水气矿产 3 种，矿床、矿点 20 多万处，经详细工作的 2 万余处，是全球矿产资源种类比较齐全的国家之一；已探明矿产资源总量约占全世界的 12%，仅次于美国和俄罗斯，居世界第 3 位。其中，稀土、锡、钨、钼、锑十余种矿产资源在世界范围内具有明显的优势，储量位居世界前两位，人均占有量超过世界人均水平，而且资源质量和开发利用条件都较好，具有较强的国际竞争力。

近年来，随着我国逐渐加大对地质资源调查和矿产资源勘探的资金、技术等投入，不断创新矿产资源勘探开发的投资体制，新查明矿产资源也在不断增长。通过 1999 年开始实施的新一轮国土资源大调查，我国发现了大批新的矿产地，铁、铜、钾盐等国家紧缺矿产资源在找矿上取得重大突破，在西藏中部、新疆罗布泊和阿吾拉勒等地逐步形成了资源总量巨大的铜、铁、钾盐等资源接续基地。仅"十一五"期间我国新发现矿产地达 2839 处，石油、天然气、煤、铁、铜、铝、铅、锌和金等重要矿产勘查均取得了明显进展。截至 2011 年，我国石油、天然气的剩余技术可采储量分别为 32.40 亿吨、4.02 万亿立方米；煤、铁（矿石）、铜、铝（矿石）、铅、锌、钾盐（KCl）和金等重要矿产的基础储量分别为 2157.90 亿吨、192.80 亿吨、0.28 亿吨、10.51 亿吨、0.13 亿吨、0.31 亿吨、6.08 亿吨和 1790.40 吨。

2. 资源人均占有水平较低，供需矛盾突出

尽管我国资源总量较大，土地生态系统多样性非常丰富，并有二十种左右在世界上具有明显优势的矿产资源类型，但由于人口基数庞大，我国国土资源人均占有水平相比世界平均水平总体上明显偏低。就土地资源而言，我国目前人均耕地面积约 0.10 公顷，人均森林面积 0.15 公顷，人均草地面积 0.16 公顷，分别占到世界人均水平的约 40%、25% 和 32%（见图 2-1）[①]。随着我国人口继续增长和经济社会的快速发展，耕地保护面临日益严峻的挑战；尽管随着近年来全国性的退耕还林和天然

---

① 根据《2014 中国国土资源公报》《2014 中国统计年鉴》相关数据测算。

林保护工程的推行，人均森林面积呈上升趋势，但无论从现有森林的林相结构还是从气候与环境改善的长远目标看，森林建设仍然有较大的推进需求；而从草地资源看，虽然相比较耕地等资源人均保有水平相对较高，但面临着较为普遍的生态退化风险，据国务院发展研究中心 2006—2009 年的研究显示，全国 90% 以上的可利用天然草场存在不同程度的退化，其中轻度退化面积约占 57%，中度退化面积约占 31%，重度退化面积约占 12%。在国土面积总量有限的前提下，耕地保护、生态退耕和建设发展之间的矛盾势必进一步突出，2007 年国家为确保"18 亿亩耕地'红线'"已暂时停止了新的退耕安排，与此同时，地方年度新增建设用地计划指标则只能满足各类建设约 50% 的用地需求。

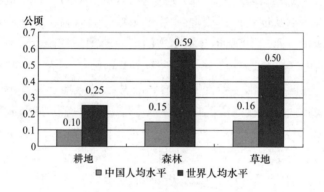

图 2-1 人均主要土地资源比较

从矿产资源看，我国大部分支柱性矿产资源的储量规模占世界总量的比例不高，如铁矿石不足 9%、锰矿石约 18%、铬矿只有 0.1%、铜矿不足 5%、铝土矿不足 2%、钾盐矿小于 1%、煤炭占世界总量 16%、石油占 1.8%、天然气占 0.7%（雷涯邻，2010），矿产资源对经济社会发展的保障能力明显低于世界平均水平。我国人均矿产资源水平也相对较低，仅为世界人均占有量的 58%，居世界第 53 位。其中，石油资源的人均占有量只有世界人均水平的 11%，天然气不足 5%，主要金属矿产已探明人均储量不足世界人均值的 1/4（雷涯邻，2010；刘春江、薛惠锋等，2008）。随着我国主要矿产资源需求量的持续增长，矿产资源储量保障能力不足和矿山生产能力相对低下的矛盾将进一步加剧，矿产资源的供需缺口可能持续拉大。据国土资源部对 2020 年我国重要大宗矿产资源国内供需缺口分析表明：2020 年铁矿石需求缺口为 2 亿吨左右（铁精矿），铁矿石对外依存度大约为 57%；铜的供需缺口将在 410 万—460 万吨，对外依存度则高达 70%[①]。表 2 - 1 是中国和世界矿产资源静态保障程度的一个对比，从表 2 - 1 中可以看出，我国主要矿产资源的静态保障水平明显低于世界平均水平，石油、铁、锰、铬、铜、铝、钾盐等都需要部分依赖进口才可以满足年度消费水平，特别是铬、铜、钾盐等矿产的消费主要依赖于进口的保障。

表 2 - 1　　　　中国及世界主要矿产资源的静态保障程度　　　　单位：年

			石油	煤炭	天然气	铁矿石	锰矿石	铬矿	铜矿	锌矿	铝土矿	钨矿	稀土矿	钾盐矿
静态保障年限	储产比	世界	43	228	64	141	100	257	27	24	189	87	1012	327
		中国	15.3	113	44.2	48.3	23.3	18	32.1	14.3	32.1	31.9	324	242
	储消比	中国	11.6	113	44.2	39.2	21.6	4.1	12.5	19.1	30.5	62.2	1135	14.5

注：世界储产比约等于储消比。

资料来源：王安建、王高尚：《矿产资源与国家经济发展》，地震出版社 2002 年版，第267 页。

3. 资源总体质量不高，支柱性资源后备开发潜力有限

我国国土资源总体上质量也不高，主要资源后备开发的潜力都比较有限。从土地资源来看，我国呈现出山地多平原少的总体特征，其中山地与丘陵占全国土地总面积的 43%、高原占全国土地总面积的 26%、盆地占全国土地总面积的 19%、平原占全国土地总面积的 12%（林培，1996）。大部分山地和丘陵区由于地势落差，容易发生水土流失，土层厚度比较薄，土壤质地不高。我国耕地总体质量不高，以亩产量为标准，我国高产田仅占 21%、中产田占 37%、低产田占 42%；耕地有机质含量一般为 1%—2%，全国 56% 的耕地严重缺钾、51% 的耕地严重缺磷（姜文来，2008）。随着近年来建设步伐的加快，优质耕地流失的速度也在加快，而通过占补平衡补充的耕地质量从自然条件、基础设施、土壤肥力

[①] 中华人民共和国国土资源部：《中国矿情通报》，2005 年。

等方面都难以与流失的耕地相比，这在一定程度上进一步降低了我国耕地资源的总体质量水平。据统计，1997—2005 年全国灌溉水田减少 93.13 万公顷，水浇地减少 29.93 万公顷，而同期各类补充耕地中，有排灌设施的不足 40%；与此同时，2005 年时全国水土流失面积达 3.56 亿公顷，退化、沙化、碱化草地面积达 1.35 亿公顷。[①] 随着各地工业化的快速发展，以及不合理的农业生产方式，土壤重金属污染、水体富营养化、土壤板结和生物活性下降等污染和生态退化现象也日益严重。

建设用地扩张和耕地保护是我国土地资源利用中当前所面临的突出矛盾之一，要实现"保障经济发展和保护耕地资源"的"双赢"，宜农后备资源的开发是一个重要的途径，但从国土资源部公布的资料来看，我国目前宜农后备资源潜力仅 0.13 亿公顷左右，其中又有近 60% 以上分布在水源不足和生态脆弱地区，开发利用的难度较大。邓祥征、黄季焜（2005）等发现 1986—2000 年在土地转移的一级类型上，草地转移为耕地的面积占耕地总转入量的 55%，林地转移占耕地总转入量的 28%，未利用地开垦只占新增耕地的 17% 左右，同期我国耕地面积尽管增加了 265 万公顷，但耕地的平均生物生产力则下降了 2.2%。不合理的耕地垦殖还加剧了我国长江等流域的水土流失和旱涝灾害，并导致生态系统整体服务功能的下降。耕地后备资源不足已经成为当前经济社会发展和耕地资源保护矛盾突出的一个重要制约因素。

矿产资源的总体情况也基本类似。从矿产资源的质量来看，我国铁矿平均品位为 33.5%，比世界平均品位低 10% 以上；锰矿平均品位为 22%，而世界平均品位为 48%；铝土矿以一水硬铝石为主，三水铝石和一水软铝石较少；铜矿品位大于 1% 的储量仅有 35%，平均品位为 0.87%；磷矿平均品位仅有 16.95%，富矿少，且胶磷矿多，选矿难度大。在矿床规模上，中小型矿床所占比例较大，不利于规模开发（邵建波，2000）。从矿产资源后备资源情况来看，根据第二轮矿产资源对国民经济建设保证程度论证结果来看，我国各矿种可利用矿区储量占探明总储量的 30%—80%，而可利用矿区中的可采储量一般只占可利用矿区储量的 40%—70%，这说明总体上我国矿产资源现有储量中只有 60% 左右可开发利用，35% 左右可以采出，因而实际可利用储量明显不足（宋瑞

---

① 资料来源：《全国土地利用总体规划纲要（2006—2020 年）》。

祥，1996）。截至 2011 年，中国矿产资源总体查明率平均为 36%，其中，铁、铝土矿查明率分别为 27% 和 19%；石油探明率为 26%，天然气探明率为 15%；一方面尽管说明矿产资源仍然有较大的勘探潜力，但另一方面也说明大部分矿产资源的勘探开发具有较大的难度，可利用性有限。[①]

（二）我国土地资源与社会经济发展

"十二五"时期，是我国全面建设小康社会的关键时期，既是重要的战略机遇期，也是矛盾凸显期。在这一阶段，客观上需要大量耗费自然资源，特别是土地、能源、金属矿产资源，由此中国将进入资源的需求高强度刚性增长阶段和资源开发利用的敏感期。据测算，直至 2030 年，随着中国经济进入后工业化时期和人口增长进入平稳期，中国对国土资源的需求才可能进入稳定期。因此，未来 20 年左右的时间，国土资源保障经济社会发展的压力将持续增大。因此，深刻剖析土地利用所面临的宏观环境与主要矛盾，为建设资源节约型和环境友好型社会提供必要的土地资源保障显得尤为重要。目前，我国经济社会发展与土地利用之间的矛盾主要体现在为保障粮食安全而引起的土地供给不足与经济发展必需的建设用地有效需求之间的矛盾。

1. 经济增长和生态保护建设导致耕地总量快速下降

20 世纪 80 年代初改革开放以来，我国经济长期保持较快增长，年均 GDP 增长率始终保持在 10% 左右，随着经济快速增长和人民生活水平的提高，各类建设用地迅速扩张，其中相当一部分来自对耕地的占用。同时，20 世纪末全国生态退化特别是长江流域严重的洪涝灾害促使国家采取生态退耕的政策，通过退耕还林、退耕还湖和退耕还草等举措恢复和重建区域的生态环境，全国性大规模的生态退耕成为耕地数量减少的另一个重要动因。根据 1996 年全国土地资源利用详查数据，当年我国耕地面积 1.30 亿公顷，到 2008 年我国耕地面积减少到 1.22 亿公顷，年均净减少 69.59 万公顷，年均减少速率约为 0.55%。其中 2002 年、2003 年两年耕地减少量分别达到 168.62 万公顷和 253.74 万公顷的峰值水平，此后耕地年度减少水平才有所回落。在我国近年耕地减少的构成中，为改善生态环境进行生态退耕的保护性减少主要发生在 2001—2007 年，从图 2-2 可以看出，2002 年、2003 年两年耕地减少峰值年份的出现在很大

---

① 国土资源部《2011 中国矿产资源报告》。

程度上和这两年大规模的生态退耕存在紧密的关联，再比较图 2 - 2 及图 2 - 3 还可以发现，从 2001 年到 2008 年我国耕地减少的速率变化趋势与生态退耕之间保持着高度的一致，可以认为这一时期耕地减少的主要驱动在于生态退耕。

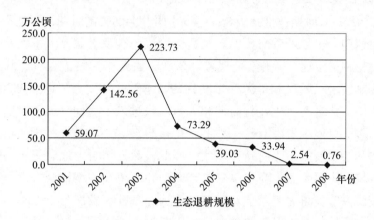

图 2 - 2　2001—2008 年我国生态退耕规模趋势

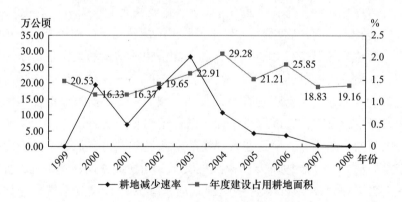

图 2 - 3　1999—2008 年全国年度建设占用耕地面积与耕地面积减少速率变化趋势

注：耕地减少速率 =（上年耕地面积 - 当年耕地面积）/上年耕地面积×100%。

从建设占用耕地的方面来看，1999—2008 年近十年间，建设用地年均占用耕地 21.01 万公顷，尤其是在 2002 年以后，随着我国社会经济飞速发展，建设用地面积快速扩张，年度建设占用耕地面积明显上升，直到 2007 年才有所回落（见图 2 - 3）。同时，自 2007 年生态退耕政策暂缓安排新的退耕任务以后，建设占用耕地逐渐成为耕地减少的主因，2007年、2008 年两年建设占用耕地分别占到耕地减少总量的 55.27% 和 68.91%。理论上随着经济发展水平的提高，土地资源的稀缺程度上升，政策管制力度加强，将促进其他要素对土地资源的替代，从而使耕地减少趋缓，利用 1996—2010 年我国耕地资源面积与人均 GDP 数据相关统计分析可以发现，随着人均 GDP 水平的提高，耕地资源面积呈对数减少趋势（见图 2 - 4），根据图 2 - 4 中公式计算，在目前人均 GDP 约 30000 元水平上，人均 GDP 每增加 1000 元耕地面积将减少 20.11 万公顷，从这一粗略趋势也可以看出，我国经济社会发展使耕地保护面临着巨大的压力。

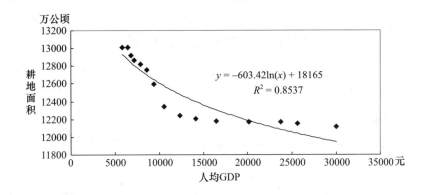

图 2 - 4　1996—2010 年全国耕地面积与人均 GDP 变化关系

2. 建设用地总量持续增长，区域差异显著

随着我国工业化、城镇化的快速发展，一方面各类城镇建设用地、道路交通等基础设施用地保持了较快增长，但同时，在 1998 年以后，耕地占补平衡政策的实施也在很大程度上促进了各类低效村庄用地、废弃工矿用地的整理复垦工作。1999—2010 年，我国国内生产总值从 89677.1 亿元增长到 401202.0 亿元，工业增加值从 35861.5 亿元增长到 157638.8 亿元，第三产业增加值从 33873.4 亿元增加到 148038.0 亿元；2010 年我国三次产业构成为 10.1∶46.8∶43.1，三次产业对 GDP 增长的贡献率为 3.9∶57.6∶38.5。从这里也可以看出，第二产业在我国经济增长中仍占据主导地位，反映在建设用地当中，从全国和区域角度分别看，建设用地总量全部呈持续增长态势，1999—2008 年全国建设用地总面积从 3020.64

万公顷持续扩展到 3305.78 万公顷，平均年增长率 1.01%（见图 2-5），其中居民点及工矿用地由 2457 万公顷扩大到近 2692 万公顷，10 年间用地总规模增加了近 10%。从建设用地的增长速度来看，1999—2002 年建设用地增长相对缓慢，平均年增长率为 0.57%；2003—2006 年，建设用地增长幅度较大，平均年增长率达到 1.31%，其增速是前一阶段的 2 倍多；2006 年以后，建设用地增长速度有所减慢，平均年增长率降低到 1.07%。同一时期，我国人口从 12.58 亿人增加至 13.28 亿人，人均建设用地面积则由 240.14 平方米增加到 248.93 平方米，年均增长率约为 0.40%（见图 2-5）。通过对全国 1999—2008 年建设用地面积与人均 GDP 的定量分析可以发现，建设用地面积与人均 GDP 值呈显著的对数相关关系（见图 2-6），按这一公式粗略估算，在目前人均 GDP 30000 元水平上，人均 GDP 每增加 1000 元建设用地总面积将净增加 8.37 万公顷。从全国各省市区的人均 GDP 及建设用地总面积看，也普遍表现出类似的变化特征。

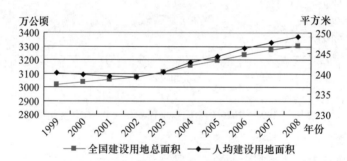

图 2-5 1999—2008 年全国建设用地面积变化

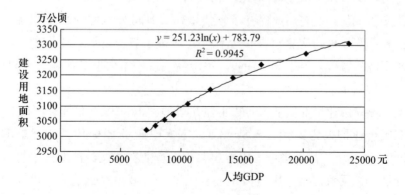

图 2-6 1999—2008 年全国建设用地面积与人均 GDP 变化关系

　　建设用地变化和经济社会发展之间存在紧密的关联，但其变化的内在机制则较为复杂。通常认为经济增长和人口发展会促进建设用地总量的增长；但从理论上看，随着经济发展水平的提高，要素之间的相对稀缺性发生变化，将促进建设用地资源的集约利用。事实上这两种情况在不同的经济发展阶段都可能发生。

　　通过前述分析，在我国近 10 年间，全国层面以及各省区内部经济社会发展与建设用地总量扩展之间都存在较强的统计相关性，这充分说明我国目前总体上仍处于一个外延扩张型的发展阶段，但随着其增幅趋缓，也说明建设用地的利用效率在逐步提高。

表 2 – 2　　　　　　　2008 年三大区域省际人均 GDP 与建设用地比较

指标	东部	中部	西部
人均 GDP（千元）	40.16	18.95	16.72
人均建设用地（平方米）	242.46	277.18	323.99

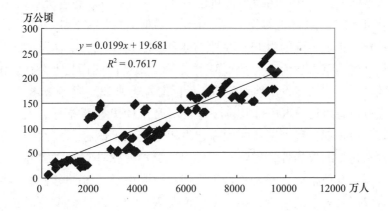

图 2 – 7　2001—2008 年省际人口与建设用地变化

　　但对我国各省级行政区之间作一比较可以发现，主要经济、社会指标与建设用地指标之间的这种相关性特征不复存在，对各省级行政区2001—2008 年的面板数据进行统计检验可以发现，各省人口总量变动与建设用地总量间存在较强的线性相关性（见图 2 – 7），各省 GDP 总量变动与建设用地总量间呈对数相关，但相关程度较弱，R^2 仅为 0.4509（见图 2 – 8）。

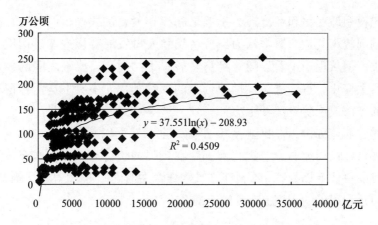

图 2-8　2001—2008 年省际 GDP 与建设用地变化

省际人均 GDP 水平和建设用地、人均建设用地的变化则几乎没有相关性。以 2008 年省级行政区人均数据经平均计算可以发现，东部、中部、西部三大区域之间人均 GDP 和人均建设用地之间呈现出负相关的总体特征[①]，东部地区人均 GDP 水平最高，人均建设用地水平则最低，西部人均 GDP 水平最低，而人均建设用地水平则最高（见表 2-2）。在省级行政区中，人均 GDP 水平最高的上海为 72.54 千元，最低的贵州仅为 8.79 千元，两地人均建设用地则分别为 134.24 平方米和 146.89 平方米；人均建设用地水平最高的内蒙古自治区为 618.31 平方米，最低的同样是上海；全国省级行政区层面人均建设用地面积的统计标准差达到 122.35 平方米。

　　通过对省级行政区内部及省际建设用地和 GDP 总量指标、人均指标的比较可以发现，我国区域之间在建设用地变化上既存在共性的特征同时也存在显著的差异性，省际对建设用地总量变化具有较强解释力的主要是人口，其他指标之间相关性不强或没有相关性。统计分析的结果可能隐含以下几方面的含义：第一，这说明现有的经济社会发展对建设用地的使用仍然延续着传统的外延扩展模式，区域内部随着经济发展水平的提高缺乏对建设用地结构和利用效率的有效优化；省级行政区中近年人均建设用地面积仅北京、天津、广东、海南、新疆等地出现了比较明

---

　　① 这里东部区域指北京、天津、河北、辽宁、上海、江苏、浙江、福建、山东、广东和海南 11 个省（市）；中部地区有 8 个省级行政区，分别是山西、吉林、黑龙江、江西、河南、湖北、湖南、安徽；西部地区包括的省级行政区共 12 个，分别是广西、内蒙古、重庆、四川、贵州、云南、西藏、陕西、甘肃、青海、宁夏、新疆。

显的下降趋势。第二，区域建设用地的利用更大程度上受到自然条件、土地资源禀赋和传统的居住习惯等因素的影响，建设用地的利用管理对其约束力不足。第三，由于建设用地的整治复垦相比未利用地的开发可以有效规避生态上的影响，并能改善和优化区域土地利用结构，今后全国层面的整治复垦除各地区内部城乡之间的增减挂钩等举措以外，如何针对区域之间的差异性通过异地挂钩盘活其中蕴含的空间优化潜力，实现保护耕地、保障发展、优化生态的多重目标，是值得大力探索的一个重要方向。

3. 生态用地改善与退化并存，其利用与保护需要更加明确的制度框架

由于观念认识和制度安排等方面的原因，生态用地的利用与保护在我国长期缺乏足够的关注，一些具有重要生态功能的用地往往被从经济利用的角度加以看待和评价，比如林地和牧草地被归为农用地，沼泽滩涂等被作为未利用地，其生态上的特性在土地利用中往往被忽视，结果随着经济社会的发展，生态环境的退化一度造成了严重的后果。20 世纪90 年代末期，由于长期的湿地围垦和植被采伐，长江流域连年发生严重的洪涝灾害，直接促使中央政府做出了"生态退耕"和"天然林资源保护工程"等一系列的强力举措。经过不到十年的努力，我国生态用地的保护取得了明显的改善，到 2009 年全国已累计完成退耕还林 2700 万公顷，占到同期全国林业重点工程造林总面积的 50% 以上，全部成林后将使全国森林覆盖率平均提高近 3%（赵玉涛，2008）。根据 2009 年我国公布的第七次森林资源清查资料，全国森林面积和人工林面积分别比第六次森林资源清查结果（2003 年）净增 2053 万公顷和 840 万公顷，人工林面积继续保持世界首位，使森林覆盖率提前实现了 2010 年森林覆盖率达到 20% 的奋斗目标（贾治邦，2010）。同时，根据国家环境保护部的数据，我国对典型自然生态区域的保护也取得了明显的成效，截至 2010 年年底，中国各类自然保护区已达 2588 个，广泛分布于全国各地，面积占国土面积的 15.5%，高于世界平均水平。

但同以上重点区域生态用地保护的进展相对应的是，我国的生态系统退化依然普遍存在。根据"第二次全国农业普查主要数据公报（第六号）"公布的结果①，在我国耕地总量中，西部地区分布的耕地占到

---

① 截止时间为 2006 年 10 月 31 日，不包括港、澳、台地区。

36.9%，东部地区、中部地区和东北地区分别占 21.7%、23.8% 和 17.6%；旱地在耕地当中占到 55.1%；坡度在 15°—25°、25° 以上的耕地分别占 9.2% 和 3.3%，其中坡度在 25° 以上的耕地面积达到 404.09 万公顷。许多西部地区的旱地，以及陡坡耕地通常耕作条件较差，极易发生水土侵蚀，在生态上适于继续有计划地安排退耕。另外，我国持续增加的城镇、农田、公路、铁路等各类建设，一方面导致了许多自然栖息地的消失，同时还使整片的栖息地被分割成碎片状的"生态岛屿"，使生态多样性和生态系统的功能服务持续下降；现代农林业在许多情况下是以特定品种为主导的单一化种植结构，从而严重影响了生态系统的稳定性（刘海龙，2009）。全国众多河流中的梯级水电开发、对河道的工程化改造，导致水生态系统持续退化，水体的生态调节能力下降，洪涝灾害风险增大。尽管在城市建设中"绿化"也受到普遍的重视，但大多数绿化植物种类单一，热衷于人工化、园林化和外来物种的引进，其综合生态服务功能不强，且往往导致原生生态系统的破坏（Wang, Jiang et al.，2007）。

总体上看，我国目前对国土生态用地的保护偏重于重点生态区域的保护，形成了包括自然保护区、风景名胜区、国家森林公园、湿地公园等不同层次的保护系统，但尚未形成整体性的生态保护网络，特别是在各地的土地利用和城市规划当中，生态用地的利用与保护还未真正形成有效的制度保护框架，从生态学的理论出发对生态用地区域的划定、管制规则和管理方式等做出明确的限制性规定，这对建设良好的生活环境，全面提高人们的生活质量具有长远的意义。

（三）我国矿产资源与社会经济发展

我国矿产资源种类众多，资源禀赋和利用条件存在较大的差异，资源贸易和利用结构彼此之间也各不相同，但从与国民经济和社会发展紧密相关的主要能源矿产资源的供需情况看，我国矿产资源与社会经济发展呈现出如下的总体特征和趋势：

1. 主要矿产资源产量和消费量均位居世界前列，且呈持续增长趋势

随着我国经济的快速增长，矿产资源的产量和消费量也持续增长。1991—2011 年，我国原油产量从 1.41 亿吨增至 2.04 亿吨，增长 0.44 倍；煤炭产量从 10.84 亿吨增至 35.2 亿吨，增长 2.2 倍；铁矿石从 1.91 亿吨增至 13.3 亿吨，增长近 6 倍；十种有色金属从 299 万吨增至 3434 万吨，

增长近 10.5 倍；粗钢从 4.2 亿吨增至 6.3 亿吨，增长 50%；水泥从 2.53 亿吨增至 20.6 亿吨，增长近 7.2 倍；20 年累计生产石油 35 亿吨、煤 377 亿吨、铁矿石 92 亿吨、水泥 184 亿吨等（汪民，2012）。其中，在"十一五"期间，中国原油产量从 1.85 亿吨增至 2.03 亿吨，增长近 10%；煤炭从 25.3 亿吨增至 32.4 亿吨，增长 28%；天然气从 586 亿立方米增至 968 亿立方米，增长 65%；10 种有色金属从 1917 万吨增至 3093 万吨，增长 61%；铁矿石从 5.9 亿吨增至 10.7 亿吨，增长 82%；粗钢从 4.2 亿吨增至 6.3 亿吨，增长 50%。[①] 尽管近年来主要矿产资源国际国内的供需矛盾日益突出，但我国国内的产量仍然保持了持续增长，较好地保障了国内经济社会的稳定发展。同时，我国优势矿产资源的开发还为世界经济的增长做出了巨大贡献，2009 年中国稀土以占世界 36% 的储量实现了全球 97% 的产量，锑以占世界 38% 的储量实现了全球 88% 的产量，钨以占世界 60% 的储量实现了全球 81% 的产量。

与矿产资源的产量同步增长的是中国国内对矿产资源的消费量。目前中国已经成为世界上煤炭、铁矿石、氧化铝、铜、水泥消耗量最大的国家，石油消耗量居世界第二位，是世界上主要的资源消耗大国（成金华，2010）。国际铜研究小组（ICSG）的统计表明：中国的铜消费量在 1999—2008 年增长了约 370 万吨，若将中国铜消费量排除在外，全球消费量仅微增 0.1%。《BP 世界能源统计 2009》显示，2008 年世界天然气需求增长幅度最大的国家是中国，达到 15.8%，中国的煤炭需求则占到全球需求的 43%。从这里也可以看出，中国经济的快速增长是以资源的大量消费为代价获得的，随着经济总量的迅速扩大，矿产资源对我国经济社会发展的限制也势必将更加突出，矿产资源的供给保障和经济发展方式的转型将成为两个重要的战略选择。

2. 资源利用总体效率偏低，但已出现明显改善

同我国矿产资源庞大的产量和消费量长期伴随的是资源的粗放利用，这其中既有经济发展的阶段性限制等客观原因，更重要的则在于制度建设的滞后。目前，中国大中型钢铁企业吨钢可比能耗较国际先进水平高 15%，较火电供电煤耗高 20%，较水泥综合能耗高 23.6%（成金华，2010）。据中国科学院可持续发展战略研究组（2006）研究显示，选取一

---

① 国土资源部《2011 中国矿产资源报告》。

次能源、淡水、水泥、钢材和常用有色金属五种资源原材料消耗量计算节约指数，在占全世界 GDP 93.7% 的 59 个主要国家中，中国位于资源绩效最差的国家之列；中国五种资源的单位 GDP 消耗量是世界平均水平的 1.9 倍。国家"十五"计划期间，计划目标 GDP 年均增长 7%、能源消耗年均增长 3.26%、单位 GDP 能耗降低 15%—17%；但实际执行的结果反映出 GDP 每年增长 8.8%，能源消耗年均增长 10%，单位 GDP 能耗 5 年期间共计上升 7%。这些数据都说明中国长期以来并没有从根本上摆脱资源能源密集型的经济增长方式，与发达国家相比，仍处于十分粗放的发展阶段。

近年来，随着经济转型不断深入，以及国家资源环境政策管控的加强，我国矿产资源的利用效率有所提高，年均矿产资源的消费增长水平有所降低。"十一五"期间，国家规划 GDP 年均增长 7.5%、单位 GDP 能耗降低 20% 左右，二氧化硫和化学需氧量排放总量累计减少 10%；实际 GDP 年均增长 11.2%、单位 GDP 能耗降低 19.1%，二氧化硫排放总量累计减少 14.29%，化学需氧量排放总量累计减少 12.45%；从这一结果看，在这一时期我国经济增长的资源利用效率有明显改善，超过了预定的规划目标。特别是从 2008 年以来，随着《循环经济促进法》的出台，明确提出了资源消耗和废物产生减量化、废物再利用和资源化及相关的激励措施，循环经济得到广泛的推行，转变经济增长方式以及建设资源节约型、环境友好型社会的发展理念不断在政策领域得到落实，都较好地促进了矿产资源利用效率的改善。

3. 主要矿产资源对外依存度高，产品价格持续走高，在国际矿业市场缺乏话语权

我国主要矿产资源的生产、消费总量高，而利用效率相对偏低，导致经济社会发展对矿产资源具有较强的依赖性；与此同时，我国大部分主要矿产资源的人均储量水平明显低于世界平均水平，且矿产资源品位不高，这决定了我国矿产资源消耗与国际市场的紧密关系。从 2006 年到 2010 年，我国铁矿石进口量由 3.25 亿吨增至 6.19 亿吨，年均增长 17.4%；石油由 1.82 亿吨增加到 2.76 亿吨，年均增长 11.0%；2010 年，中国铜、石油、铁矿石、铝和钾等大宗矿产对外依存度分别为 71.0%、54.8%、53.6%、52.9% 和 52.4%。[1] 2009 年年初，国际钢铁协会

---

[1] 国土资源部《2011 中国矿产资源报告》。

（IISI）公布的统计数据显示，中国钢产量占世界粗钢总产量的 38%，中国钢铁产量连续 12 年保持世界第一，并且遥遥领先于其他国家，中国钢铁产量比排名第 2—8 位的日本、美国、俄罗斯、印度、韩国、德国、乌克兰七国的总和还要多。考虑到我国目前以加工制造业为主的经济结构短期内不会发生改变，国内新增资源储量转化为有效供给还需要较长的周期，主要矿产资源对外依存度高的现状还将在相当长时间内持续下去。由于对外依存度高，且需求总量大，导致主要矿产资源价格总体上不断攀升；自 2006 年以来，重要矿产品价格长期在高位运行，其中石油和黄金价格大幅攀升，铁、铜、铝、铅、锌、镍等重要矿产品价格持续走高。

从国际上矿产资源供给的市场结构看，目前排名世界前 10 名的跨国矿业公司控制了全球近 50% 的市场份额（陈俊楠、干飞，2012），在寡头垄断的市场格局下，主要矿产品价格高位运行的态势短期难以改变，这使我国的经济增长将背负沉重的资源负担。与此同时，由于我国市场化建设时间相对较短，对国际矿业市场特别是生产开采市场的参与不够深入，国内在矿产资源贸易中的谈判也缺乏有效的组织和策略，导致我国在国际矿业生产与分配格局中缺乏话语权。一些矿业发达国家凭借其在国际矿业市场中的先发优势和已经形成的全球矿业的战略体系，主导甚至垄断了国际矿业市场及其运行规则，而我国对矿业全球化进程的参与面临着来自技术、市场、制度甚至是意识形态等方面的障碍。

4. 矿产资源利用管理不足，资源开发中的环境问题突出

矿产资源对我国经济社会发展的制约还表现在矿产资源利用管理中的制度建设滞后，以及资源开采过程中严重的环境问题。在矿产资源的勘探调查阶段，表现在受限于现有的投融资体制，资金投入总量不足，效率不高，影响了资源的勘探成效；在开发采集阶段，缺乏有效的矿产资源价值评估和产权分割体系，矿业权混乱，矿产资源的税费调节能力较差，直接导致矿业公司不规范运作，私采乱挖，无序低效竞争，在很大程度上抑制了矿产资源开发利用效率的提高和对国际竞争的参与；在矿山关闭阶段，在环境恢复整治上责任主体不清，资金难以落实，整治目标、技术和规划都处于较低的水平，致使大量土地处于荒废和无法利用的状况。据中国国土资源经济研究院（2010）对中国矿业投资环境的调查，国内受访对象认为我国矿业投资环境一般及较差的占 61.11%，认为良好的占 38.9%，国外受访对象认为我国矿业投资环境一般及较差的

占 51.36%，认为良好的占 43.24%；从影响投资环境的因素上看，影响外商投资我国矿业的主要因素是政府审批与服务效率、政策合理性与稳定性、税费复杂程度与税负水平、地质资料质量及其可获得性等。这在较大程度上反映了我国当前矿产资源市场管理的现状。

由于体制、机制和历史等多方面的原因，我国矿产资源开发中的环境问题也非常突出。据不完全估算，我国现有各类矿山 16 万余座，80%以上为集体、个体小矿；我国因采矿破坏的土地面积据初步估算达到了近 6 万平方公里，其中大多为农用地，由于长期缺乏有效治理，加剧了矿场所在地的人地矛盾（龙云，2011）。同时，矿山生产过程中各类废弃物的排放还严重污染周边环境，特别是一些工艺落后、规模小的地方小型矿产企业随意排放，使大气、土壤、地表及地下水环境受到严重污染；采矿过程中由于地下水位大面积下降、矿井废弃后缺乏有效的处置，导致次生地质灾害（滑坡、泥石流和地面塌陷等）增加；矿山固体废弃物露天堆放，缺乏妥善的安全处置措施，严重污染水体和土壤，并在近几年造成了数起严重的环境事件。

近年来，国家不断加大对矿山环境的整治力度，国土资源部颁布实施《全国矿山地质环境保护与治理规划（2009—2015）》，对矿山地质环境的保护与治理进行全面安排，自 2000 年以来，我国累计治理恢复矿山 2 万多座，恢复治理土地面积约 50 万公顷，治理矿山地质灾害 5000 多处，治理已破坏的地形地貌景观 2500 多处（汪民，2012）；但与已造成的环境影响相比，全国矿山环境治理率仅为 12%，而在一些发达国家已达到 60%—80%，甚至 90% 以上。针对矿山环境的恢复，发达国家如美国、澳大利亚、加拿大等国都建立了覆盖矿山资源利用全程的环境保护制度，如在开发之前就要开展矿山环境影响评价，对生态、景观、土质、水质等影响及应对措施做出全面评价，并通过公众参与和审查决定是否允许开采，企业取得许可后被强制性要求先期缴纳矿山复垦费用；其生态恢复涵盖了植被、土地、水环境等多个方面，验收时注重其生态上的成效，如复绿后地形地貌整理的科学性、生物的数量和生物的多样性，废石堆场形态是否和自然景观接近等（曹献珍，2011），这给我国矿山治理提供了丰富的经验，但关键还在于管理制度的健全。

第二节　不同经济发展阶段我国
国土资源利用的特征

一　不同经济发展阶段及其国土资源利用的基本特征

(一) 经济发展阶段与国土资源利用规律的理论认识

在不同的经济发展阶段，国土资源的利用特征通常存在较明显的差异，并呈现出一定的规律性，从根本上这是由国土资源的稀缺性及其程度变化所决定的。如图 2 -9 所示，其中 $L(t)$ 表示资本、劳动等社会资源要素，$R(t)$ 表示自然资源要素，t 代表时间，G 代表社会生产的最终产品。由于自然资源要素 $R(t)$ 的获取需要通过一定社会资源要素 $L(t)$ 的投入，而在一定的时期资本劳动等社会资源要素 $L(t)$ 的供给总量是一定的，这个总量决定了 $L(t)$ 和 $R(t)$ 之间的投入变换关系，如曲线 $L(1)$ —$R(1)$；由于自然资源的供给不是无限的，随着需求和生产规模的变化，总体上其稀缺程度也在不断发生变化，所以曲线 $L(1)$ —$R(1)$ 表现出非线性的变化特征，在曲线上，沿横坐标向左移动，用于生产最终产品的 L 减少，用于生产自然资源产品的 L 增加，被开发出来用于生产最终产品的自然资源要素 R 同时增加，但 R 的增加和 L 之间不是线性关系，表现在曲线上随着 L 投入的增加 R 的增加在逐渐趋缓，单位自然资源产品的生产成本随着生产规模的扩大而增加，这一现象被称为"李嘉图效应"（Ricardian Effect）。出现这一变化是因为自然资源的稀缺性不断加剧，导致其获取成本升高；具体表现为一方面自然资源本身的开发难度加大，成本升高，另一方面由于自然资源的多用性特征，在不同用途之间的冲突加剧，导致单一用途的成本升高，比如土地资源的建设利用中人们会日益关注粮食、生态问题，矿产资源开发中对生态、发展战略的考虑等因素。

所以，不同经济发展阶段资源利用特征的变化根本上是自然资源相对社会投入要素稀缺度变化的结果，具体表现为不同要素之间替代率水平的变化。在经济发展初期，自然资源相对充足，而劳动、资本等社会要素相对不足，社会要素对自然资源的替代能力强，表现为自然资源利用相对粗放、外延扩张型的发展特征；随着经济发展水平逐渐提高，劳动、

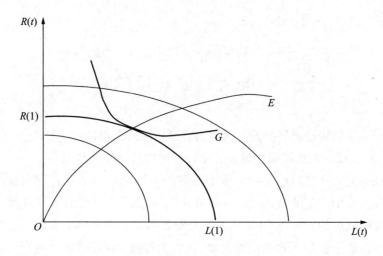

图 2-9 自然资源与社会资源的替代变化关系

资本等社会要素的积累日益充足，而自然资源由于前期过度消耗，其稀缺程度快速提高，获取的成本不断提高，社会要素与自然资源之间的替代率下降，表现为资源利用的集约化程度提高、单位产出的自然资源消耗下降的特征；再进一步到更高的发展水平，为克服自然资源稀缺对发展的限制，将出现以资本劳动等社会要素替代自然资源的过程，表现为对各类替代资源的开发，经济社会向内涵挖潜和结构优化转变，主要通过技术进步和制度创新等途径支撑经济的持续发展。

制约理论认识和现实状况相协调的重要因素是在自然资源利用过程中存在的市场和政府等资源配置方式的失灵，即自然资源的价格不能合理反映其利用中的社会机会成本，这里既包括外部性等市场失灵因素，也包括政府制度建设滞后和不当干预等失灵因素，这些因素会阻碍劳动和资本等社会要素对自然资源的替代过程，结果可能造成自然资源的供给无法保障社会经济持续发展的后果。

（二）不同经济发展阶段国土资源利用的特征

经济的不同发展阶段典型地反映在工业化和城镇化两个相互联系的进程当中，其中特别是工业化进程是现代经济社会发展根本的驱动力。随着工业化水平的提高，创造了大量的非农就业机会，同时，技术的进步还将显著提高农业内部的生产效率，进而从农业中转移大量的剩余劳动力进入工业和服务业部门，并进一步促进土地等自然资源配置结构的转变，使资源利用呈现出阶段性变化的特征。

1. 工业化发展阶段与国土资源利用特征

工业化的发展具有阶段性，这种阶段性与国土资源的利用之间呈现出一定的规律性已经成为一种共识；但如何对工业化发展所处的阶段作出判断？进而合理评价国土资源的利用状况则相对复杂。尽管已有许多经济学者针对这一问题以不同国家为例做了大量研究，但具体到一个国家，则需要综合考虑其发展战略、经济体制、资源禀赋和政策变动等多种因素的影响。

表 2 – 3　　　　　　　　不同工业化发展阶段相关参考指标

工业化阶段	人均 GDP（1970 年美元）	产业结构（三次产业产值占比）	就业结构（%）	工业内部结构重心
工业化初期	280—560	第一产业比重较高，第二产业比重较低	58.7∶16.6∶24.7	原材料、基础工业
工业化中期的第一阶段	560—1120	第二产业比重超过第一产业比重	43.6∶23.4∶33.0	加工装配工业，劳动密集型加工工业
工业化中期的第二阶段	1120—2100	第一产业比重低于20%，第二产业比重高于第三产业占比最大	28.6∶30.7∶40.7	劳动密集型加工工业，技术密集型加工工业
工业化后期	2100—3360	第一产业比重10%左右，第二产业比重上升到最高水平	23.7∶33.2∶43.1 *（8.3∶40.1∶51.6）	技术密集型加工工业，高新技术密集型工业

注：＊为工业化全面实现阶段。

资料来源：西蒙·库兹涅茨：《各国的经济增长》，商务印书馆 1985 年版。

H. 钱纳里、S. 鲁滨孙、M. 塞尔奎因：《工业化和经济增长的比较研究》，上海三联书店 1989 年版。

郭克莎：《中国工业化的进程、问题与出路》，《中国社会科学》2000 年第 3 期。

吕政、郭克莎、张其仔：《论我国传统工业化道路的经验与教训》，《中国工业经济》2003 年第 1 期。

对工业化发展阶段的判断，可以从一国人均 GDP（或人均 GNP）水平、产业结构、就业结构和工业内部结构等几个方面综合加以分析（郭克莎，2000；吕政、郭克莎等，2003）。习惯上将工业化发展阶段划分为初期、中期和后期三大阶段，H. 钱纳里等人则进一步将工业化中期划分为两个阶段并受到广泛的认可。从产业结构的变化特征看，根据库兹涅茨（1985）以及 Syrquin 和 Chenery（1989）等通过实证研究得出的一般模式看，在工业化不同阶段三次产业结构的变动表现出如下特征（如表 2-3 所示）：在工业化初期，农业的比重较高，第二产业的比重较低，部分国家由于在工业化之前商品市场已经有较大的发展，所以第三产业所占比重也较高。到工业化中期的第一阶段，第二产业的比重开始持续上升并超过农业。进入工业化中期的第二阶段，农业的比重下降到低于20%，第二产业的比重上升到高于第三产业并在 GDP 中占据最大比重。当农业的比重进一步下降到10%左右，第二产业的比重上升到最高水平，工业化则进入到了后期阶段或基本实现阶段。由此也可以发现，工业化的一个显著特征是第二产业在 GDP（或 GNP）中的比重持续上升。第二产业的比重上升主要是由于工业的比重上升，在工业化的中期阶段，工业占第二产业的比重一般在85%—90%。

同三次产业在 GDP 中所占比重变化所反映的产业结构变化相伴随的是，工业内部结构重心的转变。郭克莎（2000）根据发达国家的历史经验，将工业内部结构的变动划分为三个阶段六个时期：第一个阶段是重工业化阶段，包括以原材料、基础工业为重心和以加工装配工业为重心两个时期。第二个阶段是高加工度化工业阶段，包括一般（主要是劳动密集型）加工工业为重心和技术密集型加工工业为重心两个时期。第三个阶段是技术集约化阶段，包括一般技术密集型工业为重心和高新技术密集型工业为重心两个时期。这三个阶段相互紧密联系，并受国家工业化战略和政策影响而呈现出一定的差异性。总体上看，工业化初期阶段主要是以原材料和基础工业为重心；当以加工装配工业为重心时，就进入到了工业化中期阶段，工业化中期第一阶段主要以劳动密集型加工工业为主，到第二阶段技术密集型或资本密集型加工工业所占比重逐渐升高，与劳动密集型加工工业并重；当以技术密集型和高新技术密集型工业为产业重心时，工业化进入到了后期和基本实现阶段（如表 2-3 所示）。

工业化的发展水平，总体上可以从其所创造的经济财富加以衡量，所以人均 GDP（GNP）被作为判断工业化发展阶段的另一个重要的标志性指标。H. 钱纳里、S. 鲁滨孙等对工业化不同阶段对应的人均 GDP 水平做了重要的研究，其结果被作为广泛的参考。按照 1970 年美元换算，人均 GDP 为 280—560 美元时为工业化初期阶段；人均 GDP 达到 560—1120 美元时为工业化中期第一阶段；人均 GDP 达到 1120—2100 美元时为工业化中期第二阶段；人均 GDP 达到 2100—3360 美元时为工业化的后期阶段。

对工业化进程中就业结构的变动特征，综合钱纳里、塞尔奎因、艾尔金顿和西姆斯等人的研究，当人均 GDP 为 280 美元（1970 年美元，下同）时，工业化进入初期阶段，这时第一产业的就业比重为 58.7%，第二、第三产业的就业比重分别为 16.6% 和 24.7%；当人均 GDP 为 560 美元时，工业化进入中期的第一阶段，这时第一产业的就业比重下降到 43.6%，第二、第三产业的就业比重分别上升为 23.4% 和 33.0%；当人均 GDP 达到 1400 美元时，工业化处于中期的第二阶段，第一产业的就业比重下降到 28.6%，第二、第三产业的就业比重分别上升到 30.7% 和 40.7%；当人均 GDP 上升到 2800 美元时，工业化处于基本实现的阶段，第一产业的就业比重下降到 23.7%，第二、第三产业的就业比重分别上升到 33.2% 和 43.1%；当人均 GDP 上升到 4200 美元时，工业化处于全面实现的阶段，第一产业的就业比重进一步下降到 8.3%，第二、第三产业的就业比重进一步上升到 40.1% 和 51.6%（吕政、郭克莎等，2003）。

随着工业化发展阶段的演变，国土资源利用通常也表现出相应的阶段性变化。对这种变化研究者通常以"S"形曲线（逻辑曲线）或倒"U"形曲线（环境库兹涅茨曲线）加以模拟和描述，并得到了不同程度的验证。一般而言，在前工业化阶段，经济以农业为主，商业也有一定的规模，工业主要以小规模的手工业为主，资源消耗水平很低，且主要受人口规模变化驱动而缓慢增长；工业化初期，第二产业的比重开始上升，资源的消耗水平增长速度逐渐加快，由于资源总量相对充裕，资源利用相对粗放；进入工业化中期，第二产业特别是工业逐渐成为国民经济的重心，工业主要以重化工业等加工制造业为主，人类开发利用资源的能力也不断增强，资源消耗水平迅速提高，并成为经济增长的主要保障；到工业化中后期，资源稀缺程度不断增加，科技水平不断提高，资本、技术等要素对经济的驱动能力不断增强，产业结构也逐步升级，资源消耗水平变缓甚至下降。但如同对工业化发展阶段的判断一样，工业化发展阶段和国土资源消耗间的变化特征也会受到一国工业化发展战略、资源环境政策以及资源禀赋等因素的影响而表现出一定的差异性。

2. 城镇化发展阶段与国土资源利用特征

由于工业化事实上改变了整个社会要素的配置结构和人们的生活方式，特别是对人口在城乡之间分布与就业的状况产生了持续的影响，城镇化的发展成为与工业化相伴随的一个过程。鉴于工业化本身发展的阶段性特征，特别是其中就业结构变动的阶段性特征，城镇化的发展总体上也有一定的阶段性。

美国城市地理学家诺瑟姆（R. M. Northam，1979）提出了城镇化发展的三个阶段。初期阶段，工农业生产水平较低，工业能够提供的非农就业机会比较少，农业由于生产效率没有明显改善，能够释放的剩余劳动力也有限，城镇化发展进程缓慢。工业化中期阶段，工业基础逐渐雄厚，工业快速发展，特别是工业中劳动密集型加工制造业的发展能够提供大量的就业机会，城市的发展又进一步促进了具有更强劳动力吸纳能力的第三产业的发展；与此同时，机械化和现代农资技术受工业化驱动而快速发展，农业劳动生产率快速提高，农业本身也得以转移出大量的剩余劳动力，城镇化进入加速发展阶段。城镇化后期，工业逐渐转变为以技术密集型工业为主的产业构成形式，由于工业对人口的吸纳能力逐渐稳定，第三产业的就业规模增加也趋于缓慢；农业人口比重变小且人地规模逐渐趋于稳定，农业生产保持在维持社会需要的一定规模，城镇化发展又趋于平缓，提升内在质量成为这一阶段城镇化发展的主要特征。据此，世界各国城镇化发展过程的轨迹被描述为一条拉长的"S"形曲线（如图2–10所示）；它将城镇化进程大致分为三个阶段，第一个阶段为初期，城镇化率在30%以下，城镇化速度比较缓慢；第二个阶段是中期，城镇化率在30%—70%，城镇化加速发展；第三个阶段是后期，城镇化水平超过70%，发展进程再度趋缓，通常城市规模在达到90%以后趋于饱和。

随着城镇化的发展，城市规模不断扩大，人们的消费方式也逐渐转变，社会总体的物质消费能力增强，对国土资源的利用也呈现出阶段性的特征，并集中表现在对土地、能源等资源的消耗当中。通常城镇化初期，城镇建设规模相对稳定，建设用地的扩张主要受到道路等基础设施建设的影响，能源消费水平缓慢增长。城镇化中期，城镇规模迅速扩张，建设用地总规模迅速扩大，农用地相应快速减少，城镇化引致的大量的建设开发、交通出行等带来对能源矿产等资源消耗的迅速增加。城镇化后期，人口的转移逐渐放缓乃至停滞，人们开始更多关注于自然环境、

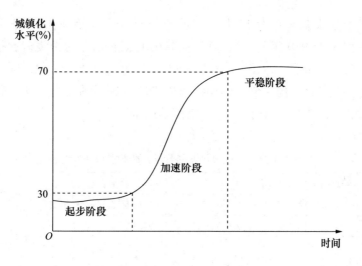

图 2 - 10　诺瑟姆城镇化发展阶段曲线

空气质量、社会和谐等综合生活质量的提升，土地和能源矿产等资源的消耗逐渐稳定，并可能随着国土整治、生活方式的转变等有所降低。

3. 对我国工业化、城镇化发展阶段的判断

由于各国发展战略、宏观政策、自然条件等方面的差异，对其经济社会发展阶段需要综合相关的指标加以分析判断。我国在新中国成立以后由于采取了重工业优先发展的战略，并长期通过城乡二元的经济社会体制"以农促工"，导致我国第二产业比重长期偏高，所以以常见的产业结构特征难以准确判断出我国的工业化发展进程。如果综合人均 GDP（1970 年美元水平）、就业等各方面的指标，如表 2 - 4 所示，我国应该是在 20 世纪 90 年代中期，1995 年左右步入工业化中期的第一阶段，在 2003 年左右进入工业化中期的第二阶段。近 20 年来，我国人均 GDP 水平稳步提高，平均约每 10 年可实现翻一番；三次产业结构中，第二产业的比重基本保持稳定在 45%—48%，变化主要表现在第一产业和第三产业之间，第一产业的比重总体上持续下降，代之以第三产业的比重稳步上升；在就业结构上，三次产业间的转化缓慢，第三产业的就业比重上升相对明显，第二产业就业比重有所上升但速度较慢，第一产业劳动力的转移相对滞后于工业化的发展进程。总体上看，与通常的工业化发展阶段性特征相比，我国产业结构的变化相对偏早，而就业结构的转化则明显偏晚，以人均 GDP 水平和工业内部结构重心的转变作为主要依据可

以对工业化发展阶段做出比较合理的判断。2012 年我国人均 GDP 为
2578.8 美元（1970 年美元），且目前我国的工业以劳动密集型和技术密
集型加工工业并重，并在逐渐向以技术创新为主要驱动转化；同时参考
我国的三次产业结构和就业结构，可以判断我国目前仍处于工业化中期
的第二阶段，并在逐渐向工业化后期阶段演进。

表 2 - 4　　　　我国工业化、城镇化发展阶段判断相关参考指标

年份	人均 GDP（美元）	GDP 结构（%）			就业结构（%）			城镇化（%）
		第一产业	第二产业	第三产业	第一产业	第二产业	第三产业	
1994	544.5	19.8	46.6	33.6	54.3	22.7	23.0	28.51
1995	597.7	19.9	47.2	32.9	52.2	23.0	24.8	29.04
1996	650.7	19.7	47.5	32.8	50.5	23.5	26.0	30.48
1997	704.1	18.3	47.5	34.2	49.9	23.7	26.4	31.91
1998	752.3	17.6	46.2	36.2	49.8	23.5	26.7	33.35
1999	803.1	16.5	45.8	37.7	50.1	23.0	26.9	34.78
2000	864.2	15.1	45.9	39.0	50.0	22.5	27.5	36.22
2001	929.4	14.4	45.1	40.5	50.0	22.3	27.7	37.66
2002	1007.3	13.7	44.8	41.5	50.0	21.4	28.6	39.09
2003	1101.7	12.8	46.0	41.2	49.1	21.6	29.3	49.95
2004	1205.7	13.4	46.2	40.4	46.9	22.5	30.6	41.76
2005	1334.2	12.1	47.4	40.5	44.8	23.8	31.4	42.99
2006	1495.4	11.1	48.0	40.9	42.6	25.2	32.2	44.34
2007	1698.4	10.8	47.3	41.9	40.8	26.8	32.4	45.89
2008	1852.6	10.7	47.5	41.8	39.6	27.2	33.2	46.99
2009	2013.5	10.3	46.3	43.4	38.1	27.8	34.1	48.34
2010	2213.2	10.1	46.8	43.1	36.7	28.7	34.6	49.95
2011	2407.4	10.0	46.6	43.4	34.8	29.5	35.7	51.27
2012	2578.8	10.1	45.3	44.6	33.6	30.3	36.1	52.57

注：人均 GDP 为换算后的 1970 年美元水平。城镇化水平根据城镇人口占总人口的比重计
算，可能相对偏低。

从我国工业化发展特征可以发现，我国三次产业的就业结构明显滞
后于工业化的发展进程，具体表现为第一产业的就业规模下降缓慢，第

二、第三产业对就业的吸纳能力增长不足，这导致我国城镇化进程明显滞后于工业化过程。对应于工业化进程，在我国进入工业化中期第一阶段时，我国城镇化水平不到30%，在我国进入工业化中期第二阶段时，城镇化水平仅约50%，而近些年来尽管工业化持续发展，但城镇化水平再无明显改变。2012年，我国三次产业结构中，农业总产值所占比重已经下降到10.1%，但农业在就业中的比重仍有33.6%，城镇化水平为52.57%，仍在50%左右。这其中有复杂的历史和现实原因，涉及我国早期优先发展重工业的战略、城乡二元的管理体制、收入分配改善缓慢和社会保障发展不足等多方面的原因。同时，观察就业结构和城镇化水平数据还可以发现，第二、第三产业的就业比重明显高于城镇人口所占比重，且这一差距近20年来并无明显改善，这说明非农就业和人口的城镇化转移进程并未有效协调起来，近年来阻碍城镇化与工业化进程相协调的体制性因素并未从根本上被解决。从目前我国的城镇化水平来看，仍处于诺瑟姆"三阶段"理论中的城镇化加速发展阶段，由于我国城镇化水平相对滞后，相当数量城镇化对国土资源的需求被人为抑制，这一方面在目前阶段导致了诸如农村人口下降而农村居住用地规模反而增长的"逆城市化"进程、人口"候鸟式"在城乡之间的迁徙所衍生的大量社会问题，同时还意味着我国的城镇化仍有很大的发展潜力，而其中隐含的资源需求如何在未来得到有效保障则会成为今后一个突出的问题。

二　国土资源利用与经济社会发展的矛盾

尽管我国的工业化、城镇化进程具有一些由国情所决定的特殊性，但从我国目前工业化、城镇化处于中期阶段所具有的资源利用特征看，则符合相关研究所揭示的一般规律性，随着经济社会的发展，国土资源消耗水平迅速提高，资源供需矛盾日益突出。同时，由于我国自身的人地关系、资源禀赋和相关制度特征，国土资源的供需矛盾主要突出表现在以下几个方面：

（一）不断增长的农产品需求与耕地资源持续减少的矛盾

随着我国人口增长和人均生活水平的提高，农产品的需求总体上不断增长。国内众多专家根据FAO公布的人均营养热值标准，结合中国国情提出中国人均粮食消费400公斤即可达到营养安全的要求（封志明等，2008）。我国粮食统计包括谷物、豆类和薯类，2013年我国人均粮食产量达到443公斤，其中谷物产量406公斤，能够实现营养安全；但考虑到粮食生产近年的波动性，1991—2013 年，年度人均粮食产量平均约 389 公斤，年度谷物产量人均 348 公斤，与这一目标尚有一定差距，而同时还要考虑饲料、植物油、生物燃料和工业生产等对粮食的消耗，粮食供应总体上处于紧平衡的状态。从粮食的进出口贸易看，谷物的进出口常年互有盈缺，但自 2010 年以来进口出现大幅度增长，对外依存度尽管水平不高但有明显上升，2013 年达到 2.41%；大豆的进口则常年在千万吨级以上，且呈快速增加趋势；2000—2013 年，谷物累计出口 9748 万吨，进口7707 万吨；大豆出口年均约 30 余万吨，进口量则从 1042 万吨猛增至6338 万吨。综合谷物和大豆贸易，2000—2013 年粮食的对外依存度呈现总体上升趋势，平均约 5.37%，2013 年达到 11.32%（如图 2 - 11 所示）。

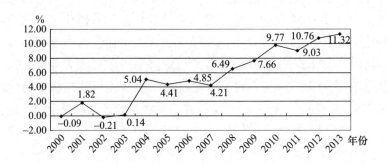

图 2 - 11　我国近年来粮食对外依存度变化情况

注：粮食对外依存度 =（粮食进口 - 粮食出口）/国内粮食净消费 ×100%。

其中，2009 年大豆进口量占国内消费的 75%，占国际贸易量的 50%以上。[①] 按照国内目前的生产水平估算，仅大豆和食用植物油这两个品种中国就至少相当于在境外用了其他国家 5.6 亿亩以上的播种面积（陈锡文，2010）。2010 年，中国农产品进出口贸易逆差 231.4 亿美元，比上年扩大 76.5%，进口的主要是土地密集型的大宗农产品（陈劲松，2011）。

农产品供需的紧张形势从根本上源于我国耕地总量的约束。但与此同时，我国耕地总量持续减少的趋势仍在继续，仅 2001—2009 年，我国耕地总量累计净减少 0.979 亿亩，年均减少 1224 万亩，其中年均建设占

---

① 本章数据未做特殊说明均来自《中国统计年鉴》及《中国国土资源统计年鉴》。

用耕地 324. 86 万亩。按目前的规划到 2020 年我国耕地面积将继续下降到 18. 05 亿亩，而人口将继续增加并在 2030 年达到约 15 亿人的峰值，耕地的供需矛盾将更加尖锐。与耕地数量减少并存的是，我国高产田和中低产田的比约为 3:7，工业"三废"污染的耕地有 9000 多万亩，由于酸雨危害、水土流失、长期施用化肥导致地力下降等原因，我国耕地退化、污染还在不断加重（徐绍史，2009）。耕地资源存量不断下降的事实将使农产品供应面临更大的压力。

（二）持续增加的建设用地需求与城乡建设用地低效利用的矛盾

我国产业结构相对低端，工业化不断推进的一个结果是大量的土地被占用；同时我国城镇化进程方兴未艾，大量人口和其他要素向城镇的集中引致了居住、基础设施建设等各类用地的快速扩张，1999—2008 年，我国建设用地总量由 30. 21 万平方公里扩大到 33. 06 万平方公里，九年间用地总规模增加了近 10%，但随着耕地与生态保护的形势日趋严峻，新增建设用地的供需矛盾也日渐尖锐。目前每年国家重点建设项目所需的土地和地方建设所需用地大约要 1200 万亩，实际每年建设用地计划不到 600 万亩，其中农用地只有 400 万亩，农用地中耕地不到 300 万亩，供需缺口很大；到 2020 年，港口、码头建设用地只能满足 1/3，公路和机场、空港建设用地只能满足 2/3，铁路建设用地保障程度稍微高一些（徐绍史，2009）。

从前述对经济社会发展与国土资源利用特征的分析可以发现，国土资源的利用与其相对稀缺度的变化紧密相关，但同时受到政策、市场等多种因素的影响。总体上看，我国建设用地供需紧张的现实与相对低下的建设用地利用效率有着紧密的关联，一定程度上，土地资源相对稀缺度的提升导致土地对其他要素技术替代率提高，从而使土地资源利用的集约化程度提高，即所谓的"李嘉图效应"在我国并未与其稀缺度变化相协调。2008 年，我国东部、中部、西部建设开发强度平均达到 11. 68%、6. 60% 和 1. 40%（如表 2 - 5 所示），其中最高的上海、天津、北京、江苏和山东的开发强度分别达到 40. 24%、31. 47%、20. 10%、18. 85% 和 16. 32%。而相对来看，日本、韩国的土地开发强度都在 10% 以下，即使是国土面积较小的荷兰也只有 13%（侯大伟、杨玉华，2010）；人口产业高度集中的日本三大都市圈土地开发强度仅为 15. 6%，德国斯图加特为 20%，法国巴黎地区为 21%（中国社会科学院，2010）。

1999—2008 年全国 693 个城市面积年均增长 14. 12%，而同期城市人口年均增长 7. 15%，说明土地利用效率严重递减；非农业人口人均建成区面积由 1981 年的 80 平方米增加到 1999 年的 106. 76 平方米和 2008 年的121. 05 平方米，而世界平均水平为 83 平方米，首尔为 55 平方米，东京为 66 平方米，开罗为 31 平方米（曲福田、高艳梅、姜海，2005）。1996—2008 年，我国农村人口减少 1. 29 亿，但是农村居住用地反而增加了 112 万亩，农村人均居住用地从 193 平方米增加到 229 平方米。与此同时，一部分地区的空心村、空心住宅达到 5%—15%，土地利用粗放浪费现象严重（徐绍史，2009）。

表 2-5	全国及不同区域建设开发强度		单位:%
东部	中部	西部	全国
11. 68	6. 60	1. 40	3. 44

利用 1999—2008 年我国各省市区建设用地和社会经济数据，采用 C-D 生产函数分析研究发现，在我国第二、第三产业的发展中，建设用地的平均贡献率仅为 9. 43%，建设用地总量每增加 1%，第二、第三产业总产值增加 1. 25%。"十五"期间，我国第二、第三产业劳动的边际贡献率为 0. 56，资本的边际贡献率为 0. 51，而土地的边际贡献率仅为 0. 02。一方面，经济发展对建设用地的需求持续增加；另一方面，建设用地的低效粗放利用成为导致我国建设用地"保发展"能力不足的重要原因。

（三）矿产资源对外依存度高与利用效率相对低下的矛盾

通过前述我国矿产资源与经济社会发展的分析已经知道，我国主要能源矿产资源的对外依存度水平较高，且其价格持续走高，国内这部分矿产资源的保障水平较低；但与此同时，我国能源矿产资源的总体利用效率偏低，这已经成为我国当前发展阶段中一个突出的矛盾。目前，作为世界上最主要的资源消费大国之一，我国的煤炭、铁矿石、氧化铝、铜、水泥等的消耗量均位居世界第一，石油消耗量居世界第二；2010 年，中国石油、铁矿石、铜、铝和钾等大宗矿产的对外依存度已分别达到54. 8%、53. 6%、71. 0%、52. 9% 和 52. 4%。但从我国当前的单位 GDP 资源消耗等投入产出指标来看，尽管近年来国家加大力度通过产业转型、科技创新等途径促使单位产出的资源消耗水平不断降低，但总体上在工业化国家中我国的资源利用效率仍属较低的水平。2009年我国单位GDP能耗为231.3吨石油当量/100万美元（以2000年美元不变价计算），在世界上排名约为第75位。我国8个高耗能行业的单位产品能耗平均比世界先进水平高47%，而这8个行业的能源消费占工业部门能源消费总量的73%；我国矿产资源总回收率仅为30%，比世界先进水平低20个百分点（国务院发展研究中心课题组，2007）。

同时，在资源消耗水平上，我国不同地区之间也存在很大差距，2009年在省级行政区中，单位GDP能耗最低的是北京，为0.606吨标准煤/万元，最高的是宁夏，达到3.454吨标准煤/万元；单位工业增加值能耗最低的是广东，为0.809吨标准煤/万元，最高的仍是宁夏，达到6.509吨标准煤/万元；由于不同地区之间在产业结构、发展基础、资源条件等方面也存在较大的差异，这在客观上加大了提高资源利用效率的难度。此外，我国虽然还有较大的资源发现潜力，但新增资源的勘探难度也不断增大，其开发利用也受到基础设施等条件的限制，存在一定程度的不确定性，这加剧了部分矿产资源的保障难度。

随着经济全球化的快速发展以及我国加入世界贸易组织以后对国际经济格局的深入参与，给我国利用国际国内"两种资源，两个市场"创造了良好的条件，较好地保障了我国快速发展过程中的资源需求。但在对外依存度较高的条件下，要加强资源的保障能力，仍然需要国际、国内两个市场的协同努力。在国内需要充分利用资源税、资源价格等机制促进资源利用效率的提高，优化能源利用结构，并通过改革资源的勘探和开发机制，促进资源的开发生产；在国际上，则需要分散资源的进口结构，加强资源开发利用的国际合作。这些方面的改革依然面临大量的不确定因素和困难，这将在相当长时期使部分能源矿产资源的供需处于紧平衡的状态。

（四）多目标的国土经济开发与生态环境保护的矛盾

自然生态环境是经济社会发展的本质要素，它不但为人类提供不可替代的生存支持服务，同时直接影响农业生产的数量和质量，间接或直接影响各类非农产业的发展，并深刻影响人类的生活福利水平。但随着人口增长和工业化、城镇化的进程，矿产开发、建设用地占用、垦荒和过度利用等多目标的国土资源经济开发正使自然生态环境面临难以逆转的退化。张克锋、李宪文等（2006）的研究显示，我国土地资源退化总体态势较为严重，约 60% 的非农建设用地增加来源于耕地占用，其中 70% 以上分布在东北、华北和沿海地区等高产粮区，耕地的损失进而导致大量生态用地被开垦为农田，如湿地资源退化面积 50% 以上转化为耕地。李景刚、何春阳等（2004）发现我国北方在 1980—2000 年，裸地、耕地等弱生态用地面积持续增加而林地和草地等生态功能用地和混合功能用地持续减少。邓祥征、黄季焜等（2005）发现，1986—2000 年我国耕地的平均生物生产力下降了 2.2%。同时，大量的建设开发行为直接导致自然生态系统不断呈现出破碎化、分离化的趋势，自然斑块数量增加、斑块平均大小下降、分离度增加（孙亚杰等，2005），进而使土地生态系统的调节、服务等功能持续下降。在许多矿山开发过程中，由于缺乏完善的生态保护规划，致使地表景观、土壤、植被、地下水遭受严重破坏，并带来地表塌陷、滑坡等次生地质灾害，"三废"的大量排放进一步使大气、土地、水体严重污染，近几年发生的一些严重环境事故也表明各类经济开发和生态环境保护矛盾的解决问题已经到了非常紧迫的地步。

2001—2008 年，我国生态退耕累计达到 8623.76 万亩，年均 1077.97 万亩，2007 年以前每年生态退耕都远远超过了建设占用耕地的规模，2007 年为确保"18 亿亩耕地'红线'"的保护目标，国务院发文暂停"退耕还林"计划，这也从侧面证实了土地经济开发与生态环境保护的严峻形势。

三　国土资源利用主要问题的形成机制

客观上，我国国土资源保障的严峻形势和我国人均资源占有量水平较低、国土资源总体质量不高有关，但从前文中土地和矿产资源的利用状况看，当前国土资源供需紧张、生态退化的现实从深层次看主要还是由我国国土资源利用管理的体制与国土资源变化不相适应所造成的。我国的国情决定了既不能简单照搬国外的经验，而把国土资源保障的压力寄托于国际贸易的认识更不可取，深入分析我国国土资源保障问题的成因，制定与我国国情相适应的国土资源保障政策体系是应有的方向。总体上看，我国国土资源保障问题的成因可以从以下四个层次加以理解：

（一）国土资源定价机制扭曲

资源的配置效率问题从根本上都可以从价格的角度理解。价格信号反映了供求关系，是供求机制作用的结果，它通过价格机制的运动而启动了竞争机制，竞争关系的展开就形成了资源再配置的过程，并反过来调节了供求关系（周叔莲、郭克莎，1993）。从资源使用者的角度，资源的价格代表了其使用的边际成本，资源价格的变化如果能够很好地反映其稀缺程度的变化，资源的供需将相对协调，并通过竞争促使资源流向使用效率更高的企业，从而减少经济发展中的非均衡性，增强经济社会持续发展的能力。反之，如果资源价格与其稀缺度的变化不一致，则会加剧供求矛盾，影响经济的持续增长。

以土地资源为例，当前土地资源的消耗主要表现为其不同用途之间的转变。土地用途的转变，如农地的非农转化、生态用地的开垦，从经济的角度主要缘于比较利益的差异，因而其价格水平对资源的消耗量有决定性的影响。但土地同时具有复杂的社会和生态属性，在土地利用中存在普遍的外部性，这导致了土地资源定价中边际社会成本（MSC）和边际私人成本（MPC）的差异，如图 2 - 12 所示。我国土地资源利用中农地和生态用地过度开发的根本原因在于其定价偏低，不能合理地反映土地资源消耗中的社会成本，从而在较低的价格水平下（P_0 到 P_1）导致土地的消耗量超过社会合理水平（Q_0 到 Q_1），而政府基于经济动机对土地市场的价格干预（P_1 到 P_2），则进一步使土地的消耗水平增加到 Q_2，土地资源的过度消耗是影响土地资源保障能力的重要因素。

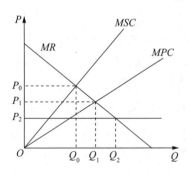

图 2 - 12　价格变化与土地资源消耗

价格的扭曲同时影响到土地资源的配置效应，如图 2 - 13 所示，L 代表土地，K 代表资本，在合理的价格水平上，生产的最优组合为 A 点；但由于土地价格偏低，在相同的预算水平下企业倾向于使用更多的土地，生产选择从 A 点移动到 B 点；在 B 点对应的价格水平下，企业以较少的

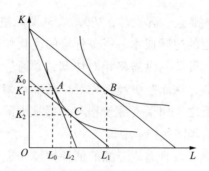

图 2 – 13　价格扭曲的土地资源配置效应

资本投入就可以实现与 A 点同样的生产水平，即 C 点。这可以解释现实中城乡建设用地利用为何普遍低效。

矿产资源的低效与土地资源类似，由于在使用中矿产资源的价格主要是其开采获取成本的反映，矿产开发中的环境成本、使用者成本往往被忽视或者被低估，导致矿产资源价格相比其利用实际导致的社会边际成本偏低，结果导致矿产资源的过度使用；同时，低廉的价格又会进一步使企业采取资源替代型的发展战略，导致实际中资源利用的效率低下。资源使用效率和资源需求之间再进一步形成正反馈的恶性循环，结果加剧了发展的资源矛盾。

（二）国土资源治理结构失衡

由于国土资源具有基础性、战略性、安全保障性等特性，国土资源的配置既不是一个单纯的市场问题，也不是一个单纯的计划问题，而是一个需要综合考虑其经济效益、社会效益、生态效益的经济治理问题，需要在市场和政策两种配置手段之间取得必要的平衡，以使其供求和价格机制能够有效地引导竞争和资源配置。从这一角度看，我国国土资源定价机制的扭曲，是国土资源治理结构失衡的结果。

就土地资源而言，其属性的复杂性决定了土地资源配置是一个典型的经济治理问题，应该针对不同的交易属性选择相应的治理结构，以调和相互冲突的利益并保障资源持续利用的过程。借鉴奥利弗·E. 威廉姆森（2001）的理论，土地资源的治理结构应做如下的选择：①仅仅作为生产要素，比如用于农业生产和建设开发，在不改变用途的低资产专用性条件下主要通过市场来配置。②当社会公平和公共利益，以及生态服务作为土地资源配置目标的高资产专用性条件下，则主要由政府以计划手段配置，比如通过规划形成合理的土地利用结构、保障性住房用地供应、土地用途管制及划定自然保护区等。③在土地用途转变过程中，土地资源的不同属性发生转化，具有混合资产专用性的特征，则以政府和市场的作用相结合，比如在农地非农化过程中，市场主要解决经济价值问题，而政府则必须就生态成本和衍生的社会问题做出妥善的安置。我国当前在土地资源治理结构中的主要问题是，政府较多地参与到应由市场发挥作用的领域并影响了市场机制的完善，而在政府应主要发挥作用的社会公平、生态服务领域则作用不足，由于政府与市场的运行具有完全不同的动力机制，结果造成成本和价格的扭曲并导致土地资源配置的低效。比如，政府对建设用地一级市场的垄断，就是建设用地利用低效、农地过度非农化以及生态用地不当开发的重要原因。

就矿产资源而言，其开发过程中涉及开发成本、环境成本和使用者成本三个方面，合理的价格应该完全反映其开发中的社会成本，以符合权利和责任相对应的原则，促进矿产资源的合理利用。而就其成本看，除开发成本主要是由市场决定以外，环境成本和使用者成本均有赖于通过政策的完善以实现内部化。环境成本应该基于矿产资源开发的生态环境影响评价加以确定，使用者成本则需要综合一国的资源储量、替代资源的开发成本和资源的一般市场价格加以确定，并通过资源税、矿山生态恢复费等方式实现。但从我国目前的情况看，由于矿业权混乱，资源税等调节能力不足等原因，致使矿产开发中的环境影响、代际影响难以通过价格得到反映，并进而有效调节市场的供求关系。

（三）国土资源权益保障不足

良好的国土资源经济治理结构需要政府与市场作用机制的协调，这在很大程度上受到国土资源治理所处制度环境的影响，特别是以国土资源产权为核心的国土权益保障的制度安排；比如国土资源配置中市场作用的发挥、对政府干预的激励和约束都需要明晰的国土产权安排以及相应的政治、社会权利来加以保障。在我国公有制条件下，国土资源所有权和使用权的分离是市场经济发展的前提，而从国土资源权益保障来看，土地资源权益保障不足重点表现在集体土地所有权和使用权的权能不足方面，而矿产资源权益保障不足的重点则在于国家所有权的经济实现方面。

我国的土地资源权益保障体系存在明显的不足：农地承包经营权缺乏市场化的退出机制，确权登记的权利保障水平不高，又在很大程度上承担着农户的社会保障功能，影响了农地向更有效率的经营者的流转；同时农业经营的比较收益低下也导致农业结构调整和农户生产积极性不高，这些因素成为农产品有效供给不足的重要原因；农地经济价值无法与其社会、生态功能相匹配则成为农地过度非农化的根本原因。在建设用地领域，政府依托征地制度垄断一级市场，集体土地的产权权能严重弱化，而征地过程中程序保障的制度安排缺失则限制了产权内在演进的机制，由此带来两方面的后果：一是农村宅基地的福利性质导致普遍性的粗放利用和无序扩张；二是征地过程中农地产权无法对政府行为形成有效的约束，导致低价和过度征收，间接造成城市建设用地的低效利用。在土地利用的社会和生态领域，公民居住和环境相关的权益尚缺乏有效的实现途径，政绩考核、社会监督等其他可能的途径也难以对政府应该承担的公共职能形成真正有效的激励，这是城市住房保障困难、区域生态退化的根本原因。

矿产资源权利界定和实施中主要的问题则在于对使用权缺乏有效的限制，导致其权利和责任不对称，进而使所有者的权益流失。按照法律的规定，矿产资源的所有权属国家，但在矿业权的发放过程中如何有效保障所有者的权益缺乏制度上的规范，所有权在经济上难以真正实现，导致私采乱挖、无序竞争、过度开发、环境破坏等现象不同程度存在，严重影响了矿产资源的开发利用效率。同时，由于公众在矿产资源开发过程中缺乏有效参与的途径，矿产开发中的环境影响和恢复、矿产开发中代际公平的实现也无法得到广泛有效的监督，这是矿产资源开发利用治理结构失衡的重要的机制原因。

（四）国土资源管理法律滞后

尽管我国当前土地资源的利用管理与现行体制的矛盾日益突出，各种正式的"改革试验区"或非正式的市场自发秩序也已在较大程度上突破了现有体制，但土地资源管理法律体系建设的滞后限制了制度创新的空间。各种正式或非正式的制度创新尽管在一定程度上适应了发展的需求，也表现出更高的资源配置效益，但在法律上却难以摆脱正当性的困境，从而无法真正有效保障创新参与者的权益，也限制了制度探索的不断深入。

土地资源管理的法律建设面临复杂的利益博弈，我国处于长期转型期的阶段性特征又决定了发展进程本身的多变性，这决定了"自上而下政策性设计"的法律建设在适应现实需求上的局限性，《土地管理法》的屡次修订和当前修订的困境已经充分说明了这一现实。在这种情况下，土地资源管理的法律建设需要根本性的转变，通过更有一般性、原则性的法律规定，明确政府和市场在土地资源治理中应有的功能，赋予市场自我演进的内在机制，而同时加强政府管理和调控的公共职能，以增强制度本身的适应能力和有效性。

我国的《矿产资源法》及其实施细则均形成于 20 世纪八九十年代，尽管其中对探矿、采矿权的取得和转让、开采审批、生态保护等形成了比较完整的法律框架，但对矿业权的发放、所有者权益的保障、环境保护和生态恢复等问题长期以来并未形成系统有效的执行办法。资源税等经济调节手段僵化单一，已经难以有效规范和引导整个矿产资源开发利用领域与经济社会发展的协调。

第三节　国土资源保障能力的理论内涵

不同国家和地区资源禀赋、人地关系以及发展阶段的差异性，使其国土资源保障的目标、内涵和相应的制度手段表现出不同的特点；要推动国土资源管理制度的改革，加强国土资源对经济社会发展的保障能力，需要首先对符合我国国情的国土资源保障能力的概念和内涵进行系统的探讨。

一　国土资源保障能力的概念

国土资源保障是资源保障的一个衍生概念，在这里，保障主要是"保证、支撑、支持"的意思，是针对特定的目标而言的。资源保障脱胎于另一更具普遍性的热点概念——"资源安全"。资源安全的范畴出现在 20 世纪 70 年代，当时的国际石油危机最早将资源安全问题推向了政治关注的前沿，时至今日，在国土资源安全的研究中，能源（特别是石油）和矿产资源的安全仍然是其最核心的内容。1974 年，FAO 提出"食物安全"的概念，并在 1983 年进一步发展为"粮食安全"，受到了国际社会的广泛赞同和支持，由于人地关系的特定国情，我国对粮食安全及耕地资源安全问题的关注和研究最早、最广泛也最深入。20 世纪 90 年代中后期，在能源安全（包括石油安全、核能安全等）、水安全、食物安全、环境安全和生态安全等概念已被广泛应用的基础上，资源安全的术语开始出现并在国际政治经济领域得到广泛的应用。自 2000 年以来，我国工业化、城镇化进入到新一轮的发展高峰，建设扩张和耕地保护的矛盾日益尖锐，生态问题也更加突出，在传统的能源安全、矿产资源安全、粮食安全等概念之外，土地资源安全的相关研究开始增多。同时，随着原土地资源管理、地质矿产等职能部门被整合为国土资源管理部门，一个主要包含了土地资源和能源矿产资源的"国土资源保障"术语也迅速成为国土管理部门的常用官方语言。①

"资源安全"在不同国家的政策性表述中存在较大的差异，我国具有共识的一个定义是"一个国家或地区可以持续、稳定、及时、足量和经济地获取所需自然资源的状态或能力"（谷树忠等，2002），这一定义较好地总结了资源安全研究所应具有的内涵。但具体到国土资源，其中就土地资源安全，由于人地关系的差异，国外多从保护资源的可持续性、可更新性和可恢复性等指标出发研究资源安全的维护（Fikret Berkes et al.，2000），这对我国有重要的借鉴意义但并不完全适用；而矿产资源安全则具有共性，主要是指能源资源（特别是指石油资源）安全和战略性矿产资源安全。

从资源安全的概念出发，对国土资源保障能力可以定义为"一国或地区的土地和矿产资源可以持续、稳定、及时、足量和经济地保障其经济社会发展的状态或能力"。由于土地和矿产资源保障的重点及特征有比较明显的差异，这里分别就土地资源保障能力和矿产资源保障能力的概念作进一步界定。人们对土地资源具有多样化的需求，在有限的土地资源条件下，不同的需求之间存在广泛的竞争和冲突，这在我国建设、耕地和生态三者之间表现得尤为突出。同时，随着人口、经济、制度、技术等因素的变化，土地资源对人们需求的满足能力又处在不断的变化之中。而客观上看，人们对土地资源的需求有合理的需求，也有不合理的需求，土地资源保障应有明确的价值指向。综合以上，我们将土地资源

---

① 在政策实践上突出表现为保护 18 亿亩耕地"红线"和保障经济平稳较快发展并行的"双保工程"。

保障能力定义为"在一定的社会经济条件下，一国或地区的土地资源能够持续、稳定、及时、足量和经济地满足人们多样化的、合理的土地需求的程度"，具体主要包括农产品的安全供应、建设用地的有效供给和生态环境的健康宜人三大方面。矿产资源的特点是随着经济社会的发展，其需求总量和结构均会发生改变，同时，技术、制度等因素同样会影响其保障的能力，所以矿产资源的保障能力可以定义为"在一定的社会经济条件下，一国或地区的矿产资源能够持续、稳定、及时、足量和经济地满足经济社会发展需求的程度"。

二　国土资源保障能力的内涵

国土资源保障能力的目标指向是国土资源安全，而"安全"作为一个特殊术语，本质上具有"政治"色彩，强调政府介入的可能（必要）（王逸舟，2004）。从这个角度看，国土资源保障能力首先具有宏观性和战略性的特征。借鉴 FAO 对于粮食安全概念的界定，国土资源保障能力应包括三方面的内涵：一是数量的充足性；二是供应的稳定性；三是价格的合理性。同时，国土资源保障能力还是一个多维度的复合概念，具体包括以下几个方面：

第一，国土资源保障能力不仅包括国土资源的供给，也包括国土资源的利用。国土资源的保障首先表现为数量上的供给，包括总量水平和人均量水平，特别是人均量的水平具有更加典型的意义，如人均0.8亩的耕地被普遍接受作为粮食安全的一个判断标准等；但同时，国土资源的利用效率对其保障能力也有重要的影响，在数量水平一定的条件下，利用效率高则其保障能力相对较强，反之，保障能力会相对较弱。从供给的角度，还可以进一步包括国土资源的质量和结构等方面，质量的高低会直接影响到数量上保障的有效程度，结构上则包括不同类型国土资源的数量、质量和利用特征等；而从利用的角度，则包括资源利用效率、技术进步的可能和制度的约束等内容。

第二，国土资源保障能力有静态和动态之分。静态是在现有的社会经济和国土资源条件下，国土资源对发展需求的保障能力。动态则是综合考虑国土资源本身的增减变化趋势、需求的阶段性演变、技术进步和制度变迁等多维的变化可能条件下国土资源的保障能力。静态保障能力反映了当前和短期的资源保障状况，动态保障能力则反映了长期资源保障的可能状况。二者之间也有着紧密的关联，静态保障能力的高低会直接影响到资源利用战略和制度的选择，进而影响动态保障能力的变化；动态保障能力作为一种对未来的预期一定程度上是对静态保障能力的响应。

第三，国土资源保障能力有全球、国家、地区和人群阶层的不同层次之分。一方面，国土资源的分布具有典型的地域性特征，由于国土资源的这种非遍布同质性，增加了资源供给的时间和成本，是导致资源安全问题的原因之一；另一方面，人群阶层的存在，特别是收入阶层的存在，导致获取资源的经济能力（支付能力）上的差异，也是影响资源安全的重要因素之一。资源安全的目标是最大限度地实现资源供求的地区均衡和人群均衡（谷树忠、姚予龙等，2002）。全球层次是从全球生物圈的承载力出发，对全球尺度的生态环境变化、农产品生产及贸易条件、工业生产全球化分工与协作的保障。国家层次则是不同国家国土资源对其经济社会发展需求的保障。地方层次则是立足于经济、行政等区域划分基础上，不同区域国土资源对其经济社会发展需求的保障。在人群阶层的层次上，国土资源保障主要反映为不同收入阶层以其正常的收入水平能够获取生存和发展所必需的粮食、居住、能源等资源产品的状况和程度。不同层次、不同国家和地区之间国土资源保障能力的研究范畴、重点以及应对措施存在显著的差异，但又具有密切的关联。

第四，国土资源保障包括自给和贸易两个方面。自给自足往往是人们对资源安全保障的第一反应，但无论从历史经验和现实发展的实践，还是从经济学的福利理论看，完全自给往往不是一个好的资源保障政策。国土资源保障能力不仅表现在国家或区域内部对国土资源产品需求的保障能力，还必须考虑贸易条件；不同的贸易（特别表现为资源产品的进口）条件下国土资源的保障能力是存在差异的，如果某种资源的进口持续稳定，资源供给能够充分满足国内的需求，即使国内该种资源的供给所占比重不高，其国土资源的保障能力仍然是较好的，即不能单纯从国内资源供给占资源总消费的比重评判资源保障能力的强弱。从现实看，不仅资源短缺能引起资源安全问题，资源过剩也能造成资源的不安全；不仅资源价格暴涨能引起资源不安全，价格暴跌也能引起资源不安全（王礼茂、郎一环，2002）。

第四节 我国国土资源保障能力的总体判断

一 我国土地资源保障能力的总体评判

（一）对土地资源保障能力现实认识的转变

传统意义上对土地资源保障能力的认识，主要是从粮食和食物安全，以及由此引发的耕地保护问题出发的。民以食为天，粮食生产是国民经济和社会发展的基础，但由于粮食生产周期性长和市场价格较低的特征，以及其在经济产品之外具有的社会保障等公共物品的属性，导致粮食生产的维系和政策上的扶持紧密相关。粮食生产的保障，根本上需要耕地资源的数量和质量的保护，所以传统意义上土地资源的保障主要就是指耕地资源的保障，而其保障的目的就是保证粮食安全，这始终是土地资源保障能力建设中的一个重要的和基础的内容。

随着社会经济的不断发展，特别是工业化、城镇化的持续发展，建设用地的需求不断增长，如何保障建设用地的需求固然成为一个突出问题，与此同时，建设用地的扩张与耕地保护、生态环境的改善之间的矛盾也日益突出，土地资源的保障能力建设逐渐从传统的、单一的粮食安全转变为目标多元化、全面化的可持续发展的问题。人们不仅关注农业生产对粮食和生产资料的供给能力，也开始广泛地从经济发展、生态保护、景观休闲等更多维度认识土地资源的功能。如何从土地资源安全的角度出发，对农地、非农建设用地、生态用地等不同类型土地资源加以研究，全面、系统、科学地认识土地资源，转变当前对土地资源保障能力相对肤浅的认识和理解，成为现阶段人们关注的焦点。

（二）土地资源要素对我国经济发展的保障分析

1. 土地资源对经济社会发展的保障概况

改革开放以来，中国经历了30多年的持续高速经济增长，取得了举世瞩目的发展成就，但是随着人地关系日趋紧张，经济发展过程中的土地配置问题日渐突出，土地资源保障程度日趋下降。

根据国家统计资料，20世纪80年代初，我国耕地总面积达到历史最高值，为132500—139700千公顷。20世纪80年代以后我国耕地的总面积不断减小，到1996年实有耕地面积只有130039千公顷（成升奎、谷树忠等，2003）。20 世纪 90 年代后，我国才逐渐认识到粮食安全与土地资源日益紧缺的问题。近十几年我国耕地减少数量更是呈不断增加的趋势。据统计，1998—2008 年，全国耕地面积从 19.446 亿亩减少到 18.257 亿亩，每年约有 1080.91 万亩的耕地转变用途，其中近 50% 为建设用地占用，耕地资源作为要素投入支撑了经济的低质量增长（李永乐、吴群，2011）。中国正处于经济快速增长阶段，农地代价性损失难以避免，但是，我国现有建设用地利用效率低下也是不可回避的问题。1999—2008 年全国 693 个城市面积年均增长 14.12%，而同期城市人口年均增长 7.15%，说明土地利用效率严重递减；非农业人口人均建成区面积由 1981 年的 80 平方米增加到 1999 年的 106.76 平方米和 2008 年的 121.05 平方米，而世界平均水平为 83 平方米，首尔为 55 平方米，东京为 66 平方米，开罗为 31 平方米（曲福田、高艳梅等，2005）。农村建设用地利用更为普遍存在"空心村"现象。低效的建设用地利用进一步加剧了土地资源有效保障经济社会发展的现实矛盾。

2. 土地资源要素对经济产出的弹性分析

从土地资源和经济社会发展的关系来看，我国长期存在的依赖大量低成本土地消耗的经济增长方式，土地资源保障能力的高低关键在于如何配置土地资源，尤其是建设用地资源。我国正处于城市化发展加速阶段，建设用地规模的扩张是近 10 年来土地利用最显著的特点之一。本书利用 C－D 生产函数分析了 1999—2008 年我国东部、中部、西部建设用地对经济发展的贡献，研究了土地规模报酬所处阶段，以及土地、资本和劳动力要素之间相互替代的关系，通过土地要素对经济发展的产出弹性和贡献率分析初步判断我国近十年土地资源的保障能力。

从各时间段数据（如表 2－6 所示）来看，全国建设用地的弹性系数逐年减少，从 2000—2002 年的 1.419671 在 5% 的显著性水平下，通过 t 检验，到 2003—2005 年的 0.395703 在 10% 的显著性水平下，通过 t 检验，再到 2006—2008 年的 0.394510 在 10% 的显著性水平下，不能通过 t 检验，说明建设用地扩张对全国第二、第三产业经济增长的拉动作用在逐渐减少。而固定资产对第二、第三产业增长的影响远大于建设用地和从业人员的影响，并且固定资产的弹性系数逐年升高，从 2000—2002 年的 0.744498 增加到 2006—2008 年的 1.905260，说明固定资产对全国第二、第三产业经济增长的拉动作用随着时间推移越来越强。

表 2－6 全国不同时期面板数据模型分析结果

年份	固定资产 α	从业人员 β	建设用地 γ	R^2	调整 R^2	F 检验值	样本数
2000—2002	0.744498 ** (35.57581)	0.059547 (0.950464)	1.419671 ** (4.840858)	0.999849	0.999764	11777.16 (0.000000)	90
2003—2005	1.534751 ** (19.81308)	0.004680 (0.049384)	0.395703 * (1.972241)	0.999726	0.999572	6500.449 (0.000000)	90
2006—2008	1.905260 ** (22.58550)	0.139348 (1.403264)	0.394510 (1.288457)	0.999737	0.999589	6763.466 (0.000000)	90

注：α、β、γ 下括号内为 t 检验值，**、* 分别表示在 5%、10% 的显著性水平下通过检验。

全国资本要素的产出弹性是 0.955333、劳动力要素的产出弹性是 0.380578、土地要素的产出弹性是 1.253106。各要素产出弹性之和 $\alpha + \beta + \gamma = 2.589017 > 1$，说明全国建设用地从规模效应来看处于规模报酬递增的发展阶段。从要素投入对经济增长的影响来看，全国资本要素、劳动力要素、土地要素各增加 1% 的投入，分别带来第二、第三产业 GDP 0.96%、0.38%、1.25% 的增长。可以看出，全国第二、第三产业的发展对建设用地的投入最为敏感，其次是资本和劳动力。

从区域差异来看（如表 2-7 所示），东部地区各要素产出弹性之和 $\alpha + \beta + \gamma = 2.526998 > 1$，中部地区各要素产出弹性之和 $\alpha + \beta + \gamma = 5.237683 > 1$，西部地区各要素产出弹性之和 $\alpha + \beta + \gamma = 2.784615 > 1$，一方面说明全国各地区从规模效应来看处于规模报酬递增的发展阶段，另一方面也说明在中国当前城市化水平相对较低的情况下，第二、第三产业的经济效益还没有得到充分发挥。从要素投入对经济增长的影响来看，资本要素增加 1% 的投入，会带来东部、中部、西部经济分别增长 0.92%、0.80%、1.01%，说明近 10 年经济发展中，东部、中部、西部对资本的敏感性均较强，尤其是西部地区的资本效用最强。劳动力要素增加 1% 的投入，会带来东部、中部、西部经济 0.47%、0.39%、0.15% 的增长，说明在近十年经济发展中劳动力因素对经济的影响力相对较低，并且呈现从东到西依次减弱的趋势，与我国人口和劳动力分布由东到西依次减少的基本国情相符。东部、中部、西部土地要素的产出弹性分别为 1.13、4.05、1.62，即在其他要素不变的情况下，每增加 1% 的土地投入，推动东中西部经济分别增长 1.13%、4.05%、1.62%。根据原国家土地管理局利用卫星资料对北京等 31 个特大城市占地规模进行的分析，1995 年我国 31 个特大城市用地增长弹性系数已达 2.29，远高于同期美国的 1.58、印度的 1.62 与南美的 1.25 的水平（Douglas，1994）。说明近 10 年，全国东部、中部、西部第二、第三产业的发展均十分依赖建设用地的投入，尤其是中部地区与世界其他国家地区相比，经济发展对土地要素的影响极其敏感。

表 2 – 7　　　　1999—2008 年全国不同地区面板数据模型分析结果

	固定资产 α	从业人员 β	建设用地 γ	R^2	调整 R^2	F 检验值	样本数
全国	0.955333 ** (29.47969)	0.380578 ** (5.248989)	1.253106 ** (5.553955)	0.994682	0.994045	1560.761 (0.000000)	300
东部	0.921771 ** (18.75680)	0.472275 ** (5.481916)	1.132952 ** (4.408902)	0.996354	0.995861	2018.165 (0.000000)	110
中部	0.799297 ** (13.23150)	0.389255 * (2.170441)	4.049131 ** (3.697892)	0.982790	0.980296	394.0239 (0.000000)	80
西部	1.008740 ** (8.818255)	0.152636 (9.620536)	1.623239 ** (7.240302)	0.990030	0.988680	733.2857 (0.000000)	110

注：α、β、γ 下括号内为 t 检验值，**、* 分别表示在 5%、10% 的显著性水平下通过检验。

3. 土地资源要素在经济增长中的贡献分析

从 1999—2008 年土地、劳动力和资本三要素对中国第二、第三产业的贡献率（如表 2 – 8 所示），可以看出：在中国第二、第三产业的发展中，土地要素的贡献率约占 9.43%，从各种要素的综合对比中可以看出：资本要素贡献率 > 劳动力要素贡献率 > 其他要素贡献率 > 土地要素贡献率。这充分说明土地要素在我国第二、第三产业的发展中的贡献率不高，而资本投入才是近些年来中国经济快速发展的基础因素，即促进经济增长的最有效方式是增加资本投入。但是，一个经济的目标增长方式是使该经济的生产成本最小化的增长方式，这一增长方式是由该经济的要素禀赋结构所决定的。就我国目前所处的发展阶段而言，劳动是我国的比较优势所在，但是要素价格的扭曲却使我国的经济增长方式成为资本和自然资源密集型增长。所以，我国经济的目标增长方式应当是能够充分利用劳动力优势的增长方式，而不是利用不具优势的资本密集增长方式，也不必然是以自主研发来促进生产率提高的增长方式（林毅夫、苏剑，2007）。

表 2 - 8　　　　　　要素投入对经济增长的平均贡献率　　　　　单位:%

	全国	东部	中部	西部
经济平均增长率	13.059	13.165	12.681	13.186
土地要素增长率	0.962	1.362	0.555	0.914
土地要素贡献率	9.428	11.718	17.737	11.257
劳动力要素增长率	4.316	4.686	2.773	4.620
劳动力要素贡献率	12.991	16.812	8.511	5.348
资本要素增长率	9.153	8.674	10.022	9.736
资本要素贡献率	66.508	60.736	63.169	74.477
其他要素贡献率	11.073	10.734	10.583	8.918

对比东部、中部、西部土地要素对经济发展的贡献率发现，中部地区土地要素的增长率最低而贡献率最高。分析其主要原因可能是西部地区还处于土地规模报酬递增的初级阶段，西部各省（直辖市、自治区）与东中部地区相比地广人稀，土地对经济发展的制约作用尚没有充分体现，土地的节约集约利用效率较低。中部地区在近几年的发展过程中，加大了单位土地的生产资料投入力度，促进了土地的高效配置和节约集约利用，土地贡献率处于一个较高水平。而东部地区土地要素的贡献率偏低的原因，可能是由于该地区经济较为发达，土地要素的稀缺性得到最先体现，因而在经济进一步的发展过程中，通过大量的资本和劳动力替代土地要素的作用，从而使土地要素的贡献率逐渐降低；也有可能是因为闲置和低效利用土地面积较多，建设用地利用结构不合理而造成的。根据2010年8月国土资源部公布的全国31个省（直辖市、自治区）1457宗闲置土地的名单，广东省共有324宗闲置土地，占总数的22.2%，闲置时间为4—18年，北京、海南、江苏是仅次于广东的闲置土地大省（直辖市），而以上四省（直辖市）均属于东部地区。另外，2008年城市建设用地中居住、工业用地分别占28.85%和20.53%，东部地区工业用

地比例高于全国平均水平，而国外城市用地中工业用地仅占10%左右。由此推断，东部地区建设用地总体利用效率较低，土地要素对经济发展的贡献率低于预期，这也证实了我国东部经济增长主要依靠大量占用耕地和消耗资源来实现，基本走的是一条资源高消耗、粗放经营的发展道路。

二 我国矿产资源保障能力的总体判断

（一）我国矿产资源开发利用概况

我国对矿产资源的开发利用具有非常悠久的历史，同时，从矿产资源的种类和储量看，也是位居世界前列的国家之一。新中国成立以来，为改变国家落后的面貌，发展现代化的工业体系，国家在矿产资源的勘探、开采方面投入了巨大的力量，并取得了重大的成果。目前我国已发现矿产资源170余种，探明储量的矿产约有160种，约占世界矿产资源总量的12%，仅次于美国、俄罗斯，居世界第三位，但人均占有量仅相当于世界人均占有量的58%，为世界第53位。现有矿产储量中只有60%可开发利用，仅有35%可采出，实际可开发利用的储量明显不足（田惠敏，2010）。

在我国，矿产资源的开发利用历来都受到高度关注，国务院及地矿部门采取了多种措施，加大矿产资源的勘查力度，促进矿产资源开采利用技术进步，加强矿产开采中的安全管理，为经济社会的快速发展提供了有力的保障。回顾近年来我国矿产资源的供需形势，主要表现出如下特征：第一，能源资源的储量不断有新的发现，但部分重要矿产资源的查明储量则持续下降；第二，采矿行业发展迅速，矿业固定资产投资稳步增长；第三，主要矿产品产量快速增加，消费需求旺盛；第四，部分矿产品价格持续走高，矿产资源进出口贸易发展迅猛，部分重要矿产对外依存度高。在经济全球化大背景下，站在全球的高度思考我国矿产资源供需问题具有重要意义。这需要对我国矿产资源的供需态势及全球资源的基本形势做出科学的判断。

（二）我国矿产资源的消费及其发展

工业化是一个自然资源被大量消耗，并被不断转化为社会财富的发展过程，是人类生活水平快速提升的发展阶段，也是人类社会近代以来呈现出的重要发展特征。和传统农业社会的发展特征不同，工业化阶段对矿产资源的消耗，无论从数量和种类上都达到了前所未有的水平，20

世纪世界上率先实现工业化的发达国家的经验显示，一个国家进入和实现工业化的过程是矿产资源消耗快速成倍增长的时期。矿产资源已经成为现代国民经济建设与社会发展重要的物质基础。

20世纪90年代以来，随着我国工业化发展水平的快速提高，也步入了矿产资源消费的高速增长期。2004年我国重要矿产资源消费：石油3.07亿吨、煤炭18.6亿吨、钢材3.1亿吨、铜312万吨、铝619万吨、十种有色金属总量超过1300万吨、水泥9.7亿吨、钾肥512万吨，分别是1990年石油消费量的2.6倍，煤炭消费量的1.7倍、钢材消费量的5.8倍、铜消费量的4.4倍、铝消费量的7.2倍、十种有色金属总消费量的5.5倍、水泥消费量的4倍和钾肥消费量的2.5倍（王安建，2005）。

与此同时，我国工业产值比例从41.6%增加到了53.02%，社会财富积累迅速增加，GDP从1990年的1.8万亿元人民币增加到2004年的13.6万亿元人民币，公路、铁路、机场、桥梁等基础设施和住宅、汽车、电脑、家用电器、人均储蓄等财富积累快速增加。以老百姓财富积累为例，民用汽车拥有量由1990年的不足600万辆增加到2004年的近2700万辆，城市人均住宅面积由14.2平方米增加到25平方米，农村人均住宅面积由18.5平方米增加到28平方米，百户拥有彩电从68.41台（城市）和6.44台（农村）分别增加到2004年的133.4台和75.09台。中国社会财富积累的水平正在快速增加。

然而，与西方发达国家比较，在社会财富积累方面我们的差异相当大。按照PPP（国际元，购买力平价）来测算，美国在2000年时人均GDP大约是28000美元，日本、英国、德国在20000美元左右，中国在4600美元左右。当然，对于PPP的认识和人均财富积累的计算方法，"仁者见仁，智者见智"。但是，应该指出：过去我们强调的是少数人先富起来的发展模式，现在我们强调的是全面建设小康社会，这是一个惠及13亿人口的经济发展目标，人口的因素不能被抹杀掉。与发达国家比较，2000年我国人均GDP相当于英国1962年的水平，美国的1905年，西德的1937年，日本的1962年，和巴西相比我们也只相当于其1978年的水平。人均基础设施和财富的积累差异更大，以公路和汽车为例，发达国家平均百人拥有公路10公里左右，百人拥有汽车约50辆，2000年我国百人拥有公路仅0.08公里，百人拥有汽车1.3辆。的确，中国是一个人口大国，任何一个数乘以或除以一个13亿都是一个令人吃惊的大数或者小数，这恰恰是中国需要面对的国情，需要我们认真和科学地对待。

从另一个角度来说，我国在矿产资源累计消费方面与先期工业化的发达国家比较差异也相当之大。20 世纪的 100 年中，美国累计消费了约 350 亿吨的石油、73 亿吨的钢、1.4 亿吨的铜、2 亿吨的铝，约 100 亿吨的水泥。1945—2000 年的 55 年间，日本累计消费了约 85 亿吨石油，28 亿吨钢，4000 多万吨铜，6000 多万吨铝，约 40 亿吨水泥，2000 年我国累计消费石油约 40 亿吨，钢铁 28 亿吨，铜 3000 万吨，铝 5000 多万吨，水泥约 78 亿吨。石油累计消费仅为美国的 1/8，钢铁不足其 40%，铜、铝相当于其 1/4，与日本比较，石油累计消费量也不及其一半，铜铝累计消费均赶不上日本的累计消费水平（王安建，2005）。

无论是人均矿产资源消费抑或人均基础设施和社会财富积累水平，还是按照单位国土面积矿产资源消费抑或基础设施和社会财富积累水平，与发达国家比较我们都有相当大的差距，这暗示着中国矿产资源的消费和社会财富的积累还有相当长的道路要走。

（三）我国矿产资源保障能力的现实与挑战

综观改革开放以来我国矿产资源保障能力的形势，以及经济全球化和全球资源贸易的总体态势，我国矿产资源保障能力面临诸多问题和挑战：

第一，我国部分重要矿产资源国内储量相对不足，人均水平低，后备资源少，保障能力相对低下。例如，我国铜、铝人均储量只有世界平均水平的大约 1/6 和 1/9。铅、锌、铜等矿产现有储量的动态保障程度只有十几年。铝土矿保障程度不足 20 年，铁矿保障程度仅 30 年。铜矿后备可以开发的储量只有 250 万吨，仅仅相当于国内 4 年的产量，不足我国 2003 年一年的消费量。主要矿产资源储量不足已经成为我国经济社会发展面临的一个严重威胁。如果没有新的勘查突破，国家的资源安全将会面临严峻挑战。

第二，我国矿产资源总体品位水平较低，开发难度大。我国的矿产资源虽然总量较大，种类也比较齐全，但大多数矿藏属贫矿、中小型矿和共伴生矿，富矿、大型或超大型矿则相对较少，大部分矿藏的开发利用难度较大。以铜矿为例，我国迄今发现共约 900 个矿产地，小型矿床占 88.4%、中型矿床占 8.9%、大型矿床仅占 2.7%，329 个已开采的铜矿区累计铜产量只有 50 多万吨。我国许多重要矿产资源开发利用成本远远高于世界平均水平。

第三，矿产资源开采过程浪费严重。由于我国矿产资源分布上的小型化、分散化特征，加上矿产开采管理水平较低，导致矿产开采利用效率低。比如，煤矿开采中由于小矿山所占比例较大，乱采滥挖，基本上是采一丢二，资源综合回收率只有10%—15%，全国平均综合回收率仅30%，与美国煤炭开采平均58%的回收率水平相去甚远。铝土矿采一丢一，产量占全国一半以上的个体和小型铝土矿山回采率仅为20%—35%，1995—2005年保守估计至少浪费了2500万吨铝土矿资源。资源供给不足与浪费严重已经成为我国矿产资源开发利用中的突出矛盾。

第四，对境外矿产资源开发利用的难度不断加大。由于全球矿产资源和矿产品市场业已形成了少数国家和大型跨国公司的垄断格局，矿产资源的"走出去"战略面临着巨大的困境。目前，世界前八家跨国矿业公司拥有全球矿业资本市场75%的份额，控制着世界大部分的铁矿和铝土矿资源。全球排名第五位到第十位的跨国公司，占有全球铁、铜、铝、锌50%以上的储量和产量。澳大利亚、巴西、印度三个国家铁矿石产量占到世界总产量的60%，占世界贸易量的90%。智利、秘鲁、印度尼西亚占到世界铜产量的52%，贸易量的90%。同时，我国重要矿产资源的进口来源高度集中，一旦出现问题，矿产资源的安全保障必将面临严峻的挑战。

第五，我国主要矿产资源的运输能力不足，受地缘政治影响，主要运输通道也缺乏充足的安全保障。2003年我国近3亿吨的物料和矿产品是从国外运输进来的，据估计2020年我国矿产品进口总量将达到5亿吨，大部分都走海运。如果按照10万吨的货轮计算每天需要12个轮次，相当于有一条拥有700多条船的团队不停运转，而我国10万吨的泊位不足20个。此外，我国矿产品进口总量中70%的石油、50%的铁矿、20%的铜、50%—60%的氧化铝和90%的铬都要经过马六甲海峡、望加锡海峡和南中国海输入中国，而这一地带当前面临着复杂的地缘政治格局，主权争端有激化的趋势，这对国内矿产资源的安全保障也是一个重大的潜在威胁。

第三章　我国国土资源保障能力建设目标及其基本途径

　　不同国家或地区由于资源禀赋、产业结构、发展阶段和发展战略等方面的差异，其资源安全以及资源保障能力建设的主要目标和内涵也往往是不尽相同的。我国作为一个正处于工业化中后期和城镇化快速发展阶段的发展中大国，人均国土资源占有量明显低于世界平均水平的客观现实，不尽完善的制度状况，以及国土资源的供需特征和发展趋势决定了我国国土资源保障能力建设必须兼顾经济、民生和生态环境，以实现全面、协调和可持续的发展。而要实现这一目标，则必须紧紧围绕国土资源的供给和利用，加强相关制度建设，完善经济治理结构，优化供求机制，通过国土资源的有效供给和高效配置实现国土资源对经济社会发展的可持续保障。

第一节　经济发展方式转变与国土资源利用管理

　　国土资源保障能力的建设与经济发展方式息息相关。通过分析我国当前"转变经济发展方式"的宏观现实背景，探讨其对国土资源利用管理的内在要求，有助于我们进一步廓清国土资源保障能力建设的目标框架与现实途径。

一　我国转变经济发展方式的现实背景

　　在我国，1995 年党的十四届五中全会提出"积极推进经济增长方式转变"，使经济增长从粗放型向集约型转变，经济增长方式的转变引起了理论和实践界的普遍关注，并随着市场经济的发展其内涵和外延不断发展；2007 年党的十七大进一步提出"加快经济发展方式转变"的要求，将关注的重点从单纯的经济增长扩展到收入分配、居民生活、城乡结构、区域结构、生态环境等更加广泛的内容，对发展的要求从集约型增长转变为全面、协调、可持续的发展。转变经济增长方式和我国传统的粗放型经济增长带来的日益严峻的资源环境压力紧密相关，对此前文已有详细论述，由于生态环境承载力的有限性，资源环境保护与经济增长矛盾势必日益尖锐，这是转变经济增长方式的迫切性所在；与此同时，由于我国长期以来城乡发展失衡，导致农业生产条件落后，城镇化进程缓慢，农产品供应能力缺乏长期的支持和保证；区域之间也没有形成协调的发展格局和良性互动机制，导致低水平重复建设、无序竞争和局部地区过度开发等问题，不但造成了资源浪费和环境破坏，也降低了经济的整体效率（国务院发展研究中心课题组，2007）。此外，由于经济分配机制不合理，导致我国经济增长过度依赖于出口和投资拉动，国内市场的需求不足；随着国内土地和劳动力等要素价格的升高，低价出口的竞争优势正在逐渐流失，不合理的分配方式使人力资本积累缓慢、城镇化进程难以与工业化相协调，并有造成社会分割和对立的风险；现有经济增长方式中的金融风险也可能在局部恶化。基于上述问题，理论界开始出现对"发展天花板"和"中等收入陷阱"的普遍担忧（梅伟霞，2011）。转变经济发展内在的体制和机制，推进经济结构调整，提高资源利用效率，建设生态文明，完善分配体制，加强区域之间、城乡之间的发展统筹，已经成为我国现实发展的迫切要求。

二　转变经济发展方式对国土资源利用管理的要求

对如何转变经济发展方式，我国的政策文件中从经济结构、产业结构、农业发展、生态文明、民生改善和文化等多方面提出了原则性要求，但要真正实现从传统的"增长"向全面"发展"的转变，需要我们深入理解发展的本质。对发展的内涵，学术界有着广泛的研究，托达罗等（1999）认为发展有三个目标：增加基本的生存必需品并扩大范围；提高生活水平，意味着更高的收入、更多的工作岗位、更好的教育、更重视文化和人道主义价值；使个人和国家摆脱奴役和依赖，扩大选择范围。阿玛蒂亚·森（2002）指出，发展的目的在于使人们获得能力和权力。我国学者梅伟霞（2011）认为真正的发展至少有三个基本内容——生存、自尊和自由。从政策要求和理论研究出发，结合我国当前经济社会发展中的主要问题，可以将转变经济发展方式对国土资源利用管理的要求重点归结为以下几个方面：

第一，保障人们基本的生存需要，包括粮食、居住和环境等方面。这意味着耕地资源要能够保证稳定、充足的粮食供应，建设用地的供应中对保障性、安置性住房用地的保证，以及基本生态环境服务的保障等。

第二，增强人们选择的能力，形成生活持续改善与经济持续发展相协调的良性发展机制。这里的重点是加强对人们基本权益，特别是与土地、矿产等国土资源相关权益的保障，激励人们增加资源利用投入、促进资源有序流转的动机，改善资源的配置效率，并加强人们对公共事务的有效参与，使经济发展与社会个体福利的改善有效联系起来。同时，在国家层面，这意味着国家要加大公共领域的投入、加强国际协作，比如，开展国土整治、加强资源勘查和开辟稳定的资源国际贸易渠道等。

第三，引导和保障经济结构的升级转型。国土资源的供应既要能够保证经济发展的需求，同时还要通过资源利用方式的转变引导和促进经济结构的升级转型。这其中既包括通过对市场规则的完善，与上述对人们权益的保障相结合建立市场在资源配置中的基础性作用；还包括完善制度和政策机制，以对市场发展形成必要的约束，比如规划空间格局的有序转化、建立基本的生态约束、通过税费手段使国土资源利用中的外部成本内部化、调整能源矿产资源的利用战略等方面。

这些要求为我国国土资源保障能力的建设目标和实现途径提供了基本的理论参考。

第二节　我国国土资源保障能力建设目标

我国的国土资源保障，总体而言就是在人均国土资源拥有量明显低于世界平均水平、资源整体质量不高、后备可利用资源相对有限的前提下，同时保证满足人口增加和人均生活水平提高带来的不断增长的农产品需求、快速工业化城镇化带来的新增建设用地和能源矿产需求，并能够有效维护和恢复健康良好的生态环境。结合前文转变经济发展方式对国土资源利用管理的内在要求，我国国土资源保障能力建设的主要目标可以概括为以下四个方面：

一　保障粮食安全

粮食安全这一概念自 1983 年由联合国粮农组织（FAO）提出以来，获得了国际社会的广泛赞同和支持，其内涵也不断丰富。目前粮食安全至少意味着三个方面的内容：一是确保生产足够数量的粮食；二是确保粮食供应稳定；三是确保所有需要粮食的人都能获得粮食。此外，随着环境污染和转基因等生物技术的发展，粮食的质量安全也正引起越来越多的关注。国土资源保障粮食安全的能力则主要取决于耕地资源的数量和质量。

粮食安全一般的国际标准是粮食对外依存度低于5%，即表明该国实现了粮食自给，对外依存度低于10%，表明该国粮食供求处于安全状态。但这一比例需要考虑到一国的粮食需求基数、消费结构、统计方式和国际贸易等条件。我国作为一个粮食消费大国，即使较小的对外依存度也可能意味着国际市场上的较大份额。比如，我国的大豆进口量在粮食消费总量中的比重不大，但进口额占全球大豆贸易量的50%以上；水稻、小麦和玉米三大谷物目前我国基本上完全自给，如果10%依赖进口也将极大改变国际粮食市场的格局。粮食安全的判断大多基于粮食供需的预测，但这本身是一个非常复杂的问题。仅仅从生物生产力的角度往往能得到非常乐观的结果，但其中忽视了耕地垦殖本身是一个导致生态环境退化的重要原因，同时，农业科技能否有效应用和推广也是一个大问题；从经济的角度可能支持更高的对外依存度，但经济利益并不能保证社会稳定和国家安全等政治上的考虑；此外，粮食内部的结构性短缺也在大多数研究中被忽视了，比如前述我国的大豆贸易问题，稻米中粳稻供给不足的问题，膳食结构改变对粮食需求的改变等问题。鉴于当前国际社会仍处于动荡重组之中，粮食禁运作为一种经济制裁的手段并未在国际规则中被禁止，我国关于粮食安全的保障战略不宜做出重大的调整，即三大谷物的需求应该继续立足自给，粮食综合对外依存度（包括谷物、大豆和薯类）控制在10%以下。

粮食安全的目标意味着现有的耕地利用格局应被基本保持，综合国家 2006—2020 年土地利用总体规划纲要、"十二五" 规划纲要、全面建设小康社会相关指标，国土资源保障粮食安全能力建设的目标可确定为 "十二五" 期间耕地保有量保持在 1.212 亿公顷，2020 年耕地保有量不少于 1.203 亿公顷。为此，国家必须继续坚持严格保护耕地，加快农村土地整理复垦；加强以农田水利设施为基础的田间工程建设，改造中低产田，大规模建设旱涝保收高标准农田；加强粮食物流、储备和应急保障能力建设。

二　保障经济安全

经济安全是指我国经济能够平稳持续增长，这是工业化、城镇化不断深入发展，人民生活福利持续改善的必要条件。国土资源对经济安全的保障在当前主要表现为建设用地和能源矿产对经济持续发展的保障。

（一）建设用地保障

我国正处于工业化、城镇化快速发展的阶段，新增建设用地的需求迫切；尽管建设用地的总量较大，但其中相当大的比重散布在广阔的农村区域，依赖存量供给既不现实也不合理。与此同时，重复建设、"两高一低"产业无序发展、粗放用地、占用优质农田等各种不合理的用地现象确实普遍存在。基于此，土地资源对经济安全的保障重在如何转变用地机制，优化建设用地结构，促进建设用地的节约集约利用，保障符合区域产业政策、经济上富于活力的项目以及重点的能源、交通、水利等基础设施项目落地。按照 2006—2020 年全国土地利用总体规划纲要，规划到 2020 年，全国新增建设用地 585 万公顷，建设用地总面积控制在 3724 万公顷，其中新增建设占用耕地控制在 300 万公顷以内；为实现这一目标，通过建设用地规划计划管理方式的转变，促进规划期间单位建设用地第二、第三产业产值年均提高 6% 以上。其中在"十二五"期间，通过强化土地利用总体规划和年度计划管控，严格用途管制，健全节约集约土地标准，加强用地节地责任和考核，单位国内生产总值建设用地量下降 30%。

（二）矿产资源保障

随着我国工业化、城镇化进程快速发展，对矿产资源的需求呈现持续快速增长态势，矿产资源总体保障程度不足。据《全国矿产资源规划（2008—2015 年）》预测，到 2020 年，我国煤炭消费量将超过 35 亿吨，石油 5 亿吨，铁矿石 13 亿吨，精炼铜 730 万—760 万吨，铝 1300 万—1400 万吨。如不加强矿产资源勘查和转变经济发展方式，届时在我国 45 种主要矿产中，有 19 种矿产将出现不同程度的短缺，其中 11 种为国民经济支柱性矿产，石油的对外依存度将上升到 60%，铁矿石的对外依存度在 40% 左右，铜和钾的对外依存度将保持在 70% 左右，矿产资源对经济安全的保障程度将进一步弱化。为加强矿产资源保障，要实施地质找矿战略工程，加大勘查力度，实现地质找矿重大突破，形成一批重要矿产资源的战略接续区。规划 2011—2015 年期间新发现约 10 个亿吨级油田和 8—10 个千亿方级气田，新发现和评价大型重要矿产地约 200 处，到 2020 年，能源与非能源重要矿产资源储量进一步增加。其中矿产资源勘查主要指标如表 3 – 1 所示。

表 3 – 1　　　　　　　　　　矿产资源勘查主要指标

指标		2011—2015 年	属性
新发现和评价大型重要矿产地（处）		190—210	预期性
新增查明资源储量	石油（亿吨）	50—60	
	天然气（万亿立方米）	2.8—3.5	
	煤炭（亿吨）	5000	
	煤层气（亿立方米）	10000	
	铁（矿石亿吨）	60	
	铜（金属万吨）	1200	
	铝土矿（矿石亿吨）	2	
	铅锌（金属万吨）	3000	
	钾盐（KCl 亿吨）	2	
	磷（P_2O_5 亿吨）	5	

注：石油、天然气、煤层气为新增探明地质储量。

在矿产资源利用方面，不断优化矿产资源开发利用布局，2011—2015 年，大中型矿山比例达到 10% 以上，计划完成约 50 处重要矿产地储备，矿产资源总回收率与共伴生矿产综合利用率平均分别提高约 5 个百分点。到 2020 年，矿产资源开发利用水平基本达到国际先进水平。到 2015 年，煤炭产量达到 33 亿吨以上，石油 2 亿吨以上，天然气 1600 亿立方米以上，地面抽采煤层气 100 亿立方米，铁、铜、铝土矿、钾盐、铅锌等重要矿产的国内保障程度分别达到 50%、30%、65%、25%、55% 以上；非化石能源占一次能源消费比重达到 11.4%，单位国内生产总值能源消耗降低 16%。到 2020 年，重要矿产的国内可供性继续保持稳定。

在矿山地质环境治理方面，到 2015 年，新建和生产矿山的矿山地质环境得到全面治理，历史遗留的矿山地质环境恢复治理率达到 35%，新建和在建矿山毁损土地全面得到复垦利用，历史遗留矿山废弃土地复垦率达到 30% 以上。到 2020 年，绿色矿山格局基本建立，矿山地质环境保护和矿区土地复垦水平全面提高。

三 保障社会安全

我国正处于城镇化加速发展时期，客观上表现为大量农村人口向城市的迁移，但长期以来形成的城乡二元的经济体制正成为影响这一进程的主要制约因素。农民所拥有的主要的资源是土地，但由于其土地权能的弱化，土地产权的资本化、市场化严重不足，农民难以通过土地流转有效获得城镇化所需的初始资本积累；同时收入差距拉大以及城市社会保障建设，特别是在住房保障等方面的不足也限制了农民完全融入城市的能力和动机。由于城乡二元经济体制的改革和社会保障的健全是一个相对长期的过程，在这一过程中，要保障工业化、城镇化的平稳发展，对农民承包经营权的保障是一个重要的、基本的选择，这不但使农民拥有更多的选择和基本的保障，对城市来讲也缓和了快速城镇化带来的一系列的社会压力。由此可以知道，国土资源保障社会安全能力建设的重点是土地资源社会保障功能的合理发挥，这主要应该包括三个方面的内容：

第一是对农户承包经营权的保障。在我国大部分地区，农地对农民有着重要的社会保障功能，尽管现代农业和规模化往往表现出紧密的关联，但并不代表小农经营无法实现农业现代化，同时也需要反思小农体系对快速工业化、城镇化带来的社会冲突加以缓冲的积极意义（姚洋，2010）；所以无论是农地流转、合作化还是增减挂钩、"三置换"等各种形式的改革探索，都必须以对农户承包经营权的保障为前提，避免"被进城"、"被上楼"甚至"被失地"。

第二是对征地和增减挂钩等过程中农民安置用地的保障。不但要充分保证农民的居住质量，还要因地制宜地考虑农民的生活方式和长远发展，稳步有序推进。特别是要强调将农民居住、生活方式的改变和其就业、收入结构的变化紧密联系起来，尊重农民自身的意愿；对传统农业区的村庄整理以在原有基础上改善居住环境、完善公共设施、减少用地浪费为主；对征地安置区、以非农就业为主的农村增减挂钩构建新区则要重点考虑通过农村土地制度创新，给农民提供稳定的非农就业和财产性收入，使其逐渐有效融入工业化、城镇化发展模式当中。

第三是城市中低收入群体的居住保障。对保障性住房的用地供应，不但要从基本的居住条件要求出发实现"住有所居"，同时还应充分考虑被保障群体的长远生计和发展，要有完善的交通等基础设施，教育、医疗、购物、生活等公共设施齐全，尽可能有便利的就业机会；同时还要综合考虑社会内部的融合，避免人为的阶层划分与居住分异。这需要对我国现有的土地供给制度进行持续深入的探索。

四　保障生态安全

鉴于我国日益严重的生态环境问题和国际社会对生态环境问题关注度的不断提升，生态安全应成为国土资源保障能力建设重要的战略性目标之一。这一目标主要是通过对各类生态用地的维护和恢复，保证生态基底环境的稳定、健康和自然美学因素的舒适性价值。生态系统功能过程的复杂性使对生态安全给出一个明确的定义非常困难，但可以从人类所需基本生态系统服务的角度将其列为对水源地、河湖泄洪滞洪区、地质灾害易发区、湿地、森林等自然保护区，生物多样性保护等生态单元的保障（俞孔坚等，2010）。生态安全的保障受到《生物多样性公约》《关于特别是作为水禽栖息地的国际重要湿地公约》《联合国气候变化框架公约》等国际公约和我国《环境保护法》《自然保护区条例》等法律法规的促进和推动，保障生态安全的能力建设关键在于相关法律能否得到有效执行，这不但涉及法律本身的科学性和合理性，同时还需要一系列配套的利益调节机制保障法律的执行。目前，我国明确提出的生态建设目标中，到 2020 年森林覆盖率应达到 23% 以上。"十二五"期间，森林覆盖率提高到 21.66%，森林蓄积量增加 6 亿立方米，对天然林资源保护工程区内 1.07 亿公顷森林进行全面有效管护，加强公益林建设和后备森林资源培育；在重点生态脆弱区和重要生态区位继续实行退耕还林还草，重点治理 25° 以上坡耕地；实施退牧还草、南方草原开发利用和草原防灾减灾工程，改良草原 3 亿亩，人工种草 1.5 亿亩；加强重点地区水土保持工作，新增水土流失治理面积 25 万平方公里。

由于生态问题的复杂性，生态环境保护的方式、途径全世界仍在持续探索当中，除以上重点生态系统和生态区域保护的目标以外，我国生态环境的保护还应积极借鉴国际生态保护运动的发展和先进经验，将生态环境保护全方位纳入国土资源的开发利用管理当中，逐渐构建国土尺度的整体性生态保护网络。

第三节　我国国土资源保障能力的趋势预测

一　我国经济社会发展水平的预测

"十二五"时期，是我国全面建设小康社会的关键时期，既是重要的战略机遇期，也是矛盾凸显期。在这一阶段，客观上需要大量耗费自然资源，特别是土地、能源、金属矿产资源，由此中国将进入资源的需求高强度刚性增长阶段和资源开发利用的敏感期。"十三五"期间，尽管随着经济增速适度放缓和经济增长方式的转变，资源的需求增长可能进一步变慢，但资源的总体供给在总量约束下可能进一步趋紧，我国资源的供需总体上可能仍将延续上一时期的特征。直至 2030 年，随着中国经济全面步入后工业化时期和人口总量进入平稳期，我国对国土资源的需求才可能进入稳定期。

（一）我国"十二五"、"十三五"期间 GDP 预测

多位学者利用我国历年的 GDP 数据，建立了不同的单项 GDP 预测模型，如指数曲线模型、ARIMA 模型和三次多项式模型等，以及各种组合预测模型，对我国未来的 GDP 值进行预测。结果显示，2010—2015 年的年均增长率均高于"十二五"规划数据，我国国民经济仍以较快的速度增长。由于"十五"期间经济平均增速是 10.1%，"十一五"期间的平均增速是 11.14%，均大大超过此前政府设定的 8% 目标值，因此，"十二五"期间将年均 GDP 增速由 8% 降至 7%，并不意味着增速要明显放缓。

考虑到提高居民收入水平即使主要是通过分配制度改革实现的，但结果依然可以在扩大内需的基础上刺激经济快速发展。从目前的趋势看，"十二五"期间的物价上涨幅度总体上将大于"十一五"时期，这决定了即使按可比价格计算 GDP 增幅为 9.5%，到 2015 年，我国按当年价格计算的 GDP 规模也将达到 75 万亿元以上。这仍然是比较保守的估计，如果更加乐观地估计，到 2015 年，我国 GDP 规模将比 2010 年翻一番，达到或接近 80 万亿元。到"十三五"期间，将按可比价格计算的 GDP 年增幅

下调为7%，物价涨幅相对于"十二五"保持稳定，则2020年按当年价格计算的GDP可能达到125万亿元以上。

（二）我国"十二五"、"十三五"期间耕地需求量预测

目前，对耕地需求的测算主要运用式（3-1）进行：

$$S = \beta \frac{N \cdot G}{P \cdot Q \cdot K} \tag{3-1}$$

式（3-1）中：S为耕地需求量（万公顷），β为粮食自给率（%），N为人口数量（万人），G为人均粮食需求量（kg/人），P为粮食播种面积单产（kg/公顷），Q为粮食作物占农作物播种面积之比（%），K为粮食复种指数。

1. 人口数预测

采用最小二乘法预测全国2015年、2020年的人口数，y代表人口（万人），t代表年份。根据1990—2009年的数据建立预测模型为：

$$y = -1962705 + 1044.351t \quad (R^2 = 0.98)$$
$$(-30.29^{***}) \qquad (32.21^{***})① \tag{3-2}$$

根据式（3-2），预测到2015年全国总人口将达到141662.27万人，2020年全国总人口将达到146884.02万人。对照近年来我国人口增长的实际状况及变化趋势，以这一数据为基础进行预测具有较好的可信度。

2. 人均粮食需求量预测

通过对我国近年来恩格尔系数的分析，发现我国居民的消费水平正不断提高，营养结构处于逐步调整状态。《中国中长期食物发展战略》研究中提出东方素食型的营养优化的食物消费结构是：人均口粮消费175kg/年，人均食物总耗粮数量保持在402kg/年（中国中长期食物发展研究组，1993）。贺一梅、杨子生（2008）基于粮食安全角度考虑，提出了不同发展类型情况下的人均粮食消费量（如表3-2所示）。依照表3-2的结果，并根据我国经济社会的发展历程和发展趋势，判断"十二五"期末，我国人均粮食消费量的低标准值为425kg/年，高标准值为450kg/年；"十三五"期末，按照党的十八大提出的确保到2020年实现全面建成小康社会的宏伟目标，将我国人均粮食消费量的低标准值定为475kg/年，高标准值定为500kg/年。

---

① ***表示1%的显著性水平，括号内为t检验值。

表 3 - 2 基于粮食安全的人均粮食消费量

发展类型	人均粮食消费量（kg/年）	粮食安全状况
低温饱型	(300，350)	粮食危机
温饱型	(350，400)	粮食供需紧张
初步小康型	(400，450)	粮食安全有初步保障
全面小康型	(450，500)	粮食安全有基本保障
向富裕过渡型	(500，550)	粮食安全度较高
富裕型	(550，600)	粮食安全度高

3. 粮食播种面积单产估算

粮食播种面积单产潜力是指在现有粮食播种面积单产水平的基础上，进一步提高粮食单产水平的能力。1990—2009 年，全国播种面积单产有起有落，总体呈上升趋势。为更准确地预测出粮食播种面积单产，采用模型预测与趋势预测相结合的方法估算全国粮食播种面积单产。

一元线性回归模型：应用 SPSS 软件进行粮食单产的曲线模拟，发现一元线性回归模型拟合度较好，y 代表粮食播种面积单产（kg/公顷），t 代表年份，模型如下：

$$y = 47.49t - 90560 \quad (R^2 = 0.8324)$$

$$(-7.08^{***}) \quad (7.44^{***})[1] \tag{3-3}$$

根据式（3-3），到 2015 年我国粮食播种面积单产达到 5132.40kg/公顷；预计到 2020 年我国粮食播种面积单产将达到 5369.80kg/公顷。

趋势推导法：通过计算 1990—2009 年每 5 年的移动平均粮食播种面积单产，可以看出粮食播种面积单产的长期变动趋势，发现只有在个别年份因粮食生产遭受严重自然灾害，粮食播种面积单产的上升趋势才会受到影响。1990—2009 年，粮食播种面积单产的平均年递增速率为 1.215%，以此作为年单产递增率的上限；2000—2009 年，粮食播种面积单产的平均年递增速率为 0.819%，以此作为年单产递增率的下限。通过计算可得，2015 年我国粮食播种面积单产将达到 5114.95—5236.56kg/公顷。近十年，因为粮食单产已经处于一个较高水平，所以单产保持 1.215% 的年均增速不太容易实现，采用 0.819% 的年均增速又有可能忽

---

① ***表示1%的显著性水平，括号内为 t 检验值。

略未来出现的增产因素，所以采用两者的平均值 1.02% 作为单产年递增率，得出 2015 年粮食单产为 5175.46kg/公顷、2020 年粮食单产为 5444.85kg/公顷。

4. 耕地复种指数、粮食作物占农作物总播种面积之比和粮食自给率的确定

1996 年以来，我国复种指数逐步提高，由 1996 年的 1.17 提高到 2008 年的 1.28，年均增长 0.0086。根据近 13 年的复种指数年均增长率，确定 2015 年我国耕地的复种指数为 1.34、2020 年耕地复种指数为 1.40。

1990—2003 年，我国粮食作物占农作物总播种面积之比不断减小，但是，自从我国取消农业税、实行工业反哺农业的政策后，粮农比逐渐升高。本书根据近十年粮农比的平均值确定 2015 年和 2020 年的粮农比均为 0.688。

粮食自给率的确定是保障粮食安全的重要基础，我国粮食的供应和需求弹性很小，近十年来一直保持在 95% 左右，但近年来对外依存度有加大的趋势。按照《国家粮食安全中长期规划纲要》，我国粮食自给率要稳定在 95% 以上，2020 年粮食综合生产能力将达到 5400 亿公斤以上。尽管未来粮食自给率稳定在 95% 以上的难度不断增大，但是从经济安全、社会安全、环境安全等综合因素考虑，本书将 2015 年的粮食自给率确定为 95%，将 2020 年的粮食自给率下调为 90%。

5. 耕地需求量预测

结合上述对相关参数的估算，在此对"十二五"、"十三五"期间的耕地需求量预测进行一个不同情景的分析（见表 3-3）。

表 3-3　　　　　　2015 年、2020 年耕地需求量预测情景分析

情景	年份	人均粮食需求量 （kg/人）	粮食单产 （kg/公顷）	耕地需求量 （万公顷）	耕地余缺 （万公顷）
最优发 展情形	2015	450	5175.46	12692.53	-520.94
	2020	500	5444.85	12603.31	-431.72
均衡发 展情形	2015	425	5132.40	12087.96	83.63
	2020	475	5369.80	12140.49	31.10
保持发 展情形	2015	398	4870.54	11928.63	242.96
	2020	425	5132.40	11364.99	806.60

其中，最优发展情形是指到"十二五"、"十三五"期末的 2015 年和 2020 年，我国人民生活分别完全实现初步小康和全面小康水平，人均粮食需求量达到 450kg/人和 500kg/人，同时，粮食单产在科技进步的影响下以较快速度提高，达到 5175.46kg/公顷和 5444.85kg/公顷，而我国的粮食仍基本立足于自给，对外依存度较低，自给率分别保持在 95% 和 90% 的水平。在这种情景模式下，我国 2015 年的耕地需求量约为 12692.53 万公顷、2020 年的耕地需求量约为 12603.31 万公顷。

均衡发展情形是指到 2015 年和 2020 年时，我国人民生活基本实现初步小康和全面小康水平，人均粮食需求量分别为 425kg/人和 475kg/人，同时，粮食单产在科技进步的影响下稳步提高，达到 5132.40kg/公顷和 5369.80kg/公顷，其他参数与上相同。在这种情景模式下，我国 2015 年的耕地需求量约为 12087.96 万公顷、2020 年耕地需求量约为 12140.49 万公顷。

保持发展情形是指到 2015 年和 2020 年时，我国人民生活水平分别保持在 2009 年水平和 2015 年的均衡发展水平，人均粮食需求量为 398kg/人和 425kg/人，同时，粮食播种面积单产水平也分别维持在相应的水平，分别为 4870.54kg/公顷和 5132.40kg/公顷，其他参数与上述两种情形不变，则在这种情景模式下，我国 2015 年的耕地需求量约为 11928.63 万公顷、2020 年耕地需求量约为 11364.99 万公顷。

2008 年，我国耕地面积 12171.59 万公顷。根据表 3 - 3 数据分析可知，2015 年和 2020 年如果我国人民生活水平分别达到和完全实现全面小康，即最优发展情形，则耕地保有量要达到 12692.53 万公顷和 12603.31 万公顷，在 2009—2015 年、2016—2020 年，耕地资源不但不能减少，相比于 2008 年反而还需要补充耕地 520.94 万公顷、431.72 万公顷。在我国现有的土地资源供需条件下，这种情形很难实现。

保持发展情形是一种较为悲观的发展模式，即 2015 年、2020 年人均粮食需求量分别维持在 2008 年的实际水平和 2015 年的较低水平，粮食播种面单产水平也保持在同一年度的水平，在这种情形下，2015 年我国耕地需求量约为 11928.63 万公顷，大约有 242.96 万公顷的耕地可用于转变用途；2020 年我国耕地需求量约为 11364.99 万公顷，大约有 806.60 万公顷的耕地可用于转变用途。这种情形也是不符合我国社会发展实际情况的。随着经济发展，人民生活水平必然提高，对耕地的需求越来越大，只有严格控制人口增长、加快技术进步带动粮食单产提高才能有效缓解耕地面积触及粮食安全底线，保证国家经济社会发展安全。

在表 3 - 3 的预测情景中，均衡发展情形理论上最接近于现实。在这种情景下，人民生活水平、人均粮食需求量、粮食产量都做出了相对中性的预测，2015 年耕地的需求量降低为 12087. 96 万公顷，2009—2015年，有 83. 63 万公顷的耕地可用于转换；2020 年耕地的需求量为12140. 49 万公顷，相比于 2008 年，仅有 31. 10 万公顷的耕地可用于转换。

（三）我国"十二五"期间建设用地需求量预测

有研究表明，现代经济增长系统是一个不可逆的、具有高度非线性特征的有机体系，其决定因素是人的行为或由人参与的社会行为。例如，有关要素报酬是递增的还是递减的问题，在经济学中就一直存在很大的争议。其实，在经济发展的动态过程中，要素报酬递增与要素报酬递减不仅都存在，甚至同时存在，两者之间构成了一种正负反馈机制，其结果是经济发展在波动循环中达到均衡（刘刚、顾培亮，2003）。经济发展系统的这种非线性特性，决定了经济发展过程中存在不能超越的阶段性，保证了经济系统在较长时间里得以稳定有序增长。所以研究近十年的历史数据，能有效地推断出，下一阶段经济发展和建设用地保障能力的相互关系和趋势。

1. 居民点及工矿用地需求量预测

（1）GM（1，1）灰色预测模型

本书收集了 1999—2008 年全国居民点及工矿用地的统计资料，其中1999—2001 年数据中不包含农村公路交通面积，建立 GM（1，1）灰色预测模型（过程略），对 2015 年内我国居民点及工矿用地面积做出预测。

得到预测模型：

$$x_{(t+1)}^{(1)} = 218694. 8e^{0.011188212t} - 216237 \qquad 模型①$$

对该模型进行残差检验和后验差检验，结果表明：

1999—2008 年，预测值与现实值的误差均值为 0. 151，平均相对误差为 0. 15%，预测值误差方差为 26. 65，模型精度较高。

由原始数据序列 $X^{(0)}$（t）和绝对误差序列 Δ（t）计算得到原始数据序列和绝对误差序列的标准差分别为：$S1 = 87. 9826$，$S2 = 5. 162818$，由此计算得到后验差比值 $C = S2/S1 = 0. 0587$。设 $M = \Delta^{(0)}$（t）$- \Delta t$，则 $M =$

（ -0.151 、 10.206 、 -0.798 、 -6.833 、 -9.263 、 -0.472 、 -0.742 、
3.911 、 3.585 、 0.556 ）。设 $S = 0.6745 \times S_1$ ，则 $S = 59.34426$ ，由于所有
M 均小于 S ，所以， $P = 1$ 。 $C < 0.35$ ，预测模型可信度高； $P > 0.95$ ，预
测值可靠度高。

将 $t = 12$ ， 13 ， 14 ， 15 ， 16 ， 17 ， 18 ， 19 ， 20 ， 21 代入预测模型①，
经计算得到 2011—2020 年我国居民点及工矿用地面积，见表 3 – 4。

表 3 – 4　　　　全国居民点及工矿用地面积（灰色模型预测法）　单位：万公顷

年份	1999	2000	2001	2002	2003
实际面积	2457.44	2470.9	2487.58	2509.54	2535.42
预测面积	2457.44	2460.54	2488.23	2516.22	2544.53
年份	2004	2005	2006	2007	2008
实际面积	2572.84	2601.52	2635.45	2664.73	2691.64
预测面积	2573.16	2602.11	2631.39	2660.99	2690.93
年份	2011	2012	2013	2014	2015
预测面积	2782.79	2814.09	2845.76	2877.77	2910.15
年份	2016	2017	2018	2019	2020
预测面积	2942.89	2976.00	3009.48	3043.34	3077.59

（2）多元回归预测方法

用 SPSS 软件包录入数据，进行逐步多元回归分析，入选变量标准为
$\alpha = 0.10$ ，剔出变量标准 $\beta = 0.15$ 。根据 SPSS 运行结果，按 1990 年可比
价格计算的 GDP、人口数和城市化率三个变量均被筛选进入方程。

建立多元线性回归预测模型：

$y = -1179.02249 + 0.03082a + 0.00239b - 10.32478c$ 　　　　模型②

其中， a 代表人口（万人）， b 代表 GDP（亿元）， c 代表城市化率
（％）， y 代表居民点及工矿用地面积（万公顷）。

运用上述预测模型，对我国过去 10 年居民点及工矿用地面积进行测
算，结果显示，平均相对误差为 0.21％，多元线性回归模型的预测效果
较好。在 2011—2015 年全国按 1990 年可比价格计算的 GDP 以 9.5％的速
度增加，2016—2020 年期间按可比价格计算的 GDP 以 7％的速度增加，
人口数采用之前回归模型的预测数据，城镇化率按之前 10 年间平均增速

以 1.4% 的速度稳步提高，将相应预测值代入拟合的多元回归线性预测模型，预测目标年度的居民点及工矿用地面积，结果见表 3 - 5。

表 3 - 5　　　　全国居民点及工矿用地面积（多元线性回归法）　单位：万公顷

年份	1999	2000	2001	2002	2003
实际面积	2457.44	2470.9	2487.58	2509.54	2535.42
预测面积	2448.89	2472.82	2495.12	2517.58	2540.72
年份	2004	2005	2006	2007	2008
实际面积	2572.84	2601.52	2635.45	2664.73	2691.64
预测面积	2567.16	2597.48	2628.98	2664.40	2697.39
年份	2011	2012	2013	2014	2015
预测面积	2882.41	2933.64	2988.06	3045.96	3107.68
年份	2016	2017	2018	2019	2020
预测面积	3160.91	3216.61	3274.98	3336.19	3400.44

2. 交通、水利用地需求量预测

本书收集了 1999—2008 年全国交通、水利用地面积的统计资料，分别建立 GM（1，1）灰色预测模型（过程略），对 2011—2015 年、2016—2020 年我国交通、水利用地面积做出预测。

得到交通用地面积预测模型：

$$x^{(1)}_{(t+1)} = 6688.516333\,e^{0.029165339t} - 6491.376333 \qquad 模型③$$

得到水利用地面积预测模型：

$$x^{(1)}_{(t+1)} = 88498.07471\,e^{0.003980141t} - 88143.70471 \qquad 模型④$$

对上述两个模型进行残差检验和后验差检验，结果表明：

1999—2008 年，交通用地预测值与现实值的误差均值为 0.347866427，平均相对误差为 0.81%，预测值误差方差为 3.508976873，模型精度较高。

1999—2008 年，水利用地预测值与现实值的误差均值为 0.038631268，平均相对误差为 0.16%，预测值误差方差为 0.228738951，模型精度较高。

交通用地原始数据序列后验差比值 $C = 0.093232 < 0.35$，小误差概率 $P = 1 > 0.95$，预测模型可信度较高。

将 $t=12$，13，14，15，16，17，18，19，20，21 代入预测模型③，经计算得到 2011—2015 年、2016—2020 年我国交通用地面积，见表3−6。

表3−6   全国交通用地面积（灰色模型预测法）   单位：万公顷

年份	1999	2000	2001	2002	2003
实际面积	197.14	199.65	201.49	207.66	214.52
预测面积	197.14	197.95	203.80	209.83	216.04
年份	2004	2005	2006	2007	2008
实际面积	223.32	230.89	239.52	244.44	249.62
预测面积	222.44	229.02	235.80	242.78	249.96
年份	2011	2012	2013	2014	2015
预测面积	272.82	280.89	289.21	297.77	306.58
年份	2016	2017	2018	2019	2020
预测面积	315.65	324.99	334.61	344.51	354.71

水利用地原始数据序列后验差比值 $C=0.113919<0.35$，小误差概率 $P=1>0.95$，预测值可靠度高。

将 $t=12$，13，14，15，16，17，18，19，20，21 代入预测模型④，经计算得到 2011—2015 年、2016—2020 年我国水利用地面积，见表3−7。

表3−7   全国水利用地面积（灰色模型预测法）   单位：万公顷

年份	1999	2000	2001	2002	2003
实际面积	354.37	354.17	353.79	355.19	356.53
预测面积	354.37	352.94	354.34	355.76	357.18
年份	2004	2005	2006	2007	2008
实际面积	358.95	359.86	361.52	362.85	364.53
预测面积	358.60	360.03	361.47	362.91	364.36
年份	2011	2012	2013	2014	2015
预测面积	368.73	370.20	371.68	373.16	374.65
年份	2016	2017	2018	2019	2020
预测面积	376.14	377.64	379.15	380.66	382.18

另外，用 SPSS 软件包录入交通、水利用地面积以及 GDP、人口数、城镇化率、固定资产投资、财政收入支出数据，进行逐步多元回归分析，入选变量标准为 $a = 0.10$，剔出变量标准 $\beta = 0.15$。根据 SPSS 运行结果，没有得到较好的多元线性回归预测模型。所以，全国交通、水利用地仅采用了灰色模型预测一种方法。

二　土地资源保障能力及趋势预测

（一）土地资源保障能力的概念与内涵

人们对土地资源具有多样化的需求，在有限的土地资源条件下，不同的需求之间存在广泛的竞争和冲突，这在我国建设用地和耕地之间表现得尤为突出。同时，随着人口、经济、制度、技术等因素的变化，土地资源对人们需求的满足能力又处在不断的变化之中。从客观上看，人们对土地资源的需求有合理的需求，也有不合理的需求，土地资源保障应有明确的价值指向。综合以上，我们将土地资源保障能力的高低判定为"在一定的社会经济条件下，保证人们粮食安全需求后，满足合理的建设用地需求的程度"，主要包括农产品的安全供应和建设用地的有效供给两大方面。可用以下公式来进行测度：

$$土地资源保障能力 = \frac{土地资源有效供给量}{土地资源有效需求量} \times 100\%$$

上式中，土地资源的有效供给量主要包括可供的新增建设用地量，还包括存量建设用地的挖潜潜力可供量。土地资源有效需求量通过与建设用地相关的经济社会发展数据预测得出。土地资源保障能力系数的高低决定了未来我国建设用地对经济社会发展的支撑能力，一方面，不同经济社会发展情形下的土地资源保障能力不同；另一方面，土地资源保障能力的高低也决定了经济社会发展的方向和速度。土地资源的保障能力可分为以下几种情况：

第一，严重不足。当土地资源保障能力系数低于 50% 时，经济社会发展所必需的土地供给严重不足，极有可能引发国家经济安全问题。

第二，相对不足。当土地资源保障能力系数为 50%—70% 时，经济社会发展所必需的土地供给相对不足，徘徊于经济安全警戒线。

第三，基本满足。当土地资源保障能力系数为 70%—90% 时，土地供给基本能满足经济社会发展的基础需求。

第四，有效满足。当土地资源保障能力系数为 90%—100% 时，土地供给才能有效满足经济社会发展的合理需求。

第五，完全满足。当土地资源保障能力系数高于100%时，土地供给能够完全满足经济社会发展的合理需求。

（二）我国土地资源保障能力的趋势预测

根据灰色预测模型和多元回归预测模型对建设用地需求的预测结果，"十二五"期末（2015年）我国居民点及工矿用地、交通、水利用地规模分别为2910.15万—3107.68万公顷、306.58万公顷、374.65万公顷，总建设用地面积为3591.38万—3788.91万公顷。至"十二五"末，我国建设用地需求量比2008年的3305.79万公顷的建设用地面积多出285.59万—483.12万公顷。

"十三五"期末（2020年）我国居民点及工矿用地、交通、水利用地规模分别为3077.59万—3400.44万公顷、354.71万公顷、382.18万公顷，总建设用地面积为3814.48万—4137.33万公顷。至"十三五"末，我国建设用地需求量比2008年的3305.79万公顷的建设用地面积多出508.69万—831.54万公顷。

根据前面对耕地的有效供给能力进行的情景分析结果发现，"十二五"期末，我国可能的耕地需求量在11928.63万—12692.53万公顷，但是结合我国的现实国情，且考虑到长期经济安全和可持续发展问题，耕地的合理需求量应控制在12087.96万公顷左右。2008年，我国耕地面积为12171.59万公顷，至"十二五"期末，耕地的有效供给能力仅为83.63万公顷，保护耕地仍将面临巨大压力。按照20%—40%的耕地转变为建设用地的比例计算，耕地对建设用地的有效供给面积仅为16.73万—33.45万公顷。

"十三五"期末，我国可能的耕地需求量为11364.99万—12603.31万公顷，合理的需求量应控制在12140.49万公顷左右。相比于2008年，耕地的有效供给能力仅为31.10万公顷，按照20%—40%的耕地转变为建设用地的比例计算，耕地对建设用地的有效供给面积仅为6.22万—12.44万公顷。

另外，根据《全国土地利用总体规划纲要[*]（2006—2020年）》和各地的规划，在加大资金投入的基础上，预计有59万公顷的未利用土地到2015年转变为建设用地；预计有125万公顷的未利用土地到2020年转变为建设用地。

表3-8　我国土地资源保障能力预测

单位：万公顷，%

项目	年份	土地资源有效供给量			年份	土地资源需求量	
		转换率 20%（A1）	转换率 30%（A2）	转换率 40%（A3）		最低有效需求量（D1）	最高有效需求量（D2）
建设占用耕地	2015年	16.73	25.09	33.45	2015年	285.59	483.12
	2020年	6.22	9.33	12.44	2020年	508.69	831.54
存量挖潜		5%（B1） 165.25	10%（B2） 330.50	15%（B3） 495.75			
开发未利用土地（C）	2015年	59					
	2020年	125					
有效可供量		最低水平	中等水平	最高水平			
	2015年	240.98	414.59	588.20			
	2020年	296.47	464.83	633.19			

建设用地保障能力	$(A1+B1+C)/D2$	$(A1+B1+C)/D1$	$(A2+B2+C)/D2$	$(A2+B2+C)/D1$	$(A3+B3+C)/D2$	$(A3+B3+C)/D1$
2015年	49.88 严重不足	84.38 基本满足	85.82 基本满足	145.17 完全满足	121.75 完全满足	205.96 完全满足
2020年	35.65 严重不足	58.28 相对不足	55.90 相对不足	91.38 有效满足	76.15 基本满足	124.47 完全满足

至"十二五"期末的 2015 年，为了满足粮食安全的基本要求，我国耕地和未利用土地所提供的新增建设用地的保障能力系数仅为 15.68%—32.37%，新增建设用地保障能力极低，如果不挖掘存量建设用地的潜力，社会经济发展将面临更为严峻的考验。至"十三五"期末的 2020 年，我国耕地和未利用土地所提供的新增建设用地的保障能力系数为 15.78%—27.02%。新增建设用地的保障形势更加不容乐观。

很显然，依靠新增建设用地很难保障今后十余年间的建设用地需求，在这种情况下，通过节约集约、增减挂钩、二次开发等各种途径盘活存量建设用地，是提高今后建设用地保障能力的必然途径。2008 年年底，我国建设用地总面积为 3305.79 万公顷，提高存量建设用地 5% 的使用效率，即可挖潜出约 165.25 万公顷的存量建设用地，进一步提高存量建设用地的节约集约度，就可能更好地保障我国经济社会的发展需要（见表 3-8）。

如果综合考虑建设占用耕地、存量建设用地的盘活和未利用地的开发，2015 年建设用地有效供给量为 240.98 万—588.20 万公顷；最低保障能力预期仅为 49.88%，介于严重不足和相对不足临界点上；最高可达 205.96% 的水平，可以完全满足届时建设用地有效需求；总体上处于 85% 左右的基本满足水平。

2020 年建设用地有效供给量为 296.47 万—633.19 万公顷；最低保障能力仅为 35.65%，保障能力严重不足；最高可达 124.47% 的完全满足水平。总体上看，2020 年建设用地的保障能力具有较大的弹性，关键在于届时建设用地的实际盘活水平，可能的水平是 50%—60% 的相对不足，到 90% 左右的有效满足之间。

所以，尽管在这里的预测中，2015 年、2020 年我国基于粮食安全和耕地保护的要求，建设用地的需求总体上处于基本满足的水平，但这里重要的前提是存量建设用地的盘活。依靠新增建设用地满足建设发展需求的保障能力水平本身不足 1/3，是严重不足的。这决定了在我国"十二五"、"十三五"期间，加强制度创新，进一步推动城乡建设用地增减挂钩，有效促进各类闲置、低效建设用地的二次开发，继续强化建设用地的节约集约利用，是我国土地资源管理政策领域保障发展所必须重点着力解决的关键问题。

三　矿产资源保障能力的趋势预测

矿产资源保障能力的大小受资源储量及其分布、矿石品位、生产能力等多种因素的影响。矿山的储量越大，分布越集中，剩余可开采年限越长，对长期的资源保证能力也就越有利；拥有矿产资源的品位越高，矿产质量越好，其保证能力也越强；生产能力越强，开采出的矿产品越多，其当前的资源供给就越有保障。矿产资源保障能力的大小严重影响着我国工业化、城镇化的快速推进。

2020年我国基本实现工业化究竟需要多少矿产资源？这需要深入探究经济发展与矿产资源消费的内在关系。

统计规律表明，能源消费与国家经济发展呈一种线性增长关系，无论是发展中国家还是发达国家，无论是能源消费总量还是人均消费，这种关系都相当清楚，也就是说，随着经济发展，能源消费将一直呈上升趋势，人们期待的零增长，目前还没有显现。当然，由于消费理念的不同以及由于产业结构和产品结构的差异，不同国家在处于相同发展阶段的时候，人均能源的耗费量差异很大。但是在完成工业化之后能源消费速率呈下降趋势是一个基本规律。这对于判定未来我国能源需求具有重要意义。

与能源消费规律不同，固体矿产资源消费与经济发展呈现一种"S"形的曲线关系（如图3-1所示），即随着经济发展，矿产资源消费呈快速增长态势，至工业化发展中期，伴随着社会财富积累达到一定水平，矿产资源消费达到峰值，之后逐渐开始呈下降趋势。当社会财富积累到一定水平，基本完成工业化的时候，经济结构就会发生重大改变，重要矿产资源的消费量就会下降。美、英、德、法等先期工业化国家，人均钢铁消费，在人均GDP大约10000美元时达到峰值，韩、日和我国台湾地区等新兴工业化国家和地区，在人均GDP 14000—15000美元时达到峰值。水泥的情况与钢铁差不多。铜和铝等金属，由于它在基础设施建设中的作用不同，峰期到来的时间也不相同，铜大约在人均GDP 20000美元、铝大约在人均GDP 28000美元的水平时才开始下降。这些规律对于科学判断我国重要矿产资源需求具有重要意义。

我国经济社会发展对矿产资源的需求持续快速增长，矿产资源保障程度总体不足。借鉴先期工业化国家的规律，按照十六大提出的2020年GDP翻两番的目标，保守估计，届时我国煤炭需求量为25亿—26亿吨，

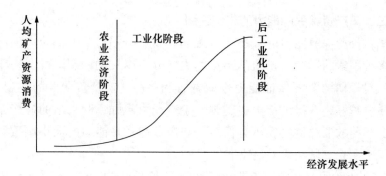

图 3 - 1　工业化过程中人均金属矿产消费量的"S"形模式

钢铁需求量在经历 2012—2015 年的 3.5 亿—3.8 亿吨的高峰期之后，回落到 3 亿吨，铜为 640 万—690 万吨，铝需要 1200 万—1400 万吨，水泥需要 12 亿—14 亿吨。而根据全国矿产资源规划（2008—2015 年）的预测，到 2020 年，我国煤炭消费量将超过 35 亿吨，2008—2020 年累计需求超过 430 亿吨；石油 5 亿吨，累计需求超过 60 亿吨；铁矿石 13 亿吨，累计需求超过 160 亿吨；精炼铜 730 万—760 万吨，累计需求将近 1 亿吨；铝 1300 万—1400 万吨，累计需求超过 1.6 亿吨。如不加强勘查和转变经济发展方式，届时在我国 45 种主要矿产中，有 19 种矿产将出现不同程度的短缺，其中 11 种为国民经济支柱性矿产，石油的对外依存度将上升到 60%，铁矿石的对外依存度在 40% 左右，铜和钾的对外依存度仍将保持在 70% 左右。到 2020 年基本实现工业化时，我国人均矿产资源消费量仅仅相当于美国和日本工业化高峰期人均消费量的 1/4—1/3，客观地说，这些消费预测数据是我国基本实现工业化的资源底线。

应该指出，不足世界人口 15% 的发达国家，虽然已经进入后工业化发展阶段，目前仍然消费着全球 50% 以上矿产资源和 60% 以上的能源。可以预见 2020 年基本完成工业化之后，我国矿产资源消费仍将维持在一个较高的水平上，国内矿产资源是国家安全和经济社会可持续发展的底线，大力加强国内矿产资源勘查将是一项长期的重要的战略任务。

需要强调的是，我国目前的矿产资源的消费还没有摆脱先期工业化国家的模式，由于国情不同，我国必须走出人均资源和能源低耗、环境友好，跨越式的新型工业化发展道路。从主要发达国家人均重要能源和矿产资源消费与经济发展（人均 GDP）之间的关系图解（如图 3 - 2 所示）

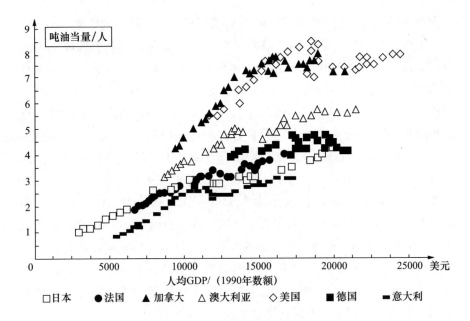

图3－2　典型发达国家人均能耗与人均收入的关系

资料来源：http：//info. metal. hc360. com/2006/08/03081335922－3. shtml。

中，我们可以看到，处于后工业化发展阶段的日本、美国、英国的矿产资源消费已经处于下降阶段，而我国钢、铝、铜、水泥都在沿着发达国家过去所走过的轨迹爬升。显然，这种发展模式是不可持续的。这要求我们必须建立资源节约的理念，大力发展循环经济，走出人均资源和能源低耗的跨越式发展道路。

客观地讲，目前国内的资源难以满足经济发展的需求，实施全球矿产资源配置，充分利用境外资源是我们无法回避的战略选择。空间上超越国家行政边界分布的矿产资源受地质规律控制，没有一个国家的矿产资源能够应有尽有或完全满足需求，在全球范围内科学配置所需资源是世界经济发展与资源供给的一个通用模式。全球石油储量在1500亿吨左右，沙特阿拉伯排在第一位，353亿吨多，它的储量占了全球储量的五分之一还多，中国排在第15位。世界矿产资源相对比较丰富，大部分支柱性的矿产资源储采比超过40年，铁矿、铝土矿超过一百年。加之发达国家主要矿产品消费量趋于下降或稳定，发展中国家尚未大规模进入工业化快速发展的矿产资源高度消费阶段，世界矿产品整体上还是处于一个供大于求的局面，这为我国利用境外资源提供了一个难得的机遇。

另外，我国矿产资源勘探潜力很大，具有提高矿产资源保障能力的有利条件。我国具有良好的成矿地质条件，主要矿产资源的总体查明程度约为1/3，多数重要矿产资源具有较大的勘查开发潜力。比如，石油探明程度约33%，天然气探明程度约14%，1000米埋藏深度以下的煤炭查明程度约37%，资源储量的提升具有比较可观的前景。煤层气勘探目前尚处于初级阶段，可能成为我国未来新增能源供给的重要组成部分。油页岩资源潜力可观，通过化学冶炼有望成为未来重要的石油供应保障。重要金属矿产资源查明程度平均均为35%，铁、铝等大宗矿产查明率为40%左右，预测我国1000米以浅未查明的铁矿石远景资源有1000亿吨以上。① 西部新区和中东部隐伏矿床的找矿潜力巨大，危机矿山接替资源找矿成果表明，已知矿床深部和外围大多具有增储挖潜条件。同时，我国矿产资源节约与综合利用潜力巨大，通过加强管理、推进科技进步和发展循环经济，提高矿产资源利用效率有较大的空间。

第四节　提高国土资源保障能力的基本途径：有效供给与高效配置

结合前文的分析，国土资源保障能力的形成和变化，不仅依赖于国土资源本身的条件，如数量、结构和质量等供给因素；也有赖于国土资源本身的利用效率，如耕地的播面单产、建设用地的利用强度、矿产资源的开发利用效率等；以及由效率差异带来的用途间转换的影响，如农地和建设用地间的转化等。因而，加强国土资源保障能力的建设，重在对国土资源供给能力的改善和整体利用效率的提高，即有效供给与高效配置两条并行的途径，这一总体的逻辑框架如图3-3所示。

一　国土资源有效供给与高效配置的理论内涵

（一）有效供给

简单而言，有效供给是指土资源能够满足经济社会发展的合理需求，这就意味着国土资源供给不仅仅是满足需求，还要能够引导和调节

---

① 资料来源：《全国矿产资源规划》（2008—2020年）。

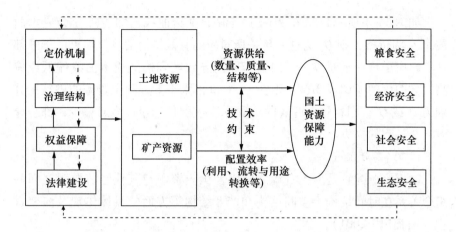

图3－3　我国国土资源保障经济社会发展的逻辑框架

注：图中实线代表正向影响，虚线代表反馈。

需求。但什么样的需求是合理的？如何引导和调节需求？从经济学的角度，关键在于国土资源的价格是否能够合理地反映其相对稀缺程度；基于此，结合国土资源经济供给的含义（刘书楷、曲福田，2004），我们将有效供给定义为，"在国土资源自然供给的条件下，以社会成本定价为基础，在不同的价格水平上社会所愿意并且能够供应的国土资源"。这里的国土资源不仅包括数量，实际上也涵盖了结构和质量等因素。

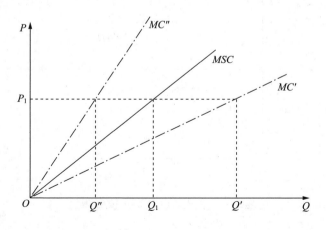

图3－4　国土资源的有效供给

如图 3-4 所示，*MSC* 为国土资源的供给曲线，即边际社会成本曲线，P_1 为价格，则 Q_1 为这一价格所对应的有效供给的量；如果由于外部性、政府干预、垄断或进入门槛等原因导致实际边际成本曲线偏低或偏高，如图中的 *MC'* 或 *MC"*，则在 P_1 的价格水平上，国土资源的供给量分别为 *Q'* 或 *Q"*，则相较于有效供给量 Q_1，实际供给量偏多或偏少，都会导致社会福利的损失。

（二）高效配置

国土资源配置是国土资源之间以及国土资源与其他经济要素之间的组合关系在时间结构、空间结构和产业结构等方面的具体体现及演变过程（曲福田，2001）。

高效配置主要是从国土资源利用的角度来看，从局部均衡的静态视角将其定义为，"在社会成本定价的基础上，国土资源的供给与需求相均衡时的配置状态"。如图 3-5 所示，*MSC* 为供给曲线，即边际社会成本曲线，*MB* 为需求曲线（边际收益曲线），则所谓的高效配置是国土资源市场在 P_1 的价格水平上供给 Q_1 的数量，此时市场达到均衡，社会从国土资源利用中得到的净福利最大。如果再考虑到时间贴现因素，高效配置则可定义为："在社会成本定价的基础上，国土资源利用净收益现值（*NPV*）最大时的资源配置状态"。

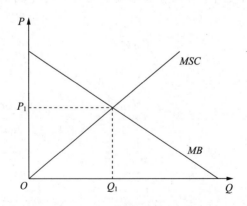

图 3-5　国土资源配置的局部均衡

从一般均衡的视角将其定义为，"国土资源在不同用途或不同主体之间，当一单位的价格支出所实现的边际社会收益相等时的配置状态"。如式（3－4）所示，MB_n 表示国土资源在不同主体或不同用途利用中获取的边际收益，P_n 表示不同用途的价格或在不同主体间配置时的市场价格。或者"在不同用途或不同主体之间，从国土资源的整体社会效益考量，国土资源与其他要素边际技术替代率相等时的配置状态"。此时，式（3－4）中，MB_n 表示包括国土资源在内的不同要素的边际产出，P_n 表示不同要素的价格。高效配置概念所表征的状态的达成，不仅受到资源利用效率的影响，也和技术进步、制度环境约束等因素有关。此时，对国土资源的定价，也同样是按社会成本确定的。

$$\frac{MB_1}{P_1} = \frac{MB_2}{P_2} = \cdots = \frac{MB_n}{P_n} \tag{3-4}$$

（三）有效供给与高效配置的关系

从理论上看，有效供给和高效配置两条途径之间存在比较明显的差异，有效供给偏重于国土资源的"供应"，包括保障存量资源的供给和对新增资源的"开源"供给两个方面；高效配置偏重于国土资源的"利用"，表现在"节流"、"集约"、"流转"等方面。同时，这两条途径之间又存在紧密的关联，二者相互并行、相互影响，很难加以严格的区分。有效供给过程中供给方不仅需要考虑供给的成本，也必须考虑市场的需求或者说市场的支付意愿，供给数量、价格的调整一定是针对需求，出于改善效率、增加福利的目标做出的，本身是一个资源配置调整的过程；存量资源的供给保障，不仅包括数量的保护，也包括质量的改善，这同时也是一个利用的过程，高效利用相当于增加了有效供给；而新增资源的供给首先是一个资源配置的过程，不管是土地资源用途转变、空间格局调整还是新增矿产资源的开发，都是基于经济效率改善做出的一个资源配置优化的过程，但同时也增加了利用效益更高的国土资源的有效供给量。以耕地资源为例，其有效供给包括存量耕地资源保护、中低产田改造、高标准优质农田建设和建设用地整理复垦、未利用地开发等方面，新增耕地资源供应无疑是一个土地资源在不同用途之间优化配置的过程，而存量耕地资源改造也是一个提高利用效率的过程；高效配置表现在耕地资源在不同作物之间的分配、生态退耕以及非农化等方面，既是一个综合利用效率改善的过程，同时也改变了粮食种植用地、生态用地、建设用地等用途的有效供给量。基于此，为避免不必要的误解，本书在具体研究过程中对"有效供给"和"高效配置"两条途径不作严格区分，可根据具体语境和目标对相关途径给出相应的理解。

二 国土资源有效供给与高效配置的现实途径

在理论上国土资源有效供给与高效配置的关键是国土资源的价格机制，如果其价格能够完整地反映资源利用中的社会成本或综合效益，则价格通过对供求的调节可以实现资源配置的效率。但现实中由于国土资源生态、社会效益度量的困难性，以及国土资源经济价格的扭曲，需要在明确的资源利用目标导向下通过制度完善保障有效供给与高效配置的现实途径。以下对主要国土资源有效供给与高效配置的现实途径作一讨论。

（一）耕地资源

在数量保障上，以粮食安全为目标，结合耕地生产力、技术进步、种植结构等因素确定耕地资源的总量保护目标，特别要加强对粮食主产区、优质农田的保护，落实永久性基本农田的划定；在经济机制上建立和完善区域间耕地保护的补偿机制、农地发展权的购买与转移和农业生产补贴制度，建立合理的粮食收购价格体系，在市场体系上缩短生产者与市场间的流通环节，在产权上提高农地承包经营权的保护强度，在此基础上积极推动规模化现代农业的发展，通过农业综合收益的改善促进农户耕地保护与改良的动机。

对耕地用途的转换，主要通过完善农地的价格体系和规划管制，将农地转换中的外部成本内部化，以价格机制调节耕地资源合理的非农配置；各类建设用地的整治复垦和生态用地的开发，也应在经济、社会和生态效益综合评价的基础上科学有序地开展。在结构和质量上，重点加大政府财政在农田水利设施等农业生产条件改善上的投入，大力改造中低产田，大规模建设旱涝保收高标准农田，在防治农田污染和耕地退化上不断完善技术和管理体系；加大粮食主产区投入和利益补偿，将粮食生产核心区和非主产区产粮大县建设成为高产稳产商品粮生产基地；稳定粮食播种面积、优化品种结构、提高单产和品质，广泛开展高产创建活动，有效提高粮食综合生产能力。

（二）经济建设用地

经济建设用地供给与配置的关键是进一步完善市场机制在资源配置中的基础性作用，以合理的价格引导资源的节约集约利用。其中特别是要避免政府财政、引资、政绩等动机对价格的压低扭曲；并以有效的规划空间结构为控制，尽快形成和完善集体建设用地的市场体系，改变集体建设用地市场化、资本化严重受限的现状。具体表现为创新城市精明增长模式，通过对生态用地、基本农田、文化遗产、休闲游憩等用地的优先保护限定城市扩展的边界，防止城市无序蔓延，在此基础上，严格控制新增建设用地的总量和布局，引导建设用地利用强度提升、产业集聚、存量挖潜和低效产业用地的退出，并通过增减挂钩和空间转换优化农村建设用地利用效率。

经济建设用地有效供给和高效配置的关键在于改革当前的征地制度，改变地方政府以征地垄断土地一级市场，集体土地产权人无法有效参与市场所造成的市场价格机制的扭曲。其中的重点是集体建设用地流转制度的改革。通过实现集体建设用地流转，缩小征地范围，逐步实现政府从土地市场的退出，将政府职能集中在规划、农地和生态保护、社会保障等公共服务层面，使市场和政府的力量有机结合起来，促进经济建设用地对经济社会发展保障能力的提高。

（三）矿产资源

矿产资源有效供给和高效配置的现实途径可以从矿产资源开发利用的三个阶段，即勘探、开采和利用来分别加以对待。在勘探阶段，应继续实施地质找矿战略工程，重点是完善地质勘探的投融资体制，在加大国家投入的基础上，应用风险投资机制引入社会资本和国际先进的技术手段，加大勘查力度，以实现地质找矿重大突破，形成一批重要矿产资源的战略接续区；同时，针对部分矿产资源对外依存度较高，受国际市场价格波动影响较大的现实，建立重要矿产资源储备体系。

在开采阶段，加强重要优势矿产保护和开采管理，加强矿产资源和地质环境保护执法监察，坚决制止乱挖滥采；借鉴土地资源"招拍挂"出让的市场化管理方式完善矿产资源有偿使用制度，使矿产资源利用中的使用者成本在经济上得以实现。严格执行矿产资源规划分区管理制度，促进矿业权合理设置和勘查开发布局优化，实行矿山最低开采规模标准，推进规模化开采，强化矿产资源节约与综合利用，提高矿产资源开采回采率、选矿回收率和综合利用率，有效降低单位矿产资源的开发成本，提高矿产资源的综合开采利用效率，增强矿产资源的有效供给能力。积极发展绿色矿业，加强对矿产资源开采中的污染排放管理，征收矿产资源开采过程中的环境税；坚持矿山地质环境恢复治理和矿区土地复垦，完善矿山环境恢复治理保证金制度，从而使矿产资源开采中的外部环境成本内部化。通过一系列途径，使矿产资源产品的市场价格能够更好地反映其社会成本和相对稀缺性，从而有效发挥价格对矿产资源开发利用的调节能力。

在矿产资源利用过程中，逐渐打破市场垄断格局，促进良性有序竞争；加强环境税的征收管理，提高矿产资源利用企业的基本门槛要求，以经济手段促进企业竞争和技术进步，提高资源的利用效率，改善矿产资源的有效保障能力。在矿产资源国际贸易当中，加强矿产资源国际化战略的制定和实施，不断深化国际合作，深度参与国际资源开发市场，优化国内同行业的协作机制，增强国际贸易中的谈判能力，将国内优势矿产资源的出口和主要矿产资源的进口有机联系起来，强化国外资源和国际市场对我国国内矿产资源需求保障的稳定性和持续性。

（四）社会保障用地

社会保障性质用地的供给与配置，重点是体现公民基本权益的平等。其中农地重点是对农户承包经营权益的保障，保护农地耕作条件不被污染和破坏，在农地流转过程中，尊重农民的意愿，保障其经济、政治和社会权益。对征地和增减挂钩中的安置用地，以及城市保障性住房用地，要从居住质量、生活、就业和长远发展等方面综合考虑，优先保障，并通过创新选址、建设模式，提升其综合利用效率。

对农地承包经营权的保障，重点是进一步完善农村土地法律法规和相关政策，搞好农村土地确权、登记、颁证工作，完善土地承包经营权权能，依法保障农民对承包土地的占有、使用、收益等权利，保障现有农村土地承包关系保持稳定并长久不变；在依法自愿有偿和加强服务基础上完善土地承包经营权流转市场，发展多种形式的适度规模经营；深化农村综合改革，推进集体林权和国有林区林权制度改革，完善草原承包经营制度，加快农垦体制改革。对各类安置用地和保障性住房用地，一方面要充分保证基本的居住条件，同时还要充分考虑保障对象的长期发展和社会内部不同群体间的有机融合，要从基础设施完善、公共服务便利、利于就业和发展等角度完善用地的供给机制。

（五）生态用地

生态用地的供给和配置关键是要转变以经济需求为导向的利用和管理方式，从生态系统的多样性、不确定性和不可逆性等规律性出发，建立完善的土地生态保护管理的理论和政策体系。除宏观上继续目前已经存在的自然保护区、风景名胜区、国家森林公园、湿地公园、生态示范区等的划定和保护以外，在一般性的农田整理开发、建设占用、城市绿化、自然灾害预防、河湖水系保护等方面，也要加快建立完善的规划及实施保障体系，保证区域基础的生态格局安全。

三　国土资源有效供给与高效配置的公共政策关键

不同类型国土资源保障能力的建设有其不同的内涵，实现有效供给与高效配置的途径也存在较大的差异；但从政策或制度建设的角度，也有一些重要的共性特征。围绕国土资源有效供给与高效配置的理论内涵和现实途径，在公共政策的制定和演变中需要重点把握以下几个关键点：

（一）产权体系的健全

明晰的产权是市场有效发挥功能的前提。对主要作为生产要素的农地和建设用地资源，重点是进一步确权赋能，加强土地登记和法律纠纷处置等制度保障，特别是注重对传统的使用、收益和处置等权能之外的参与权、知情权、表达权、监督权等程序性权利的保障，建立起权利体系自我演进的内在机制。其中的重点包括承包经营权的流转、退出和集体建设用地使用权流转方面的产权改革。对国有建设用地的出让，仍然要进一步探索完善市场机制，促进用地效率的提高。对矿产资源，重点是矿业权出让和行使的管理，出让的价格应较好地反映原位矿产资源的经济价值，在矿业权行使过程中，权利与责任应相互对称，特别是要将环境成本内部化。

（二）政府公共职能的加强

国土资源生态、社会保障功能的发挥以及在国土用途转换过程中社会成本定价机制的形成，都需要政府更有效地发挥在公共领域的国土管理功能。其中工业化城镇化进程中的失地农民安置、城市拆迁安置和保障性住房建设，农地非农化、生态用地开发和矿产资源开发中环境成本和使用者成本在经济上得以实现的管制手段，耕地保护的社会生态补偿，不同时空尺度上生态安全格局的保护和建设，都是政府在国土资源保障中应重点发挥的功能。政府此类职能的发挥，根本上有赖于在公民社会、生态、经济和政治权益保障基础上的激励，同时也需要在财政保障、政绩考核等制度上的改革。

（三）交易成本低廉的公共治理结构

国土资源保障能力的建设和优化需要政府与市场机制的协调，而政府、市场和社会又往往表现出多元化的动机和目标，要实现国土资源的有效供给与高效配置，通过制度环境的完善建立交易成本低廉的治理结构，促进国土资源综合利用效益的提升是基础性的途径。其中，公共信息的透明化、公共事务中的公众参与机制、科学常识的宣传普及、专业知识更便利地获取以及基本法律框架的完善是应该重点关注的方面。

第四章　耕地资源有效供给和节约集约利用的实现机制

耕地资源是重要的生产生活资源，是人类赖以生存和发展的物质基础，同时也是一个国家的粮食安全和社会稳定的根本保障。当前我国正处于经济快速发展的重要时期，耕地资源短缺与粮食安全需求之间的矛盾日益加剧。如何在经济社会发展的同时，确保耕地资源的有效供给，实现耕地资源节约集约利用，是我们必须要解决的问题。

第一节　耕地资源有效供给和节约集约利用的现状及出路

一　耕地资源有效供给和节约集约利用的内涵

何谓有效供给，理论界尚未形成令人满意的科学定义[①]，概括起来以马克思有效供给论、西方经济学有效供给论及发展经济学有效供给论为代表。国内学者也从各自的学科专业背景出发，界定了有效供给的内涵。例如，华桂宏认为有效供给的实质是经济发展中生产可能性边界的持续扩张以及与收益递增趋势并存的供给机制[②]，成金华等认为能源有效供给的基本内涵为能够使能源市场出清、需求能够得到恰当满足、资源环境的承载能力能够充分考虑、政府的政策法规能够很好贯彻，是一种兼顾能源产品供给、要素供给及供给效率在内的可持续性供给。[③] 本节认为，形成供给所需的资源要素相对于人类的需求而言总是稀缺的，如何增加

---

① 吴宏超：《我国义务教育有效供给研究》，博士学位论文，华中师范大学，2007年。

② 华桂宏：《有效供给与经济发展》，南京师范大学出版社2000年版。

③ 成金华、陈军、段平忠：《中国近十五年来非可再生资源有效供给水平评价》，《中国软科学》2006年第11期。

有效供给能力和提高供给效率显得至关重要。因此，在国内外研究成果的基础上，本节将有效供给定义为：在正常的市场价格下，愿意并且能够提供的、需求能够得到恰当满足的、生产可能性边界持续扩张的供给，这种供给不仅关注如何扩大资源供给能力，还关注如何改进资源供给效率，以实现潜在总供给的扩大。

根据有效供给的基本内涵，土地资源的有效供给是指在正常的市场和一定技术条件下，土地供应者愿意并且能够提供的、用地者合理需求能够得到满足的供给。它包括土地供给能力与土地供给效率两个方面的含义，土地供给能力指能提供满足土地合理需求的能力，土地供给效率可用单位土地的产出衡量，通过土地供给能力与供给效率的提高，改进资源配置效率，扩大潜在总供给。与土地有效供给相对应，非有效供给按成因不同主要表现为过剩（或低效）供给和供给短缺两种形式。由于供地总量、结构、布局等不合理，土地供给效率低，土地供给量超过合理需求而造成了过剩（或低效）供给，比较典型的有农地非农化中的过度性损失。[①] 供给短缺是土地供给量小于合理需求，其实质是后备资源短缺、技术水平低、政策控制等原因导致的供给能力不足。

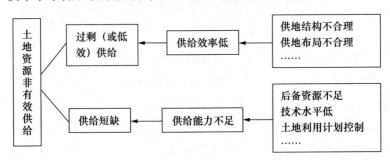

图 4 - 1　土地资源非有效供给的两种表现及成因

耕地在生产粮食和原材料过程中同时为人类提供了生态服务功能。耕地的有效供给是满足国家粮食安全和生态安全所需，当前和未来愿意并能提供的有效耕地数量。对于供给的有效性，不同质量等级和不同区域的耕地所能提供的粮食和生态价值不同，其有效程度也不同。一般而言，一等耕地的产出较二、三等地高，其有效程度也更高，东部沿海平

---

① 过度性损失为农地非农化过程中边际收益小于边际成本的阶段。详见谭荣、曲福田《中国农地非农化与农地资源保护：从两难到双赢》，《管理世界》2006 年第 12 期。

原耕地供给的有效程度比西部生态脆弱地区高。

　　耕地有效供给同样包含供给能力与供给效率两方面的含义。从社会经济发展与土地资源配置的变化规律来看，经济社会发展的不同阶段对应着不同的耕地资源供给方式，对耕地供给能力和供给效率的关注各有侧重。在人地关系相对宽松、城市化初期阶段，人口增长、经济发展导致耕地需求增长，其有效供给以增加供给能力为主，即通过开发未利用地实现耕地数量增加；随着城市化、工业化加速发展，建设用地占用大量耕地和未利用地，各类用地供需矛盾尖锐，人地关系日趋紧张，耕地资源有效供给的重点逐渐从增加供给能力转向提高供给效率。长期以来，我国人口众多，人地关系高度紧张，当前经济社会处于加速发展时期，在增加耕地供给能力的同时，还应注重供给效率的提高。

　　耕地有效供给水平即耕地满足地区粮食安全与生态安全需求的程度，为有效耕地供给量与有效耕地需求量的比值，比值越大，其有效供给水平越高。将供给效率考虑进来，有效耕地供给量是具有一定生产能力的耕地量，可通过各省市区耕地产能折算为全国平均水平下的产能得到。而有效耕地需求量是在一定供给效率下，保障粮食安全和生态安全所需的耕地量。

二　耕地资源有效供给和节约集约利用的现行途径

　　目前，我国耕地资源有效供给和节约集约利用的主要途径是土地整理复垦开发。土地整理复垦开发一方面通过土地开发对耕地后备资源"开源"，另一方面通过土地整理土地复垦内涵挖潜、提高耕地利用节约集约水平，这成为解决耕地供需矛盾的现行途径。

　　（一）土地整理复垦开发的内涵及背景

　　1. 土地整理复垦开发的内涵

　　传统意义上而言，我国土地整理活动历史悠久，20 世纪初已出现"土地整理"一词，但具有现代意义的土地整理事业是近年来才开展起来的。1997 年原国家土地管理局在《关于进一步加强土地整理切实保护耕地的通知》中明确了土地整理内涵，土地整理制度及其管理方式经历了实践探索、逐步规范并不断深入的发展历程。[①] 我国首次在法律文件中提

---

　　① 鹿心社：《论中国土地整理的总体方略》，《农业工程学报》2002 年第 18 期；王军、余莉：《土地整理研究综述》，《地域研究与开发》2003 年第 22 期。

出"土地整理"一词，是在 1998 年国家修订的《中华人民共和国土地管理法》第四十一条提出的："国家鼓励土地整理。县、乡（镇）人民政府应当组织农村集体经济组织，按照土地利用总体规划，对田、水、路、林、村综合整治，提高耕地质量，增加有效耕地面积，改善农业生产条件和生态环境。"为进一步明确土地开发整理的具体工作事项，国土资源部于 2000 年 3 月 16 日颁布了《国家投资土地开发整理项目管理暂行办法》，这部办法第一次明确了"土地开发整理"的名称，在办法中确定了土地开发整理项目的资金来源、项目全过程管理的细节和要求，标志着我国土地开发整理事业开始逐步走向正轨。国土资源部于 2003 年发布的《全国土地开发整理规划（2001—2010）》首次明确指出，"土地开发整理"包含土地整理、土地复垦和土地开发三项内容。2008 年 10 月 12 日中国共产党第十七届中央委员会第三次全体会议发布的《中共中央关于推进农村改革发展若干重大问题的决定》中，提出了"土地整理复垦开发"的概念，对土地开发整理的三大块内容进行了重新排序，突出了土地整理的重要，强调了以土地整理为重点，土地复垦为辅助，土地开发为补充。

（1）土地整理。土地整理是指在一定区域内，按照土地利用总体规划、土地开发整理专项规划确定的目标和用途，通过采取行政、经济、法律和工程技术手段，对土地利用状况进行调整、改造、综合整治，提高土地利用率，改善生产、生活条件和生态环境。其中，又可分为农地整理和建设用地整理。

（2）土地复垦。土地复垦是指对生产建设活动和自然灾害损毁过程中因挖损、塌陷、压占等造成破坏而废弃的土地，采取一定措施，使其恢复到可利用的状况。土地复垦包括工矿企业在生产建设过程中挖损、塌陷、压占等造成破坏的土地，也包括因自然灾害或人为因素造成损毁、荒芜、闲置的农田和其他成片土地。

（3）土地开发。土地开发是指对未利用过但具有利用潜力和开发价值的土地，采取工程或其他措施，对荒山、荒地、荒水和荒滩等改造为可利用的土地。

2. 土地整理复垦开发的实施背景

土地整理复垦开发是在我国耕地数量快速减少、质量不断退化，粮食安全受到威胁的背景下开展的一项旨在补充耕地数量、保护耕地资源的工作。为保护和补充耕地资源，1997 年原国家土地管理局提出了"耕地总量动态平衡"政策，1998 年实施的土地管理法中，第三十一条明确规定了国家实行占用耕地补偿制度，要求非农业建设经批准占用耕地实行"占一补一"管理。因此，以土地整理、废弃地复垦、未利用地开发等为主要内容的土地整理复垦开发作为实现耕地总量动态平衡的主要途径，在全国范围内得到了开展。

（1）经济社会发展占用导致耕地数量急速下降。改革开放以来，我国经济社会高速发展，城市规模急剧扩张，不可避免地占用大量城郊优质耕地资源。据统计，1978—1997 年全国净减少耕地面积 465 万公顷，占耕地总面积的 3.5%，年平均净减少耕地 25 万公顷。[①] 1978—1989 年，全国每年约有 15.81 万公顷耕地转变非农用地；1990—1999 年，全国年均建设占用耕地 16.81 万公顷（曲福田等，2007）。

（2）耕地质量下降趋势明显。不合理的农业活动和粗放的经济发展活动是人为导致土壤退化，耕地质量下降，耕地生产能力逐渐变弱的主要原因。

耕地粗放型掠夺式经营，是不合理农业活动致使耕地生产能力下降的主要方面。据调查，我国因只用不养或重用轻养，自然土壤肥力下降明显，耕地中"养分缺乏已相当严重"。全国耕地大部分均需补充氮元素，缺磷与缺钾耕地分别占总面积的 1/3—1/2、1/5—1/4。同时土壤的物理性质趋于恶化，低产水稻田中有 40% 的潜育性土壤、35% 的淀浆板结、25% 的黏重板结土壤。[②]

我国耕地土壤有机质含量偏低，耕地质量逐步退化，农民为提高产量而忽视了对地力的保护，在农业生产过程中，频繁的作业、灌溉和不合理地使用农用化学物质，致使水体、耕地和农产品遭受不同程度的污染，破坏了土壤团粒结构，使土壤酸化、大孔隙减少、板结、通透性差，土质下降。1978—1997 年，全国化肥使用量由 884 万吨增加到 3980.7 万

---

① 李秀彬：《中国近 20 年来耕地面积的变化及其政策启示》，《自然资源学报》1999 年第 10 期。

② 赵其国、周炳中等：《中国耕地资源安全问题及相关对策思考》，《土壤》2002 年第 6 期。

吨①，年平均增长 17.52%。1997 年，全国农药使用量已达近 30 万吨。②

改革开放以来，乡镇企业得到迅猛发展，逐步成为推动农村经济发展的主导力量和国民经济的重要组成部分。1997 年全国 2015 万个乡镇企业实现 GDP 增加值为 20740 亿元，占国内生产总值的 27.7%，成为中国农村经济的支柱。但由于乡镇企业大部分分布于农村地区，技术力量薄弱，设备陈旧，工艺比较落后，能源和资源利用率不高，缺乏治理污染的技术及设施，因而对农业生产构成直接威胁且极易造成耕地污染。1997 年，乡镇工业废水排放量达 39 亿吨，二氧化硫和工业粉尘排放量分别为 489 万吨和 957 万吨。随着工业"三废"排放量不断增加，造成的农业环境污染日趋严重。1997 年全国累计遭受污染的耕地面积已超过 1.5 亿亩，约占耕地面积的 10%，且有不断扩大和加重的趋势，由此造成的粮食减产损失达 150 亿千克，直接经济损失 125 亿元（按 1991 年不变价）。③

我国由于污灌、金属矿开采与冶炼、加工引起的土壤重金属污染相当严重。据调查，中国被镉污染的耕地约 1.3 万公顷，涉及 11 个省市的 25 个地区；约有 3.2 万公顷耕地受到汞的污染，涉及 15 个省市的 21 个地区；生产的稻米中含汞量超过国家食品卫生标准（大于 0.02mg/kg），粮食含铅大于 1mg/kg 的产地有 11 个，有 6 个地区生产的粮食中含砷量大于 0.7mg/kg。全国每年因污灌引起的粮食减产达 25 亿千克，被污染的粮食有 50 多亿千克。④

（3）保障粮食安全压力持续增大。1978 年农村经济体制改革后，中国农产品供给长期短缺状态得到改变，粮食有效供给和需求相对稳定。但随着人口不断增长，人民生活水平不断提高，我国粮食结构性短缺依然存在。1978—1997 年我国人口由 9.63 亿增加到 12.36 亿，人均粮食占有量由 316.9 千克增加到 399.73 千克。中国国家统计局和相关机构测定我国粮食消费量基本小康水平和全面小康水平分别为 420 千克/年和 430 千克/年。

---

① 《新中国 55 年统计资料汇编（1949—2004）》。

② 来源：《1998 年中国环境统计》。

③ 同上。

④ 陈怀满、郑春荣等：《中国土壤重金属污染现状与防治对策》，《AMBIO》1999 年第 3 期。

（二）土地整理复垦开发现状

1. 补充耕地总量变化的总体趋势

（1）总量大，历年均超过建设占用耕地面积。据国土资源部统计数据，2000—2008 年的 9 年间，我国通过土地整理复垦开发等方式，累计补充耕地面积达 3765.3 万亩，同期建设占用耕地面积为 2843.7 万亩，补充耕地面积远高于建设占用耕地面积。其中，2006 年补充耕地量最高达550.8 万亩，2007 年补充耕地量最低达 293.8 万亩。从图 4 - 2 中可以看出，历年土地整理复垦开发补充耕地面积都超过了当年建设占用耕地面积。可见，土地整理复垦开发是补充耕地供给的重要手段，实现了"耕地总量动态平衡"的保护耕地目的。

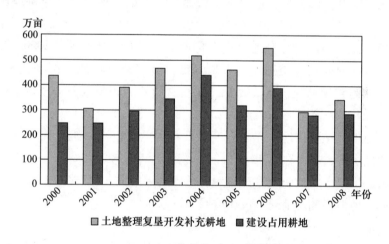

图 4 - 2　2000—2008 年耕地增减变动情况

（2）补充耕地量变化趋势与建设占用耕地变化趋势基本一致。2000—2008 年，土地整理复垦开发补充耕地有三次高峰，分别是 2000年、2004 年和 2006 年的 436.6 万亩、518.4 万亩、550.8 万亩；与此同时，建设占用耕地也出现了两次高峰，分别是 2004 年和 2006 年的 439.2万亩、387.8 万亩。除 2000 年以外，2004 年和 2006 年既是补充耕地的高峰年，也是建设占用耕地的高峰年，历年来补充耕地变化趋势基本与建设占用耕地变化趋势相一致，反映了耕地占补平衡政策的实施效果。

2. 土地整理复垦开发补充耕地的来源结构

（1）土地开发是补充耕地最主要来源。从图 4 - 3 中可以看出，

2000—2008 年，除 2000 年之外，其他年份土地开发补充耕地约是补充耕地总量的 2/3。土地开发补充耕地总量为 2165.5 万亩，且在 2004 年和 2006 年形成两次高峰分别是 342.7 万亩、337.0 万亩，除 2000 年的 62.9 万亩外，2007 年土地开发补充耕地量最少，为 185.9 万亩。历年来土地开发补充耕地量变化和建设占用耕地变化趋于一致。

（2）土地复垦在补充耕地中初期所占比例较高。2000 年土地复垦补充耕地 275.4 万亩，是当年补充耕地总量的 63.1%，但在之后的年份里，土地复垦比重一般维持在 10.5%—23.0% 的低水平。由此可以看出，土地复垦受资源潜力和资金影响因素较多，在土地整理复垦开发初期，复垦为耕地的潜力较大，且资金花费与土地整理、土地开发相比较少。随着土地复垦潜力减少和复垦成本不断提高，土地复垦目前补充耕地比例较小。

（3）土地整理补充耕地比例变化不大，维持在低水平。2000—2008 年，土地整理补充耕地总量 811.8 万亩，历年补充耕地比例变化不大，2001 年土地整理补充耕地量最少，为 65.4 万亩，2006 年补充耕地量最多也仅达 118.3 万亩。

土地整理补充耕地占当年补充耕地总量的比例一直维持在 16.6%—27% 的低水平，其中在 2008 年以前，最高比例仅达 23.3%。

由此推断出当前土地整理复垦开发从结构上是以土地开发为主要途径，而土地整理和土地复垦占比较低。

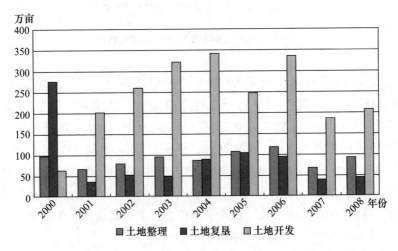

图 4-3　2000—2008 年土地整理、土地复垦、土地开发补充耕地

（三）土地整理复垦开发面临的问题

当前，我国土地整理复垦开发补充耕地的模式，主要是重土地开发轻土地整理复垦，在此模式下，面临以下几种主要问题：

1. 补充耕地质量难以保证

（1）补充耕地多分布在边缘地区。从图4-4中明显看出，2000—2008年大多数省市区补充耕地量超过建设占用耕地量，其中内蒙古、新疆两自治区净补充耕地量最多，分别是241.5千公顷、175.8千公顷，两自治区净补充耕地总量是全国净补充量的67.9%。而这两自治区都是自然条件相对恶劣的西北地区，土壤肥力、农业生产条件和农业生产水平较低，属于粮食生产边缘地区。同时，在其他省市区内补充的耕地也大多在远离市郊、城郊的边缘地区。

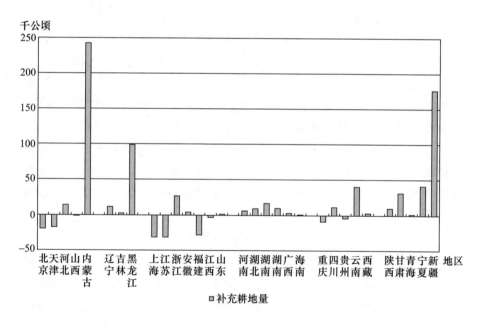

图4-4　2000—2008年各省（市、区）净补充耕地总量

（2）补充耕地生产能力低。在很多地方补充耕地一味追求数量而忽视了耕地质量和耕地生产能力。地处干旱半干旱地区的新疆、内蒙古，低洼易涝的三江平原以及沿海滩涂成为补充新开垦耕地的主要区域，虽然这些地区积极开展了田间工程建设，但总体而言补充耕地质量不高，农业基础设施比重不高，其中有农田灌溉设施的比例不足40%。

由此可见，自我国实施耕地"占一补一"政策以来，虽然在数量上实现了总量平衡，但在质量上并未实现平衡，也就没有达到"耕地总量动态平衡"的真正目的。

2. 生态环境制约

大量开发未利用地容易导致生态环境问题，在水环境、水土流失、生物多样性等方面对生态环境产生制约。

（1）水环境危害影响。水利水电工程、农田灌溉工程以及坡地垦殖与梯田建设等是土地整理复垦开发的重要内容，这些工程措施的实施往往伴随着水环境的变化。例如，大面积开发耕地会加大地下水抽取量，从而导致地下水位下降；在水网密布的南方地区进行土地整理，将大量坑塘水面填平，造成流域水源补给受阻；配套工程措施的修建，减少了水源涵养，造成无法贮存水分、寄养水中生物或补给地下水。

（2）水土流失的潜在威胁。我国部分省域丘陵山地分布广袤，后备土地资源潜力较低，其土地开发存在开垦坡耕地现象，开发坡度较高的坡耕地会加剧土壤侵蚀，造成严重的水土流失，易发泥石流，对生态环境构成新的威胁。尤其在生态环境脆弱的地域，如黄土高原、南方丘陵地区，对坡耕地的开发可能造成环境的进一步恶化。

（3）生物多样性减少。土地整理多数有对河道截弯取直工程，对生物多样性产生了消极影响；沟渠设计多以水流顺畅、提高水资源利用率为主要要求，沟渠底部不冲不淤，使土壤微生物数量下降，野生动植物资源的生存空间日趋减少。

三 耕地资源有效供给和节约集约利用现状评价

近年来，我国耕地保护利用面临严峻考验，一方面，大量耕地转变为非农建设用地；另一方面，大量边际土地通过土地整理复垦开发转变为耕地。到 2008 年年底，全国耕地面积持续减少到 18.26 亿亩，人均耕地 1.39 亩，不足世界平均水平的 40%；补充的耕地存在比较普遍的"占优补劣"现象。如何在经济社会快速发展的同时，保证一定数量和质量的耕地供给，增强国土资源保障能力是我国当前和未来较长时期内必须面对和解决的问题。本节拟基于耕地有效供给的分析框架，利用社会经济、土地利用数据，考察我国实行耕地占补平衡政策以来 1998—2008 年全国及各省（市、自治区）耕地有效供给水平，并分析其主要影响因素，继而提出提高耕地有效供给水平的政策建议。

（一）评价模型及影响因素选取

1. 耕地资源有效供给水平评价模型

根据定义，耕地有效供给水平为有效耕地供给量（S）与需求量（D）的比值。由于耕地的需求包括保障粮食安全与生态安全的需求，可将有效供给水平分为保障粮食安全需求的供给水平和保障生态安全需求的供给水平两部分，如式（4-1）所示。式（4-1）中 α、β 的值取决于各时段对粮食安全与生态安全的偏好程度和区域定位，可采用专家打分法赋予权重，两者之和为 1。目前学术界对生态安全尚无明确定义，一般认为包括两层基本含义：一是防止由于生态环境退化对经济基础构成威胁，主要指环境质量状况低劣和自然资源的减少和退化削弱经济可持续发展的支撑能力；二是防止由于环境破坏和自然资源短缺引发人民群众的不满，特别是环境难民的大量产生，从而导致国家的动荡。[1] 而耕地的生态价值主要体现在气候调节功能价值、水源涵养功能价值、土壤形成与保护功能价值、废弃物处理功能价值等。[2] 本节认为，对耕地生态安全的需求为维持耕地生态价值、保障生态安全的最低标准。然而，耕地生态系统内部关系复杂且区域性强，且目前耕地的很多生态服务功能尚未被认识，难以恰当量化区域耕地的生态价值与保障生态安全的最低标准，因此，本节在实际评价中并未量化保障生态安全下的有效供给水平。

$$SI_{it} = \alpha \times \frac{S_{fit}}{D_{fit}} + \beta \times \frac{S_{eit}}{D_{eit}} \tag{4-1}$$

式中，SI_{it} 表示 i 地区 t 年的有效供给水平，S_{fit}、S_{eit} 分别表示 i 地区 t 年粮食安全下、生态安全下的有效耕地供给量；D_{fit}、D_{eit} 分别表示 i 地区 t 年粮食安全下、生态安全下的有效耕地需求量，α、β 分别为粮食安全下、生态安全下有效供给水平的权重。

对保障粮食安全下的耕地需求量，本节采用粮食需求法推算，选取人口（P）、人均粮食需求（CP）、粮食单产（OPH）、粮食作物播种面积占农作物播种面积的比例（K）、复种指数（n）、区域粮食自给率（SSR）六个指标，则 i 地区 t 年耕地需求量 D_{it} 为：

---

[1]　段昌群、杨雪清等：《生态约束与生态支撑：生态环境与经济社会关系互动的案例分析》，科学出版社 2006 年版。

[2]　谢高地、肖玉、甄霖等：《我国粮食生产的生态服务价值研究》，《中国生态农业学报》2005 年第 13 期。

$$D_{it} = \frac{P_{it} \times CP_{it} \times SSR_{it}}{OPH_{it} \times K_{it} \times n_{it}} \tag{4-2}$$

耕地供给量为各省市区每年年末的耕地保有量。对耕地供给效率的测算，可将同期各省市区粮食单产（OPH）与复种指数（n）的乘积（即单位耕地生产力），与全国粮食单产（$\overline{OPH_0}$）与复种指数（$\overline{n_0}$）的乘积对比，得到各省市区相对于全国平均单位耕地生产力的折算系数①，将其定义为有效系数（R），系数越高，表示有效供给效率越高。i 地区 t 年的有效系数 R_{it} 为：

$$R_{it} = \frac{OPH_{it} \times n_{it}}{\overline{OPH_{ot}} \times \overline{n_{ot}}} \tag{4-3}$$

将耕地需求量除以有效系数得到有效耕地需求量，将耕地供给量乘以有效系数得到有效耕地供给量，最终得到耕地有效供给水平：

$$SI_{it} = \frac{S_{it} \times R_{it}}{D_{it}/R_{it}} = S_{it}/D_{it} \times R_{it}^2 \tag{4-4}$$

2. 耕地资源有效供给水平的影响因素选取

根据耕地有效供给水平的基本内涵，从耕地需求、供给能力、供给效率、市场状况和政策等几个方面选取影响因素，构建影响耕地有效供给水平的指标体系。

耕地需求：对耕地的需求是一种引致需求，耕地有效供给的目的就是满足这些引致需求，其需求水平反过来又影响有效供给水平。决定耕地需求水平的因素主要有人口、人均粮食需求量、粮食自给率、人均耕地生态需求量等。短期内人均粮食需求量变化不大，而我国要求粮食自给率稳定在95%，将这两个指标作为常量不再分析。人口因素可通过其他指标的人均量反映，也不再单独分析。

供给能力：决定一个地区耕地有效供给水平的基本因素是地区现有和潜在的耕地资源禀赋，影响耕地有效供给能力的因素有：人均耕地量（X_{11}）、人均耕地补充量（X_{12}）、人均耕地减少量（X_{16}）、人均未利用地量（X_{17}）。同时，分别考察人均建设占用耕地量（X_{13}）、人均生态退耕减少耕地量（X_{14}）、人均农业结构调整减少耕地量（X_{15}），有利于进一步对比各种耕地减少途径与有效供给水平的相关性。

---

① 郑海霞、封志明：《中国耕地总量动态平衡的数量和质量分析》，《资源科学》2003 年第9期。

供给效率：耕地质量和利用程度直接反映了耕地的供给效率，可用粮食单产（X_{21}）、复种指数（X_{22}）、粮食作物占农作物播种面积的比重（X_{23}）来表示。同时，为确保耕地供给的有效性，国家或地区会对耕地的质量进行必要的技术投入，通过土地整治、农业技术革新等提高耕地的供给效率。从资本、劳动力和技术投入三方面出发，影响有效供给效率的因素包括人均农业投资额（X_{24}，考虑到统计数据的可获得性，用国家支援农村生产支出和各项农业事业费用支出以及粮食、农资、良种、农机具四项补贴作为农业投资额）、人均化肥使用量（X_{25}）、单位耕地农业机械动力（X_{26}）、人均有效灌溉面积（X_{27}）、单位耕地劳动力（X_{28}，耕地劳动力统计数据难以获取，用第一产业就业人数代替）等。

市场状况和政策：农民是耕地直接使用者，也是实现耕地有效供给的主体之一。在日益开放的市场条件和政策作用下，农民的种植意愿、对耕地的保护与投资意愿都将影响耕地的供给数量和效率。粮食价格（X_{31}）、每公顷农产品净利润（X_{32}，以稻谷、小麦和玉米三种农产品的平均成本、收益计算）、农民每公顷补贴收入（X_{33}）等指标侧面反映并作用于耕地的有效供给。

（二）数据来源与处理

1. 数据来源

社会经济数据来源于《新中国六十年统计资料汇编》、1998—2008 年全国及各省市区统计年鉴和《中国农村统计年鉴》，土地利用数据来源于历年《中国国土资源年鉴》。

2. 数据处理与影响因素的相关性分析

测算历年耕地有效供给水平时，部分指标确定如下：采用已有研究中普遍认同的水准，确定人均粮食需求量为 400 千克/（人·年），粮食自给率为 95%[①]；总人口是有效供给水平评价科学合理性的重要指标之一，本节认为，保障区域粮食安全应保障区域内所有常住人口的粮食所需，故采用常住人口统计数据。

对耕地有效供给水平影响因素进行主成分分析前，首先分析耕地有效供给水平与其驱动因素间的相关系数。采用 1998—2008 年全国及 31 个

---

① 陈百明、周小萍：《中国粮食自给率与耕地资源安全底线的探讨》，《经济地理》2005 年第 25 期。

省（市、自治区、直辖市）的面板数据，基于样本数，在显著性水平1%
下标准相关系数为0.148，表4－1中人均耕地量、人均耕地补充量、人
均耕地减少量等多个指标均通过显著性检验。值得一提的是，人均耕地
补充量与耕地有效供给水平呈负相关。按常理推断，人均耕地补充量越
大，其耕地供给量越多，有效供给水平也越高，两者应呈正相关。但考
虑到近年来"耕地占补平衡"政策实施中，补充耕地越多，意味着占用
优质耕地也就越多，占优补劣的行为极有可能使耕地有效供给水平下降。
同时，在人均建设占用耕地量、人均生态退耕量、人均农业结构调整减
少耕地量三个指标中，人均生态退耕对耕地有效供给水平影响最大，这
与已有研究提出的"生态退耕是近年来耕地减少的主要原因"是一致的。
单位耕地劳动力与耕地有效供给水平呈显著负相关，表明单位耕地劳动
力投入少（即耕地节约集约耕作程度高），有效供给水平高。由于粮食价
格、每公顷农产品净利润、农民每公顷补贴收入、人均农业投资额等几
个市场和政策指标仅在全国范围内统计，样本量十分有限，虽未通过显
著性检验，但现实经验表明，在开放的市场条件下，这些因素显著影响
着农民的种植行为，进而影响耕地有效供给水平，故在主成分分析中仍
会考虑。而人均未利用地无准确的统计数据，仅对全国1998—2008年未
利用地进行了概算，且未利用地中相当部分并不能作为耕地后备资源，
因此其相关性有待进一步论证。此外，复种指数和单位耕地农业机械动
力在样本量大的情况下不显著，主成分分析中将其剔除。

表4－1　　　　　　　耕地有效供给水平与影响因子的相关系数

影响因子	相关系数	影响因子	相关系数
人均耕地量（X_{11}）	0.232 ***	粮农比（X_{23}）	0.850 ***
人均耕地补充量（X_{12}）	− 0.551 ***	人均农业投资额（X_{24}）	0.153 ***
人均建设占用耕地（X_{13}）	− 0.497 ***	人均化肥使用量（X_{25}）	0.149 ***
人均生态退耕（X_{14}）	− 0.820 ***	单位耕地农业机械动力（X_{26}）	− 0.041
人均农业结构调整减少耕地（X_{15}）	− 0.761 ***	人均有效灌溉面积（X_{27}）	0.350 ***
人均耕地减少量（X_{16}）	− 0.836 ***	单位耕地劳动力（X_{28}）	− 0.731 ***
人均未利用地量（X_{17}）	− 0.534	粮食价格（X_{31}）	0.376
粮食单产（X_{21}）	0.513 ***	每公顷农产品净利润（X_{32}）	0.409
复种指数（X_{22}）	− 0.067	农民每公顷补贴收入（X_{33}）	0.347

注：（1）X_{17}、X_{24}、X_{31}、X_{32}、X_{33}的样本量为11；X_{12}、X_{13}、X_{14}、X_{15}、X_{16}的样本量为
310；其余各指标样本量均为352。

（2）*** 表示在1%显著性水平下显著。

影响耕地有效供给水平的 16 个指标存在不同程度的相关性。利用 SPSS 18.0 软件进行主成分分析，得出因子的特征值与贡献率、主成分荷载矩阵。由因子的特征值与贡献率可知，第一、第二、第三主成分累计贡献率分别达 51.43%、82.90% 和 89.57%，完全符合分析要求。结合主成分荷载矩阵，第一主成分 X_{21}、X_{24}、X_{25}、X_{28} 与其具有较大相关性，第二主成分 X_{11}、X_{12}、X_{13}、X_{14} 等与其具有较大相关性。对强相关因子分析整理，1998—2008 年耕地有效供给水平的影响因子可归为农业投入和技术进步、经济政策、耕地增减变化三类。

（三）评价结果及分析

1998—2008 年全国及各地区耕地有效供给水平见表 4–2。1998—2008 年全国耕地有效供给水平呈波动变化并下降趋势，1998 年为 1.08，之后逐年下滑，2003 年达到最低点 0.88，2004—2008 年逐渐恢复到 1999 年的水平。根据主成分分析结果，耕地有效供给水平的波动既与国家经济发展形势、农业政策、技术紧密相关，也与耕地管理利用变化有关。1980 年家庭联产承包责任制推行后，农户种植意愿大幅提高，全国粮食生产快速发展，粮食单产不断增加，粮食产量在 1998 年达到最高水平。1999—2003 年，全国绝大部分省市粮食播种面积连续下滑，粮食单产增长缓慢，其原因一方面由于城镇化快速发展，城镇工矿、交通水利用地的扩张占用了大量耕地，1999—2003 年国务院审批的建设用地量以年均 38.5% 的速度增长，占用耕地量年均增加 35.3%。另一方面耕地占补平衡政策在实施中占用大量优质耕地，而补偿的多为质量较差的耕地，粮食单产自 2000 年开始陡降，到 2003 年粮食单产比 1998 年低了将近四个百分点。同时，1998 年粮食流通体制改革后，中央试图通过保护价收购增加农民收入、刺激粮食生产，但实际中按保护价敞开收购农民余粮的政策难以贯彻到位，粮食生产经济利益急剧下降，农业结构调整使粮食播种面积占农作物播种面积的比重下降明显。多方原因致使 2003 年全国耕地有效供给水平降到最低点。在 1998 年"粮改"政策未达到预期目的后，2001 年政府再次调整政策，在全面引入竞争和实现资源配置效率目标的同时，通过实施农民粮食生产直接补贴和健全粮食储备管理体系，采用分权化和渐进式的改革提高了耕地生产力。同时，耕地下降趋势减缓，实现耕地占补平衡的地区也越来越多，2004—2008 年全国有效供给水平持续上升，但 2008 年仍比 1998 年低了 3 个百分点。

表 4 - 2 　　　　　　1998—2008 年各省（市、区）有效供给水平

地区	1998 年	1999 年	2000 年	2001 年	2002 年	2003 年	2004 年	2005 年	2006 年	2007 年	2008 年
全国	1.08	1.06	0.96	0.93	0.94	0.88	0.95	0.97	1.00	1.00	1.05
北京	1.35	0.83	0.43	0.32	0.19	0.09	0.13	0.21	0.24	0.19	0.29
天津	0.62	0.36	0.19	0.34	0.29	0.26	0.26	0.29	0.30	0.24	0.22
河北	1.12	0.93	0.88	0.88	0.83	0.92	0.88	0.93	1.02	1.20	1.15
山西	0.26	0.11	0.15	0.08	0.20	0.24	0.27	0.20	0.24	0.20	0.18
内蒙古	0.34	0.27	0.24	0.24	0.37	0.40	0.46	0.58	0.58	0.62	0.87
辽宁	1.09	0.78	0.32	0.57	0.77	0.81	0.92	0.88	0.73	0.89	0.87
吉林	2.27	1.79	0.72	1.17	1.58	1.76	1.93	2.07	2.28	1.69	2.31
黑龙江	0.61	0.64	0.43	0.47	0.62	0.41	0.56	0.58	0.67	0.69	1.11
上海	1.52	1.52	1.55	1.35	0.96	0.52	0.48	0.39	0.46	0.41	0.44
江苏	3.60	4.16	3.56	3.40	3.14	2.12	2.65	2.41	2.72	2.63	2.43
浙江	2.61	2.43	2.06	1.65	1.30	0.92	0.87	0.77	0.94	0.62	0.61
安徽	1.50	1.84	1.44	1.56	1.93	1.07	1.68	1.35	1.65	1.67	1.67
福建	2.50	2.39	2.18	2.00	1.64	1.50	1.39	1.26	1.18	0.98	0.95
江西	2.64	3.39	3.27	3.11	2.61	2.14	2.46	2.70	3.01	3.22	3.09
山东	2.52	2.55	2.39	2.33	1.55	2.04	1.94	2.22	2.24	2.37	2.27
河南	1.81	2.19	2.30	2.41	2.42	1.61	2.35	2.84	3.53	3.99	3.69
湖北	2.50	2.52	2.46	2.43	2.11	2.07	2.15	2.14	2.03	1.93	2.02
湖南	4.05	4.36	5.19	5.16	3.94	3.98	4.07	4.27	4.37	4.18	4.25
广东	1.94	1.93	1.52	1.29	1.03	1.00	0.74	0.76	0.75	0.63	0.51
广西	1.05	1.08	1.12	1.08	1.01	1.04	0.78	1.02	1.00	0.83	0.76
海南	0.52	0.55	0.47	0.44	0.37	0.50	0.38	0.21	0.35	0.32	0.33
重庆	1.07	1.05	1.22	0.99	1.18	1.42	1.50	1.59	0.74	1.37	1.48
四川	1.90	1.95	2.11	1.45	1.73	1.77	1.64	1.76	1.29	1.46	1.51
贵州	0.28	0.32	0.40	0.33	0.27	0.36	0.36	0.37	0.32	0.32	0.33
云南	0.22	0.26	0.34	0.35	0.30	0.35	0.33	0.32	0.33	0.29	0.30
西藏	0.22	0.27	0.33	0.35	0.34	0.37	0.32	0.30	0.28	0.30	0.28
陕西	0.29	0.17	0.21	0.17	0.19	0.21	0.24	0.23	0.25	0.25	0.26
甘肃	0.16	0.13	0.10	0.12	0.13	0.16	0.15	0.16	0.14	0.14	0.17
青海	0.17	0.11	0.07	0.14	0.11	0.13	0.13	0.14	0.11	0.16	0.15
宁夏	0.40	0.39	0.22	0.36	0.48	0.47	0.57	0.56	0.59	0.64	0.66
新疆	0.77	0.72	0.78	0.82	0.86	0.90	0.80	0.95	0.98	1.25	1.16

同时，对表 4 - 2 中全国 13 个粮食主产区（包括河北、内蒙古、辽宁、吉林、黑龙江、江苏、安徽、江西、山东、河南、湖北、湖南、四川）以及东部、中部、西部的有效供给水平取历年平均值（如图 4 - 5 所示），可发现，1998—2008 年 13 个粮食主产区的耕地有效供给平均水平与全国平均水平呈一致变化，但从 2006 年开始其有效供给水平已超过 1998 年水准。东部 11 省市有效供给平均水平持续下降，主要原因为经济快速发展中建设占用耕地量较大，耕地面积急剧下降。中部 8 省除 1998 年、2002 年、2003 年、2004 年外，其余年份有效供给水平稳定在 2 以上。西部 12 省（市、区）尽管其有效供给水平最低，但有逐步提高的趋势。

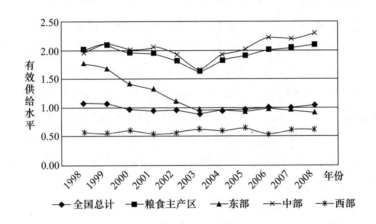

图 4 - 5　1998—2008 年全国耕地有效供给水平

从单个省份来看，1998—2008 年耕地有效供给水平变化率最大的省份有北京、浙江、上海和广东，平均分别变化 - 13%、- 12%、- 11% 和 - 11%。这几个省份也是经济发展最快的，耕地增减变化幅度较大的四个省市。此外，内蒙古、河南、黑龙江、宁夏有效供给水平增加幅度最快，分别为 9%、7%、6% 和 5%。

（四）结论与政策建议

耕地兼具粮食生产与生态安全的双重任务。以往耕地供给仅在数量或质量上分别考核，而耕地有效供给将耕地数量、质量与生态相结合，既能体现耕地供给能力，也能反映耕地供给效率。耕地供给的增加除了从耕地自身增减变化角度考虑，还有赖于市场、农业技术、政策等作用。这对土地利用方式转变下耕地利用与管理有一定理论意义。在对耕地有效供给水平的测算中，耕地生态需求难以量化，本节仅对粮食需求下的耕地有效供给水平进行了测算。经评价，在 95% 粮食自给率、400 kg/（人·年）的人均粮食需求量下，1998—2008 年全国耕地有效供给水平基本稳定在 1 左右，基本实现有效耕地供需平衡。本节并未对最优有效供给水平做出回答，因为最优的有效供给水平取决于国家或省（市）对区域粮食安全的定位。通过影响因素分析，为提高我国耕地有效供给水平，提出以下政策建议：

1. 坚持以市场需求为导向

根据前文分析，在 2004 年粮食流通全面市场化后，全国耕地有效供给水平有一定程度的提高。以市场需求为导向的耕地有效供给是在市场开放的条件下推进耕地供给与需求实现均衡。供给的数量、结构及布局能够及时调整与适应市场需求，是耕地有效供给基本内涵的反映。同时，对耕地的需求是一种引致需求，以市场需求为导向意味着以耕地产出品市场的需求为导向。充分利用市场价格引导粮食生产和耕地利用，维持价格体系的动态稳定是耕地有效供给水平的重要保障。由于耕地粮食产出的比较利益较低，采用农业补贴等间接市场调控手段有利于稳定种植面积，继而提高耕地有效供给水平。

2. 重视耕地利用的农业投入与技术进步

长久以来我国土地开发利用粗放浪费，既加剧了土地资源的供需矛盾，也对生态环境造成了沉重压力，严重影响了土地资源的可持续利用。未来相当长时期内，由于人口增长与经济社会发展，能够用于农业开发的土地越来越少，农业生态环境的退化也将进一步减少适于耕种的土地。积极培育高产作物品种的同时，提高土壤肥力、改善灌溉排水条件、防治旱涝灾害是弥补耕地衰减的有效途径。近年来我国用于农业财政支出的金额有所增加，其中支持农业基本建设的投资从 1998 年的 637.1 亿元增加到 2003 年的 1097.7 亿元，也取得了一定成效，但其投入与提升空间仍然巨大。通过继续加大农业基础设施建设投入，鼓励耕地利用的技术进步，改进供给效率，使耕地利用由劳动密集型向资金密集型、技术密集型方向转变，对提高耕地有效供给水平具有十分重要的意义。

3. 严格控制建设占用和生态退耕减少耕地

确保耕地数量基本稳定对提高耕地有效供给水平的意义不言而喻。1998—2008 年全国耕地减少量中 64.6% 是因生态退耕减少，特别是 2002—2003 年生态退耕量年均达 183.1 万公顷，耕地急剧减少，2007—2008 年生态退耕量大幅下降后耕地减少趋势放缓，生态退耕对维持耕地数量稳定的作用明显。而建设占用耕地量占耕地减少量的 19.6%。经济社会发展不可避免地会占用部分耕地，既不能因保护耕地而造成建设用地供给的严重不足，又不能一味保障经济发展中建设用地的不合理需求。合理开发后备资源的同时，努力控制建设占用耕地在代价性损失内的同时，还应进一步探索和实施耕地保护的区域补偿与生态补偿，通过经济、行政手段在数量、质量和空间上实现耕地有效供给与经济社会可持续发展。

四　耕地资源有效供给和节约集约利用的出路

依据以上分析，我国耕地资源有效供给和节约集约利用的现行途径是通过土地整理复垦开发，其中又以未利用地开发补充耕地为主（如图 4-6 所示）。在未利用地资源潜力和生态环境双重约束下，这种路径已经难以为继，急需开拓新的空间以保证耕地资源有效供给，提升耕地资源节约集约利用水平。

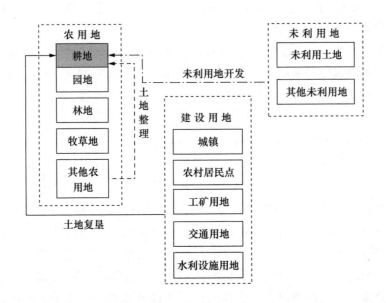

图 4-6　耕地资源有效供给和节约集约利用现行途径

在未利用地转为耕地资源受限的情况下，耕地资源有效供给和节约集约利用应该积极地从现有的建设用地和耕地自身寻求出路。

（一）在农用地内部，提升耕地质量是实现有效供给和节约集约利用的出路

在农用地中，园地、林地因其具有一定的生态价值不能转为耕地；其他农用地转为耕地的数量有限，而且其中的坑塘水面由于其具有一定的农田生态调节作用，不宜大量转为耕地。因此，如果不考虑未利用地和建设用地转为耕地，耕地资源有效供给和节约集约利用的出路只能是提高耕地质量，从而实现耕地保障能力的提升。

从目前耕地的质量状况来看，确实有很大的提升空间。我国耕地虽然实现了数量上的平衡，但耕地质量总体不高，平均粮食产量较低，部分地区存在严重的耕地退化现象。我国在水土资源空间分布上也存在不平衡的现象，在长江流域及其以南地区的水资源占全国的80%以上，而同区域的耕地面积只占全国的38%；淮河流域及其以北地区，水资源总量不足全国的20%，同区域的耕地面积占比却高达62%。水资源少的地方耕地面积大，而造成耕地总体质量不高。耕地质量不高在生产上表现为耕地平均粮食产量较低，据有关部门统计，全国耕地平均粮食产量每公顷为3450千克左右，与世界发达国家或农业发达国家相比，每公顷粮食产量相差2250千克到3000千克。

可见，如何通过工程技术措施完善耕地的基础设施配置、增加土壤肥力，提高耕地产量就成为提升耕地资源节约集约利用水平的关键。因此，结合基本农田保护制度，吸取以往农地整理的经验，加大高标准农田建设的力度和投入成为必然。

（二）积极开拓建设用地补充耕地的空间

在现有的建设用地中，城镇建设用地、交通、水利设施用地因用途的不可逆性和经济上不可行，难以转为耕地；而农村居民点则有大量闲置宅基地，具有转为耕地的潜力；部分工矿废弃地也可以转为耕地。

目前，我国农村居民点用地分布存在规划无序、布局凌乱、规模超标的问题。2008年，我国农村居民点用地高达16.4万平方千米，接近河南省的总面积，人均用地185平方米，远远超过国家标准，土地利用粗放现象严重。而且长期以来，农村居民点建设基本处于自发建设状态，农村建设是只见新房不见新村，形成大量的"村外光，村内糠"的"空心

村"，"烂心村"，导致当前我国农村居民点闲置用地面积接近于城镇用地总量，土地资源闲置浪费问题十分突出。随着工业化、城镇化的推进，人口和产业进一步向城镇集中，农民宅基地闲置现象会进一步加剧。如果能够采取有效措施鼓励闲置宅基地退出，并对其进行复垦，将会增加大量耕地。

此外，由于历史原因我国仍有大量工矿废弃地，受制于技术因素和资金因素无法得到有效利用，如果能够对工矿废弃地进行有效科学复垦治理，不仅能增加大量的耕地面积，而且能够合理改善土地资源的利用结构，进而提高土地资源节约集约利用程度，促进其可持续利用。（如图4-7所示）

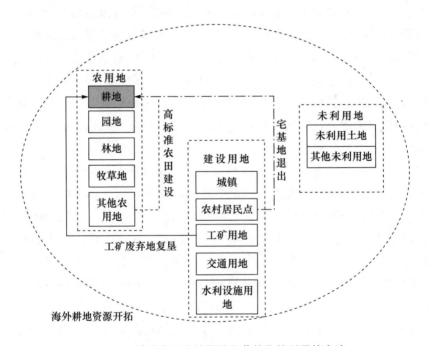

图4-7　耕地资源有效供给和节约集约利用的出路

（三）立足国内土地资源，开拓海外耕地资源

除了从国内土地资源中寻求耕地有效供给和节约集约利用的出路外，还可以放眼全球，积极开拓海外耕地资源。通过利用国外优质耕地，补充国内耕地资源的不足，为国内耕地资源做储备，增强国内耕地资源抗风险能力。

第二节　闲置宅基地退出补充耕地机制

一　闲置宅基地退出补充耕地机制概述

当前城乡二元分割体制下，我国现行法律法规严格限制了农村建设用地包括宅基地的流转。随着城镇化的发展，"空心村"现象普遍出现，已定居城镇的农村居民双重占有土地资源。在市场经济体制的冲击下，任何资产都有通过市场化实现其资产价值的冲动。但在缺少宅基地退出机制的情况下，农民不能将其闲置的宅基地合法转让，宅基地资产价值无法显化，由此催生了宅基地的隐性流转。再加上村镇规划与农村土地管理的长期滞后，建新不拆旧、"一户多宅"现象常见，造成了宅基地的大量闲置。闲置宅基地退出整理复垦为耕地，不仅可以盘活农民闲置的土地，为其提供进城进镇的资本，从而有利于城镇化的健康发展；而且能以较低的成本特别是交易成本提供城乡建设用地增减挂钩指标，缓解建设用地供需矛盾，实现耕地占补平衡；这也符合城镇化发展下城乡土地利用关系的变化规律。

从闲置宅基地退出的可行性来看，根据刘彦随等的调研结论，全国通过农村散乱、废弃、闲置的建设用地进行整理复垦，可净增13%左右的耕地。[①] 2008年全国农村居民点用地面积为2.48亿亩，按此比例计算，通过农村闲置废弃地的退出与整理，将产生约3224万亩的补充耕地潜力。尽管与《全国土地利用总体规划纲要（2006—2020年)》中到2020年新增建设占用耕地规模4500万亩还有一定差距，但能够实现纲要中到2020年农村土地整理补充耕地2730万亩的目标。并且，这还仅仅只是以2008年为基期的潜力。未来十年我国仍将处于城镇化加速发展时期，据相关数据统计，我国城镇化水平每提高1个百分点，将会有1000多万农民转入城镇，届时仍有大量农村剩余劳动力转移到城镇，闲置宅基地整理的潜力将进一步增大。由此可见，从闲置宅基地中寻找用地空间的潜力巨大，应该成为我国补充耕地与解决用地需求矛盾的关键所在。因此，构

[①]　刘彦随、刘玉：《中国农村空心化问题研究的进展与展望》，《地理研究》2010年第29期。

建闲置宅基地退出机制意义重大。

遵循效率、公平、城乡统筹等原则，构建闲置宅基地退出补充耕地机制，其基本思路（如图4-8所示）是：现阶段应以闲置宅基地为整理复垦对象，分析农民退出宅基地的条件，确定合理的补偿标准，引导那些"一户多宅"，或已在城镇就业定居，或有进城、进村镇社区居住意愿的农民主动申请将闲置、空闲和废弃的宅基地退出；并以整体统筹、统一实施、分散开展的形式，将退出的宅基地整理复垦为耕地；经验收合格后可进入挂钩指标专用库；而地方政府可将挂钩指标用于本地城镇建设，也可通过有偿转让方式跨区使用，通过土地出让或是指标交易获得挂钩指标收益，经审核入库后为挂钩指标的生产提供资金。通过适度的激励与合理的组织，鼓励农民主动参与、规范政府挂钩管理，促进闲置宅基地有序退出。

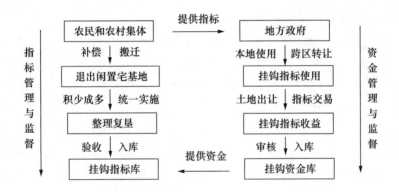

图4-8　构建闲置宅基地退出补充耕地机制的基本思路

综上所述，本节所讨论的闲置宅基地，是指"空心村"下因"一户多宅"或已在城镇就业或定居但在农村仍双重占有而造成闲置的宅基地。而退出，是指农民将宅基地使用权退还给农村集体、不再申请新宅基地的退出，不包括农民自由流转下的退出，并且，这种退出是专指闲置宅基地退出后整理复垦为耕地、可形成挂钩指标的退出。退出的主体主要为农民、农村集体、地方政府，还有可能有估价、规划设计、金融、法律等机构的参与。客体是退出前后附着在闲置宅基地上变化了的权利，首先为宅基地使用权，将其退出的宅基地整理复垦为耕地后，则还产生了土地发展权。从权利的转移角度来看，闲置宅基地的退出，是农民将宅基地使用权退还给农村集体；宅基地的使用权和所有权都归农村集体所有，实现了两权的统一；而退出复垦形成的土地发展权，则从农民和农村集体手中转移到了地方政府手中。根据宅基地闲置时期的长短，将闲置宅基地划分为两种类型："一户多宅"的闲置宅基地具有长期闲置的特征，此外还有小部分已在城镇就业定居并购买了商品房，但农村住宅已废弃不再使用的宅基地，本节暂且将这两种闲置时间较长的宅基地称为永久性闲置宅基地；而将剩下的闲置时间相对较短的宅基地称为季节性闲置宅基地。由此，闲置宅基地的退出类型相应地可分为两类：一类是季节性闲置宅基地的退出，另一类是永久性闲置宅基地的退出。之所以对闲置宅基地的退出作此类型划分，是因为宅基地闲置成因与长短的不同，其带来的效用与退出时要考虑的因素也有所差异，影响农民退出的因素也有差别。

二　农民退出闲置宅基地的影响因素分析

闲置宅基地退出的主体有农民、农村集体和地方政府，由于每一主体在退地过程中有各自的目标，而各自目标下的行为也会对资源配置效率与结果起到不同的作用，因此，各主体的影响因素并不相同。当前我国已进入城市反哺农村、城乡统筹发展的新时期，以农民为研究视角具有重要的现实意义。与其他主体相比，农民在目前的挂钩实践中常常处于弱势地位，引发了各种冲突，不利于社会的公平与稳定。因此，在政策的制定与不断完善过程中充分尊重农民主体地位，引导农民主动退出也是减少社会冲突、实现社会目标最有效的方法。因此，在众多的配置主体中，本书拟以农民为研究视角，对闲置宅基地退出的影响因素进行分析。

（一）农民退出闲置宅基地的决策模型

1. "有限理性经济人"假设

以农民为研究视角，需要对农民的行为特征、心理等进行全面的把握，经济学中的"有限理性经济人"为此提供了一个基本的分析模式与理论基础。农民在经济系统中，同样是追求自身利益最大化的"经济人"。农民对宅基地的退出决策过程，实际上是农民在有限的信息、认知能力与环境、制度的约束下，对宅基地退出前后能给他带来的效用变化作出判断后，选择能实现自身利益最大化或能带来较大满足的方案的过程。将农民视为"有限理性经济人"，能够较好地刻画与解释农民退出宅基地这一经济活动的决策过程，从而通过影响农民经济活动的因素分析，找出农民退出决策中的关键点与激励因素。

2. 有限理性下农民退出闲置宅基地的决策依据

基于"有限理性经济人"的假设，一个理性的农民是否退出闲置宅基地会根据宅基地退出前后的效用变化来进行判断，即将退出后所能带来的净收益与退出前的净收益进行对比，用式（4-5）表示为：

$$\begin{cases} \text{if: } F = \pi_{退} - C_t - \pi > 0，则农民愿意退出 \\ \text{if: } F = \pi_{退} - C_t - \pi = 0，则农民对退地无所谓 \\ \text{if: } F = \pi_{退} - C_t - \pi < 0，则农民不愿意退出 \end{cases} \qquad (4-5)$$

式（4-5）中 F 表示退地前后净收益的变化值，在退地决策中农民有最大化 F 值的倾向，即 $\text{Max}F$。表示农民退出宅基地所能获得的净收益。π 表示农民退地前利用宅基地获得的净收益。同时，农民在退出宅基地的过程中会产生一些退出过程成本，用 C_t 来表示，主要包括退出时人和财产的转移搬迁成本、安置成本以及因决策耗费时间而造成的收入损失等。

式（4-5）构成了农民退出闲置宅基地的决策模型，其含义为，在可预见的一定时间范围内，农民退地可能带来的净收益，减去不退出可能有的净收益以及退出决策中发生的退出成本，如果结果 F 为正，则理性的农民会愿意将其拥有的闲置宅基地使用权退出，差值越大农民越愿意；反之，如果 F 是负，则不会退出；如果 F 为零，则农民对退出持无所谓的态度，也不会积极参与到退出中来。因季节性闲置宅基地与永久性闲置宅基地的闲置成因不同，农民的退地决策过程会有所差异，但不论是季节性闲置宅基地的退出，还是永久性闲置宅基地的退出，式（4-5）都为农民退出闲置宅基地的决策提供了一个基本的依据。

（二）农民退出季节性闲置宅基地的影响因素

农民退出闲置宅基地到底受哪些因素的影响，还需要从微观层面具体分析农民退出前后分别能获得的净收益，得到决策模型的具体表达式后，将为农民退出季节性闲置宅基地和永久性闲置宅基地的影响因素提供理论分析框架。

将农民视为理性经济人，那么农民从事活动总是出于一定的目标或为满足一定的经济利益，从经济利益的角度来分，农民使用宅基地的目标可分为经济目标和非经济目标两种。而从行动目标来看，是如何使其拥有的有限资源利用效用最大化。分别对农民退出季节性闲置宅基地前后的净收益进行详细分析，列举一些重要的成本与收益，可得到以下表达式：

$$\pi = (R_{G_1} + R_{G_2} + \cdots + R_{G_j}) + I - C_p^{①} \tag{4-6}$$

其中各变量分别为：农民退出闲置宅基地前的净收益 π、宅基地价值 G_1、庭院经济收入 G_2、生活成本的节省 G_3、居住成本的节省 G_4、休闲居住环境的享受 G_5、家族身份认同 G_6、家业传承 G_7、乡土情结的维系 G_8、对宅基地及其附着其上的建筑的投资 I、维护成本 C_P。

$$\pi_{退} = (R_c + R_u + R_m + R_e + R_w + R_l + \cdots) - (C_s + C_l + C_w + C_h + C_d + \cdots) \tag{4-7}$$

其中各变量分别为：农民退出闲置宅基地后的净收益 $\pi_{退}$、农民退出闲置宅基地的补偿 R_c、更加便利的城市基础设施与更完善的公共服务设施 R_u、更好的医疗条件 R_m、子女能接受更好更稳定的教育 R_e、更多的就业机会与更高的工资收入 R_w、城市文明与生活娱乐的享受 R_l、住房成本与居住安全稳定的风险提高 C_s、生活成本与风险的提高 C_l、就业成本与风险的加大 C_w、因生活居住习惯的彻底改变而付出的代价 C_h、因土地发展权的放弃可能带来的损失 C_d。

将季节性闲置宅基地退出前后的净收益表达式（4-6）与式（4-7）代入退地决策模型式（4-5）中。考虑到公式涉及因子较多，而部分积极因素与消极因素间可以相互对比，可根据因子间的性质与联系程度，对其进行合理的归并与分类，得到式（4-8），可以更清晰地看到影响农民退地的因素。

$$F = R_c + C_p - C_d - (R_{G_1} + I) - C_t + (R_u + R_m + R_e) + (R_l - R_{G_5}) + (R_w - C_w - R_{G_2}) - (C_l + R_{G_3}) - (C_s + R_{G_4}) - (C_h + R_{G_6} + R_{G_7} + R_{G_8}) + \varepsilon \tag{4-8}$$

其中 ε 为所有未考虑进来的其他因素的合集。

将式（4-8）的影响因素归为以下几种：退地补偿情况 X_c、社会保障程度 X_s（包括基础与公共设施、教育、医疗、休闲等）、生活保障程度 X_l（主要指居住成本与风险、生活成本与风险）、土地与房屋资产价值 X_a

---

① 这些收益和成本更准确地说是考虑了资金的时间价值后，未来时期内能不断取得的收益与付出的成本的折现值累积，没有写成积分形式只是为了简化表达形式，本章下文表达式如无特殊说明，都采用简化形式。

（包括资产现值、后期维护成本、土地发展权价值等）、就业与收入情况 X_e（包括就业成本与风险、就业机会、工资水平等）、心理因素 X_m（主要有生活居住习惯的彻底改变、传统观念、社会地位、故土情结等）、退出过程成本 C_t。同时，还有三类因素尽管在式（4-8）中没有直接地表达，但对式中各因子都有直接影响，那就是农民和家庭基本情况 X_f（包括农民年龄、受教育程度、需赡养的老人以及需要抚养的子女数量等），以及农民退地行为所处的宏观背景，包括地区社会经济发展程度 X_d 和政策因素 X_i。将式（4-8）简化为式（4-9），各变量对农民退出季节性闲置宅基地的影响如表4-3所示。

$$F = f(X_c, X_s, X_l, X_a, X_e, X_m, C_t, X_f, X_d, X_i, \cdots) \qquad (4-9)$$

表4-3　　　　　　　　农民退出季节性闲置宅基地的影响因素

因素类型	具体变量	影响
（1）退地补偿情况	退地补偿标准	积极影响
（2）社会保障程度	退地后城市基础公共服务设施、医疗、教育完善与可获取度与休闲娱乐的效用	积极影响
	退地前农村休闲娱乐效用	消极影响
（3）生活保障程度	退地后在城市的生活成本与风险、居住成本与风险	消极影响
	退地前在农村生活成本的节省、居住保障的程度	消极影响
（4）土地与房屋资产价值	后期维护成本	积极影响
	土地和房屋资产现值	消极影响
	土地发展权价值	消极影响
（5）就业与收入情况	退地后在城市的就业机会与工资水平	积极影响
	退地后在城市的就业成本与风险	消极影响
	退地前在农村的就业机会与工资水平	消极影响
（6）心理因素	生活居住习惯的彻底改变、家族身份的认同、家业的代际传承、传统观念与乡土情结的维系	消极影响
（7）退出过程成本	退出时人和财产的转移以及决策的交易成本等	消极影响
（8）农民和家庭基本情况	年龄	不确定
	文化程度与专业技能	积极影响
	赡养的老人和抚养的小孩数量	不确定
	家庭收入状况	积极影响

因素类型	具体变量	影响
(9) 地区经济社会发展程度	经济发展水平	积极影响
(10) 政策因素	农民对退出政策的认识	不确定
	政策的稳定性	积极影响
	政策的宣传力度	不确定
	政策的落实程度	积极影响

（三）农民退出永久性闲置宅基地的影响因素

同样地，对农民退出永久性闲置宅基地前后可能获得净收益进行详细分析。永久性闲置的宅基地能给农民带来的收益和耗费的成本，与季节性闲置的宅基地是有显著差别的。永久性闲置宅基地给农民带来的净收益比季节性闲置宅基地要少很多，让农民永久退出这部分闲置宅基地的代价相对要低很多。其决策模型的具体表达式为：

$$F = \pi_{退} - \pi - C_t$$
$$= [(R_c + \cdots) - (C_d + \cdots)] - [(R_{G_1} + R_{G_6} + R_{G_7} + R_{G_8}, \cdots) + I] - C_t$$
$$= R_c - (C_d + R_{G_1} + I) - (R_{G_6} + R_{G_7} + R_{G_8}) - C_t + \varepsilon \qquad (4-10)$$

从式（4-10）可得到，永久性闲置宅基地退出的影响因素比季节性闲置宅基地退出的影响因素要少。具体来说，这些因素包括退地补偿情况 R_c，土地与房屋资产价值 C_d、R_{G_1}、I，心理因素 R_{G_6}、R_{G_7}、R_{G_8}，退出过程成本 C_t，以及未在表达式中体现的农民和家庭基本情况、地区社会经济发展程度、政策因素等。这些因素对农民退地行为的影响详见表4-4。

表4-4　　　　　　　　农民退出永久性闲置宅基地的影响因素

因素类型	具体变量	影响
(1) 退地补偿情况	退地补偿 R_c	积极影响
(2) 土地与房屋资产价值	土地和房屋资产现值（$R_{G_1} + I$）	消极影响
	土地发展权价值 C_d	消极影响
(3) 心理因素	家族身份的认同、家业的代际传承、传统观念与乡土情结的维系（$R_{G_6} + R_{G_7} + R_{G_8}$）	消极影响
(4) 退出过程成本	退出时人和财产的转移以及决策的交易成本等 C_t	消极影响

续表

因素类型	具体变量	影响
（5）农民和家庭基本情况	年龄	不确定
	文化程度与专业技能	积极影响
	赡养的老人和抚养的小孩数量	不确定
	家庭收入状况	积极影响
（6）地区经济社会发展程度	经济发展水平	积极影响
（7）政策因素	农民对退地政策的认识	不确定
	政策的稳定性	积极影响
	政策的宣传力度	不确定
	政策的落实程度	积极影响

三　闲置宅基地退出补偿标准的确定

农民退出闲置宅基地的补偿对农民退地意愿有正向激励作用，而退地补偿的实质是对农民的利益分配。资源配置理论表明，产权与利益分配机制是影响资源配置效率最为重要的两个因素，对提高资源配置效率有显著的激励作用。因此，适度合理的闲置宅基地退出补偿标准是政策制定中最为核心的内容，也是引导农民主动规范退地的动力机制。

（一）基于产权的退出补偿标准分析

由于退地补偿实质是一种利益分配方案，因此，要搞清楚退地补偿标准确定的基础是什么，还得回到产权这一基本点。农民将闲置宅基地退出时到底退出的是什么？失去了哪些？首先，长期以来，在城乡分割的二元政策下，农村土地是国家赋予农民包括就业、居住、养老等在内的社会保障的载体，国家把土地作为保障农民基本生活需要的主要手段，以此平衡城乡居民社会保障的巨大差异。农民是以至少无法享受这一权利为代价的前提下无偿获得的土地。在社会经济发展水平已大大提高、全面进入工业反哺农业、消除城乡差别的今天，只有在全国范围内实现农村土地保障的松绑，将农民退地进城后的就业、居住、医疗、养老等问题做一个长远的统筹考虑，才能让农民在城乡间自由转移和选择是否退地，退地补偿标准才能在公平的前提下确定，农民退地的补偿就应该在农民能获得与城镇居民基本一致的社会保障与服务的前提下来谈。

物权法将宅基地使用权定义为一项用益物权，是一项独立的财产权。

既然是财产权，是私权，那么农村宅基地的使用权也就不应无偿收回，那对农村宅基地使用权补偿的标准又是什么？现行农村宅基地使用权是以归属为核心的物权。而从归属到利用，是物权法发展的基本趋势。① 因此，宅基地使用权应顺应物权发展的价值化趋向，允许农村宅基地进入土地市场交易，通过公开、公平、公正的市场行为，使用价值与交换价值统一，最大限度地实现土地资源的价值。农村宅基地一旦能进行正常的市场交易，其价格的评估也就顺理成章。由此，对农村宅基地使用权和对农村房屋所有权的补偿都应是在城乡统一土地市场条件下正常市场价格的评估值，这样，退地补偿标准的确定方能体现出公平与效率的原则。

在农民能获得与城镇居民基本一样的社会保障与服务的前提下，对农村宅基地使用权和农村房屋所有权进行正常市场价格补偿，是不是就是农民退地补偿标准的全部内容？本书认为并非如此。宅基地的退出固然有农民对城市生活追求的动因（这种追求主要是在城乡差别较大的前提下产生的），但更大的动因其实是政府为解决城镇用地发展与耕地保护的矛盾，旨在将农民退出的宅基地复垦为耕地后，将耕地保护的外部性留给农民，而将耕地发展建设的权利转给城市，因为只有农民将空闲宅基地退出并复垦为耕地了，才有可能在城市周边新占耕地。政府目标下的农村宅基地退出，政府并没有拿走农村土地的所有权与使用权，而是需要宅基地的发展权。土地发展权具有公权和私权的双重属性。② 如果从公权角度考虑应该将农地最终发展权收归国有，但从私权角度考虑，应该将发展权赋予农民和农村集体。那么对农民的退地补偿标准中当然要将这部分发展权中属于农民应得的收益包括发展权转移后的增值收益都纳入进来。

（二）退出补偿标准的应用

从我国所处的社会经济阶段来看，按照上文提出的退出补偿标准，对农民退出宅基地进行补偿的条件较为苛刻，退出补偿标准的测算也是非常困难的。具体来说，退出补偿标准应用的难点主要有两个：

难点之一是要在城乡统一的社会保障前提下，将农民的社会保障从

① 王娜加：《农村宅基地使用权的性质与物权重构》，《广州大学学报》（社会科学版）2008 年第 5 期。

② 臧俊梅、王万茂、陈茵茵：《农地发展权价值的经济学分析》，《经济体制改革》2008 年第 4 期。

土地中松绑，要从根本上改变农民对土地的依赖，让他们不会担心失去土地后就会失去生存保障。对此有两点建议：①宅基地的退出应首先在社会经济发展水平相对较高、城乡差距相对较小的地区开展，使农民退地满足城乡统一的社会保障这一前提条件，待城乡统筹在全国取得阶段性成果时再在全国推广。②如果这一条件满足比较困难，那么，要让农民愿意退地，其退出补偿就必须除了上述退出补偿标准外，还应额外增加对农民全部的社会保障，并包括对农民进城的居住补贴（前文已说明，居住成本是农民进城一笔很大的支出，作为居住保障权也应将其纳入社会保障中适度考虑）。

难点之二在于退出补偿标准需按市场价值进行。对此有三点建议：①农村宅基地的退出可以在城乡统筹试验区或城乡一体化改革试验区或集体建设用地流转试点实践效果较好的地区首先开展，有了试点的基础与经验，其价格的评估也相对要完整。②如果不是试点，农村土地市场尚未建立，那么对农民的退出补偿至少要高于其成本价并加一定比例的溢价进行。比例的确定可参照社会经济发展水平相当的试点地区集体建设用地市场中农村建设用地的价格确定。如果经济发展水平相当的试点难找，可将参照地与本地的经济发展水平与城市建设用地基准价格进行折算，得到一个大概的转换比例。③如果是在城市规划区内的城乡接合部，闲置宅基地的退出补偿参照邻近国有土地上使用权和房屋所有权的补偿标准，也就是城乡统一土地市场建设中要求的宅基地与城镇建设用地的"同地、同权、同价"。

当然，这两个难点只是退地补偿中的重要问题之一。在实际的退地过程中，还有很多操作层面甚至是治理结构层面的问题也需要同步解决与完善。

四　闲置宅基地退出补充耕地的程序设计

制定闲置宅基地退出的程序，应明确退出原则与流程，并明确各阶段参与主体及其权责、各阶段要达到的目标等。根据闲置宅基地"有偿、自愿、分散"退出的特点，总体来说，闲置宅基地退出的程序可设计为以下六个步骤：

（一）提出申请

首先由城乡建设用地增减挂钩试点省根据试点县（市、区）的社会经济条件、土地利用现状、闲置宅基地整理复垦的潜力、农民生产生活条件和退出参与意愿等，选择条件成熟的地区开展闲置宅基地退出试点；然后试点县（市、区）国土部门对本区域闲置宅基地情况做一个详细的调查，技术强、有条件的地方还可建立详细到图斑的闲置宅基地退出备选库；在落实挂钩的前期启动资金与具体实施方案的基础上，由试点县（市、区）人民政府发文，通知公告与积极宣传政策的内容，并应安排专职讲解员负责向农民解说；最后由符合退出条件的农民自愿向当地乡镇国土管理所提出退出申请。

（二）审查资格

乡镇国土所在接到农民的退地申请并汇总后，上报县（市、区）国土资源部门，由县（市、区）国土资源部门协同乡镇国土所人员、农村干部到农民退出的宅基地实地审查，重点审核申请人是否符合申请条件，具体包括是否为本村集体成员、申请农户家庭基本情况和经济状况、拟退出的地和附上的建筑物是否产权明晰无争议等，并在村内进行座谈与公示，完成初审。

（三）签订协议

资格审查通过后，县（市、区）国土资源部门协同乡镇国土所对宅基地及其建筑物进行实地清理丈量、登记造册，并请专业估价机构进行土地和建筑物价值的评估，测算补偿费用，以待协议的签订。县（市、区）国土资源部门协同乡镇国土所告知农民退出协议内容，具体包括退出宅基地的权属、四至、面积等，地上附着物相关情况，退出补偿费用，退出搬迁完成期限等内容。农民对以上内容有争议的，可申请国土管理部门和相关估价机构进行复核。待对协议内容无议后，双方即可签订退出协议。

（四）农户搬迁

县（市、区）国土资源部门将复审无误的退出的宅基地材料，统一登记造册报送县（市、区）人民政府审批。经批准后，农户即可按照协议约定的内容搬迁，在规定的退出时限内及时交付宅基地及其建筑物。搬迁完成，经县（市、区）国土资源部门现场验收后，农民获得所有退出补偿费，完成退出。

（五）整理复垦

由于闲置宅基地的退出是分散的，每年每个村都会有一定数量的闲置宅基地退出，其面积和数量可能达不到整理复垦的要求，不容易整体统一实施，因此，县（市、区）国土资源部门需制订整理复垦计划分期

实施，经实地勘测和评估，待退出可以整理复垦为耕地的宅基地数量和
面积达到一定规模和要求后，再按项目实施管理的要求统一组织开展拆
迁以及整理复垦，最终形成耕地。

（六）指标入库

整理复垦完成后，县（市、区）国土资源部门对宅基地退出试点区
减少的农村建设用地和新增的耕地数量、质量进行确认。为避免复垦而
来的耕地质量不合格，县（市、区）国土资源部门应联合农业部门一同
自检。待自检合格后，可申请市级国土部门组织初验，省国土资源厅再
验，不合要求的需要整改，验收合格的，可确认为挂钩指标。同时，县
（市、区）国土资源部门应结合第二次土地调查的成果、国土资源遥感监
测等技术手段，进行挂钩的信息化管理建设，将原退出的宅基地与确认
的挂钩指标等信息统一纳入挂钩指标库后，再统筹使用和管理。

五　闲置宅基地退出补充耕地的监管

（一）退出资金的监管

闲置宅基地退出需要大量稳定的资金支持，应建立由地方政府主导
的挂钩资金库，成立挂钩资金管理委员会对资金的收支进行监管，并定
期公开资金运行状况，保障资金库专款专用与公开透明。同时，可从退
出资金的来源与用途两方面分析挂钩资金库的运行。（如图 4 - 9 所示）

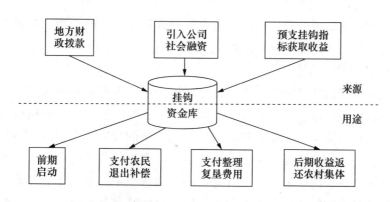

图 4 - 9　闲置宅基地退出资金的来源与用途分析

（二）挂钩指标的监管

对挂钩指标的监管应从两个环节开展，一是闲置宅基地退出整理复

垦为耕地形成挂钩指标后对耕地质量的监管，二是挂钩指标使用的监管。对闲置宅基地退出复垦形成的耕地，土地管理部门与农业部门在验收时需重点确认补充耕地的数量与质量，实行等级折算的办法确认耕地面积，并纳入指标库统一信息化管理，做到公众均能从信息管理库中查询，以接受公众监督，同时，要加强复垦耕地的后期维护，确保复垦耕地能有效利用。对于挂钩指标的使用，退出资金不足的区域可采用"先用后还"的方式，退出资金较为充裕的区域鼓励采用"先造后用"的方式，整理形成的挂钩指标可在本县域内使用，也可通过跨区交易将挂钩指标转让，供其他有需求的地区使用。

（三）退出实施的监督与惩罚

1. 农村集体监督

在退出的宅基地权属有争议时，农村集体可出面协调解决；若农民在退地中违规操作，比如为获得更多的退出补偿款，在签订协议前擅自搭建临时建筑，或是刻意隐瞒或虚报信息等，农村集体所有成员可相互间发挥其监管作用，让退地信息更真实准确。同样地，地方政府如果在闲置宅基地退出过程中也有违规操作，如强迫拆迁与复垦、压低补偿标准、克扣退出补偿款等，农村集体所有成员也可举报、提出抗议等。

2. 社会公众监督

在闲置宅基地退出机制中，应充分发挥社会监督的作用，对闲置宅基地各种违法、违规和弄虚作假事件进行举报。

3. 国家监督与惩罚

国家是挂钩制度执行监督的首要主体。除了现有制度中试点省级国土管理部门要严格考核与奖惩外，各派驻地方的国家土地督察机构也应加强监督定期检查，形成监督有力、奖惩有序的局面。由于闲置宅基地的退出是分散的，各级督察机构应加强综合监管平台的建设，充分利用第二次土地调查的成果、国土资源遥感监测等技术，对闲置宅基地的退出进行信息化监管，这样既有利于拆旧复垦的统计与验收，也能监督宅基地退出的规模。

六 实证——江苏省海门市宅基地退出的影响因素与补偿标准分析

海门市位于南通市东南部，与上海隔江相望，有"江海门户"之称，为南通市经济较为发达的县级市。2010 年，海门率先建成江苏长江以北第一个全面小康达标市，持续处于苏中苏北领先位置。在农村土地利用方面，海门市农村居民点规模小、比重高、分布零散、集聚度不高，2005 年农村居民点用地总量占建设用地总规模的 71.22%，人均高达353.5 平方米。并且，随着城镇化发展和经济条件的不断改善，外出务工人员较多，市域内农村居民两栖现象越来越普遍，"空心村"现象越来越严重。为实现耕地占补平衡，海门未利用地开发的力度较大，耕地后备资源逐步减少，挖掘农村建设用地潜力特别是宅基地潜力，促进农村居民点进一步向中心村、中心城镇集中，将是海门补充耕地、提高土地节约集约利用水平的主要途径。近几年海门以城乡建设用地增减挂钩为开展形式，在引导闲置宅基地退出方面进行了相关探索，取得了一些成果与经验。在此以海门市闲置宅基地的退出实践为例，对农民退出宅基地的影响因素及其补偿标准进行实证分析。

本部分的主要内容是：首先对海门市挂钩实践中闲置宅基地退出的特征进行总结；然后在对海门市四乡镇农户和农村干部进行抽样问卷调查与访谈的基础上，重点分析农民退出宅基地的影响因素与补偿意愿，为本书理论部分提供实证支持的同时，也能考察海门现有实践的合理性；最后对调查的结果进行了必要的分析与讨论。

（一）实践现状、调查方法与样本分布

1. 海门的实践特点

2006 年海门开展了第一批宅基地退出项目，退出的宅基地绝大部分为"应拆未拆"和"闭户闲置"等废弃的宅基地，也就是本书理论部分所指的永久性闲置宅基地，拆旧后不仅无须安置农户，而且整理复垦为耕地后仍属集体所有，并由原宅基地使用者耕作。对当地政府及其国土部门来说，这种做法除了考虑到维护社会稳定外，还能极大地降低拆建成本，因为农民退地容易、补偿和拆旧成本低，且大部分不涉及拆迁居民点的安置。随着挂钩的推进，"应拆未拆"和"闭户闲置"废弃的宅基地逐步减少，2008 年海门调整了实施计划，逐步将范围扩大到农民有拆除房屋意愿的宅基地、已在城镇购房但农村住房季节性闲置或是农民愿意进城镇及中心村而退出的宅基地，但房屋仍以破旧的平房为主，且计划安排了 30% 的挂钩周转指标用于拆旧后建新安置，整理后新增的耕地仍属于原村集体所有并可重新发包。从具体实施来看，项目区仍有 30%以上的农户是无须安置的。随着宅基地整理潜力的逐步挖潜，2010 年拆旧房屋除了平房还有楼房，并有几种拆迁补偿安置方案供农民选择。2011 年度第一批实施方案的拆旧区规模总面积仅 16.1 公顷，但建新安置规模已占建新总规模的 56.52%，已呈现出拆旧房屋半新半旧、整理成本逐步提高、实施难度逐步增大的趋势。总体来说，海门市在实践中避免了整拆整建，以"空心村"中闲置宅基地的退出为挂钩拆旧的主要对象，从永久性闲置宅基地到季节性闲置宅基地，通过先易后难、循序渐进的方式推进，达到了预期的目的。这种做法也与上文理论分析中的观点与建议是一致的。

在退地拆迁补偿方面，海门统一采用货币补偿的方式，退出的宅基地拆迁补偿安置费用包括房屋拆迁补偿费、搬迁补助费、临时安置补助费三类。在具体的退地补偿标准上，海门参考江苏省拆迁安置办法及《海门市城市房屋拆迁补偿安置实施细则》标准，对于房屋拆迁补偿费，按照结构不同分类补偿，其中平房 100—400 元/平方米、楼房 400—600 元/平方米、附属物补偿款开始按 100 元/平方米的标准补偿，2011 年开始按照搬迁补偿评估登记情况，经评估机构评估定价后补偿。搬迁补偿费 2006 年时按 5 元/平方米发放，2008 年后升至 10 元/平方米。而临时安置补助按半年过渡期算，每月 3—3.5 元/平方米。综合下来，农户可获得几千元至几万元的补偿款。与海门市城市房屋拆迁补偿标准相比，农民退地的搬迁补偿费与城市房屋拆迁的搬迁补偿费相当，但临时安置补助标准为城市临时安置补助的最低值，房屋拆迁费是按定额标准计算，没有市场评估的参与[①]，而城市房屋的拆迁评估是参照类似房地产的市场交易价格和市人民政府或者其授权部门定期公布的房地产市场价格结合被拆迁房屋的房地产状况进行。除此之外，海门对退地农民的社会保障等并未做出任何安排。

对于安置方案，早期挂钩拆旧是以废弃宅基地为主，无须安置。2008 年后多数拆迁农户以城镇化和中心村相结合的方式安置，政府给予经济补偿后，在集中居住区建好以多层公寓为主的安置房，农民进入城镇后自主购买居住。2011 年后挂钩安置主要采用集中安置、村庄空闲地安置以及货币安置三种模式。对于部分不愿进城进镇和集中区的农民，可采用村庄空闲地安置，由农民所在村组提供宅基地，拆迁农户自行建

---

① 事实上，海门宅基地的市场流转已有试点，但目前仅在组内间流转，并未进一步开展。

房，农户建房的相关手续以及缴纳的相关规费由所在乡镇国土所负责办理。对于农户拆迁后进城镇等地购置房屋的，采用货币安置。还有部分符合"划地建房"条件的农户以集中安置的方式安置，政府免费提供 70 平方米的安置房作为放弃宅基地的奖励，若选择安置房超过 70 平方米且在 30 平方米以内的按成本价 2500 元/平方米计算；若超过 30 平方米的则按照市场价结算。分 70 平方米、92 平方米、120 平方米、140 平方米等多个档次，但总原则执行"拆一还一"。安置房建成后被拆迁人的拆迁房屋补偿款转为统建房安置购房款，按有关规定结清产权调换房屋款与拆迁房屋补偿款的差价，多退少补。

2. 调查方法与样本分布

此次调查的对象包括普通农民和农村干部。农户调查是核心，重点调查农民退出宅基地的意愿及需求。农村干部调查作为农户调查的辅助，主要对农户调查的结论等进行必要的修正和补充。对农民的调查采用入户问卷随机抽样调查的形式，共收回 162 份问卷，有效问卷为 158 份。对农村干部的调查以访谈为主，问卷调查相结合，共收回 26 份问卷，有效问卷为 25 份。从样本的分布来看，根据海门市的整体经济水平，以海门市人均耕地、经济发展水平为分界线，兼顾南北区位差距，选取两组具有代表性的乡镇，分别为天补—三和镇和德胜—临江镇；同时综合考虑村庄距镇区的距离及经济发展状况，每个镇均选取 3 个村，共计 4 个乡镇 12 个村，问卷有效率达到 97.3%。各镇有效问卷数量相差不大，且两组乡镇有效问卷比例基本持平（各占 52% 和 48%）。

（二）农民退出宅基地的意愿调查

对农民退出宅基地的意愿调查主要是围绕退地态度、退出条件、退地担忧等方面来开展的。由于在调查中较难判断宅基地是否季节性闲置，且从理论上说两者带给农民的效用相当，因此，本节调查的宅基地并没有严格区分是季节性闲置还是一般的宅基地。同时，因对"一户多宅"的农户调查获取的样本量很少，不单独开展分析。

1. 农户退出宅基地的态度分析

从调查结果来看，整体而言有 59.9% 的农民在一定条件下愿意将其宅基地退出，但区域间有较大差别，德胜镇比例最高，三和镇、临江镇次之，最低为天补镇，其比例仅为 29.5%。

表4-5　　　　　　　　　各镇被调查农民退出宅基地的态度对比

区域	愿意		不愿意		无所谓	
	人数（个）	比例	人数（个）	比例	人数（个）	比例
天补镇	13	29.5%	24	54.5%	7	15.9%
临江镇	29	69.0%	11	26.2%	2	4.8%
三和镇	27	71.1%	9	23.7%	2	5.3%
德胜镇	25	73.5%	7	20.6%	2	5.9%
合计	94	59.5%	51	32.3%	13	8.2%

2. 农户退出宅基地的影响因素分析

理论分析表明，影响农民退出宅基地的因素分为积极因素与消极因素。因此，调查问卷设计了相应选项，以了解这些因素对农民的影响。

对"如果退出宅基地进城镇或中心村居住有以下好处，最吸引你的好处是什么？"这一问题的调查显示，有58.8%的农民认为退地带来的好处首先是城市良好的生活居住环境与方便完善的基础和公共设施，这也从侧面反映了城乡间差异较大，农民有改善意愿，希望通过退地能获得与城市居民同样的基本生活居住条件。而对"您希望目前的居住环境得到改善吗？"这一问题的回答也恰好能印证这一点，因为有41.8%的农民选择了"需要少量改善"或"想有较大改善"。在其他积极因素方面，仅有18.4%的农民选择了更多的就业机会或更高的收入，与退地带来生活居住的改善相比，就业机会增加和收入提高的吸引力要低。因此，城市良好的生活居住环境与方便完善的基础和公共设施是影响农民退出宅基地最重要的积极因素。

表4-6　　　　　　　　　吸引农民退地进城的因素

吸引因素	比例
城市有更好的居住、生活环境	29.7%
城市有更便利的交通	15.8%
城市有更为完善的基础设施和公共服务设施（包括医疗服务）	13.3%
就业机会更多	3.2%
收入水平更高	15.2%
生活、娱乐更加丰富	15.2%
子女能接受更好的教育	7.6%

对农民退出宅基地消极因素的调查，设计了"如果退出宅基地进城镇或中心村居住，您最担心的是什么?"的问题。调查结果表明，城市就业成本与风险、退地补偿标准、城市居住成本是农民退出宅基地中最为担心的三个问题，分别有29.1%的农户选择了"没有稳定的工作与收入"，26.6%的农户选择了"退地补偿不合理"，25.9%的农户选择了"居住成本高"。尽管退地补偿标准不是最重要的因素，但仍占据主要地位。而农民选择城市就业成本与风险、城市居住成本的比例高这一结果表明，促进农民退出宅基地不仅仅是提高退出补偿标准就可以了，还应同时促进农村剩余劳动力的就业和居住，而后两者可归结为提高农民收入水平。只有在合理的退出补偿标准和一定的收入水平下，农民才更敢于退地。这一结论与理论分析相一致。此外，7.6%的农民表示对"原有生活方式、邻里关系改变"的担忧，3.8%的农民选择了"目前居住的房屋修建得较好"，表明心理因素、宅基地和房屋资产现值对农民退出宅基地有一定的消极影响。

表4－7 影响农民退地的不利因素

不利因素	比例
没有稳定的工作与收入	29.1%
退地补偿不合理	26.6%
生活成本提高	7.0%
原有生活方式、邻里关系改变	7.6%
目前居住的房屋修建得较好	3.8%
居住成本高（主要指住房支出）	25.9%

3. 对农户退出宅基地影响因素的进一步分析

以上对农民退出宅基地的意愿以及部分影响因素做了描述性的统计分析。除了上述影响因素外，还有部分影响因素需要借助经济计量学的相关知识，建立数学模型才能得出是否对农民闲置宅基地的退出产生影响，以及是如何影响的。因此，根据前文的理论分析，结合本次调查的样本量，采用Logistic回归模型对部分影响因素做一个计量分析。在设置变量时，因变量 Y 为农民是否愿意退地，以"1"和"0"分别代表"愿意"和"不愿意或无所谓"，同时将表征农民意愿的影响因素 X_i 代入模型中，由此寻找出各自变量对因变量的作用。自变量的设计分为三个部分，各变量的具体设置、均值与标准差如表 4 - 8 所示，而各自变量是如何影响因变量的在本书理论部分已有分析，故不再赘述。

表 4 - 8 　　　　　　　　　Logistic 模型中变量的定义及描述统计

名称		定义	均值	标准差
因变量	退地意愿 Y	1 = 愿意；0 = 不愿意或无所谓	0.6	0.5
农户和家庭基本情况	年龄 X_1	连续变量	52.1	12.9
	文化程度 X_2	小学及以下 = 1；初中 = 2；高中 = 3；大专及以上 = 4	2.1	0.7
	家庭非农收入 X_3	连续变量	4.2	4.5
	家庭赡养的老人和抚养的小孩数 X_4	连续变量	0.8	0.8
宅基地和房屋资产情况	宅基地面积 X_5	连续变量	338.5	356.1
	房屋重建成本 X_6	<10 万元 = 1；10 万—20 万元 = 2；20 万—30 万元 = 3；>30 万元 = 4	2.6	1.1
地区虚拟变量	天补镇虚拟变量 D_1	1 = 天补镇，0 = 其他	—	—
	德胜镇虚拟变量 D_2	1 = 德胜镇，0 = 其他	—	—
	三和镇虚拟变量 D_3	1 = 三和镇，0 = 其他	—	—

应用 Eviews 5.0 计量软件对上述变量进行 Logistic 回归，表 4 - 9 显示了最终模型回归的估计结果。模型 LR 检验统计量为 35.16420，L 值为 - 87.64620，整体显著性水平较高。模型的结果显示，家庭非农收入在 5% 的显著性水平上对农户退出宅基地的行为有较为明显的正向影响，说明家庭非农收入越高，农民退出宅基地的可能性就越大。而房屋的重建成本系数为负，且在 10% 的显著性水平上显著，说明农民对房屋重建成本的评估越高，退出宅基地的可能性就越低。从其他变量的模型估算结果来看，天补镇虚拟变量在 1% 的水平上显著，符号为负，说明天补镇农户宅基地退出的意愿明显没有其他乡镇高，而这与前文描述性统计的结果也是一致的。实地调查发现，天补镇的 3 个村均发展了以纺织工业为主的集体经济，被调查的很多村民已基本实现工作进厂居住在村，家庭收入以非农收入为主，对现状生活比较满意，并无改善或改变生活居住

环境的意愿，因此其退出意愿比其他镇要低得多。

表 4 - 9　　　　　　　　　　　Logistic 模型回归结果

自变量	因变量	
	系数	Z 检验值
常数项 C	2.082258 **	2.073175
年龄的平方（$X_1{}^2$）	-0.000195	-1.349929
文化程度（X_2）	-0.011012	-0.039232
宅基地面积（X_5）	-0.000308	-0.559905
房屋重建成本（X_6）	-0.344152 *	-1.770757
家庭赡养的老人和抚养的小孩数（X_4）	0.097050	0.399290
家庭非农收入（X_3）	0.122292 **	2.245633
天补镇虚拟变量 D_1	-2.012400 ***	-3.733840
德胜镇虚拟变量 D_2	-0.182097	-0.293611
三和镇虚拟变量 D_3	-0.048309	-0.087431
Log、likelihood	-87.64620	
LR statistic（9df）	35.16420	

注：*、**、*** 分别表示10%、5%和1%水平上的显著性。模型中通过引入年龄的平方这个变量来捕捉可能存在的周期效应，但模型结果显示这个变量仅在20%的显著性水平显著。

此外，从模型的估计结果来看，被调查者年龄的平方、文化程度、宅基地面积和家庭赡养的老人和抚养的小孩数等变量均明显未通过显著性检验。前文的理论分析中指出，农户年龄对宅基地退出的影响是不确定的，因此在模型中引入户主年龄的平方来检验户主年龄对宅基地退出的影响是否存在一个周期效应，即随农户年龄的增长，农户退出宅基地的可能性是先增大后减小，呈倒"U"形变化，但检验结果表明，户主年龄平方的影响仅在20%的显著性水平上显著。户主年龄对宅基地退出的影响仍有待进一步检验。由于文化程度是采用分段赋值的，并没有精确到具体的受教育年限，这可能对其估算结果会产生一定影响，故没有通过显著性检验，仍有待进一步调查与完善。而宅基地面积变量的不显著，有可能是因为目前农民的宅基地是无偿获得的，对农民来说更看重的是宅基地上建筑物价值，这从房屋重建成本对退地有负面影响中也可以看出，因此所拥有的宅基地面积的大小并不会对其产生明显影响。家庭赡养的老人和抚养的小孩数对农民退出宅基地的影响仍有待更丰富的样本来验证是否存在。

（三）闲置宅基地退出补偿标准的意愿调查

1. 农户对闲置宅基地退出补偿标准的意愿调查

宅基地退出的补偿方式和补偿标准是农民最关注的问题。在对退出补偿方式和补偿标准进行调查前，为引导农民认识农村宅基地产权性质，首先设置了"您觉得您的宅基地产权属谁所有？"这一问题。158 户农户中，有 66.5% 的农民选择了"属于个人"，只有 16.5% 的农民选择了村集体；而对"您觉得您的承包地产权属谁所有？"调查时，选择"属于个人"的比例有较大幅度的下降，为 34.2%，选择"村集体所有"的为 35.4%；由此可见，尽管宅基地和承包地同属村集体所有，但农民对宅基地产权持私有观念的占主导，而对承包地的产权有更清晰准确的认识。但不管是宅基地还是承包地，农民认为"属于地方政府"的比例都很小，分别为 1.9% 和 3.2%，这说明地方政府在引导退地过程中要认识到，农民对以地方政府的名义进行的退地行为不予配合也是正常的，因为他们不觉得地方政府有权收回其宅基地，因此要使农民愿意退出宅基地应给予其合理的补偿。

在向农民解释了农村宅基地所有权属农村集体，使用权属农民后，农民退出意愿调查的第二个问题是"如果退出，您希望得到什么方式的补偿？"问卷设计了 5 种补偿方式，农民可按重要性依次选择。158 个被调查农民中首选为"资金补偿"的占 56.6%，首选为"置换房屋补偿"的占 42.1%。而对第二重要的选项有 147 个农民做出了选择①，"置换房屋补偿"的占 55.8%，"资金补偿"、"就业安置"、"提供医疗、养老保障"的分别为 15.6%、11.6% 和 17.0%。对第三重要选项做出选择的有 126 个农民，选择"提供医疗、养老保障"的占 65.1%，其次为"提供住房补贴、政策奖励"的占 17.5%，还有 13.5% 的农民选择了"就业安置"。由此可见，以资金补偿为首，资金补偿、置换房屋补偿与提供医疗、养老等社会保障依次是调查区农民普遍认为最重要的三种补偿方式。

---

① 还有 11 个农民没有做出选择是因为他们认为有了资金补偿，其他的补偿就不重要了。下文 126 个农民的回答基于同样的理由。

　　调查农民对补偿标准的看法，问卷设计与"补偿方式"一问挂钩，即如果首选资金补偿，那么他期待的补偿标准是什么，以下选项依次类推。结果初步表明，农民在做退地决策时，正如理论分析的那样，会粗略估算退地前后的净收益；部分农民表示只要能维持每月正常消费水平，不低于目前生活水准即可；部分农民以目前年收入的 2—5 倍为标准，也有的要求 8 倍或 10 倍；还有部分农民重点考虑退地后房屋的装修成本等，要求能够补偿其重建成本；但也有极小部分农民期望太高。调查房屋补偿时，在 145 个回答者中有 60.7% 的农民选择了按 30—50 平方米/人的标准补偿，23.4% 的农民选择了按 50—80 平方米/人的标准补偿。农民期待的房屋补偿标准明显比现有人均住房面积低，选择 50 平方米/人及以下的农民比现状为 50 平方米/人及以下的农民要高大约 30%，但期望的平均人均住房面积仍达 62 平方米/人。这也与事实相吻合，在现有的宅基地无偿使用情况下，农民通常不考虑节约用地，房子能建多大就建多大，其人均居住面积必定比在考虑成本下的人均住房面积高。也有部分农民基于原有房屋面积的考虑，明确表示"拆一补一"，退出多少面积相应就要补偿多少。此外，还有部分农民提出，对现有房屋的补偿应按市场价格来补，目前的补偿标准仍有待提高。部分农民还表示，希望整个过程信息公开、透明，补偿合理、公平。

表 4-10　　　　　　　农民对退出宅基地补偿标准的意愿

产权归谁所有	宅基地	承包地	期望的补偿方式	首选	次选	三选
国家	13.3%	25.9%	资金补偿	56.6%	15.6%	3.9%
地方政府	1.9%	3.2%	置换房屋补偿	42.1%	55.8%	0.0%
村集体	16.5%	35.4%	就业安置	0.7%	11.6%	13.5%
个人	66.5%	34.2%	提供医疗、养老保障	0.7%	17.0%	65.1%
说不清或不了解	1.9%	1.3%	提供住房补贴、政策奖励	0.0%	0.0%	17.5%
期望的房屋补偿标准						
30—50 平方米/人	60.7%		50—80 平方米/人		23.4%	
80—100 平方米/人	9.7%		大于 100 平方米/人		6.2%	

　　2. 农村干部对闲置宅基地退出补偿标准的意愿调查
　　农村集体经济组织的态度是影响挂钩顺利组织、开展的重要因素。

海门市目前开展的挂钩实践中，村集体起着核心作用。具体来说，村集体需负责：①宣传文件精神，做农民思想工作；②由乡镇与村集体组成工作组，组织宅基地的退出与拆迁补偿工作的前期准备；③在拆迁补偿的实施过程中，负责现场协调矛盾，与农民协定好具体的补偿价款；④宅基地退出后承包田的调整。在调查中特别设置农村干部基于整村情况的意愿调查，重点了解基层开展挂钩工作的难点，以及政府、村集体和农民三者利益分配比例问题。

在对农民进行调查时，很少有农民意识到土地发展权的问题，相比之下，农村干部对这个问题有较为全面的认识。目前实践中土地增值收益主要在市级与乡镇级政府间分成，具体分成比例视指标的落地用途而定，例如，退出复垦后形成的指标用于工业的基本价格为 17 万/亩，分到镇的大概为 3 万/亩，其余归市级。在农村拆旧，补偿耕地的挂钩指标一般全部都用到市区与镇区，政府在扣除农民的房屋补偿款与新增指标落地区的农民征地补偿外，土地增值收益并不返回给拆房的村集体，也没有进行发展权的补偿，对农民与农村的支持力度十分有限。有村干部提出应给村集体预留用地指标与收益，以发展壮大村集体经济。由此可见，如果不把土地发展权和增值收益分配问题解决好，宅基地退出就不可避免地被贴上剥夺农民权益的标签。在对土地增值收益分配的问题上，农村干部们提出了各自认为的比例，有的认为应按 3∶3∶4，政府和农村集体拿 3，农民拿 4；有人提出按 2∶3∶5 或是 2∶2∶6，农民的长远生计问题要重点考虑；也有部分村干部认为作为集体土地的租金，土地增值收益应在村集体和农民间按 3∶7 或是 7∶3 分配，政府不参与分配。尽管调查的结果不排除农村干部会对农村集体利益甚至是个人利益有所偏重，但整体来看，农民应占土地增值收益的大头是农村干部比较公认的看法。因此，只有以农民利益为首，在信息公开透明的平等谈判下才能达成令各方都满意的比例。

3. 理论、实践与现实意愿的比较分析

本部分结合理论分析，重点对海门市现行实践的补偿标准与上文的农民意愿分析做一个比较，以验证或矫正前文理论分析提出的结论。

（1）对社会保障前提条件的考察。理论部分提出，要让农民主动将其季节性闲置宅基地退出并进入城镇，需要将农村土地的保障功能松绑，政府要将农民退地进城后的就业、居住、医疗、养老等问题做一个长远的统筹考虑，这样才能让农民退地没有后顾之忧。事实上，农民也希望政府在提供货币和房屋补偿外还能提供就业安置、医疗养老保障和住房补贴等。在具体实践中，海门政府给农民的补偿安置费用包括房屋拆迁补偿费、搬迁补助费、临时安置补助费三类。尽管政府对医疗养老保障基本只字未提，但事实上，海门宅基地退出开展的重要前提是海门的城乡差距不算大，在经济的高速发展中，城乡居民收入比基本在 2∶1 的水平低位运行，2006 年农村医保、养老保险的参保率已接近 90%，因此，医疗养老保障尽管基本能达到理论要求，但其标准较低，对农民没有吸引力。[①] 在就业保障方面，海门政府未对其做出相应的安排，没有实现合理补偿的第一步，这也对农民的退出行为产生了消极影响。

（2）对宅基地使用权和房屋所有权补偿的考察。理论分析，对宅基地使用权和房屋所有权的补偿应按市场价格进行，调查中农民也希望如此。海门对宅基地使用权的补偿，对于需要安置的农民是采用产权置换的形式，农民以置换价格购置公寓房或统建房，其土地性质有国有划拨、国有出让和集体土地三类，如果是国有土地性质，农民需支付产权调换款，其安置房也可上市流转；而对于无须安置的，仅对其房屋进行了一次性货币补偿。对房屋的补偿费是按定额标准计算，没有市场评估的参与。根据定额标准，按照调查区域农户人均住房面积 72.8 平方米，户均3.3 人，楼房 500 元/平方米计算，被拆迁房屋的平均补偿款约为 12 万元，再加上平均每户室内装修附着物构筑物补偿款 4000 元、平均每户附属用房补偿款 2700 元[②]，最后每户的平均房屋补偿款总和约 12.7 万元。这与在调查时农民认为的房屋重建成本的平均值有较大差距，农民在计算退地前后的成本与收益后反映目前的补偿标准太低。[③] 2011 年后，海门政府考虑到需拆旧安置的农户数量越来越多，拆旧的房屋成新度也逐步提高，因此，海门提高了房屋所有权补偿，对以集中安置方式安置的农户免费提供 70 平方米的安置房作为放弃宅基地的奖励，超过 70 平方米且在 30 平方米以内的按成本价 2500 元/平方米计算，超过 30 平方米的则按

---

① 调查中农民提出要有医疗养老保障的原因是他们认为现有的医疗养老保险保额较低，希望有更高的保额。

② 根据 2011 年海门第一批挂钩实施规划，参与项目实施的 385 户中，室内装修附着物、构筑物补偿款最高为 4000 元/户，平均每户附属用房补偿款 2700 元。

③ 此次调研的时间为 2011 年 9 月，比 2011 年海门第一批挂钩实施规划的出台要早。

照市场价结算。因此，如果按人均35平方米/人，户均120平方米的房屋补偿标准，以海门2011年普通商品房均价6400元/平方米来算，农民需额外支付20万元才能购买一套安置房，与12.7万元的房屋补偿款相比仍有较大差额，而且对于习惯了宽敞居住、人口较多的农民来说，居住面积的大幅缩减也不适应，影响了农民退出的积极性。

（3）对土地发展权补偿及其土地增值收益分配的考察。土地发展权的补偿及其增收收益返还是普遍没有重视和较难解决的问题。海门闲置宅基地退出后形成的挂钩指标的使用是一种行政性配置，市政府将乡镇整理的挂钩指标全部调到市区使用，再给乡镇一定额度的补助，并由乡镇下发给农村集体。对农村干部的调查显示，农村集体和乡镇没有预留用地指标，村集体经济发展受限；土地发展权的增值收益主要在市级政府与乡镇级间分成，农村集体和农民基本拿不到返还。有村民表示更多的顾虑来自对后辈的担心，农村土地复垦为耕地后，后辈建房还有没有地，还能否享受到农村集体赋予村民无偿获得宅基地的福利，这就关系到土地发展权的问题。因此，在对土地发展权的补偿及其土地增值收益分配上，海门的实践并没有很好地解决这一问题，仍有待进一步完善。

（四）总结与讨论

本部分以海门市为例，通过对国土部门相关工作人员的访谈和农民的入户调查，对农民退出闲置宅基地的影响因素与补偿标准进行了实证分析。通过两部分的实证分析，基本上验证了前文理论分析中的观点，这些结论和启示是：

（1）影响因素描述性统计部分的基本结论是，在调查区域，城市良好的生活居住环境与方便完善的基础和公共设施是影响农民退出宅基地最为重要的积极因素，其次才是就业机会的增加和收入的提高；而城市就业成本与风险、退地补偿标准、城市居住成本是农民退出宅基地中最为担心的三个问题，其次才是生活方式的改变。同时，选择城市就业成本与风险、城市居住成本的比例高表明，促进农民退出宅基地不仅仅是提高退出补偿标准就可以了，还应同时促进农村剩余劳动力的就业和居住，而后两者可归结为提高农民收入水平。只有在合理的退出补偿标准和一定的收入水平下，农民才更敢于退地。而政府也需要整体统筹，除了要制定合理的退出补偿标准外，还需进行户籍、就业、房屋等配套制度的改革与建设。

（2）影响因素在模型回归部分，尽管调查的样本量与问卷部分选项的设计仍有待完善之处，但模型回归的结果基本上验证了前文理论分析中的观点，即家庭非农收入对农户退出宅基地的行为有较为明显的积极影响，农民房屋资产现值则会产生显著的消极影响，而年龄、受教育程度、家庭赡养的老人和抚养的小孩数这几个变量对农民退出宅基地行为的影响仍不能完全确定。这些说明，在宅基地退出过程中，海门在实践中本着"先易后难"的原则循序渐进，首先从房屋价值较低的永久性闲置宅基地开始的做法是合理和科学的。同时，模型也进一步验证了描述性统计分析中的结论，即只有当农民的家庭非农收入达到一定水平了，农民才会愿意退出其宅基地。

（3）通过宅基地退出补偿标准的实证分析可以看到，宅基地的退出过程实际是农民将宅基地使用权退出后整理复垦成的耕地的发展权让给地方政府，地方政府对其宅基地和住房给予补偿的过程。在具体的补偿中，海门采用了货币补偿、安置房置换等方式，重点对农民的房屋进行了补偿。农民可用一次性货币补偿款进城自主购房或是以限额内成本价的方式购买政府的安置房。农民退出宅基地就意味着原有农村生活居住方式的改变，农村基本生存保障的放弃，因此农民表现出对退地后就业、居住、医疗、养老等方面较强烈的担忧。而房屋所有权补偿的偏低、农村集体没有预留用地指标、农民拿不到增值收益等，加重了农民对地方政府侵犯自身利益的认识，加大了宅基地退出的实施难度。因此，宅基地退出是一个系统的、相互配套政策的改革，让农民愿意退出闲置宅基地是一个循序渐进、不可盲目推进的过程。政府在引导农民退出宅基地的过程中，要充分统筹考虑农民退出后的身份、就业、社保等问题，要加快城乡统一土地市场的建设，以对农民进行公平合理的补偿，更需要将土地发展权的补偿及其增值收益考虑进来，使农民能在城乡土地资源的重新配置中获得实在的收益。

第三节　工矿废弃地复垦补充耕地机制

在耕地资源日益稀缺的今日，工矿废弃地复垦补充耕地已成为增加有效耕地面积的重要途径之一。如何突破资金、技术、制度等因素的制约，挖掘工矿废弃地复垦潜力，对我国耕地资源有效供给具有重要的现实意义。

一　工矿废弃地复垦补充耕地机制概述

我国工矿废弃地复垦潜力巨大。然而目前我国工矿废弃地复垦制度还存在一系列问题，大大降低了工矿废弃地复垦补充耕地的效率。基于现状，我国亟待构建起一整套机制，促使工矿废弃地及时有效地复垦为耕地，从而增加耕地规模，提高土地资源利用率，缓解耕地需求压力，改善生态环境，进而促进经济社会可持续发展。

（一）工矿废弃地复垦的必要性

我国存在大量因破坏而荒废的土地。据不完全统计，截至 2009 年，我国因生产建设活动和自然灾害损毁的土地共计约 9 万平方千米，其中因生产建设活动损毁的土地约 7.6 万平方千米，并且还在以每年 0.18 万平方千米的速度增加[1]，对区域生态安全和粮食安全产生了诸多不利影响。积极开展工矿废弃地复垦工作具有十分重要的现实意义。

首先，工矿废弃地复垦是补充耕地的重要途径。我国工矿废弃地复垦潜力巨大。现存的 1 亿多亩工矿废弃地，如果皆对其按照"因地制宜，综合治理，宜耕则耕，宜林则林，宜渔则渔，宜草则草"的原则进行复垦，约有 60% 可复垦为耕地，30% 复垦为其他农用地[2]，能够为国家补充6000 多万亩耕地。目前我国的土地复垦率仍然很低，仅为 25% 左右，远远低于澳大利亚、德国、美国等发达国家 80% 的水平[3]，工矿废弃地复垦水平亟待提高。

其次，工矿废弃地复垦是改善生态环境的必然要求。由于开采煤矿造成的地表塌陷容易导致大面积积水、水土流失或者荒漠化；采矿作业造成尘土飞扬，并可能诱发山体滑坡、泥石流等自然灾害；部分废弃物长期堆积会释放出有毒气体，污染地下水源，从而威胁人类健康。这些生产建设活动不仅对土地资源造成了破坏，而且也导致自然生态环境不断恶化，所以工矿废弃地复垦是生态环境重建的首要环节。

---

① 文乐琴：《矿区土地复垦资金保障机制研究》，硕士学位论文，中国地质大学，2012 年。

② 颜世强、姚华军、胡小平：《我国矿业破坏土地复垦问题及对策》，《中国矿业》2008 年第 17 期。

③ 罗明、王军：《双轮驱动有力量——澳大利亚土地复垦制度建设与科技研究对我国的启示》，《资源导刊》2012 年第 6 期。

最后，工矿废弃地复垦有助于缓解企业与农民的矛盾，促进社会和谐。工矿企业所占用和破坏的土地，有相当一部分是良田，只要加以复垦，就可以重新发挥其生产能力。[①] 土地复垦后，若通过租借、转让等方式提供给农民使用，可为被征地农民提供新的生活保障，提高其生活水平，有效缓解企业与农民间的矛盾，有利于社会稳定。

总之，积极开展工矿废弃地复垦工作是促进区域和谐稳定发展的必然要求。

（二）现行工矿废弃地复垦制度存在的主要问题

制度的不完善极大地影响了工矿废弃地复垦补充耕地的效率。为构建起一套行之有效的工矿废弃地复垦补充耕地机制，首先需要对工矿废弃地复垦制度中存在的问题进行分析。

1. 资金保障制度不完善

（1）土地复垦费制度制约性不足。我国《土地管理法》明确规定："因挖损、塌陷、压占等造成土地破坏，用地单位和个人应当按照国家有关规定负责复垦；没有条件复垦或者复垦不符合要求的，应当缴纳土地复垦费，专项用于土地复垦"；且"拒不履行土地复垦义务的，由县级以上人民政府土地行政主管部门责令限期改正；逾期不改正的，责令缴纳复垦费，专项用于土地复垦，可以处以罚款"。土地复垦费制度在一定程度上促进了损毁土地的复垦，但同时也存在一定的局限性。一方面，"没有条件复垦"的"条件"难以界定，工矿企业可通过"以罚代法"的形式以缴纳土地复垦费的方式逃逸复垦义务；另一方面，企业缴纳土地复垦费或罚款后，复垦义务也随之转嫁给政府，而政府同时又肩负着监督复垦情况的职责，且不谈工矿企业缴纳的复垦费或罚款难以满足复垦实际花销，即使资金充裕，政府也不一定能及时组织复垦。土地复垦费制度难以发挥其应有的效力。

（2）土地复垦保证金制度不健全。土地复垦保证金是为确保土地复垦义务人能够及时履行对即将损毁的土地资源的复垦义务而按一定标准预先缴存的担保资金。自20世纪90年代末开始，我国各地开始纷纷摸索建立保证金制度。截至2008年年底，我国先后有29个省（自治区、直

---

① 牛艳春：《平顶山市矿区土地复垦的影响因素研究》，硕士学位论文，四川农业大学，2008年。

辖市）建立了矿山环境治理恢复保证金制度。[1] 然而，矿山环境恢复治理保证金并不完全等同于土地复垦保证金。首先，从内涵上讲，矿山环境恢复治理与土地复垦并不是相互独立的，而是相互交叉的，生产过程中产生的一些问题既属于环境治理的范畴，也需要通过土地复垦加以恢复；其次，矿山环境恢复治理保证金仅针对煤矿、金属矿、石油、天然气等矿山作业区域，而不包含铁路建设等工业作业区域。此外，现行的矿山环境恢复治理保证金制度还存在标准偏低、形式单一等一系列问题，且尚无全国性立法加以保障，保证金制度有待完善。

（3）地方政府投资能力有限。地方政府用于工矿废弃地复垦的投资主要来源于土地复垦费、耕地开垦费、新增建设用地土地有偿使用费、用于农业开发的土地出让收入、可以用于土地复垦的耕地占用税地方留成部分以及其他可以用于土地复垦的资金。然而这些资金用途具有多样性，耕地开发、基本农田建设等均需要此部分资金支持。"十一五"期间，国家累计投入近3000亿元土地整治资金，其中土地复垦投入430亿元，仅占总投资的13%[2]，难以确保用于历史遗留损毁土地复垦的资金充足。

（4）社会投资缺乏动力。土地复垦投资具有投入大、周期长、收益不明朗等特征，且我国的一些政策性低息贷款和财政补贴制度还未涉及土地复垦领域[3]，致使社会资金不愿轻易投入风险大的复垦项目。

2. 土地产权配置不合理

（1）土地产权界定不明晰。我国法律规定土地为国家所有和集体所有。据统计，全国46.2%的土地为农民集体所有。[4] 工矿企业（集体所有制企业除外）如需占用此部分土地进行生产建设活动，则首先需要国家进行征收，再通过划拨或出让的方式取得使用权。生产活动结束后，企业需承担损毁土地的复垦义务并继续拥有使用权。《土地复垦规定》规定，"根据规划设计企业不需要使用的土地或者未经当地土地管理部门同

① 《2008年中国国土资源公报》。

② 文乐琴：《矿区土地复垦资金保障机制研究》，硕士学位论文，中国地质大学，2012年。

③ 张媛媛、姚飞、俞珠峰：《矿区土地复垦投资的制度经济学分析》，《环境与可持续发展》2006年第5期。

④ 谢立峰：《采矿用地产权关系及其管理方式研究》，硕士学位论文，中国农业大学，2005年。

意，复垦后连续二年以上不使用的土地，由当地县级以上人民政府统筹安排使用"，但并未说明使用权是收归国有还是归还集体。《土地复垦条例》中仅对历史遗留损毁土地复垦的利益分配原则做出说明——"谁复垦，谁受益"，但并未明确其产权归属问题。产权的不明晰派生出产权的非排他性，无法限制矿区废弃地复垦利用中"搭便车"的行为，使各利益主体都缺乏土地复垦的动力。①

（2）土地产权流转性差。当前由于相关政策制度的不完善，复垦后的土地产权出租、转让、交换缺乏保障，土地产权不能够通过市场机制达到最佳配置，导致复垦后的土地得不到及时有效利用。工矿企业在完成土地复垦后，已不需要再占用该土地进行生产建设活动，而企业如果不使用复垦后的土地，将由政府强制收回，但是企业在土地复垦中投入了大量资金，不愿无偿放弃土地使用权，强制其继续使用加重了企业的负担。与此同时，农民则需要土地进行农业生产。如此，土地资源无法被最适生产者使用，降低了生产资料的利用效率。

3. 缺乏有效监管与激励机制

（1）法律体系不健全。目前我国还未出台专门的土地复垦法律，现行《土地复垦条例》存在一定的局限性，对于产权的界定、利益的分配等问题并未做出清晰的说明。此外，部分行业标准过于陈旧，如《耕地质量验收技术规范》发布于 2006 年，此后并未进行修订。

（2）政府扮演"双重角色"，难保复垦效果。工矿企业缴纳土地复垦费后，复垦义务会随之转嫁给政府；《土地复垦条例》规定历史遗留损毁土地的复垦工作由县级以上人民政府组织实施。地方政府既担负义务，又承担着对复垦土地进行验收的职责，在扮演"运动员"的同时扮演着"裁判员"的角色，在缺乏社会监督的情况下，难以确保复垦土地的质量。

（3）激励措施不足，复垦积极性差。目前，土地复垦市场机制处于探索阶段，专业复垦机构寥寥无几，信息渠道不通畅，复垦土地的产权交易及利益分配方式不明晰，工矿企业、地方政府、社会投资者、相关利益主体复垦积极性差。

---

① 师学义、陈丽：《我国矿区土地复垦利用的困境——产权与政策层面分析》，《能源环境保护》2006 年第 2 期。

（三）工矿废弃地复垦补充耕地机制的构建思路

构建工矿废弃地复垦补充耕地机制，首先需明确机制的主体与客体。本研究根据《土地复垦条例》中"生产建设活动损毁的土地，按照'谁损毁，谁复垦'的原则，由生产建设单位或者个人负责复垦；但是，由于历史原因无法确定土地复垦义务人的生产建设活动损毁的土地，由县级以上人民政府负责组织复垦"的原则，将机制的客体划分为新增损毁土地和历史遗留损毁土地两大类。[①] 与之相对应，新增损毁土地的复垦主体，是那些可追溯的生产建设单位或个人（以下简称工矿企业）；对于历史遗留损毁土地，其复垦主体为县级以上地方人民政府（以下简称地方政府）。

复垦主体在整个复垦活动中起着主导作用，其行为直接影响着工矿废弃地复垦补充耕地的效率。本书从复垦主体的行为特征出发，构建工矿废弃地复垦补充耕地机制。

1. 复垦主体的决策依据——"有限理性"假设

将工矿废弃地复垦为耕地需要大量人力、物力、财力的投入，从我国低复垦率的现状中可以看出，复垦主体大多不是自发选择复垦行为的。那么，首先需要对复垦主体做出决策的依据进行分析。

复垦主体所做出的决策与其自身的态度、价值观、行为特征等素质密切相关。"有限理性"假设能够较准确地描述复垦主体的素质，为本书的研究提供基本理论依据。该理论认为由于人的知识水平是有限的，决策者对全部消息不可能完全掌握，而且无法了解整个决策事件的发展规律和决策后影响，所以决策者做出的选择仅仅是其知识水平范畴内的相对"满意"的方案，而不是理论意义上的"最优"方案。复垦主体在对工矿废弃地进行复垦决策过程中，不可能掌握所有信息，只能够在其有限的认知范围内，选择最"满意"的方案，即自认为最有利于自己的方案。在经济、社会、生态等多重条件制约下，复垦主体做出的复垦决策，即为运用其有限能力，对复垦的"投入"与"产出"进行权衡，从而得出的是否进行复垦、选择怎样的复垦方式、怎样筹措资金、复垦后的土地如何使用等一系列结论。

---

① 根据《土地复垦条例实施办法》，将土地复垦义务人灭失和《土地复垦规定》实施以前生产建设活动损毁的土地认定为历史遗留损毁土地，其余认定为新增损毁土地。

（1）工矿企业复垦决策依据。工矿企业在生产建设过程中不可避免地会对土地造成损毁、破坏，我国法律明确要求工矿企业承担起恢复土地的责任。如《中华人民共和国土地管理法》《中华人民共和国矿产资源法》《土地复垦条例》《关于进一步加强铁路建设项目临时用地复垦工作的通知》（铁建设〔2008〕104 号）等均要求工矿企业履行土地复垦义务，拒不履行义务的需承担相应的法律责任。那么，对于工矿企业而言，其决策的依据就在于对违法成本式（4 - 11）与复垦预期净投入式（4 - 12）的比较：当违法成本高于复垦预期净投入时，则选择复垦行为；当违法成本低于复垦预期净投入时，则放弃复垦行为；当违法成本等于复垦预期净投入时，则根据企业规模、觉悟、声誉等综合决定。

违法成本 = 土地复垦费 + 罚款 + 隐性成本[①]　　　　　　（4 - 11）

复垦预期净投入 = 复垦预期投入 - 复垦预期收益　　　　　（4 - 12）

（2）地方政府复垦决策依据。地方政府对历史遗留损毁土地进行复垦，其效益主要表现在：增加耕地面积，缓解补充耕地面积压力；作为挂钩指标，置换新增建设用地指标；改善生态环境，避免资源浪费。其中，补充耕地任务是上级下达所必须完成的；挂钩项目根据地方建设需求选择性开展；生态环境的改善可有效提高地方政府的声誉。需要说明的是，地方政府除自行进行复垦外，还会通过一定的优惠政策吸引社会力量的介入。那么，在资金充裕的情况下，地方政府决策的主要依据就在于补充耕地任务量的多少、挂钩需求、环境治理的迫切程度以及公众参与的积极性。

地方政府组织复垦土地量 = 补充耕地任务量 + 挂钩指标 + 社会复垦土地量　　　　　　　　　　　　　　　　　　　　　　　　（4 - 13）

2. 基于复垦主体决策的工矿废弃地复垦补充耕地机制构建思路

根据复垦主体的决策特征，构建工矿废弃地复垦补充耕地机制，其基本思路如下：

首先，建立工矿废弃地复垦补充耕地资金保障体系，突破资金制约的"瓶颈"。明确土地复垦保证金与矿山环境恢复治理保证金之间的关系及其管理办法、缴存与返还办法，并上升到国家层面施行。建立历史遗留损毁土地专项基金，加大中央拨款与地方复垦投入力度，拓宽资金

---

① 如采矿许可证的变更、延续、注销得不到批准，声誉的损失，等等。

来源。

其次，从复垦程序上提高工矿企业复垦的强制性与地方政府复垦的积极性。根据占用土地特征及生产建设作业方式等向工矿企业下达复垦目标，明确复垦方案的编制要求，严格审批与验收流程，提高工矿企业违法成本；建立企业信誉档案；为复垦土地产权交易提供政策指导。要求各级政府在土地整治规划中设立土地复垦专章或编制土地复垦专项规划，为历史遗留土地复垦工作有序开展提供依据；建立建设用地指标奖励机制和区域指标交易机制，提高政府复垦积极性；通过优惠政策吸引社会力量投入。

最后，建立工矿废弃地复垦补充耕地监管体系，保证复垦机制顺利运行。加强对复垦资金使用情况的监督；对复垦指标进行严格管理；确保复垦耕地质量。

二 工矿废弃地复垦补充耕地资金保障体系的建立

资金保障体系是推进工矿废弃地复垦的关键。在全国范围统一施行新增损毁土地复垦保证金制度，要求工矿企业预先缴存足量的复垦资金，能够有效避免后期资金不足的问题；建立历史遗留损毁土地复垦专项基金制度，拓宽融资渠道，是保障复垦资金充足的有效途径。

（一）土地复垦保证金制度

土地复垦保证金制度能够有效规避工矿企业逃避复垦义务的风险：只有保质保量按时完成复垦任务，保证金才得以返还；一旦工矿企业发生违约行为，行政管理部门有足够的资金委托其他单位进行复垦。

1. 保证金的权属与管理

保证金由采矿权人进行缴存，原则上本息均为采矿权人所有，复垦工程验收合格后进行返还。保证金按采矿权审批权限由县级以上国土资源行政管理部门收取，同级财政部门在指定银行开设专有账户进行管理。

2. 保证金缴纳额度

土地复垦作为一项庞大的系统工程，涉及水土保持、农田整理工程、生态重建工程等[1]，保证金的缴纳应以土地复垦所发生的实际费用为依据进行缴纳。计算公式如下：

---

[1] 崔艳、张继东、白中科：《浅析生产建设项目土地复垦费用构成》，《资源与产业》2009年第11期。

保证金缴纳额度 = 复垦方案预算额 × k（$k > 1$）

其中，k 为比例系数，$k > 1$。各省（自治区、直辖市）应根据当地社会经济发展水平及生态环境现状确定 k 的取值区间，并上报国土资源部。企业在缴纳保证金时由县级以上国土资源行政管理部门参照企业复垦任务的轻重、信誉度的优劣等因素综合确定 k 的具体取值。

保证金的缴纳额度适当高于土地复垦所发生的实际预算费用，不仅保证了充足的复垦资金，而且敦促了工矿企业按期保质保量地完成复垦目标。

3. 保证金的缴存

新办矿山企业，采矿权申请人在申报材料通过国土资源行政管理部门审查后，需按照复垦方案中的投资预算缴纳保证金。其中，采矿许可证有效期在三年以下（含三年）的，应一次性全额缴存；采矿许可证有效期在三年以上的企业，可申请分期缴存，要求首次缴存金额不低于总金额的30%，余额按年度平均缴存，且必须在采矿许可有效期满前一年全部缴清。申请人凭缴费凭据方可办理采矿许可证及其他相关手续，其中，分期缴存的企业需凭分年度缴纳保证金的缴存凭据办理年检。

已投产、尚未完工的矿山企业，需按复垦方案投资中的预算补缴保证金。其中，采矿许可证有效期剩余年限在三年以下（含三年）的，应一次性全额缴存；采矿许可证有效期剩余年限在三年以上的企业，可申请分期缴存。土地复垦义务人凭缴费凭据办理年检。

保证金的缴存形式借鉴美国、德国、澳大利亚等国的经验，逐步朝着担保债券、信托基金、资产抵押等多元化形式发展，以减轻企业压力。

4. 保证金的返还

保证金的返还与复垦工程的验收直接挂钩。

采矿权人在复垦方案中制订分期复垦计划的，在分期验收合格后，按治理面积占矿区范围面积的比例返还保证金，也可直接将返还的保证金转为下一阶段缴存的保证金。

采矿权人在复垦工程完成后，第一阶段验收合格的，返还剩余保证金全部本金；第二阶段验收合格的，返还保证金全部利息。责令整改后验收仍不合格的企业，或声明放弃恢复治理的企业，保证金本息将作为整治专项资金，由国土资源管理部门代为招标治理，结余款项不予退回。

（二）历史遗留损毁土地复垦专项基金制度

县级以上国土资源行政管理部门，作为历史遗留损毁土地复垦专项基金的管理主体对其基金进行统一管理，资金来源包括政府投资与社会投资两部分。

1. 政府投资

"十一五"期间，国家累计投入近3000亿元土地整治资金，其中土地复垦投入430亿元，仅占总投资的13%。[①] 政府应在条件允许的情况下，增加土地开发整理专项基金中土地复垦项目支出比例，以减少资金缺口。

2. 社会投资

积极吸引社会投资，主要来源于以下几个方面：土地产权拍卖——竞得人投资；土地权利人投资；其他社会投资形式，如捐赠等。

三 工矿废弃地复垦补充耕地程序设计

制定工矿废弃地复垦补充耕地程序，应明确不同复垦客体的复垦目标，根据相应复垦主体的决策特点设计复垦流程。

（一）新增损毁土地复垦程序

根据工矿企业的决策特点，新增损毁土地复垦程序应体现出强制性，提高工矿企业违法成本，降低其复垦投入。新增损毁土地复垦程序可设计为以下三个步骤：

1. 复垦目标的下达

（1）受理采矿权申请。县级以上国土资源行政管理部门依据《矿产资源开采登记管理办法》（中华人民共和国国务院令第241号）规定的审批、发证权限和地矿部对省（区、市）地质矿产主管部门审批、发证的授权，负责辖区内采矿权申请的登记管理及审批工作。采矿权申请人根据划定的矿区范围及矿种，将采矿权登记申请材料交由相应国土资源行政管理部门进行审查。

（2）实地踏勘。国土资源行政管理部门在受理采矿权新立业务后，对申请人所提出的项目区内土地利用现状进行实地勘查，对被占用土地的利用类型、数量和质量进行备案。其中，土地利用类型应依据《土地利用现状分类》（GB/T 21010—2007）细分至二级地类，土地质量主要包

---

① 文乐琴：《矿区土地复垦资金保障机制研究》，硕士学位论文，中国地质大学，2012年。

括地形地貌、水文气候、土壤理化性质以及生物多样性等。项目区占用耕地的，还要求依据《耕地地力调查与质量评价技术规程》（NY/T 1634—2008）对被占耕地地力做出综合评判。

（3）确定复垦目标并下达。国土资源行政管理部门根据调查结果，向采矿权申请人强制下达土地复垦目标，具体包括：①土地复垦补充耕地面积，根据各地土地复垦管理办法等相关规定，要求工矿企业通过复垦补充的耕地数量不得少于占用耕地数量的一定比例；②土地复垦补充耕地质量，要求工矿企业通过复垦补充的耕地其土壤质量和生产力水平不得低于所占用耕地；③园地、林地、草地、渔业、建设用地等其他复垦方向应根据土地复垦适宜性评价结果确定，总体要求复垦土地与周边环境相协调，土地质量与生物多样性程度不低于原水平。对于辖区内已投产、尚未完工的项目，国土资源行政管理部门根据企业采矿权限剩余年限酌情补充实地踏勘，摸清尚未损毁的土地利用类型、数量和质量，向被调查企业强制下达土地复垦目标。

2. 复垦方案的编制及审批

（1）复垦方案编制。工矿企业应委托具有相关资质的单位编制土地复垦方案。

新办矿山企业土地复垦方案的编制应在完成强制复垦目标的基础上，因地制宜、科学合理地制订复垦计划，视具体项目类型，参照《土地复垦方案编制规程》（TD/T1031.1—2011—TD/T1031.7—2011）、《土地复垦技术标准（试行）》以及其他相关标准进行编制。已投产、尚未完工的矿山企业，未编制土地复垦方案的，需补充编制土地复垦方案，其中土地复垦目标应满足国土资源行政管理部门下达的目标；已编制土地复垦方案的，需根据所下达的复垦目标对方案进行调整。

土地复垦方案重点包括以下内容：①复垦方向与可行性分析，以完成国土资源行政管理部门下达的土地复垦目标为前提，依据土地适宜性评价结果，在此基础上确定复垦土地的地类、面积以及复垦率等；②土地复垦标准与措施，其中建设标准的提出需针对不同的复垦方向，措施包括复垦措施、监测措施与管护措施；③土地复垦设计及工程量计算，需根据不同复垦单元进行工程设计，分别测算复垦工程量并列表汇总；④土地复垦工作计划安排，包括复垦服务年限，合理划分复垦工作的阶段和区段，确定每一阶段、每一区段的复垦面积、复垦方向、工程量等；

⑤土地复垦投资估（概）算以及效益分析，需根据各省（自治区、直辖市）所制定的定额标准进行核算；⑥保障措施，包括资金保障措施、技术保障措施、组织管理保障措施及公众参与。

（2）复垦方案审批。按采矿权审批权限由相应国土资源行政管理部门负责审批。

新办矿山企业土地复垦方案审查通过后方可通知申请人缴纳相关费用，登记发证，同时办理矿山用地手续；审查不通过，不予发证，并告知申请人不予审批的理由。已投产、尚未完工的矿山企业土地复垦方案审查通过后方可办理年检。

3. 复垦工程的分期验收与最终验收

土地复垦工程的验收工作按采矿权审批权限由县级以上国土资源行政管理部门统一管理负责，会同同级农业、林业、环境等有关部门共同进行。

验收依据复垦义务人编制的土地复垦方案，《土地复垦条例》、《土地复垦技术标准（试行）》等国家和地方法律、规章，土地利用总体规划和专项规划，涉及耕地的还应参照《耕地质量验收技术规范》 （NY/T 1120—2006）等。

对于采矿权人在复垦方案中制订分期复垦计划的，应严格按照计划的时间节点组织分期验收。分期验收合格的，给予复垦主体当期验收合格证书；验收不合格的，给出整改意见，责令限期整改后进行二次验收；二次验收仍不合格的，处以一定数额的罚款，直至其验收合格为止，否则不予通过年检。

土地复垦最终验收分为两个阶段。在采矿权人矿山停办、关闭或者闭坑前，应对其组织第一阶段验收。第一阶段验收主要检查复垦工程完成情况。验收合格后，向采矿权人出具第一阶段验收合格证书；验收不合格的，给出整改意见，责令限期整改后进行二次验收；二次验收仍不合格的，处以3万元以下罚款，5年内不受理其新的探矿权、采矿权申请，也不得批准采矿许可证的延续、变更和注销，由国土资源行政管理部门委托有相关资金的单位进行复垦。

在复垦工程完成三年后，应组织复垦工程的第二阶段验收。第二阶段验收主要检查生态恢复情况。验收合格后，向采矿权人出具第二阶段验收合格证书；否则不予出具证书，直至其验收合格为止；多次验收不合格的，应处罚款。

（二）历史遗留损毁土地复垦程序

有序开展历史遗留损毁土地复垦工作，首先需制订复垦计划，之后以此为依据，由项目实施主体编制具体的复垦方案，并由地方政府做好监督管理工作。

1. 编制土地复垦专项规划或整治专章

一般而言，县级以上国土资源行政管理部门组织有关资质单位进行土地复垦专项规划或土地整治规划编制，编制成果报本级人民政府批准后组织实施。其中，对于历史遗留损毁土地数量多、破坏较严重的地区，需单独编制土地复垦专项规划；而对于历史遗留损毁土地复垦任务较轻的地区，可在土地整治规划中列出土地复垦规划专章，而不再单独编制土地复垦专项规划。

编制依据主要包括：《中华人民共和国土地管理法》、《土地复垦条例》等国家相关法律法规、地方法规、政策性文件及规范性文件等；本级土地利用总体规划、土地整治规划，以及相关社会经济发展规划等，并注意与上级规划相协调；其他相关的材料。

土地复垦专项规划或土地整治规划应重点包括以下内容：①历史遗留损毁土地复垦潜力评价，通过对辖区内历史遗留损毁废弃地数量和分布状况进行调查，结合当地社会经济发展水平及生态环境状况进行土地复垦潜力评价，包括可复垦损毁土地的利用方向、规模及补充耕地面积等；②编制土地复垦草案，根据潜力评价结果，科学合理地制订历史遗留损毁土地复垦计划，明确复垦的范围、规模、时序及补充耕地的面积，并说明复垦重点区域、目标及要求；③估算财政投入水平，提出资金筹措安排。

2. 历史遗留损毁土地复垦项目的实施与验收

（1）确定项目实施主体。按照"谁投资，谁受益"的原则，吸引社会力量参与。一方面对国有历史遗留损毁土地进行产权拍卖，竞得人担负起该地块的复垦义务，同时享有该地块一定年限的经营权，并向国土资源行政管理部门缴纳一定额度的产权出让费；另一方面对于土地权利人明确的，给予一定的优惠措施，鼓励土地权利人向国土资源行政管理部门递交申请，自行进行复垦。

其余历史遗留损毁土地的复垦工作由县级以上国土资源行政管理部门统一负责管理实施。

（2）复垦方案的编制及审批。历史遗留损毁土地复垦方案由复垦项目实施主体负责编制。历史遗留损毁土地复垦方案的编制需严格遵照土地复垦专项规划或土地整治规划复垦专章所确定的利用方向，同时还需严格遵照土地复垦专项规划或土地整治规划复垦专章所确定的时序安排：土地产权竞得人及土地权利人进行复垦的，可在规定的时间内根据自身投入能力制订复垦计划，完成复垦任务；县级以上国土资源行政管理部门，根据土地复垦专项规划或土地整治规划复垦专章所确定的复垦范围、时序确立年度复垦项目。此外，历史遗留损毁土地复垦方案中还应详细说明复垦标准与措施、复垦设计及工程量计算、复垦工作计划安排、投资估算与保障措施等。

土地产权竞得人及土地权利人编制复垦方案的，需交由当地负责组织土地复垦工作的国土资源行政管理部门进行审批；县级以上国土资源行政管理部门编制复垦方案的，交由上一级国土资源行政管理部门进行审批。方案审批通过后方可实施。

（3）土地复垦项目的实施与验收。土地产权竞得人及土地权利人进行复垦的，可自行确定复垦项目的施工单位；县级以上国土资源行政管理部门进行复垦的，需通过招标的方式确定土地复垦项目的施工单位。

土地产权竞得人及土地权利人进行复垦的，由当地负责组织土地复垦工作的国土资源行政管理部门进行验收；县级以上国土资源行政管理部门进行复垦的，由上一级国土资源行政管理部门进行验收。

第四节　高标准农田建设和保护机制

我国长久以来耕地资源利用形势严峻，耕地与人口、耕地与经济社会发展、耕地与生态环境间的矛盾日益突出，除了受自然条件的制约以外，最根本的原因是不合理的土地利用方式，即建设用地资源重外延扩张轻内涵挖潜，耕地资源片面追求保有数量，忽视质量提升。余振国等[①]认为我国耕地质量在不断下降，其主要原因是：非农建设占用优质耕地，

---

① 余振国、胡小平：《我国粮食安全与耕地的数量和质量关系研究》，《地理与地理信息科学》2003 年第 19 期。

开垦补充耕地质量等级较低；耕地"用"、"养"不当、退化加剧，引起耕地质量下降；耕地财产权利制度不完善，管理不到位，导致掠夺式利用或随意撂荒加剧了耕地质量下降。为了提高耕地质量，提高耕地综合生产能力，国家提出建设高标准农田，提高耕地质量，保障农田旱涝保收，粮食高产稳产。

一 高标准农田建设和保护机制概述

高标准农田建设和保护机制是在规范推进土地整治项目的基础上，进行旱涝保收、高产稳产大规模建设高标准农田的一系列保障制度。高标准农田建设和保护机制的制定应涵盖以下两个方面内涵：一是从高标准农田建设角度保障高标准农田工程建设、提高耕地规模和耕地质量，做到耕地有效供给和集约利用；二是从高标准农田保护角度保障高标准农田建后的监督管理。

（一）高标准农田建设和保护发展历程及现状

我国的高标准农田建设是在中低产田改造的基础上发展起来的。我国山地丘陵面积大，有70%的耕地属于中低产田，主要受到干旱、坡度、洪涝、盐碱等各种因素制约，质量相对较差，农田综合生产能力低。1988年中央财政开始投入以中低产田改造为重点的农业综合开发项目。1988—2010年，累计改造中低产田60697.14万亩，其中2009—2010年，累计建设高标准农田示范工程531.6万亩；1988—2010年，新增和改善农田灌溉面积为56312.07万亩，新增和改善除涝面积为23882.17万亩（见表4–11①）。

随着农业生产的发展，中低产田改造力度不断加大，具体措施不断细化，2003年国家提出要求从土地出让金中确定一定比例用于农业土地开发、高标准基本农田建设。在支农政策的大力支持下，横向上国土、农业、水利等部门纷纷提出建设高标准农田，安排专项资金用于农田建设；纵向上不少省（市、区）根据地区实际情况提出高标准农田建设标准及规划，如四川、江苏省人民政府分别制定了《四川省高标准农田建设技术规范》《江苏省高标准农田建设标准》（试行），广东省农业部门和国土部门联合制定了《广东省现代标准农田建设标准》（试行）。2011年9月，国土资源部印发我国首个高标准基本农田建设规范《高标准基

---

① 2011年中国财政年鉴。

本农田建设规范》（试行）；2012 年 3 月，农业部发布了《高标准农田建设标准》，以提高农田综合生产能力为目标规范高标准农田的建设，标志着高标准农田建设项目将进入一个新的阶段。

表 4-11　　　　1988—2010 年全国农业综合开发基本情况　　　单位：万亩

年份	改造中低产田、建设高标准农田			新增和改善灌溉面积	新增和改善除涝面积
	合计	中低产田改造	高标准农田示范工程		
1988	944.9	944.9		917.5	387.1
1989	2189.58	2189.58		2033.4	1047.35
1990	3167.95	3167.95		2636.08	1610.88
1991	2736.26	2736.26		2456.89	1250.27
1992	2557.97	2557.97		2202.97	1181.93
1993	2755.15	2755.15		2420.42	1371.86
1994	1599.84	1599.84		1284.87	752.61
1995	2022.59	2022.59		1733.06	1024.5
1996	2563.75	2563.75		2327.9	1153.71
1997	2623.41	2623.41		2777.21	1176.92
1998	3039.82	3039.82		3019.23	1298.67
1999	3647.36	3647.36		3378.24	1363.64
2000	3742.75	3742.75		3460.87	1398.41
2001	3058.76	3058.76		2785.89	1069.41
2002	2818.44	2818.44		2655.03	866.64
2003	2319.86	2319.86		2144.54	737.03
2004	2415.13	2415.13		2082.55	717.75
2005	3062.17	3062.17		2905.88	1007.13
2006	2980.61	2980.61		2775.56	986.59
2007	2741.92	2741.92		2483.37	935.06
2008	2645.4	2645.4		2550.49	855.71
2009	2515.76	2464.21	51.55	2453.64	828.42
2010	2547.76	2067.71	480.05	2826.48	860.58
合计	60697.14	60165.54	531.6	56312.07	23882.17

注：2003 年，"优质粮食基地" 494.33 万亩和 "优质饲料粮基地" 114.37 万亩计入当年 "中低产田改造" 面积。

（二）高标准农田建设和保护障碍因素分析

根据以往中低产田改造项目的经验，一些障碍因素会降低高标准农田建设和保护的效率，克服这些障碍因素是高标准农田建设和保护机制的关键环节，同时分析相关障碍因素，以此构建形成相应的机制则是基础环节。

1. 责任主体不明确，静态责任制与动态管理工作不相适应

目前，我国执行多层次的耕地保护责任制体系，一般由县级以上地方人民政府与下一级人民政府签订保护责任书，对具体的责任主体未有明确的界定，这导致在出现问题追究责任时，各部门负责官员相互推诿，不能做到依法处置责任主体。同时静态责任制与动态管理工作也不相适应。一是现行的政府责任主体实际上属于行政职位责任制，当出现问题时，由时任官员作为责任人，而并不追溯项目涉及期间其他职位官员责任，不具有时效性；二是随着生产经营权的变动，农田的责任人也应随之改变，但在实际工作中，往往对生产经营者的责任约束力不强。

2. 高标准农田建设的推进速度存在明显的区域差异

根据2011年中国财政统计年鉴，从图4－10中可以看出，各省（市、区）高标准农田建设情况区域差异明显，中央和地方给予的配套资金投入基本与建设情况相一致。高标准农田建设推进速度的不同主要受两方面影响，一是区域间耕地资源禀赋存在差异，其中中低产田所占比重的不同直接影响高标准农田建设的数量；二是中央和地方政府重视程度不一，配套资金的投入也有所不同。由于近年来中部崛起政策，政府多重视经济发展，给予农业综合开发项目投入比重降低。如湖南、湖北、江西等传统的粮食主产区高标准农田建设推进速度较慢。

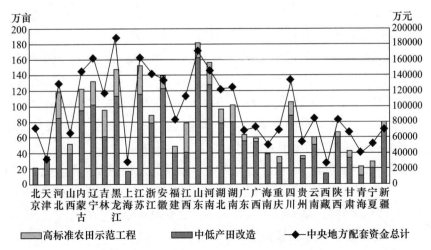

图4－10　2010年各省（市、区）资金投入与高标准农田建设和保护对比

3. 资金投入部门众多且分散，高标准农田综合效益低

目前开展的与高标准农田建设相关的工作，包括国土部门的农村土地整治工作、农业综合开发办以中低产田改造为重点的土地治理项目、农业部提高粮食产量的一系列高产创建项目、水利部实施的农田水利基础设施建设等，在管理实施上存在"多头管理，政出多门"的现象。除了少数省份对各类项目资金进行整合，专项集中开展高标准农田建设外，多数地区是分部门组织开展相关工作，部门独立开展高标准农田建设都具有一定的局限性，受职责权力分散的限制，单一部门在实施高标准农田建设和保护时不具备所有的工作职能。同时，各部门资金投入分散，投资标准低，项目规模小，导致高标准农田综合效益低。

4. 高标准农田保护意识薄弱，保护监测制度不完善

在高标准农田保护过程中，大多数工作是由国土资源管理部门会同农业部门牵头组织的，还没有形成政府主导、部门配合、动态监测的保护体系。一般项目检验合格后，对高标准农田保护工作协调不得力，地方政府受不正确政绩观的影响，对建设好的高标准农田保护执行不坚决，经常出现抓而不紧或抓而不实的现象。

保护意识的薄弱导致相应的监测制度不完善。高标准农田的建设是为了保障国家粮食供应，但由于传统的农业生产经济效益低于其他产业，有的地方存在乱占滥用高标准农田进行农业观光或水产（畜牧）养殖等情况。不完善的监测制度，对这类情况的捕捉具有滞后性，不能及时保护高标准农田，影响了保护工作成效。

（三）高标准农田建设和保护机制的目标与构建思路

高标准农田建设和保护是我国实现耕地总量动态平衡的重要战略，其对于提高耕地质量，保障粮食安全，实现耕地资源有效供给和集约利用有着重要的意义。构建高标准农田建设和保护机制具体目标主要有以下两个方面：一是提高耕地质量，降低中低产田比例；二是提高耕地综合生产能力，促进农业现代化发展和城乡统筹发展。

在此目标的基础上，构建高标准农田建设和保护机制的基本思路是：在建立高标准农田建设和保护责任制和高标准农田监测制度的前提下，完善专项资金制度，保证"专人管理，专款专用，分账核算"。

二 建立高标准农田建设和保护责任制

依托现有的耕地保护责任考核制度，建立高标准农田责任制，将高

标准农田建设和保护作为重要组成部分，纳入耕地保护责任考核制度中，进一步完善耕地保护责任制。

（一）确立责任主体

1. 行政首长

省（自治区、直辖市）、市（州）、县（区、旗）、乡（镇）各级政府及其行政首长作为第一责任人，对其行政区域内高标准农田建设和保护负总责，下级政府对上级政府负责。

离任领导和现任领导共同考核。在实际工作中，由于在考核期内职务人员会有变动，产生前后不同的责任人，以往的做法是对现任行政首长进行问责，而忽略了前任行政首长执行实施责任。因此，在高标准农田建设和保护规划时期内，离任领导和现任领导作为共同责任主体进行分别考核，形成真正的行政首长责任制。

2. 国土资源管理部门行政主管官员

地方各级国土资源管理部门行政主管官员，负责监督本行政区域内高标准农田建设和保护目标责任落实情况，由上级国土部门对下级国土部门定期考核目标责任制完成情况。

（二）确定并下达高标准农田建设目标

为规范推进农村土地整治工作，促进耕地资源有效供给和节约集约利用，保障国家粮食安全，促进农业现代化建设发展和城乡统筹发展，国家大力加强旱涝保收、高产稳产高标准农田建设。各级政府应当确定高标准农田的数量指标和布局安排，逐级落实指标任务。

1. 高标准农田建设目标的确定依据

高标准农田建设目标主要依据各区域的人口状况、社会经济发展水平、中低产田比重、耕地资源现状、后备耕地资源状况等。

（1）人口状况：高标准农田建设目标一般与人口数量成正比，人口越多，区域需建设的高标准农田越多。

（2）社会经济发展水平：高标准农田建设需要大量的资金保障，地区社会经济发展水平越高，区域有能力建设的高标准农田越多，在确定目标时应分解更多指标给经济发达地区。

（3）中低产田比重：根据已有的耕地分等定级结果，充分考虑区域差异性，对中低产田比重高的地区，给予更多的高标准农田建设指标，加强旱涝保收、高产稳产高标准农田建设。

（4）耕地现状及后备资源状况：现状耕地数量越多，或宜耕后备资源越多，高标准农田建设目标就越多。

2. 高标准农田建设指标下达方式

高标准农田建设目标实行自上而下逐级分解下达、自下而上反馈修正的下达方式。

全国高标准农田建设指标下达到省、自治区、直辖市以及计划单列市、新疆生产建设兵团。县级以上国土资源管理部门将上级下达的高标准农田建设指标分解，经同级人民政府同意后初步下达。

省级以下人民政府对初步下达的指标在本行政区内征求相关部门意见，最终形成反馈指标，上报上一级人民政府和国土资源管理部门。

县级以上国土资源管理部门结合初步下达指标和反馈指标，经过协商后形成修正指标，经同级人民政府同意后逐级下达。

省级国土管理部门将分解下达的结果报国土资源部备案。

（三）明确考核内容，建立考核体系

高标准农田建设和保护考核内容、考核体系，应包括以下几个方面内容：（1）高标准农田建设指标落实情况；（2）高标准农田日常管理保护情况；（3）高标准农田违法占用和查处情况等。

（四）制定考核方式

考核采取地方政府自查、省级国土管理部门抽查、国家督察相结合的办法。

每年度，各级人民政府按照考核内容和标准组织高标准农田建设和保护自查，并在当年12月31日之前向上一级政府报告高标准农田建设和保护的履行情况。

每年度，由省级国土管理部门组织，不定期对省内各县（市）乡（镇）级高标准农田建设和保护情况按照一定比例进行抽查，做出预警分析，对未完成建设指标或者保护不力的地区，调查原因并给予一定时限的整改期，整改结果不合格，上报省级人民政府，由省级政府对所属行政首长进行约谈，责令继续整改。

每年度，由国家土地督察局派驻地方各局组织"异地核查"，将各省（区、县）高标准农田建设和保护纳入例行督察的主要内容，对省内各县（市）乡（镇）级的高标准农田建设和保护情况进行督察，对工作不力或存在严重问题的地区发出通报和警示，督促整改，对整改仍未能达到要求的地区，上报国务院。

（五）奖惩措施

1. 新增建设用地指标奖惩

上级政府预留 5%—10% 的新增建设用地指标，作为高标准农田建设和保护奖励方式。对于所属区域内的地方政府，在保证高标准农田指标建设的基础上，超额建设保护的地区，予以新增建设用地指标倾斜奖励。

对于未完成高标准农田指标建设的地区，相应地减少其新增建设用地指标，减少的这部分指标也作为奖励给予完成较好的地区。政府间形成良性的竞争，以紧缺的新增建设用地指标为利益点，有利于更好地建设和保护高标准农田。

2. 行政约谈

对高标准农田建设和保护考核认定为不合格的责令限期整改；建设严重不到位、保护管理严重缺失地区，由国家土地总督察对主要负责人进行行政约谈，督促整改。整改期间暂停农用地转用和征地审批，以促进地方经济健康协调发展，实现高标准农田保护目标。

3. 实行问责制

按照《违反土地管理规定行为处分办法》（国务院 15 号令）的要求，对高标准农田建设和保护中违法严重的县级以上地方政府行政首长实施问责，问责包括处以警告、记过、记大过、降职直至撤职、开除处分。

对于区域内未经允许违法占用高标准农田，应及时处理整改。对有关行政责任人员，视情节给予警告、记过、记大过处分；情节较重的，应追究其行政首长责任，限制责任人 3 年不得升迁；情节严重的，给予撤职或开除处分。严格落实问责制，保障高标准农田保护工作。

三　建立高标准农田建设和保护专项资金制度

高标准农田建设成本高，项目周期长，投资金额大；要集中力量、重点投入、综合开发、集中连片地建设高标准农田，确保建设一片、成效一片、致富一片，必须考虑到建设与保护过程中的资金投入。2010 年财政部印发《关于推进涉农资金整合和统筹安排，加强涉农资金管理的意见》中指出，以重大专项资金为平台推进涉农资金整合和统筹安排，因此可以借助当前涉农资金整合这一平台，建立高标准农田建设与保护专项资金制度，为高标准农田建设与保护提供稳定的资金来源。

（一）高标准农田建设和保护专项资金来源

专项资金是指财政部门或上级单位下拨的，用于完成专项工作或工程，并需要单独报账结算的资金。专项资金按其形成来源主要可分为专用拨款、专用基金和专项借款三类。[①]

高标准农田建设与保护专项资金是指由本级财政预算内、外安排，上级财政和国土部门、农业部门拨入，国内外银行贷款、金融机构援贷项目投入以及其他农业有关职能部门经批准按规定渠道收取，专门用于高标准农田建设与保护的特定资金。

本书高标准农田建设与保护专项资金来源主要包括财政部门税费投入、银行贷款和发行高标准农田建设和保护项目债券。

1. 加大相关税费用于专项资金的投入比例

高标准农田建设与保护专项资金来源主要包括新增建设用地土地有偿使用费、用于农业土地开发的土地出让收入、耕地开垦费、耕地占用税、土地出让收益中用于农田水利建设资金（以下简称农田水利建设资金）、水利建设基金用于农村水利部分的资金等几个方面。

（1）加大新增建设用地土地有偿使用费用于高标准基本农田建设和保护的支出。《中华人民共和国土地管理法》规定，"新增建设用地的土地有偿使用费30%上缴中央财政，70%留给有关地方人民政府，都专项用于耕地开发"。《新增建设用地土地有偿使用费资源使用管理办法》第五条规定，新增费专项用于土地整治支出及其他相关支出。土地整治支出包括基本农田建设支出、土地整理支出、耕地开发支出。其他相关支出包括基本农田保护支出、土地整治管理支出和财政部同国土资源部确定的其他支出。其中，基本农田建设和保护是新增建设用地土地有偿使用费的一项重要支出。高标准农田是基本农田的提升，对项目区的土壤肥力、沟渠、道路、林网、配套建筑等基础设施和保护措施都有了更高的要求，对资金的要求相应增加。为促进高标准农田综合生产能力的提高和持续利用，确保高标准农田的动态监管和维护、信息数据系统建设以及其他高标准农田基础业务能正常运行，应加大新增建设用地土地有偿使用费用于高标准农田建设与保护的投入力度，各县、市新增建设用地土地有偿使用费用于高标准农田建设和保护的支出比例不得低于30%，

---

① 吴丹烨：《我国农业专项资金管理研究》，硕士学位论文，西南财经大学，2009年。

以确保高标准农田建设与保护资金有充足的来源。

（2）提高用于农业土地开发的土地出让收入作为高标准基本农田建设和保护专项资金的比例。根据《用于农业土地开发的土地出让金收入管理办法》相关规定，土地出让金用于农业土地开发的比例，由各省、自治区、直辖市及计划单列市人民政府根据不同情况，按各市、县不低于土地出让平均纯收益的15%来确定，主要用于土地整理和复垦、未利用地的开发、基本农田建设以及改善农业生产条件的土地开发。各地应加大农业开发部分资金用于高标准基本农田建设和保护的比例，高标准基本农田建设和保护支出占用该部分资金的比例不得低于20%，并随着高标准农田建设和保护的进展不断加大投入。

（3）将耕地开垦费、耕地占用税按一定比例纳入高标准农田建设和保护专项资金。《中华人民共和国土地管理法》规定国家实行占用耕地补偿制度。非农业建设经批准占用耕地的，按照"占多少，垦多少"的原则，由占用耕地的单位负责开垦与所占用耕地的数量和质量相当的耕地；没有条件开垦或者开垦的耕地不符合要求的，应当按照省、自治区、直辖市的规定缴纳耕地开垦费，专款用于开垦新的耕地。耕地开垦费主要用于扶持单位或个人开发、整理耕地，扩大耕地面积；新的基本农田建设；土地整理开发复垦项目管理；编制或修编土地利用总体规划和土地开发、整理规划，基本农田保护区的划定、保护和管理；经财政部门批准的其他支出。将耕地开垦费的30%纳入高标准农田建设和保护专项资金，既确保了新的基本农田建设和保护，又拓宽了高标准农田建设和保护专项资金的来源渠道。

耕地占用税收入的50%拨款给地方建立农发资金，对减少的耕地进行就地补偿，并提高现有耕地的质量。高标准农田对于整治、改良现有耕地，改造中低产田，提高单位粮食产量起到了积极作用。将农发资金的70%纳入高标准农田建设中，专项用于农业机械设备购置、兴建和改善农田水利浇灌设施的机械设备、改良耕地的生物措施支出、工程前期勘测等，确保高标准农田建设和保护能长期高效科学运行。

（4）整合农田水利建设资金与水利建设基金用于农村水利部分的资金。2011年7月，国家规定从土地出让收益中按10%比例计提农田水利建设资金，实行专款专用，专项用于农田水利设施建设。另外水利部门的水利建设基金是用于水利建设的专项资金，由中央水利建设基金和地方水利建设基金组成。中央水利建设基金主要用于关系经济社会发展全局的重点水利工程建设，地方水利建设基金主要用于地方水利工程建设。财政部、发展改革委、水利部印发的《水利建设基金筹集和使用管理办法》中提出，地方水利建设基金专项可用于农村饮水和灌区节水改造工程建设。提高水利建设基金用于农村水利部分的资金的比例，同时整合农田水利建设资金，完善高标准农田建设项目区灌溉、排水等农田水利设施与节水改造工程，拓宽高标准农田建设资金来源渠道。

2. 给予高标准农田建设和保护项目资金贷款优惠

高标准农田建设和保护资金投入大、项目周期长、收益成效缓，仅仅依靠财政拨付，远远不能满足项目所需资金，因此金融机构给予的贷款成为高标准农田建设和保护专项资金最主要的来源。目前我国农村金融市场构成较为简单，受农村经济发展阶段与水平的制约，主要是间接金融市场，通过以银行类为主的金融机构（主要是商业银行、中国农业发展银行和农村、城市信用社等）进行信贷投放和资本市场融资，从而利用增加的资本投入持续推动高标准农田建设和保护项目发展。

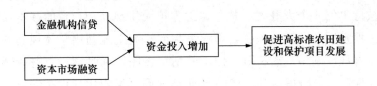

图 4 - 11　金融市场扩大资本作用机理

高标准农田建设和保护是一种政府主导型行为，然而涉及的具体项目则是由企业或个人向金融机构提出贷款申请，审查时间长、贷款利率高、资金成本加大、还款周期短，成为金融渠道扩大资金投入不可忽视的问题。因此，政府应联合金融机构，针对高标准农田建设和保护降低贷款利率、延长贷款期限，同时对资金使用进行制度化追踪审查，确保高标准农田建设和保护的资金使用。

3. 发行高标准农田建设和保护项目债券

发行高标准农田建设和保护项目债券即政府为筹措高标准农田建设和保护资金，以拟建或在建的高标准农田或行政区域内指定范围内的土地作为抵押物，向社会发行并按约定条件偿还本金和支付利息。高标准农田建设和保护项目债券的发起人为地方政府，发行人一般是证券机构、投资银行或其他特殊目的的公司，发起人委托发行人面向广大投资者发行债券，筹集到的资金作为高标准农田建设和保护项目的专项资金。尽管我国地方政府债券发行受中央政府约束，但借鉴经济发达国家，中央政府可以适当放宽地方发行高标准农田建设和保护专项债券的条件。

发行高标准农田建设和保护项目债券的优势有以下几个方面：

一是资金来源广。债券投资者不仅包括银行等金融机构，而且也包括企业、个人等中小投资者，有利于广泛吸纳社会闲置资金，拓宽融资渠道，为项目筹集充足资金。

二是融资成本较低。由于债权是直接从投资者市场融通资金，相对于银行贷款而言，债权利率要大大低于银行贷款利息率，降低了融资成本。

三是发行灵活。高标准农田建设和保护运作周期长，发行机构可以根据资金需求来自主确定发行时间和债券期限（按实际需要定为3年期、5年期、10年期等），进而保证长期稳定的资金投入，与其他模式相比较为灵活。

但是，由于债券发行是一项对技术、专业要求极高的融资项目，且涉及部门广、程序复杂，必须在健全完善的法律基础和有效的市场条件下进行。同时对高标准农田建设和保护项目未来的稳定性和长久收益有着一定的要求。从目前来看，发行债券筹集资金还缺乏相关法律制度保障，所以发行高标准农田建设和保护项目债券筹集资金只能作为一项长期措施来考虑，可先选择一些经济发展水平较高、市场条件较为成熟的粮食主产区城市作为试点积累相关经验，待条件成熟后再逐步在全国范围内展开。

（二）高标准农田建设和保护专项资金的使用范围

1. 资金使用原则

高标准农田建设和保护专项资金的使用遵循"专人管理，专款专用，分账核算"的原则。

所谓专人管理是指配备相关人员管理专项资金，具体负责资金管理日常工作，搞好会计核算，并进行有效的控制、管理和监督。专款专用是指高标准农田专项资金只能用于立项通过的高标准农田建设项目，并且在规定的范围内开支，不得挤占、挪用。分账核算是指凡是与高标准农田建设相关的经济业务，都必须分别纳入相应的专账核算体系，不能与农业开发管理部门和建设单位的其他支农专项资金混合使用。

2. 资金使用范围

高标准农田建设与保护专项资金专款用于高标准农田建设和保护相关的工作，不能随意挪用、占用。高标准农田建设与保护应该包括高标准农田建设的前期选址与设计、工程建设、动态监管、信息系统建设与维护、后期管护等工作，高标准农田建设投资应以田间工程建设为重点，配套土壤肥力、墒情和虫情检测设施。

（1）高标准农田选址与设计，主要包括基础性考察、调研、设计方案产生和选取等前期费用。根据国家发布的《高标准农田建设标准》，全国有东北区、华北区、东南区、西南区和西北区5大区15个类型，不同区域适宜种植的农作物和产量不同，在选址设计时应充分考虑该区域的农田综合生产能力，便于建设集中连片、易于机械化操作的高标准农田。

（2）高标准农田工程建设，工程建设是高标准农田建设和保护资金需求的重要环节，包括土地平整、田块建设、土壤改良、农田基础设施配套建设、灌溉与排水、田间道路、农田防护与生态环境保护等一系列工程。

（3）高标准农田动态监管，包括田间定位监测点、日常动态巡查、检测等。

（4）高标准农田信息系统建设与维护，包括硬件配置、网络安装、使用及数据更新维护管理等。

（三）高标准农田建设和保护专项资金的使用程序

为了规范高标准农田建设与保护专项资金管理，提高资金使用效益，各省制定《高标准农田建设与保护专项资金管理办法》，对资金的申请、审批、拨付、管理进行相应规定。

1. 资金申请

（1）申请主体。专项资金的申请者为高标准农田建设和保护项目负责单位。项目负责单位的选择采取招投标制度，对于具有农田整治经验的申请单位予以优先考虑。

（2）申请条件。符合条件的申请单位必须按照国家高标准农田建设标准，编制高标准农田项目立项申请、规划设计方案、可行性研究报告、初步实施方案以及阶段性成果报告。

2. 资金审批

（1）审批方式。高标准农田专项资金的申请使用实行各级报账制度。项目类型为省级项目，则由项目负责单位向省级国土部门提出申请，由国土资源厅和财政厅负责审批；项目类型为地方项目，则由项目负责单位向地方国土部门提出申请，由当地国土局以及财政局负责审批。

（2）审批条件。各级地方政府组织相关人员对高标准农田建设与保护项目进行初审；县级层面的项目由县政府组织农业部门、国土部门以及相关专家进行审核，财政部门对其项目预算进行审核论证；地级层面的项目由地级政府组织农业部门、国土部门以及相关专家进行审核，同样由财政部门做项目资金预算审核论证；初审通过的项目由市国土资源局、财政局对项目汇总后报省级国土厅，省国土资源厅依据国家颁布的高标准农田建设标准进行批复，并下达批复意见。

3. 资金拨付

对于省国土厅批复通过的高标准农田建设与保护项目，由省财政厅向市、县财政局下达项目预算支出；项目实施单位按照预算及合同规定额度到相应市、县财政局提取资金。再按照合同要求，遵照财政管理制度的规定进行分期拨付资金。

（四）高标准农田建设和保护专项资金的监管

省财政厅、国土资源厅、审计厅等部门采用专项和例行检查的方式，对全省高标准农田专项资金收支情况进行不定期或定期监督，强化对高标准农田建设与保护专项资金收支的监督管理，确保专项资金"收支两条线"、及时足额入库、严格执行支出。

1. 加大政府对资金监管的力度，确保资金来源充足，按期拨付

（1）保证专项资金有充足的来源。将一定比例的新增建设用地土地有偿使用费、用于农业土地开发的土地出让收入、耕地开垦费、耕地占用税、土地出让收益中用于农田水利建设资金、水利建设基金用于农村水利部分的资金用于高标准农田建设与保护专项资金；对于不如实投入使用的地区停止下一年度下拨资金，同时停止用地项目审批。

（2）项目资金分期拨付，定期对专项资金拨付使用情况进行审计检查。已审批通过的项目按照项目规模大小的不同、申请资金多少的不同进行分批拨付，原则上不允许一次性拨付。省财政厅、审计厅或委托第三方中介审计机构按照项目期，定期对市、县进行检查核算，确保专项

资金拨付使用合理。

2. 强化对项目负责单位的监管，确保专项资金使用效率

对于有以下情形之一的企业，将停止资金拨付、追缴已拨付使用的资金。（1）未按规定报送财政资金的使用情况报告和决算报告；（2）提交虚假申请资料骗取专项资金；（3）未按规定报送项目实施情况；（4）同一项目重复申请资助；（5）违反专项资金使用原则，擅自改变使用范围。

四 建立高标准农田监测制度

（一）建立高标准农田数据库

建立高标准农田数据库主要是利用已有的土地调查成果资料，提取高标准农田相关信息，将范围、面积、地类等指标矢量化，形成高标准农田的数字化成果，建立栅格图像与矢量图形相结合的空间数据库。[①] 它是以描述空间位置以及描述特征的属性数据为对象的，可以提供空间查询和空间索引。

同时定期进行野外勘测、调查，结合遥感、GIS 技术的实际成果，及时更新高标准农田数据库，对已发生变化的地块进行位置、形状、面积和属性修正，使管理人员及时了解掌握高标准农田动态变化。

（二）开展利用"3S"动态监测系统

在高标准农田数据的基础上，运用"3S"技术手段，采集高标准农田动态信息，及时更新高标准农田信息，通过对当前信息与历史数据的对比分析，定期对高标准农田进行实时监测，以达到及时发现、纠正和查处非法占用高标准农田的行为，并对农田地力变化进行监测与质量评价的目的。

利用"3S"技术对耕地进行动态的、实时的监测，是当前国土资源管理对耕地实施全方位监测的重要技术手段，高标准农田保护利用"3S"技术加强动态监测，一是准确掌握高标准农田的动态变化，包括地块位置、面积、形状、属性及变化趋向等；二是基于高标准农田变化，进行科学合理分析，为政府考核、科学决策提供依据。其中，遥感（RS）技术可以实时或准实时地获取耕地动态变化的信息，辨别出耕地变化的图标，及时更新 GIS 数据。GPS 可以实时、快速获取耕地变化的位置、面积

---

① 陈民琼：《基本农田数据库建设及其应用》，《南方国土资源》2007 年第 5 期。

等信息。GIS 主要是对多元时空数据进行综合处理、集成管理、动态存取，作为新的集成系统的基础平台。

以 GIS 进行耕地数据分析、处理为核心，结合 GPS、RS 技术辅助农田数据采集和监测农田利用，建立高标准农田动态监测系统，借助高科技手段，为高标准农田保护提供技术支持和保障。

（三）开展高标准农田质量监测

通过开展高标准农田质量监测，为改善中低产田不断积累基础资料，同时也加强对高标准农田质量的监测管理。县级以上国土资源管理部门会同农业行政主管部门和环境保护行政主管部门定期组织对高标准农田土壤地力进行调查与监测，并对其质量状况进行造册登记，建立土壤地力和农田土壤环境质量档案，报上一级国土资源管理部门。

1. 监测点设置

高标准农田土壤质量监测布点应立足于土壤自身类型，根据农田规模、区域自然与社会经济的不同，遵循覆盖性、分布均匀性、差异性、可操作性等原则，采取随机布点方式对监测地块设最少 4 个点，着重对高标准农田试点区、粮食主产区和受人类活动影响大的区域布设监测点。同时设立监测点保护标志，防止人为破坏或占用。

2. 监测内容

根据不同监测点的类型来确定不同的监测内容，以反映不同类型耕地质量标准的要求。主要监测指标有土壤常规肥力指标、土壤微量元素、土壤环境质量指标、灌溉水质量指标。前两项指标主要是对土壤本身自然属性监测，后两项指标是对可能影响农产品质量和产量的其他因素的监测。

3. 监测方式

高标准农田质量监测主要通过土壤样品采集进行检测，通常使用"五点法"对土壤进行分层采样。根据监测内容和监测点的不同，进行不同频次土壤样品采集检测。如土壤常规肥力指标中的土壤质地较为稳定，年度间变化不大，可在土壤普查时测定；土壤常规肥力指标中的耕作层厚度、土壤体积质量和土壤微量元素可每两年测 1 次；其他监测指标一般情况每年监测一次以观察土地质量动态变化情况。

4. 监测管理

县（市）级农业部门按有关要求填写土壤监测原始资料表，采集样品，报上一级农业部门进行分析化验，根据化验结果填写相关监测资料汇总表和高标准农田土壤质量监测年度报告上报省级农业部门，由省级农业部门整理分析后，上报省级人民政府。

（四）完善高标准农田档案管理

1. 档案管理内容

高标准农田档案资料要齐全并与实地相一致；各级档案、图件、数据齐备，可查可核；数据及时更正，保证档案现实性。

（1）表册资料：台账、考核办法、相关专题资料、动态监管资料等；

（2）图件影像资料：高标准农田分布图、遥感影像图、日常管理影像等；

（3）电子资料：高标准农田数据库、图表册资料的电子文档等。

2. 档案管理方式

高标准农田档案设立专室或专柜由专人管理，统一对档案进行编号，规范案卷，制定相应的检索查阅制度。实行档案分级管理，逐级备案，同时加强档案的保密性。数据资料及时更新，做到图册表与现状相一致，保持档案资料的连续性和数据的真实性、准确性。

第五节　海外耕地资源开拓机制

一　海外耕地资源开拓机制概述

（一）海外耕地资源开拓机制的内涵

海外耕地资源开拓机制是利用国外富足的耕地资源开展农业生产，增加粮食作物供给渠道，减缓国内耕地资源生产压力的保障措施。海外耕地资源开拓机制主要解决的问题有：保障我国企业“走出去”安全性有效性；促进农产品返销国内“引进来”。

（二）海外耕地资源开拓机制的构建思路

为了安全理性高效地利用海外农地资源，在遵循比较优势原则以及人口、资源可持续发展原则基础上，构建海外农地资源开拓机制的基本思路是：从保障国内粮食安全角度出发，利用东道国丰富的农地资源、水资源等农业自然资源，激励我国企业“走出去”，通过技术援助、资金投入等方式，增加我国短缺性粮食作物、经济作物供给量，拓宽海外农产品供应渠道，从而掌握国际农产品市场主动权，缓解国内部分作物长期依赖进口的困境，增强我国在粮食紧张的特殊时期农产品进口风险防范能力。

二　合理选定东道国，与之建立合作关系

与东道国良好的合作关系是保障海外农地资源开拓长期稳定开展的基础，而选定合适的东道国是基础中的关键。

（一）成立专门机构，负责海外农地资源开拓信息收集评价

由农业部和外交部牵头，会同农业行业协会，成立"海外农业市场调查会"。调查会主要职责是收集东道国相关农业信息向国家和企业提供信息情报支持。信息经过处理评价后的结果主要通过简报形式定期上报国家，同时在行业协会的专业杂志上设置专栏，向企业提供海外信息情报。

在合作交流相对频繁的国家和地区设立下属的涉外市场调查会，动态监测当地的政治环境、农业信息、农地政策等，反馈回国内调查会和在当地投资的国内企业及个人，做好风险预防评价和农业基础信息变动收集。

（二）东道国的选择依据

"海外农业市场调查会"对海外潜在东道国的政治风险、农业自然资源条件、与我国的友好度以及对农业发展的渴求度等进行收集评价判别，将适合的东道国提供给国家，促使与之建立合作关系。

1. 政治风险

非洲、拉丁美洲等发展中国家有着资源丰富、市场潜力大等优势，是我国海外农地资源开拓的首选地区，但长久以来，这些地区的许多国家战乱不断、政治波动频繁，存在巨大的政治风险。政治风险是指由于东道国政治、社会不稳定以及突发的政治事件等原因，使外国投资者面临着战略、财务和市场等方面损失的可能性。[①] 从当前实际来看，东道国政治环境的不稳定，是影响海外农地资源开拓的主要因素，同时也加大了企业项目投资的风险。东道国一旦发生重大的政治变化（战争、内乱、政治斗争等），海外农地资源开拓方式最易受到其威胁。例如，斐济等国政局不稳、政策连续性差，"朝令夕改"时有发生，相关法律政策因政治

----

① 盛琴雯：《利比亚动乱引发对国外政治风险的思考》，《进出口经理人》2011 年第 4 期。

环境的改变而改变，导致企业投入受损。① 因此，对东道国进行政治风险评价，选择政治风险低、政局政策稳定的国家，是海外农地资源开拓成功的关键因素。

2. 农业自然资源条件

农业自然资源所包括的气候资源、水资源、土地资源，是农业生产必需的基本资料和劳动对象。一个国家或地区农业自然资源的丰缺，对农业生产的发展有着巨大的影响。② 选择土地肥沃、雨量充沛、光照充足、灌溉水资源丰富的国家和地区，有利于农产品稳产高产。与此同时，对适宜生产我国紧缺农产品的国家和地区，重点协商合作，减缓我国此类农产品在国际市场受他国牵制的困境。

3. 与我国的友好度

海外农地开拓的重点地区是非洲、拉丁美洲等发展中国家，我国与之农业合作历史悠久。新中国成立以来，我国向 69 个发展中国家提供了 231 个农业合作项目，派出援外技术人员 1.7 万人次。③ 长期对海外发展中国家的国际援助，减轻了投资中潜在的摩擦和风险，为海外农地资源开拓奠定了政治基础，提供了政治保障。与我国友好度，是双方互利共赢、长远合作的重要推动因素。

4. 对农业发展的渴求度

目前许多非洲发展中国家和地区农业生产水平不高，土地开发利用程度低，同时农业基础设施薄弱，农业技术方式粗放，导致农产品产量不足，有着不同程度的粮食缺口，人民基本温饱难以保证，直接威胁当地政局的稳定性。为了发展农业，提高农产品供给量，大多数非洲国家制定发展农业的优惠政策，加大农业领域的开放力度。对农业发展的渴求度，是东道国对外开放农地资源开拓最直接的动力。

（三）签订政府间合作协议，约定双方责任和义务

签订政府间合作协议是不同国家和地区为推进国际农业顺利开展的重要前提，是我国与不同国家和地区为在农地资源开拓方面达成共同的

---

① 韩琪：《对中国农业对外投资规模状况的分析与思考》，《国际经济合作》2010 年第 10 期。

② 官春云：《农业概论》，中国农业出版社 2000 年版。

③ 韩琪：《对中国农业对外投资规模状况的分析与思考》，《国际经济合作》2010 年第 10 期。

目标，取得经济利益进行政策协调活动和经济、技术合作活动的重要保障，因此我国积极参与世界贸易组织、粮农组织等国际组织和多双边政府间谈判，双方签订合作协议或谅解备忘录，确定协议生效、期限与终止时间以及若出现特殊情况时，申请提前终止协议的时间，并以相关国际法律和国际组织条例来保障，同时遵从一定的合作规范和原则。

双方积极消除贸易障碍，搭建农业科技合作平台。根据合作国家的实际情况不同，主要针对农地开拓产生的农产品贸易、农业技术合作、人才交流等方面签署协议。制定东道国针对我国进口的农业相关种子、机械等采取具体优惠关税政策；确定农产品在当地销售、销往第三国、返销国内的分配比例以及涉及出口的相关政策；为我国企业在当地开展农业生产的基本保障；加强在农业科技领域的合作与交流，鼓励双方研究机构和农业企业共同研究、开发与合作。

三　建立海外农地资源开拓发展基金，加强专项资金支持

企业开展海外农地资源开拓项目需要大量的资金投入，农地资源开拓前期投入周期长、投资金额大、回收期慢，在一定程度上影响企业对外投资的积极性。建立海外农地资源开拓发展基金，能够为企业提供专项资金支持，鼓励和引导企业到海外从事农地资源开拓发展。

为规范海外耕地资源开拓发展的专项资金管理，扩大资金使用范围，提高资金使用效率，应制定《海外农地资源开拓发展基金专项资金管理办法》。

（一）资金来源与管理

（1）基金由中央财政拨付；基金所产生的合法收益与下一年度拨付款一起使用。

（2）财政部、农业部、外交部三方共同管理，并委托国际合作司负责具体工作。

（3）专项资金实行项目管理，专款专用。

（二）资助对象

当前，实施海外农地资源开拓的主体主要包括央企、地方国有企业、民营企业及个人四大类。其中，央企、地方国有企业实力雄厚，加上有"政府背景"，因而在海外农地资源开拓发展中资金投入方面优势较大，但由于其性质在国际上较为敏感，因此，专项基金应重点加强对民营企业和个人的海外农地资源开拓项目拨款支持。目前，无论是从开拓的活

跃程度还是从开拓的规模来看，民营企业正积极开展海外农地资源开拓，并在开拓市场中扮演着越来越重要的角色。

（三）资助条件

申请专项资金的项目应符合以下基本条件：符合国家法律法规和产业政策的要求，不危害国家主权、安全和公共利益；符合项目所在国法律与国际法准则；项目实施具备保障条件，包括原材料、燃料、动力、主要设备及交通运输等；项目所在地具有较好的内外部条件，项目实施具有较好的社会或经济效益。

申请专项资金的项目应完成的具体目标条件为：在一定时限内生产一定产量作物；农作物生产类型是我国政策鼓励开拓的。

（四）资助内容

1. 前期考察项目

（1）对企业前期赴东道国考察发生的国际交通费、境外住宿费按不同地域给予分档资助，每个项目只资助一次。

（2）对企业为进行海外农地资源开拓项目而聘请第三方的法律、技术及商务咨询费，资料购买及翻译费用等综合研究、信息服务给予一定额度的经费资助。

2. 海外投资开发项目

对海外投资开发项目资助形式有以下几种：

（1）直接项目投资补助。基金根据项目投资规模、东道国开发种植类别，对企业予以无偿补助支持，补助额度依照具体项目而定。

（2）贷款贴息。基金以贷款贴息的方式对项目开发予以支持，贴息资金根据国内银行中长期贷款额实际到位数、合同约定利息率以及实际支付利息数确定，贴息年限根据项目具体确定。

3. 海外战略储备返销项目

（1）静态补贴。项目在海外投资生产的粮食作物除销往当地和国际市场以外，还应做好国内粮食作物战略供应储备后援工作，拓宽国内粮食供应渠道。项目在东道国储备产生的人工、场地等费用可申请静态补贴，补助额度根据具体项目成本确定。

（2）动态补贴。项目在海外生产的粮食作物返销国内时，依据实际返销量、运输成本、粮食作物的实际需求度等给予购置动态补贴。

（3）紧急补贴。企业在东道国发生的突发紧急事件，给予专项紧急援助资金支持。

（五）项目审批及预算管理

1. 审批主体

省级农业管理部门按照属地管理原则对申报项目进行初审汇总后，由农业部组织专家对汇总后申报项目进行审核论证，财政部在审核论证结果的基础上确定项目预算，并按照预算管理程序下达预算。

2. 审批形式与时限

申请企业、个人按照申报有关要求，编制项目申报材料；由省级管理部门负责对申报项目进行审核汇总后报送农业部每年审批两次，申报材料受理时间为1月1日至1月15日、7月1日至7月15日。

3. 审批内容

（1）企业规模审核。根据企业出具资产评估报告，对于规模大、信用高的企业予以优先考虑；若企业有海外农地开拓或投资的经历，在资助额度、条件方面予以放宽要求。

（2）海外项目内容审核。与"海外农业市场调查会"的信息情报相结合，对于调查会积极鼓励的项目予以优先资助；审核企业申请项目是否与已审批项目相似，企业不得对同一地区同一类型项目，重复申请使用专款。

4. 预算管理

预算制管理，拨付要求按照财政国库管理制度有关规定执行；基金按照国内项目承担单位执行的财务会计制度和项目所在国的有关规定进行财务核算。

（六）加强基金监督管理

1. 基金分批拨付

除专项紧急援助补贴外，已审批通过的项目按照项目规模大小的不同、申请资金多少的不同进行分批拨付，原则上不允许一次性拨付。

2. 审查监督

财政部会同审计部门或委托第三方中介审计机构于每季度末对基金使用情况、项目实施情况进行抽调监督检查，对于有以下情形之一的企业，根据情节不同，将采取停止资金拨付、追缴已拨付使用资金、取消申请资助资格等方式，并依据《财政违法行为处罚处分条例》有关法律法规予以查处。

（1）未按规定报送资助资金的使用情况报告和决算报告；

（2）提交虚假申请资料骗取专项资金；

（3）未按规定报送项目实施情况；

（4）同一项目重复申请资助；

（5）违反专项资金使用原则，擅自改变使用范围。

四 加强海外农地资源开拓企业信贷金融支持

对外投资企业，在通过与东道国农业企业合资或与多个跨国公司相互参股时，降低了投资的政治和社会风险，同时加大了对企业的资金要求。企业规模小、竞争力不强、资金不足是我国农业企业对外投资的普遍问题。有关专家统计，发达国家企业单项对外投资规模平均金额为600万美元，发展中国家平均为450万美元，我国平均只有220万美元，而我国农业投资项目平均只有几十万美元。[1] 由于融资受限，我国多处对外投资项目进展缓慢，资金"瓶颈"约束着企业的壮大与发展。

鼓励农业企业开展海外农地资源开拓，增强企业资金竞争力，降低企业投资风险，应该加大政策性银行对海外农地资源开拓企业金融支持力度。针对此类项目政策性银行应扩大对象、放宽条件、简化程序。同时建立相对完善的金融支持体系，推动投资银行、开发金融公司参与，为本国企业在东道国的农业投资提供贷款和股权融资，开发金融公司的参与大大提高了投资企业在国际金融市场和东道国金融市场的融资能力，也减缓了对外投资的农业企业独自面对国际市场的风险和压力，体现出政府鼓励企业开展海外农地资源开拓投资的政策导向。

（一）扩大贷款对象，放宽贷款条件

目前我国政策性银行贷款管理制度中，对于贷款对象和贷款条件有着较为严格的限制，主要贷款对象是央企、国有企业等国有或国有控股的农业企业，大多要求具备政府背景。一些中小民营企业很难获得项目贷款。例如，《中国农业发展银行贷款管理制度》规定贷款对象是：中国储备粮管理总公司及其直属库；经县级和县级以上人民政府行政管理部门批准成立的国有粮食购销企业；专门从事批发、调销、进出口等经营活动的国有及国有控股的粮食企业；经省级政府有关部门批准的具有专门从事棉花收购（含初加工）、调销、进出口业务资格和能力的供销社棉

---

[1] 翟雪玲：《我国农业"走出去"的问题及对策》，《研究与探索》2006 年第 7 期。

花企业；农业部门所属的良种棉加工厂；供销社棉花企业控股的股份制棉花企业；国务院和中国人民银行批准的其他企业。同时贷款对象需要满足下列基本条件：认真执行国家粮棉油购销政策，恪守信用；经工商行政管理机关核准登记的企业法人；在农发行开立基本存款账户，同时开立收购资金存款账户、应付利息存款账户、财务资金存款账户等专用存款账户，并按规定使用；有固定的经营场所；按规定及时向开户银行提供真实的财务和统计资料，并接受其信贷管理和监督。

为了更好地促进企业进行海外农地资源开拓，对于有这方面项目贷款的民营企业，可以根据其以往信用和项目可行性报告等，给予一定额度、时限的政策性贷款。扩大贷款对象，放宽贷款条件。

（二）简化贷款流程

在目前的贷款申请、贷款受理及调查、贷款审查、贷款审批、签订借款合同、贷款发放、贷款检查、贷款本息的收回八个程序的基础上，采取网络申请，提高申请受理效率，缩短审批时间。

（三）加强专项信贷监管

定期检查借款人各类存款账户设置及使用情况，审查资金用途和去向，防止资金流失。贷款使用实行报账制管理，借款人必须按规定用途使用贷款。严禁借款人虚报收购量、谎报收购价格或虚开有关开支发票套取贷款，或违规使用贷款。

五　完善税收优惠体系，避免双重征税

截至 2012 年，我国已与 96 个国家签订避免双重征税协定，但在实践过程中依然存在以下几个方面问题：一是粮食出口高关税税率政策给种子出口造成重负担；二是返销农产品进口环节税收优惠不足。目前我国对在国外生产返销国内的产品仍然征收关税和增值税，增加了这些产品的成本。以黑龙江红河农场为例，2005 年红河农场在俄罗斯远东地区种植的大豆丰收，一部分产品运回国内。在返销过程中，不仅俄罗斯要征收高达 20% 的关税，中国也要征收 1.5% 的关税和 6.5% 的增值税，在国内销售还有 6.5% 的销售税，大豆运回国内各项费用 841 元/吨，成本价 2350 元/吨，而 2005 年 11 月黑龙江中等油用大豆收购价 2398 元/吨，几乎没有利润。① 这种税收政策不利于我国短缺性战略性农产品境外开发。

因此，对国内紧缺的一些农产品，在返销国内时，国家应在流通环节、销售环节给予一定的优惠，如免征或少征进口关税和增值税，国内销售享受与国内产品同等待遇。另外对于企业对外投资所需出口的国内生产资料、设备等，应提供通关便利，减免出口环节税费。

① 翟雪玲、韩一军：《我国农业"走出去"的障碍及未来发展思路》，《中国经贸》2006年第9期。

第五章　建设用地资源有效供给和
节约集约利用的实现机制

第一节　建设用地资源有效供给和
节约集约利用的现状及出路

一　建设用地资源有效供给现行途径

建设用地资源是国民经济各部门进行经济活动不可缺少的载体，由于经济不断发展的需要，建设用地规模不断扩张。目前，我国建设用地资源主要依靠新增建设用地外延扩张提供资源供给，其中建设占用农用地和未利用地开发是新增建设用地的主要途径，也是现行建设用地资源有效供给的主要途径。

（一）建设用地资源有效供给现状

1. 新增建设用地总量变化总体趋势

据新增建设用地数据统计，1997—2008 年的 12 年间，我国新增建设用地总量高达 7098.0 万亩。由图 5-1 可以看出，新增建设用地趋势分三段式。

第一段，1997—2001 年，新增建设用地平均维持在 470.8 万亩的水平上，2002 年新增建设用地由 2001 年的 428.3 万亩急剧增加到 722.0 万亩，增幅达 68.6%。2002 年是明显的分水岭。

第二段，2002—2006 年，新增建设用地呈"W"状，并于 2004 年达到历年最高值 844.5 万亩。在这期间，新增建设用地总量和均量都位于高水平，外延扩张极为明显。

第三段，2006 年以后，新增建设用地由高位逐渐低行，从 2006 年的 770.9 万亩逐年降低，到 2008 年新增建设用地量为 548.2 万亩。但依然高于 2001 年之前的用地量水平。

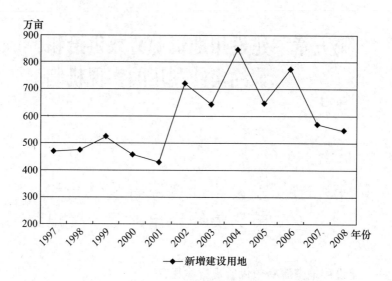

图 5 - 1 1997—2008 年我国新增建设用地变化

2. 新增建设用地来源结构

（1）农用地是新增建设用地最主要来源。现行《土地管理法》规定，现状农用地转变为建设用地只有两种方式：一是土地利用总体规划确定的城市和村庄、集镇建设用地范围内，农用地可以按土地利用年度计划分批次地转为建设用地；二是大型的建设项目占用规划范围外的农用地的，如大型的交通、能源、水利、矿山、军事设施等建设项目，必须根据项目的批准机关及其法律规定的批准权限先经国务院或省、自治区、直辖市人民政府批准，才能转为建设用地。

根据我国新增建设用地占用农用地数据统计，1997—2008 年建设占用农用地总量为 5934.6 万亩，是新增建设用地总量的 83.6%。从图 5 - 2 可以看出，建设占用农用地总体上与新增建设用地量变化趋势相一致，在 2004 年达到占用最高峰为 729.4 万亩。

（2）建设占用未利用地比重小且变化趋势小。根据我国新增建设占用未利用地数据统计，1997—2008 年建设占用未利用地总量为 1163.4 万亩，仅占新增建设用地总量的 16.4%。从图 5 - 3 可以看出，建设占用未利用地可分为两段式变化。

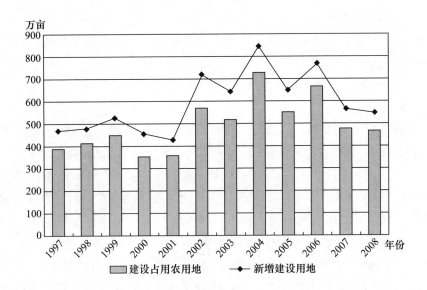

图 5 - 2　1997—2008 年我国新增建设用地占用农用地变化

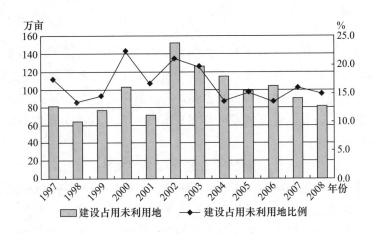

图 5 - 3　1997—2008 年我国建设用地占用未利用地变化

第一段，1997—2001 年，建设占用未利用地处于比较平缓的低水平，年平均占用量为 79.1 万亩。2002 年建设占用未利用地由 2001 年的 71.3 万亩急剧增加到 152.1 万亩，增幅高达 113.3%。

第二段，2002—2008 年，除 2006 年有短暂上升外，建设占用未利用地呈逐年下降趋势，到 2008 年已减少到 81.4 万亩，达到 1997 年时建设占用未利用地的水平。

综上所述，农用地转用为新增建设用地是我国现行建设用地资源供给的主要途径。

（二）农用地转用面临的问题

1. 指标约束

（1）18 亿亩耕地"红线"。2008 年，在国务院审议通过的《全国土地利用总体规划纲要（2006—2020 年）》中提出了 18 亿亩耕地"红线"不能突破的目标，2010 年和 2020 年，全国的耕地保有量分别保持在18.18 亿亩和 18.05 亿亩。要实现这一目标，必须严格控制非农建设占用耕地，加强对农用地转用量的控制。耕地保有量这一刚性指标约束，使未来能够转为建设用地的农用地越来越少。

（2）新增建设用地指标控制。在《全国土地利用总体规划纲要（2006—2020 年）》中明确了土地利用的主要任务，要求节约集约利用建设用地，严格控制新增建设用地规模。新增建设用地指标对农转用的约束日趋严格。

2. 失地农民安置问题

随着农用地转为建设用地，大量的农地被征收，原本依靠农地吃饭生活的农民失去了土地所给予的生活保障。按照国土资源部的相关规定，对于失地农民有着多种形式的安置方式，主要包括货币安置、就业安置、住房安置、入股分红安置、异地移民安置等。但政府对失地农民的安置仍存在以下几种问题。

（1）安置标准过低。根据《土地管理法》规定，征用耕地的补偿标准是该耕地前三年平均年产值的 6—10 倍，征用土地补偿费和安置补助费的总和不得超过土地被征用前三年平均年产值的 30 倍。这一标准难以达到妥善安置农民的目的。征地补偿金是解决失地农民未来生活基础的关键，但现行的征地补偿标准与经济发展水平不匹配，远远不能满足失地农民的需求。各地一次性补助安置费即使按最低生活标准来计算，也只能维持 2—3 年的生活。[①]

（2）失地农民再就业和社会保障问题未得到有效解决。以货币安置

---

① 彭征等：《浅析土地征用补偿标准和失地农民安置问题》，《安徽农业科学》2006 年第34 期。

为主的失地农民要自谋再就业出路，但困难不断。由于农民本身文化程度不高，非农就业技能低，因此相当一部分农民处于失地又失业的状态。

我国农村的社会保障体系不完善，失地农民在养老、医疗等这些社会保障问题方面仍有许多问题未得到有效解决。在养老方面，农民失去土地后收入不稳定，养老问题得不到保障，同时家庭规模缩小、人口老龄化加剧，都使家庭养老的功能逐渐弱化。在医疗方面，我国农村卫生医疗保障缺乏政府有效监管，高额的医疗费用对失地农民造成巨大压力。

（3）生活观念和生活习惯的转变不适应。失地农民由农民身份变为市民身份，随之一起改变的还有农村意识转为城市意识，生活观念和生活习惯也需要较长的磨合期和适应期。选择住房安置的失地农民，从独家独院的宅基地搬到城市楼房，改变了农民的生产生活习惯，且消费成本也远超过去水平，进一步加剧了失地农民的生活压力。

3. 生态安全

（1）部分农地特有的生态功能消失。农用地在利用过程中，任何一块农用地都对整个生态系统的生态平衡发挥着各自独特的功能。当其中一块或多块农用地转变为非农建设用地，其原有的农用地功能就消失，整个生态系统必然受到一定影响，生态平衡受到威胁。如果无节制地将农用地转为建设用地，整个农业生态系统都会受到严重破坏，威胁人类的整个生存环境。

（2）非农生产方式产生环境问题。随着城镇化、工业化的发展，城镇人口数量和规模不断扩大，非农生产带来的企业数量和生产规模也快速递增，致使生产生活过程中产生大量的"三废"物质，工业和生活产生的环境压力不断加剧。

4. 粮食安全

（1）耕地数量减少。近年我国由于城市规模扩张迅速、各类开发区和基础设施的重复建设，建设用地外延扩展占用了大量的耕地，耕地数量不断减少，2001—2008 年耕地净减少量高达 590.0 万公顷，平均每年净减少耕地 84.3 万公顷。

（2）耕地整体质量下降。我国中低产田面积大，比重高，耕地质量不高，平均粮食产量较低。随着大量城镇周围和交通沿线优质耕地被转用，而补充的耕地多为偏远的边缘地区，土壤肥力、农业生产条件和农业生产水平低，耕地整体质量下降，粮食安全的保障受到了严重限制。

二 建设用地资源节约集约利用现状评价

(一) 城镇建设用地节约集约利用现状

1. 城镇外延扩张，浪费现象严重

（1）城市建成区面积快速增长。在工业化、城镇化进程不断发展阶段，我国城镇建设用地正经历快速增长。据《中国城市统计年鉴》数据表明，截至 2008 年年底，我国城镇建设用地达到 30445 平方公里，建成区面积为 29402 平方公里，是 1997 年的 2.2 倍，年均增长 7.25%，特别是 2002—2005 年，城镇建设用地第三次过度增长并严重失控，年均增长都在 2000 平方公里以上。其中，西部、东部城市规模扩展较多，2008 年建成区面积分别为 1997 年的 2.34 倍和 2.25 倍，中部相对较少，为 1.94 倍。

人口增长是城市建设用地扩张的主要影响因素之一。1997—2008 年，尽管城市建成区规模扩大了 1 倍多，但人口密度却从 684 人/平方公里下降到 600 人/平方公里。1986—1996 年全国 31 个特大城市用地增长弹性系数为 2.29，大大超过 20 世纪 80 年代有关专家研究得出的城市用地增长弹性系数 1.12 的合理值。① 2005 年，城镇居民人均用地已达 133 平方米，远高于一些发达国家人均城市用地 82.4 平方米的水平。人口增长与城市扩张不同步（如图 5 - 4 所示），城市建设用地快速向外围扩张，城市蔓延现象明显。

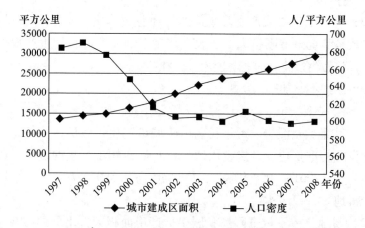

图 5 - 4　1997—2008 年我国城市建成区面积与人口密度变化情况

---

① 李元：《生存与发展》，中国大地出版社 1997 年版。

（2）闲置土地面积大。对上海等 12 个城市的调查表明，城市建成区的空闲地约占建成区面积的 17%。也有研究对杭州市主城区 1998—2006 年已出让的住宅与商业用地的开发情况进行了抽样调查，调查结果表明抽样的样本中到 2008 年年底仍有 13.3% 的土地尚未开发，部分土地已闲置了 5 年之久。[①] 开发区土地闲置现象也非常严重，据统计，在已经占用的开发区土地上只有 57% 得到了有效利用，闲置土地比例高达 43%。[②]

2. 城镇土地结构与空间布局不合理

从城镇建设用地内部结构来看，我国城市工业仓储用地比例明显偏高，与国外发达城市相比，我国工业用地比例分别是纽约、伦敦、巴黎的 4.7 倍、4.1 倍和 3.4 倍，但城市交通用地、绿地等比例偏低。在空间布局上，我国许多城市由于盲目外延式扩张，城市整体空间形态呈现分散化、离心化发展格局（如表 5-1 所示）。

表 5-1　　　　我国与发达国家部分城市建设用地内部结构对比

	生活用地（%）	工业用地（%）	交通用地（%）	绿地（%）	其他（%）
中国	31.7	26.8	12.1	5.6	18.9
纽约	23.2	5.6	34.7	17.3	18.8
伦敦	36.5	6.5	20.1	18.1	18.8
巴黎	20	8	27	12	19

3. 土地产出率低

目前我国多数城市采用"摊大饼"式发展模式经营城市建设，建成区规模迅速扩张，土地利用粗放，社会经济发展以土地外延式扩张为支撑。国外部分城市的容积率水平已达到 2.0，而我国城市容积率仅为 0.33，土地低效利用现象突出。北京和上海是我国城市土地产出率相对较高的两个特大城市，但与发达城市相比，这两个城市的地均 GDP 仅有首尔的 13%、东京的 7%（如表 5-2 所示）。

---

① 叶晓敏：《城市闲置土地的分布特征与形成机理研究——以杭州市主城区为例》，硕士学位论文，浙江大学，2009 年。

② 卢新海：《开发区土地资源的利用与管理》，《中国土地科学》2004 年第 18 期。

表 5-2　　我国与其他发达国家城市建设用地面积与土地产出对比

	城市面积 （平方公里）	建成区面积 （平方公里）	城市 GDP （亿美元）	地均 GDP （万美元/平方公里）
北京	10809	700	59.4	849
上海	6340	1029	88.4	859
首尔	605	605	410	6772
东京	2059	515	5073	98524

（二）农村建设用地集约利用现状

1. 人均农村居民点面积逐年递增

城镇化、工业化进程下，我国农村建设用地规模并没有随着农村人口的外迁而减少；相反，呈持续上升的趋势。人均农村居民点用地面积也由 1997 年的 189.3 平方米增加到 2008 年的 229 平方米，长期超国标上限 50 平方米以上，且仍有扩大趋势（如图 5-5 所示）。

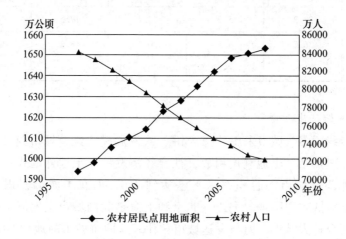

图 5-5　1997—2008 年我国农村居民点用地面积与农村人口变化情况

从东中西部来看，区域间农村居民点节约集约利用水平差别较大，总体来说中部集约度最低，其次为东部和西部。2000 年、2004 年和 2008 年的土地、人口数据表明，东部、中部、西部人均农村居民点面积均在持续增加。其中东部增长幅度最大，从 2000 年的 190.21 平方米增加到 2008 年的 226.99 平方米，增幅为 19.3%；中部、西部增幅相对较小，分别为 18.1% 和 6.7%（见表 5 - 3）。

表 5 - 3　　　　　　　　分地区人均农村居民点用地面积

地区	2000 年 （平方米/人）	2004 年 （平方米/人）	2008 年 （平方米/人）
全国	199.18	216.00	229.18
东部	190.21	207.98	226.99
中部	232.08	245.99	274.08
西部	167.45	185.66	178.60

2. 村庄用地布局松散，住宅容积率低

由于村庄建设长期缺乏统一规划和严格管理，村民建房选址随意，很多规模较小的农村居民点独门独户零星分布在交通便捷的道路两侧或是自留地、承包地附近，布局极为松散。随着农村经济的发展，全国各地特别是福建、西藏、浙江、江西、广西、贵州等地区，农村居民家庭居住面积逐年持续增长，2008 年全国农民人均住房面积比 1997 年增长了 44.3%，但独院式、前庭后院的居住方式并未发生改变，住宅建筑容积率仍很低，人均住房面积的增长进一步扩大了农村居民点规模。

3. 宅基地废弃与闲置、一户多宅和"空心村"现象严重

当前城乡二元分割体制下，我国现行法律法规严格限制了农村建设用地包括宅基地的流转。随着城镇化的发展，"空心村"现象普遍出现，已定居城镇的居民双重占有土地资源。再加上村镇规划与农村土地管理的长期滞后，建新不拆旧、"一户多宅"现象常见，造成了宅基地的大量闲置、空闲。根据刘彦随等对山东禹城典型村庄用地潜力调查与评价：48 个典型村宅基地废弃率平均为 8.4%，最大值为 25%；宅基地空闲率平均为 10.0%，最大值为 18.7%；空心村整治增地的近中期潜力为

46%—54%，可净增耕地为13%—15%。全国的潜力状况也类似。[①]

三 建设用地资源有效供给和节约集约利用的出路

根据以上分析，我国建设用地不能再依靠传统的以农用地转用为主的供给路径，必须从外延扩张转向内涵挖潜。

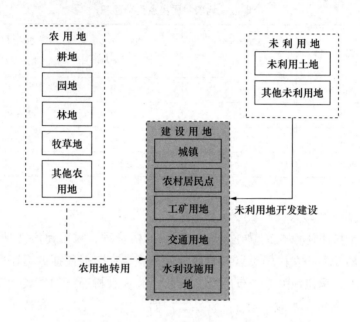

图5-6 建设用地资源有效供给和节约集约利用的现实途径

在现有的土地利用框架内，如果摒弃农用地转用这一路径，建设用地资源有效供给和节约集约利用的出路主要包括：

（一）存量建设用地内涵挖潜

就现有建设用地自身来看，仍然有着巨大的内涵挖潜空间。据调查，全国城镇规划范围内共有闲置、空闲和批而未供的土地近26.67万公顷。全国工业项目用地容积率为0.3—0.6，工业用地平均产出率远低于发达国家水平。1997—2005年，农村人口减少9633万人，而农村居民点用地却增加了近11.75万公顷，农村建设用地利用效率普遍较低。存量建设用地内涵挖潜主要包括两个方面：

---

① 刘彦随、刘玉、翟荣新：《中国农村空心化的地理学研究与整治实践》，《地理学报》2009年第64期。

1. 城乡建设用地置换

在工业化、城镇化推进的过程中，大量人口和产业向城镇集聚，由此导致农村建设用地出现大量闲置。一方面，农用地转用只能保证重大基础设施建设的需要，城镇、工矿用地供需矛盾日益尖锐；另一方面，农村建设用地闲置低效利用现象突出，因此有必要开展城乡建设用地置换。目前，各地在"城乡建设用地增减挂钩"政策下开展的实践即属于城乡建设用地置换的范畴，但其主要是在本区域（县级区域）内实现置换。为了进一步挖掘城乡建设用地置换的潜力，应该推动城乡建设用地的异地置换，使农村建设用地闲置严重、潜力大的地区更多地挖掘潜力，相应地将指标配置到城镇建设用地供需矛盾尖锐的地方去。

2. 城镇存量建设用地挖潜

在城乡建设用地置换之外，还可以在城镇建设用地内部进行内涵挖潜。城镇建设用地内部具有潜力的区域主要包括：（1）老旧城区：部分旧城区由于缺乏规划、基础设施不完备无法发挥其应有的土地效益，可以通过旧城改造提高其土地节约集约利用水平，承载更多人口和资本；（2）旧工矿：部分工矿企业由于经营不善造成土地闲置，或者因城市发展原来处于城市边缘的工矿企业现在已在主城区之内从而不适合继续生产，对于这些工矿企业应该通过置换、转变经营方式等重新利用；（3）旧村庄：一些城市在扩张的过程中原来的村庄被纳入城市建成区之内，因规划缺失、管理缺位等造成严重的土地利用问题和社会问题，也需要对其进行再利用。

（二）适度开发未利用地

由于我国幅员辽阔，各地区土地资源禀赋差异巨大。在西北、西南等地，未利用地面积占土地总面积的比重非常大。由于经济发展水平相对落后，存量建设用地基数较小；受制于水资源、地形等自然条件，人均耕地面积偏低，不能支撑建设用地的有效供给；当社会经济快速发展形成大量的建设用地需求时，可以考虑将一部分适宜开发建设的未利用地转为建设用地，为社会经济发展提供保障，特别是支持一些保障性、民生性、基础性的项目和工程（如图5-7所示）。

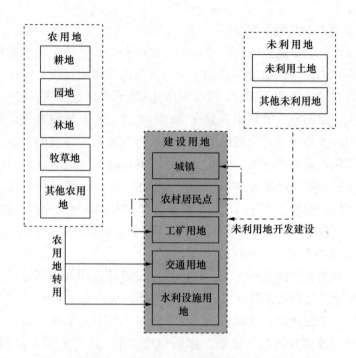

图 5 - 7   建设用地资源有效供给和节约集约利用的出路

第二节   城乡建设用地挂钩指标交易机制

一   构建城乡建设用地挂钩指标交易机制概述

目前的城乡建设用地增减挂钩指标交易采取的是封闭运行、行政配置的方式，配置方式过于僵化，造成了挂钩指标使用效率的损失、挂钩区域不匹配等问题，也阻碍了挂钩工作的进一步开展。在市场经济条件下，基础性资源的市场配置方式往往比行政配置方式更为有效。挂钩指标的交易能够很好地解决挂钩指标供需不匹配、需求方指标紧缺和供给方挂钩资金短缺的问题。挂钩指标供给方可通过预支挂钩指标获得挂钩收益，不仅能筹集充足的资金开展拆旧，还能最大限度地减少挂钩的财政风险。而指标需求方通过有偿交易获得城镇建新的权利，推动城镇发展，并且还能促进城镇土地节约集约利用，因为挂钩指标的成本将计入供地成本中。当然，如果这种交易成本大于本区域农村建设用地整理置换成本时，地方政府会选择在本区域进行闲置农村建设用地的挖潜，而这也会提升农村建设用地的节约集约利用水平。因此，要提高挂钩指标的使用效益，解决挂钩指标的供需匹配，有效推动城乡建设用地的置换，需要将挂钩指标在更大范围内使用，就需要构建挂钩指标的交易机制。

其实指标交易在浙江、江苏等省已有探索，如耕地的异地代保、新增建设用地指标交易等，但是缺乏合理的市场交易机制，现实中的交易价格往往是需求方积极联络攻关主要负责人私下敲定交易价格[1]，而这种价格并未体现承担更多保护责任的价值，对地区发展也有限制作用。尽管有调查显示，调查区 92.3% 的国土部门工作人员明确表示有积极的供需意愿，但指标交易的供需均衡很难达到。[2] 因此，构建挂钩指标的交易机制，要分析挂钩指标的价格内涵，并将土地发展的权利考虑进来，建立合理的市场交易机制和规范统一的交易平台。

综上所述，挂钩指标交易机制的基本思路如图 5-8 所示。

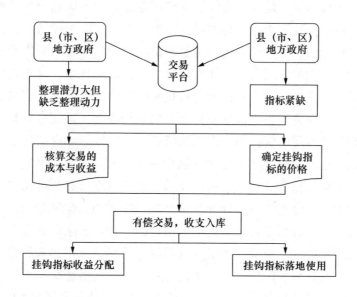

图 5-8　挂钩指标交易机制的基本思路

① 李效顺、曲福田、张绍良：《基于管理者认知调查下的土地指标配置分析》，《中国人口·资源与环境》2011 年第 21 期。

② 同上。

　　具体来说，遵循效率优化、城乡统筹、区域利益协调等原则，将挂钩指标作为一种稀缺性资源，允许挂钩指标的市场交易；构建区域间挂钩指标的交易平台，通过交易平台信息的发布与反馈，形成农村建设用地整理潜力大但缺乏资金的地区与挂钩指标紧缺区的有效供需；在双方各自核算交易的成本与收益，并充分考虑耕地保护的外部性与土地发展权价格的基础上，分析挂钩指标的价值和价格内涵，合理确定挂钩指标的价格；通过市场竞争达成交易后，指标供给方将获得的挂钩指标收益纳入挂钩资金专用库，以供挂钩指标的滚动生产或弥补挂钩指标的生产成本，并按照挂钩资金管理办法进行合理的收益分配；而指标需求方按照国家供地政策与购买计划，将指标在本行政区内落地使用，并将收支状况一并计入挂钩资金专用库。通过挂钩指标交易机制的构建，将目前挂钩指标使用的行政配置与封闭运行，转变为市场配置供需调节，旨在发挥市场机制在城乡建设用地要素空间配置中的基础性作用。

　　挂钩指标的交易是基于主体间的供需意愿，利用区域间级差地租原理而进行的。从挂钩指标交易的供需双方来看，挂钩指标的需求方为经济发展速度较快、指标较为紧缺且整理潜力较小的地区，而供给方为宅基地整理潜力大但缺乏资金、挂钩指标生产困难的地区，这类地区往往位于经济欠发达地区。挂钩指标交易机制的建立，使地方政府可通过挂钩指标的市场交易在更大范围获得更多的挂钩收益，这既可以为闲置宅基地退出筹集充足的资金与平衡项目资金，降低地方政府挂钩的财政负担与财政风险，又能推动本地区城镇化进程与农村发展。事实上，并不是有了供需就必然会进行挂钩指标交易，供需双方均有利可图的一种内在经济机制才是促进挂钩指标交易最终实现的动力。也就是说，假如需求方不能从供给方那里得到理想的收益，就不会发生实际的交易，对供给方而言同样如此。而将挂钩指标供需双方的交易联系起来的是区位级差地租。交易区域间区位级差地租的存在，是挂钩指标交易得以实现的经济动力，并且这种交易有利于社会经济总收益与土地利用效率的提高。

二　挂钩指标交易的定价

　　作为综合衡量挂钩指标稀缺性与土地产权关系的重要指数，如何科学合理地确定挂钩指标的价格始终是挂钩指标交易机制的核心内容。

　　（一）挂钩指标价格的内涵

　　价格是以价值为基础，是价值的货币表现形式。要对挂钩指标进行定价，首先必须明确其价值，认识其价格内涵。

在我国土地利用规划体系中，指标控制是土地利用规划的基本原则。地方政府只有取得新增建设用地指标，才有权利和资格将农用地转为建设用地。挂钩指标，是土地利用总体规划与土地利用年度计划外，地方政府通过本区域存量农村建设用地的挖潜或跨区域购买而来。挂钩指标的生产凝结了大量资本和劳动，因此它是有价值的。挂钩指标的本质与土地利用年度计划中新增建设用地占用耕地指标一样，是土地发展的权利。通过挂钩，地方政府将城镇新增建设用地占用的耕地承担的外部效应，转移到农村拆旧复垦的耕地上。一旦使用指标，就可以将城镇建新区耕地变为建设用地，发展权带来的土地用途的改变将使土地产生巨大的、快速显现的增值。因此，挂钩指标也具有使用价值，代表着其使用者获取巨额的土地经济效益的可能。挂钩指标的价值就在于级差地租存在的前提下，通过耕地保护外部性的转移，获得土地发展的权利而带来的巨额土地经济收益，并且每一单位挂钩指标的落地使用都可能代表着不同区位、不同质量的农用地转为建设用地，继而带来不同的经济效益。因此，挂钩指标的价值源于新增建设用地级差地租中的经济价值。

从收益的角度来看，挂钩指标的价格主要取决于挂钩指标落地使用后所产生的收益大小。然而，要想衡量挂钩指标能带来多少价值量，以此作为定价的依据似乎是一件困难的事。因为挂钩指标所带来的经济效益，是挂钩指标形成的土地发展权、被征土地的农地发展权和市地发展权等多种权利综合作用的结果。仅仅是指标的落地而没有后面的征用开发与出售，指标的价值是无法体现的。基于生产费用，从成本角度评估挂钩指标的价格可能是一种可行的办法。以成本定价，是卖方愿意接受的最低价格不能低于其为生产该指标而花费的代价；对买方而言，是买方愿意支付的最高价格不能高于其所预计的重新生产该指标所需的代价。最终将会是买卖双方可接受的正常代价。但是，从成本角度评估挂钩指标的价格并不能完全反映挂钩指标的真正价值。无论挂钩指标生产成本如何，真正决定其价格高低的是挂钩指标在使用过程中能产生并能转移到购买者手中的剩余价值量的大小，是购买者愿意支付的对未来预期收益评价的价格。

（二）挂钩指标价格的构成

从成本角度评估挂钩指标的价格可作为一种价格依据，作为市场交易的基础。现有土地估价基本方法中的成本逼近法为挂钩指标价格的评估提供了可行的思路。基于此逻辑，挂钩指标的价格等于挂钩指标的生产成本加上挂钩指标落地使用时带来的土地增值。具体来说，挂钩指标的价格主要包括退地补偿成本、拆迁整理复垦成本、生产过程中发生的一切税费、利息利润，再加上因挂钩指标使用带来土地开发而引起的土地增值。本书将前四项称之为土地发展权取得成本，也就是为取得土地发展权，在挂钩指标生产阶段所花费的所有成本。退地补偿成本是指对退出宅基地的农民和农民集体的所有补偿之和，根据第四章农民退出闲置宅基地的退地补偿标准的分析，其具体包括对农民的社会保障支出、宅基地使用权和房屋所有权的正常市场价格补偿以及对农民和农村集体土地发展权的补偿等。挂钩指标的构成可用式（5-1）表示：

$$V = E + C + T + R_1 + R_2 + R_3 = V_E + R_3$$
$$= E_s + E_e + E_d + C + T + R_1 + R_2 + R_3 \qquad (5-1)$$

式中，V 为挂钩指标价格；E 为退地补偿成本；C 为拆迁整理复垦成本；T 为税费；R_1 为利息；R_2 为投资的平均利润；R_3 为土地增值；V_E 为土地发展权取得成本；E_s 为社会保障支出[①]；E_e 为宅基地使用权和房屋所有权的正常市场价格；E_d 为土地发展权补偿。

1. 土地发展权取得成本

土地发展权取得成本中退地补偿成本的核算是取得成本评估的主要内容。退地补偿成本中，目前对社会保障、宅基地使用权与房屋所有权的价格已有专门的研究与实践，在此并不做详细的分析，而拆迁整理复垦成本、税费、利息利润等在一定区域一般情况下以实际发生的成本为依据，没有理论探讨的必要。本书拟重点分析土地发展权的补偿。

在土地资源既定的限制条件下，如果把一定土地用作耕地即配置了农地发展权，则必然意味着这部分土地不能用作城市建设用地，其机会成本就是放弃了作为城市建设用地的收益；如果把一定土地用作城市建设用地即没有配置农地发展权，则必然意味着这部分土地不能用作耕地，其机会成本就是放弃了作为耕地的农业产出收入以及承载于耕地之上的国家粮食安全和生态安全价值的社会责任。[①]在挂钩中，农民和农村集体

---

① 臧俊梅：《农地发展权的创设及其在农地保护中的运用研究》，博士学位论文，南京农业大学，2007 年。

退出闲置宅基地并整理成耕地后，因用途限定只能维持农业耕作而不能随意改变用途，且不得再申请新宅基地，也就是农民和农村集体失去了将耕地改变为建设用地并获得相应收益的土地发展权利。这种农地发展权的失去，是政府为兼顾耕地保护与城镇发展的双重目标，从国家粮食安全与社会经济发展的角度考虑，通过挂钩的方式，将城镇新增建设占用的耕地承担的外部效应转移到农村复垦的耕地上来，而要求农民退出闲置宅基地后必须复垦为耕地从事粮食生产和严格保护，以达到异地占用耕地开发建设的目的。而这正是闲置宅基地退出复垦为耕地而形成的农地发展权的价值所在。

根据土地发展权转移的基本原理，土地发展权的获得者应承担因土地用途改变或是强度提高带来的社会成本，并为发展权失去者提供公平的补偿。对农民和农村集体进行农地发展权的补偿，体现了产权保护下收益分配的公平与合理，应该成为农民退地补偿的重要组成部分，也是挂钩指标价格中理应要考虑进去的成本。因此，从机会成本理论分析，挂钩指标中农地发展权的补偿是指经挂钩复垦后将耕地只作为种植粮食这一用途，从而失去改变为农村建设用地用途及利用强度取得更大效益机会的损失补偿，是以失去未来发展机会为代价的补偿。应以此为基本思路，对发展权的补偿进行具体测算。

对挂钩指标中农地发展权的补偿可根据农地发展权的价格进行补偿，而农地发展权的价格应是农地开发变为最佳最高用途下的建设用地价格扣除农地价格，即农地发展权价格＝农村建设用地市场价格－农地价格，可用式（5-2）表示。具体测算要分成两步，即复垦形成的耕地变为农村建设用地时的市场价格和土地用于现状农业用途的市场价格。对农地发展权的补偿有赖于城乡统一土地市场的形成与发展。如果土地所在区域集体建设用地市场活跃，交易案例足够充足，还可采用市场比较法进行评估。

$$P = P_c - P_f \qquad (5-2)$$

式中，P 为耕地发展权价格；P_c 为农村建设用地市场价格；P_f 为农地市场价格。

2. 土地增值收益

土地增值简单地说是土地价值的增长，表现为土地价格的增加。按照"谁贡献，谁受益"的原则，土地增值形成的原因是土地增值收益分配的依据。挂钩指标是政府通过政策引导，使农民和农村集体将农地发展权让渡出来而形成的。它的落地伴随着耕地转变为国有建设用地，并经出让获得土地收益。挂钩指标落地使用后，国有建设用地与耕地的价差即一般观念上的新增建设用地土地增值收益。挂钩指标对新增建设用地的土地增值收益的贡献体现在为被征地区承担了耕地保护的责任，继而获得土地增值收益的行政许可，也就是说，没有挂钩指标，没有耕地发展权的让渡，地方政府就无权行使新增建设用地计划外的土地征收，也就不会产生土地的增值。借鉴臧俊梅等对农地转为建设用地的土地增值分类①，挂钩指标产生的土地增值的主要原因有两部分，一是地方政府因政策出台与实施带来的政策增值，二是农民和农村集体将发展权让渡带来的用途转换增值，而这些均源于新增建设用地的级差地租，具体在挂钩指标落地区土地出让金中的土地增值收益里。

一般而言，挂钩指标在发展权转入地落地带来的土地增值收益必定要大于在发展权转出地落地带来的土地增值，否则将不会产生挂钩指标的交易，因此，可用挂钩指标在挂钩指标供需两地间的增值收益差，作为挂钩指标中土地增值收益的确定依据。当有一定的挂钩交易案例后，本书认为可借鉴土地估价中大多数成本逼近法估价案例的做法，政府可设置一个增值率，按土地发展权取得成本的百分比来计算增值收益。

（三）挂钩指标价格的确定

挂钩指标作为一种虚拟的商品，前面从成本角度探讨了挂钩指标的价格，但这种成本价格还不是挂钩指标的真实价格，只是交易价格的参考。挂钩指标的价格应是正常市场所认可的价格。要使挂钩指标的价格能趋于合理，必须要有合理的定价制度来保证，应建立以市场形成价格为主的价格机制。从目前价格形成与交易方式的角度来看，挂钩指标价格的最终确定包括政府定价与市场形成价格两个方面：

第一，政府定价。在以计划指标控制的建设用地管理体制下，政府对挂钩指标起着宏观管理的能力，也有定价的权力。由政府作为定价的主体，实际是将生产、经营主体和定价主体统一，而这也有利于挂钩的良好运行。当然，政府必然要以地租地价等基本理论为基础，价格的制

①　臧俊梅、王万茂：《农地发展权的设定及其在中国农地保护中的运用——基于现行土地产权体系的制度创新》，《中国土地科学》2007 年第 3 期。

定需遵循价值规律。以上文提出的成本价格作为挂钩指标交易的参考价格，可为挂钩指标购买者提供基准价。

第二，市场形成价格。政府定价是实现市场形成价格的前提。挂钩指标作为一种稀缺资源与特殊商品，在市场交易中也应当允许其因供需、竞争作用引起溢价，这种溢价即挂钩指标的增值收益。政府有了定价权，如果不经过市场的竞争，政府定价容易变成垄断价格或出现"有价无市"。市场形成价格就是要让价值规律、供求规律和竞争规律等市场经济规律直接作用于价格的形成，使挂钩指标的价格在市场供求变化和竞争中形成，具体就是通过各参与主体的竞争来确立市场能够接受的价格，而参与主体也可以参照价格调整各自供需的规模与目标，使政府决定的价格更加符合市场规律的要求。

由此，以政府定价为基础，在市场充分竞争中形成并交易的价格才是挂钩指标真实的市场价格。挂钩指标最终成交的价格可用式（5 – 3）表示：

$$V_t = E_s + E_e + E_d + C + T + R_1 + R_2 + R_3 + R' \qquad (5-3)$$

式中，V_t 为挂钩指标市场成交价格，R' 为市场溢价（挂钩指标的增值收益），其余符号含义与式（5 – 1）相同。

三　挂钩指标交易的收益分配

挂钩指标价格的合理确定保证了价格机制的有效运行，也对挂钩指标的交易起到了重要的信号作用，而指标收益的合理分配是平衡各参与主体利益、促进挂钩顺利公平与有效运行的动力机制。根据收益分配的基本理论，从分配主体及其关系、分配方式等方面进行分析，形成挂钩指标交易的收益分配方案。

（一）收益分配主体及其关系

参与挂钩指标收益的主体主要有退出的闲置宅基地使用者农民和所有者农村集体，挂钩指标生产与管理方地方政府。从产权关系角度，农村集体是闲置宅基地的所有者，也代表着整个农村集体的利益，掌握着集体土地的经营管理权。农民是宅基地的共同所有者与实际使用者。挂钩落地产生的整体收益中，农民和农村集体贡献了宅基地使用权的退出与农地发展权的让渡，因此，农民和农村集体的产权主体地位决定了其在挂钩收益分配中的主体地位。同时，农民作为集体成员，农民的部分利益要通过集体才能实现，农村集体和农民的利益是基本一致的，两者应是一种合作互利关系，但由于农地发展权属于农民和农村集体所有，两者农地发展权补偿的分配是此消彼长的关系，因此农民和农村集体间又存在博弈。

从投资收益主体角度来看，生产指标的地方政府、购买指标的地方政府都对其进行了投资。参与挂钩的区域，通常是由地方政府规划、组织实施、管理并进行交易，地方政府对其进行了大量投资，这种投入显化了农村建设用地的资产价值，也推动了城市发展。因此，生产指标的地方政府作为投资主体也应获得相应的利润，是直接参与收益配置的主体之一。在挂钩的实施过程中，县（市、区）级和乡镇级地方政府均参与到其中，两者在行政上是上下级管理关系，在利益分配上表现为一种合作博弈的关系。而购买指标的地方政府按其市场价格支付了资金，承担了包括农民和农村集体、地方政府等在内花费的所有投入成本，但在落地后也获得了高额的增值收益，是挂钩指标的使用者，其收益分配主要体现在落地后，并不参与挂钩指标收益的分配。

此外，由于挂钩指标中土地增值收益的产生既有农民和农村集体农地发展权转移带来的用途转换增值，又有地方政府因政策出台与实施带来的政策增值，因此，在土地增值收益分配上政府与农民亦是合作博弈关系（如图5-9所示）。

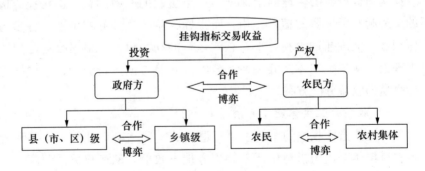

图5-9　挂钩指标收益分配主体及其关系

（二）收益分配的具体方案

挂钩指标的收益分配本质是权利的界定与分配。根据对参与收益分配的主体及其关系分析，可较为清晰地得到各参与主体的收益分配方案（如图5-10所示）。

$$V_t = E_s + E_e + E_d + C + T + R_1 + R_2 + R_3 + R'$$

图 5 - 10　挂钩指标收益分配示意

　　需要说明的是，市场溢价下的挂钩指标增值收益，是由挂钩指标本身的稀缺性与市场竞争机制作用形成的，尽管地方政府、农民和农村集体均是受益者，但本书建议将其归农民和农村集体所有，以体现国家政策规定的"使用增减挂钩指标的土地出让净收益要及时全部返还用于改善农民生活条件和支持农村集体发展生产"的原则。

　　四　挂钩指标交易的政府监管

　　（一）搭建挂钩指标交易的有形市场

　　挂钩指标交易市场是关于挂钩指标供求双方关系及产权交易的市场，具体来说是挂钩指标供求双方围绕挂钩指标开展交易的平台。构建挂钩指标交易的有形市场，需要国家建立起统一的挂钩指标供需库与挂钩指标交易中心。由省级人民政府及其国土管理部门对本省内所有挂钩试点县（市、区）的社会经济状况、土地供需状况、土地整理潜力等进行全面统计，将所有试点分为挂钩指标供给方与挂钩指标需求方两大类，在征询各县（市、区）人民政府供需意愿的基础上，列出本省范围一定时期内可作为挂钩指标供给方与需求方的各县（市、区）名单，形成挂钩指标供需库，并将这些信息提供到全国统一的挂钩指标交易信息平台。分省建立挂钩指标交易台账。有挂钩指标供给的地方政府在省下达的挂钩周转指标规模内将供给信息发送到信息平台，供给信息应包括挂钩供给区域、挂钩指标的规模、交易底价、交易定金等。通过定期的信息发布，让有挂钩指标需求的县（市、区）地方政府参与进来。交易可采取招标、挂牌、拍卖等方式进行，通过多方供需主体的协商与讨价还价形成挂钩指标一级市场的交易。

　　当挂钩指标交易的一级市场有一定基础，运行相对稳定后，可考虑二级市场的建设，允许地方政府间挂钩指标的转让、抵押行为，促进挂钩指标的流动与使用效率。挂钩指标交易市场如图 5 - 11 所示。

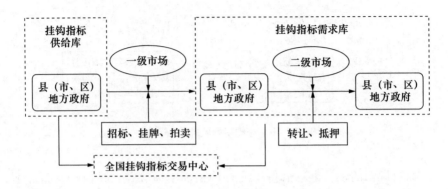

图5-11 挂钩指标交易的市场体系示意

从挂钩指标的交易范围来看，近期可先在本省范围内进行跨区交易。从远期来看，可探索挂钩指标的跨省交易，这对我国东部、中部、西部区域间协调发展是有利的，但跨省交易的监管难度相对要大，需要各省份间国土资源管理部门的协调与监督。

同时，将挂钩指标证券化，是挂钩指标远期交易需考虑的。具体来说，首先对挂钩指标按数量与质量进行标准化处理，将挂钩指标进行类似国外土地发展权转移计划中的单位土地开发权设计，即规定多大规模与质量等级的耕地为一个单位的挂钩指标，将指标证券化，这样，供给者与需求者可根据自身资源与需求出售或购买相应单位的挂钩指标，以改善近期指标交易中定额供需带来的交易麻烦，提高交易效率。

（二）培育挂钩指标交易的中介机构

中介机构是指在挂钩指标生产和交易过程中，为挂钩指标供给与需求主体提供专业服务的中介组织，是供需双方、政府与市场联系的中介环节，这些中介机构尽管不是挂钩指标交易市场形成的必需条件，但其存在体现着市场的完备度与活跃水平，能促进挂钩的顺利开展。因此，政府在构建有形市场硬平台的同时，还要培育中介机构这类软平台，为挂钩指标的生产与交易提供良好的市场运行环境，最终软硬结合实现挂钩指标的高效交易。

（三）完善挂钩指标交易的市场运行

1. 制定运行规则

除了挂钩交易有形市场的建立，政府还应明确交易程序与规则。中央政府及国土资源部负责对全国挂钩试点的挂钩规模调控与监督检查；

省级地方政府明确进入挂钩指标供需库的试点区域、供需信息审核、挂钩交易周期、交易规模、交易方式、挂钩指标使用与管理细则、交易备案等总体运行规则。由于挂钩指标是一种稀缺的资源，政府还应整体把握交易的市场化程度，即每年可以将多大比重的指标投入市场，什么时候以何种方式多大规模进行指标交易等。同时，指标出售的规模不应过小也不宜过大，过小或过大都不利于需求方的积极参与和市场的充分竞争。对挂钩指标成交额过高的交易还可征收交易税，以减少市场的波动与交易的不公平。

2. 支持转出区的发展

通过土地发展权的交易，尽管提高了资源利用的整体效率，但也容易形成地区"马太效应"，造成发展的不公。经济发达的地区获得发展权后越来越强，而经济落后地区因承担耕地保护责任，丧失了今后的发展空间，从长期来看不利于落后地区的发展。因此，在市场交易时，应尽量通过市场交易将更多的增值收益转移给经济落后地区，在政府土地出让金中，可拿出一定比例的财政支出支持落后地区的建设发展，并建立对农村资金、技术、人才、产业等方面的回流机制。

（四）建立公众参与和监督机制

建立监督机制，需要地方政府、中央政府和社会力量的积极参与。各级地方政府应定期公开挂钩指标交易情况、挂钩指标库的使用与挂钩资金库的收支状况等，完善各县（市、区）人民政府自查、省级国土部门年度考核的管理。在中央层面，国家土地督察机构发挥着重要作用。各地土地督察机构对省级和县（市、区）地方政府的挂钩开展定期的检查与公告，通报地方的违规操作与不良行为；对情况恶劣、造成较大影响与后果的，应追究地方责任，发挥督察的行政问责职能；对督察成绩较差、挂钩存在重大问题的地区应实行农用地转用审批限制，缩减或停止区域农用地转用审批，并禁止挂钩项目的开展直至整改合格；对挂钩开展较好、社会反响较好的地区，可给予计划指标的适度奖励。此外，新闻媒体、网络的社会监督力量也不可小视，他们在信息获取、传播方面有独特的优势，在指标的生产、交易过程中一定的社会监督有利于信息的公开、透明，地方政府也应打开挂钩操作的"暗箱"，接受社会公众的广泛监督。

建立公众参与机制，需要保障农民的知情权、参与权，农民有权参与到退地、复垦、交易、落地的全过程中，有权自主决定是否退地、是否交易、如何交易，有权了解挂钩指标的收益如何分配、如何落实，也有权监督与举报政府不合法规、侵害自身利益的行为。建立公众参与机制，还需要专家、专业人士与民众的参与，不管是挂钩指标的整理复垦还是挂钩指标使用时开发建设，只有经过科学的论证与公开的讨论，才能避免地方领导"拍脑袋"、不切实际的行为。

五　实证——重庆的"地票"交易分析

以上对挂钩指标交易机制进行了理论层面的探讨。从目前的挂钩实践来看，重庆的"地票"交易突破了县级行政区域的限制，是将挂钩指标进行市场配置与跨区交易的典型。下面以案例形式对重庆的挂钩指标交易实践进行分析，以验证或矫正本部分的理论分析，为挂钩指标的交易提供指导。

（一）重庆"地票"交易的做法

2008 年，重庆在城乡建设用地增减挂钩的实践探索中出台了地票交易制度，设立了农村土地交易所。2009 年国务院发文支持重庆设立农村土地交易所，并鼓励开展土地实物交易和指标交易试验，逐步建立城乡统一的建设用地市场。为推动和规范地票交易的开展，重庆相继发布了《重庆农村土地交易所管理暂行办法》、《关于规范地票价款使用促进农村建设用地复垦的指导意见（试行）的通知》等，并在 2010 年进行了户籍制度与土地制度的联动改革，规定农民退出的宅基地在优先保障农村发展建设用地需求的前提下，通过地票交易显化资产价值，为农民进城提供资本积累。至此，地票成为农村土地与城镇土地、农民进城与城市发展的桥梁，通过农村土地交易所的公开交易，实现了挂钩指标的大范围、跨区域配置。从地票价格构成、收益分配、交易过程、政府管理等几个方面，对重庆"地票"交易进行总结，可以较为清晰地说明重庆的做法，也能与本书中理论部分的内容进行对比分析。

1. 地票的交易过程

根据 2008 年 12 月 1 日实施的《重庆农村土地交易所管理暂行办法》，地票交易基本过程概况如下：不同复垦项目产生的指标，在交易所被打包组合成地票，政府制定地票基准交易价格，进行公开交易；指标需求者通过竞标购入地票，选择符合城乡规划和土地规划的相应耕地，拟作为自身建设项目；政府运用其征地权，将用地者所选耕地转为城镇

建设用地；对该建设用地实行招标、拍卖、挂牌，实现指标落地；该用
地者如果在指标落地时竞标失败，则地票按原价转给竞标成功者；地票
冲抵新增建设用地有偿使用费和耕地开垦费。① 简言之，重庆地票交易的
过程就是生产指标—打包上市—竞标购票—选地征地—出让落地的过程
（如图 5 - 12 所示）。

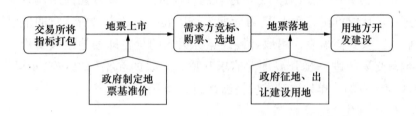

图 5 - 12　地票交易过程示意

2. 地票价格的形成

地票价格由地票基准价和地票增值收益两部分构成。对地票基准价
格的确定重庆官方有两种解释，一是在《重庆农村土地交易所管理暂行
办法》（渝府发〔2008〕127 号）文件中规定：市人民政府在综合考虑耕
地开垦费、新增建设用地土地有偿使用费等因素的基础上，制定全市统
一的城乡建设用地挂钩指标基准交易价格。二是《重庆市人大调研》于
2010 年第 7 期发布的《关于我市地票交易成交价款分配及农民受益情况
的调查报告》表明：地票基准价格由重庆市农村土地交易所根据农村集
体建设用地复垦成本、物价水平、劳动力价格及地票成交价格动态确
定②，主要由地票成本构成，包括对农民和农村集体放弃农村建设用地及
其地上建筑物的补偿；新村的新建、安置补偿；拆除建筑、复垦及项目
区农业基础设施配套费用；工作中产生的相关税费及管理协调成本等。

重庆市政府统一制定地票的基准价格后，在农村土地交易所一般以
基准价起拍。由于地票在落地时可冲抵新增建设用地有偿使用费和耕地
开垦费，用地者在可冲抵费用范围内以任何价格购买地票都相当于零价

①　王守军、杨明洪：《农村宅基地使用权地票交易分析》，《财经科学》2009 年第 4 期。
②　张健超：《重庆市统筹城乡发展过程中的地票制度探析》，硕士学位论文，昆明理工大学，2011 年。

格购买。而根据重庆市新增建设用地有偿使用费和耕地开垦费的相关规定，可冲抵费最高在重庆主城六区每亩约 7.33 万元，最低约 1.67 万元，经济越发达的地区可冲抵费就越高。因此，用地者一般会将可冲抵费用作为竞争地票的底价再竞拍。以第一张交易的地票为例，政府定的基准价格为每亩 4.26 万元，成交价为每亩 8.53 万元，则 4.26 万元为复垦成本，8.53 万元中 7.33 万元为用地者的可冲抵费，1.2 万元为用地者支付的选择地块权价格，而 4.27 万元即为重庆农村土地交易所认定的地票增值收益。公开交易后，用地者最终竞标买入的价格即为地票成交价。随着地票交易的进一步开展加上需求旺盛，地票的起拍价也在不断提高，2011 年 8 月的一单地票基准价格已达到 17.5 万元/亩。①

3. 地票的收益分配

地票收益最初的分配是，地票的增值收益缴入市国土资源行政主管部门设置的耕地保护基金统一管理，主要用于上缴中央部分新增建设用地有偿使用费和建立耕地保护专项基金或农村土地整治基金，农民不参与地票增值收益的分配。鉴于农民在地票收益分配中获利低，重庆市国土资源与房管局后来多次出台文件规范地票的收益分配，最终形成了以下收益分配方案：一是地票的平均价扣除复垦项目工程成本、管理成本及融资成本后，按 9.6 万元/亩、1.7 万元/亩分别支付给退出宅基地的农户和该农村集体经济组织。按以上标准支付地票平均价款后还有剩余的，以 85% 与 15% 的比例再次支付给农户和农村集体。二是复垦除宅基地外的其他农村建设用地的地票价扣除上述成本后，应采取土地整治方式用于新农村建设。而农村土地交易所还会按指标交易额 1% 的比例收取交易服务费。

4. 政府管理

重庆市、区县政府及其下属机构在地票交易中的主要职能为：(1) 市、区县政府组织、实施农村建设用地的退出、复垦与验收；(2) 建设交易平台，即农村土地交易所，制定交易规则，并将不同行政区域、不同整理复垦项目产生的挂钩指标在农村土地交易所打包，形成地票；(3) 制定地票基准价格，组织地票公开交易；(4) 在地票落地阶段，政府对购买方选定地块进行土地征收转为城镇建设用地，并组织该

①　本节地票数据来源于重庆市国土资源和房屋管理局公众信息网地票交易专题。

地块招拍挂等土地出让交易，实现指标落地。

（二）重庆"地票"交易的剖析

1."地票"交易的基本机制

当前快速城镇化进程中，城市建设用地需求大，但在我国严格的耕地保护制度与土地用途管制的制约下，建设用地指标的计划下达通常无法满足经济发展较快地区城镇用地需求。与全国其他地区一样，重庆一方面城镇建设用地供需缺口大，地区发展不均衡，另一方面在农村存在大量的闲置建设用地，农民的土地资产价值固化在农村，阻碍了城镇化的快速、健康发展。作为城乡统筹试验区，重庆在既有的城乡建设用地增减挂钩制度基础上，进一步探索农村闲置建设用地的盘活，引入挂钩指标的市场交易机制，通过地票的形式将土地发展权在更大范围内进行跨区转移，这不仅能较好地解决原有挂钩制度中挂钩指标供需区域不匹配的问题，还能极大地释放挂钩指标的交易空间，因为拆旧的农村地区越偏远地价越低，挂钩指标落地的城镇地区地价越高，两地的级差地租就越大，供需双方可能获得的收益也就越高，交易成功的可能性越大。因此总体来说，地票交易已初步建立起了挂钩指标的交易机制，引入了市场机制进行土地发展权的转移，并且这种交易是首先由农民将发展权转给政府，然后政府再直接转给包括区县级地方政府、企业、个人等在内的用地方。但是，地票交易下的土地发展权转移，仅仅是在挂钩指标的交易环节发挥了市场作用，挂钩指标的价格机制与利益分配机制的形成与作用仍主要是在政府控制下，均没有完全市场化，因此，目前的地票交易仍只是一种半市场化的挂钩指标交易。

2."地票"交易价格机制存在扭曲

由上文的案例介绍可知，重庆地票的定价机制总体来说是合理的，即先通过政府制定基准价格，再通过市场竞争形成挂钩指标的交易价格，但是，基准价格的制定与市场交易价格的形成都存在一定程度的价格扭曲。

首先，对于基准价格的制定，重庆现有文件中存在两种定价依据，第一种是以新增建设用地土地有偿使用费和耕地开垦费为依据制定；第二种是以生产地票的复垦成本价为基础来制定。其实两种定价依据的原理是一样的，即都是以耕地开发复垦的成本为依据，也就是为获得土地发展权而付出的成本，因为根据《土地管理法实施条例》，新增建设用地土地有偿使用费和耕地开垦费都是专项用于耕地开发、复垦的。以土地发展权获得成本的角度进行定价本身是符合成本逼近法的基本思路，也是合理的，但问题是地票的基准价格中对土地发展权取得成本的测算是一种政府指令下的定额标准。因为土地发展权取得成本中最重要的部分，即对农民和农村集体退出农村建设用地的补偿是固定额度的"一刀切"式补偿，其宅基地使用权和房屋所有权的补偿不是正常的市场价格，也没有或者较少对农民和农村集体进行发展权的补偿。因此，地票基准价格的确定仍然缺乏充分的市场作用，存在价格偏低的可能。

其次，地票的最终交易价格也存在价格偏低的可能。由市场形成最终交易价格，允许地票的价格因市场供需、竞争而产生增值，其本身是合理的，因为地票本身是一种稀缺资源，理应接受市场的考验，并且竞争越充分就越能体现地票本身的价值。但问题是目前的地票交易竞争并不充分，有政府和大型企业垄断的倾向。从历次地票交易的信息中可以看出，政府土地储备机构的成交额占了总成交额的将近一半，并且多数为大宗面积的指标成交。买家中频频出现重庆"八大投"（即由重庆政府拥有、授权经营的重庆城投公司、高发公司、高投公司、地产集团、建投公司、开投公司、水务控股和水投公司）的身影。① 地票制度设计者之一陈悦认为："目前的地票以宗为单位，每宗的面积都在上千亩，许多中小企业无力参与竞购；应当将其拆分为50亩、80亩等小面积的地票，否则在实践操作中地票成为专为土地储备公司、大型国有企业量身定做的嫁衣。"因此，因地票打包不合理，使地票可能成为部分利益集团操纵价格谋取利益的工具，几乎大部分的大宗地票都基本以基本价格成交。市场竞争缺乏公平充分，影响了地票价格的最终形成。

3. "地票"交易收益分配机制欠合理

地票落地后对被征地区土地的增值贡献在于替被征地区承担了耕地保护的责任，继而获得了土地增值收益的行政许可。没有地票，没有宅基地退出复垦成耕地产生的发展权让渡，地方政府就无权行使新增建设用地计划外的土地征收，也就不会产生土地的增值。而农民和农村集体将其发展权让渡出来了，继而带来了被征地区土地用途转换的增值，农

---

① 华强：《重庆户改跃进隐忧，地票交易过程不透明》，http：//gov.finance.sina.com.cn/chanquan/2012－03－28/117900.html。

民和农村集体理应享受到发展权的补偿以及这部分土地增值收益。地票最终形成的收益分配方案的基本收益部分，正如前文所述，对农民9.6万元/亩的补偿是"一刀切"式的定额补偿，不是正常的市场价格，即使按成本来计算这一标准也是偏低的，而且也并没有考虑到对发展权的补偿，同时地票价格中的土地增值收益并没有分配给农民和农村集体，而随着土地出让金流向政府，其地票中的土地增值收益基本留在了政府手里。因此，对地票的收益分配不仅要对农民和农村集体进行发展权的补偿，还应将地票落地区的土地增值收益考虑进来，而不是目前形成的地票落地与生产两分离的收益分配格局。

此外，在市场交易中形成的地票增值部分，应在农民和农村集体间按比例分成。重庆的地票增值在农民和农村集体间的分成是按85%、15%的比例进行的，这一比例是否合理仍值得进一步考察。如果这种分配比例是大部分农民和农村集体组织所接受的，那可以认为是合理的，如果不是，则需要调整。并且还有一个问题需要考虑，15%的收益确实返回到农村集体了吗？由于农村集体的概念界定本来就不清晰，同时农民在退出宅基地时需经农村集体同意，这给农村干部提供了"寻租"空间，15%的地票增值收益返还是不是也有可能被纳入各级农村干部囊中呢？因此，在重庆农村集体经济本来就没有或者很弱的情况下，可直接将地票的增值收益全额返还给农民。

4. "地票"交易的运行规则仍有待完善

良好合理的运行规则能够保证挂钩指标市场交易的有序开展，地方政府应明确挂钩交易周期、规模、交易方式、挂钩指标使用与管理等总体运行规则。重庆在制定挂钩指标的使用规则时规定，购票者一旦在政府土地出让中购得了土地使用权，就可以在土地出让金中扣减新增建设用地土地有偿使用费及耕地开垦费，本书觉得扣减两费的做法欠妥。地票落地时占用了耕地，已是事实上的新增建设用地，那么按照土地管理法要求就应缴纳新增建设用地土地有偿使用费。正因为地票可抵充新增建设用地土地有偿使用费，使地票落地后的土地出让收益中仍需拿出部分弥补指标落地时政府新增建设用地土地有偿使用费的资金，最终减少的还是农民的收益。而对于耕地开垦费，《土地管理法》第三十一条规定："国家实行占用耕地补偿制度。非农业建设经批准占用耕地的，按照"占多少，垦多少"的原则，由占用耕地的单位负责开垦与所占用耕地的数量和质量相当的耕地；没有条件开垦或者开垦的耕地不符合要求的，应按照省、自治区、直辖市的规定缴纳耕地开垦费，专款用于开垦新的耕地。"而地票购买者在落地时已完成了耕地"占多少，垦多少"的任务，因此耕地开垦费可不再缴纳。地票的购入者在落地时只能抵充耕地开垦费，仍需缴纳新增建设用地土地有偿使用费。

地票交易让用地者承担了额外的拿地成本，尽管用地者在指标落地后可扣减新增建设用地土地有偿使用费及耕地开垦费，但与挂钩指标购入的价格相比仍有差价，用地者也必定会将这一额外的拿地成本转移到消费者身上。如果新增建设用地土地有偿使用费不能抵充，那么地票成交价格与可抵充费的差额就更大了，拿地成本更高，更有可能推升房地产等产品价格。因此，本书提出，为弥补拿地成本，政府在指标落地规划设计时可设置两个开发强度，即基本开发强度与最高开发强度（可用容积率来衡量）。最高开发强度不得超过地块开发的最高限度，需兼顾地块周边的用地情况来确定。并且最高开发强度与基本强度间不宜相差太多，可根据挂钩指标的基准价格扣除耕地开垦费的余额进行开发成本的转换来设计，如将增加 1 个容积率的成本与挂钩指标的基准价格扣除耕地开垦费的余额进行对比，如果两者相当，则可将基本容积率与最高容积率之差设置为 1。用地者缴纳的土地出让金是包含了基本开发强度的用地款。如果挂钩指标涨价幅度较高，用地者可向政府申请增加开发强度，但必须在最高开发强度的限制范围内。由此，对用地者适度的开发强度奖励，可促进用地者的市场参与积极性，避免对房价上涨产生影响，同时也利于土地的集约利用。

那为什么不直接按最高开发强度设计土地出让金，成交后一次性扣除挂钩指标的价格呢？尽管这两种方法的目的一样，但实施效果会相差较大。如果用地者事先就知道挂钩指标的价格会在出让金中扣除，在没有购买风险的情况下，用地者如果想拿到挂钩指标，必定会竭尽全力购买，而不管指标价格有多高。这显然不利于挂钩指标价格的正常形成，对土地发展权交易市场的正常运行产生不利影响。因此，以开发强度奖励的形式效果要更优于直接扣除。

5. "地票"交易应建立公众参与和监督机制

建立公众参与和监督机制，是确保挂钩交易公平、公开、公正、合法开展的重要方面。重庆地票交易中政府既是农村建设用地复垦的主体，又是交易规则的制定者、执行者，也就是通常所说的，既是裁判员又是运动员，卖方、买方和中间人均由政府主导。政府搭建市场、制定交易规则、提供基准价格，对挂钩交易市场来说是必要的也是重要的，但是政府一手包办指标生产、打包、交易的全过程，农民缺少参与和知情权，信息不够公开、透明，必然会有"暗箱操作"的嫌疑。具体来说，在地票生产环节，基层国土行政主管部门和土地整治中心兼具农村建设用地的退出整理与复垦、地票的验收与核发等，没有公众与监督机构的参与；在地票打包环节，政府操纵着地票打包权，包括指标区域的选取和指标规模的确定等，指标区域选取有何依据，地票面积如何确定，这些问题都具有很大的随意性，农民退出宅基地形成的挂钩指标只有被交易的权利，而用地者也只有根据地票组合被动参与；而在地票交易环节，地票的收支状况没有形成定期的公开制度，收益最终如何分配、方案是否落实等问题都无法监督。应建立健全公众参与和监督机制，以切实保护交易双方的利益，推进农村建设用地的有序退出与挂钩工作的顺利开展。

（三）总结与讨论

探讨挂钩指标的实质，厘清挂钩指标价格的内涵及其构成，分析挂钩指标的收益来源，对于构建挂钩指标交易机制具有重要意义。只有对上述问题有一个本质的认识，才能建立起科学的挂钩指标价格机制、收益分配机制。重庆"地票"交易打破了挂钩指标无偿交易下的行政配置模式，初步引入了市场机制进行跨区域的挂钩指标交易，提高了挂钩指标的使用效益，实现了城乡用地特别是农村建设用地资源配置效率的帕累托改进，其意义值得肯定。但是，在构建地票交易制度时，由于对地票交易的本质、地票的价格及其收益的分配缺乏整体清晰的认识，"地票"交易仍只是一种半市场化的挂钩指标交易，仅仅是在挂钩指标的交易环节发挥了市场作用，挂钩指标的价格机制与利益分配机制的形成与作用仍主要是在政府控制下，也未将土地发展权及其发展权转移带来的增值收益考虑进来，由此造成"地票"交易的价格机制存在扭曲，没有形成合理的收益分配机制。同时，在政府的监管方面，挂钩指标交易的运行规则、公众参与和监督机制均有不完善之处，加大了地票价格和收益分配的不合理。

解决上述问题，构建更为完善的地票交易制度，有赖于城乡统一土地市场的建设，充分发挥市场机制的作用，以形成更为合理的地票价格；需要引入土地发展权，进一步完善我国土地产权体系，保护土地发展权转出区的发展权益；需要政府管理体制与农村治理结构的改革，需要公众的参与和监督，以切实维护交易各方的利益。

第三节 "三旧"建设用地改造机制

"三旧"改造是指在符合土地利用总体规划和城镇建设规划的前提下，对布局不合理、配套不完善、使用效率低下的存量建设用地进行再开发、再利用，是拓展用地空间、实现资源可持续利用的重要途径。

一 改造思路

按照"全面探索、局部试点、封闭运行、结果可控"的原则，切实加强组织领导，认真落实"三旧"改造各项政策，积极探索改造模式与运行机制，有效推进"三旧"改造的开展。

明晰集体土地产权主体，通过集体土地股份制等方式促使集体土地使用权与收益权分离，让农民直接参与集体土地产权的处置，分享工业化、城市化带来的土地增值收益；坚持市场化运作，有效调动政府、农民集体及相关权利人的积极性；政府严格规划管控和政策引导，规范改造实施的准入门槛及范围，做好改造服务工作；完善土地增值收益分配机制，政府、集体和农民参与土地增值收益分配，实现多赢。

二 机制创新

（一）明晰产权

调查"三旧"改造涉及范围的地类和权属状况，做好确权登记，保障权益主体的利益。

允许开展土地置换。为满足"三旧"改造的需要，允许在符合土地利用总体规划、城市总体规划和控制性详细规划的前提下，通过土地位置的调换等方式调整盘活使用原有存量建设用地。不同权属的建设用地，国有建设用地与国有建设用地之间、集体建设用地与国有建设用地之间、集体建设用地与集体建设用地之间的土地均可置换。

允许集体建设用地满足一定条件直接转为国有建设用地。在土地利用总体规划确定的城市建设用地规模范围内且符合城乡规划的，纳入开发利用规划的具有合法用地手续的集体建设用地，土地权属清楚、无争议的，农村集体可向所在地县级以上国土资源管理部门申请转为国有建设用地。

差别化的解决历史遗留土地问题的政策。根据不同的历史阶段和历史遗留土地问题的实际情况，采取相应的处理（处罚）措施，完善各类用地手续的处罚标准，明确完善各类历史用地手续的时限。

（二）市场运作

1. 市场主体作用

强调市场机制和政府职能的结合，充分发挥市场主体作用。"三旧"改造模式中采用自主改造、自主经营、多村联合开发、引入开发商联合改造开发、以土地入股等以原有土地权利人为主体兼顾其他方式的多种改造模式，充分保障了土地权利人的市场主体地位。政府做好规划编制，通过正确引导、提供政策保障、摸底调查、提供技术保障和各种协调工作，让市场主体主动参与，充分发挥市场机制在配置资源中的基础性作用。合理分配土地增值收益，有效发挥政府职能推动和市场机制撬动的双重功效，调动政府、农民集体等相关利益主体的积极性，实现利益主体的共赢。

2. 土地供应政策

根据不同的供地情形，采取差别化的土地供应政策：

公开出让。对政府依法征收或者收购、收回存量建设用地后改造的经营性用地，必须通过招标、拍卖、挂牌的方式统一公开供应。农民集体的存量建设用地开发利用，用于经营性房地产开发建设项目的，必须转为国有土地并按规定一次性缴纳全部土地出让金，并且该房地产用地转让时，按规定公开交易。

协议出让。土地使用权人自行或者相互联合成立公司开发利用存量建设用地，或者市场主体自行收购后进行集中开发建设的，涉及划拨的土地使用权和改变土地用途（包括经营性用途）以及延长土地使用年限的，可免予进行土地收购储备和公开交易，可以采取协议出让的方式供地。

划拨供应。农民集体使用的集体建设用地或者国有建设用地（留用地），在符合城市规划和土地利用规划，且土地权属不发生转移的前提下，按照城市规划用途农民集体可自行开发使用，且可以采用划拨供地方式。集体建设用地依法改变土地用途，但土地使用权不发生转移的，只要土地使用人与土地所有人相一致，也可以享受本规定的优惠政策。

3. 土地流转机制

旧城镇、旧厂房改造涉及的留用地如果属国有的，只要土地权属不发生转移（属原土地使用者自行改造），可免予土地公开交易，否则应按照土地公开交易的规定办理。

旧厂房改造涉及的农村集体建设用地，转让、出租、抵押等土地流转符合相关规定要求的，按土地流转的有关办法处理。改造涉及的农村集体建设用地如果需要改为经营性房地产开发建设项目，需按规定办理集体土地转国有的相关手续。

土地利用总体规划确定的城市建设用地规模范围内的旧村庄改造，在农村集体自愿提出申请且村民（代表）大会表决全部同意的前提下，不需要办理土地征收的手续，可以直接登记为国有建设用地，以缩短报批时间，并且节约大量的人力、财力、物力成本。

（三）政府引导

政府需不断夯实各项基础工作，为改造工作提供有力的支撑。

1. 严控范围，摸清家底

合理确定"三旧"改造范围。根据国土资源部土地节约集约利用要求，围绕城市形象提升和功能完善、新型城镇化建设、城乡人居环境改善、产业结构调整和转型升级等国家战略部署，以有利于提高土地产出水平、提升土地利用节约集约度为前提，并严格遵循土地利用总体规划和年度实施计划、城市总体规划、"三旧"改造专项规划、产业发展规划及环境保护的相关要求，将旧城、禁止与淘汰类产业用地、城中村等用地纳入改造范围。

全面开展"三旧"用地的调查摸底工作。运用多种调查手段，摸清"三旧"用地的地类、空间分布和土地权属状况，切实完成"三旧"用地的确权登记。结合"三旧"用地调查登记工作的开展，将涉及的"三旧"用地在土地利用现状图、土地利用总体规划图上明确其图示位置及范围，建立"三旧"改造的预备项目库，实现以图管地，提高监督管理效率。

2. 统筹规划，有序推进

编制协调统一的改造规划方案。根据"三旧"改造的总体要求，加强与新一轮土地利用总体规划、城镇建设规划以及产业发展规划的衔接，编制"三旧"改造的专项规划。充分考虑土地空间重构、社会经济功能协调、突出生态环境的保护与景观格局的优化，保障生产条件和生活环境的同步改善，兼顾历史名镇、名村、文物保护等特色村镇保护。根据区位条件和适宜性，确立"三旧"改造地块的商业与住宅开发、生态环境改造、都市农业和现代农业综合开发、主题文化公园建设等改造用途，明确规划引导的改造方向；从改造目标、改造方向、改造原则、利用强度、实施流程等方面进行规划的指引，使"三旧"改造工作的开展更具科学性、规范性和可行性，以有效推动经济社会和资源环境的全面协调与可持续发展。

编制符合改造方案的配套规划。县、镇等地方政府应根据"三旧"改造专项规划的方案，组织编制"三旧"改造地区的控制性详细规划，同时编制改造的年度计划，以指导"三旧"改造工作的具体实施。

3. 明确责任，强化监管

明确责任，加强改造的组织领导。县级以上人民政府应全面负责本区域范围内的"三旧"改造工作，发改委、规划、国土资源、建设等相关部门应各司其职，明确分工与协调，共同推动"三旧"改造的有序进行。

强化改造的监察监督力度。保证"三旧"改造合法运行，改造前防止不属于"三旧"改造范围的土地利用"三旧"改造政策办理用地手续；改造中必须严格依照相关规定进行办理处罚、确权、登记、征收、供地等手续，确保程序的公开、公平；涉及国家规定的税费，必须按照相关的规定及时缴纳入库，并按照规定的用途使用。由纪检监察、检察院等部门加强对改造的重要环节制定相关的监督制度，对有关职能部门的履职情况开展全过程的监督和定期的检查，依法保障居民、集体、第三方主体等利益相关者的合法权益，如有违法违纪行为，由监察机关依照有关规定进行严肃查处。

（四）土地收益分配

根据利益相关者权能关系，合理分配土地增值收益。贯彻"统筹各方利益、优先保障群众利益、实现多方共赢"的指导思想，切实将保障权益作为土地增值收益分配的出发点和落脚点，充分保障权利人的利益，重点保护农民的土地财产权益。积极探索集体建设用地与国有建设用地的"同地同价同权"，鼓励农民参与"三旧"改造，分享城镇化发展的成果，实现由"让利于民"到"还利于民"的重大转变。政府短期来看，土地出让收入会有所受损，但"三旧"改造将获得巨大的财政收入，并促进经济迅速增长，取得良好的社会、生态等综合效益。根据利益相关者相互权能关系，正确处理国家、集体、土地原使用权人及相关权利人的增值收益分配，寻找各方利益的平衡点，能调动起全社会的积极性，促进"三旧"改造有序推进。

以保障农民利益为重点。农村集体将国有留用地或集体转为国有的土地自行开发或通过招商引资合作开发而发生土地使用权转移的，土地出让金在扣除按规定计提的专项资金后，按照有关规定余额最高不超过60%由财政列支，专项用于保证被征地农民维持原有生活水平的补贴支出、农村居民社会保障支出以及农村基础设施的建设支出等。通过征收农村集体建设用地进行"城中村"改造，开展经营性开发的，土地出让的纯收益可按最高不超过60%的比例，安排给原有的农村集体经济组织。农村集体建设用地，只要土地使用者与土地所有者相一致，或国有性质的留用地使用者是被征地前的土地所有者，在符合土地利用规划、城市规划的前提下，土地可按城市规划的用途开发使用，不需缴纳改变用途的土地出让金。

三 完善路径

（一）严格土地用途管制

1. 普查全国存量建设用地的状况

应结合第二次全国土地调查成果，全面调查全国范围内的存量的建设用地，摸清"旧城、旧厂、城中村"等分类存量建设用地状况，在此基础上开展存量建设用地的标图建库等基础性工作。结合土地利用规划和城镇规划，强化土地用途管制制度，明确"三旧"建设用地改造的范围。

2. 明确存量建设用地再开发原则

按照"统筹规划、政府引导、市场运作、保障权益"等存量建设用地再开发利用的原则，统筹安排存量建设用地的开发利用，减少存量建设用地再开发的随意性；灵活运用"政府引导"和"市场调控"两种手段，优化存量建设用地空间格局、促进资源的配置优化，确保存量建设用地再开发按照既定程序，规范有序地推进；根据利益相关者的相互关系，保障相关利益主体的合法权益，合理分配土地增值收益，充分调动利益主体的积极性；因地制宜确定规划改造方向，科学合理制订开发利用的供选方案。

3. 发挥政府存量建设用地再开发的组织领导与监管作用

应建立目标责任制,切实加强政府对存量建设用地再开发利用的组织领导,明确相关职能部门的职责与分工,形成再开发利用的合理。同时加强政府对于再开发的监察与监督力度,保障存量建设用地再开发程序合法、监管机制健全。

(二)明晰农村土地产权

1. 明确农民作为农村土地产权主体的地位

确立农民土地财产权的主体地位,将农村土地产权界定给具体的产权主体——农民。现行制度中农村集体土地的产权主体模糊和虚位,使农民对于集体土地的合法权益难以维护和实现,集体土地发展权缺失。土地权能的不完整,土地的收益权的极大限制,致使农民的合法利益遭受侵害。农民不能安排土地的用途,当然也不能自由买卖、租赁、转让和抵押集体土地,更没有对土地的最终处置权。因此,为促进"三旧"改造有序推进,必须明晰土地产权的法律主体,将农村土地产权界定给直接使用土地、处置土地并从中获得收益的农民。

2. 确立集体土地使用权对等关系

明确农村集体所有土地与城镇国家所有土地在土地产权权能上的对等关系。赋予农民对土地的长期而有效的使用权,并给予农民承包土地的转让、出租、抵押、入股等处置权,农民拥有土地使用权、收益权及法律限定范围内的处置权,而且土地使用权的年限也应大大延长,至少不应低于城市土地的使用年限。

3. 开展集体土地确权发证

根据确定的农村集体土地产权关系,开展集体土地所有权、建设用地使用权、宅基地使用权等土地产权的确权发证,促进集体土地产权权能的进一步细化。农民在法律上享有土地的使用、处置和收益等权利,就应当充分尊重农民对土地使用用途的自由选择,允许农民自由选择土地的使用用途,政府不能阻碍农民运用上述权利,而且应当运用适当的法律手段积极保护,体现国家最核心的职能——保护产权,维持秩序。

(三)建立城乡统一土地市场

1. 建立城乡统一的建设用地使用权市场

建立城镇国有土地和农村集体土地的建设用地使用权市场,实现

"同地同权同价",打破政府垄断的一级市场,促进城乡土地要素的自由流动与土地市场的良性发展。在土地利用规划确定的城镇建设用地范围外,经批准需要占用农村集体土地进行非公益性项目建设的,允许农民依法通过多种方式参与开发经营,保障农民经营的合法权益。逐步建立城乡统一的建设用地市场,对依法取得的农村集体经营性的建设用地,可以通过有形的土地市场,以公开规范的方式转让、出租土地使用权,在符合相关规划的前提下与国有建设用地享有平等的权益,同时完善相关的法律法规和配套政策,规范城乡统一的土地市场运作。

2. 促进农村建设用地由征收到征购的转变

建立公益性的土地征收制度和非公益性的土地征购制度,促进农村集体建设用地由征收到征购的转变。建立土地征收的"公共利益"审查制度,并建立非公益性的土地征购制度。由非公益性土地的需求者与集体土地所有者、土地使用者等权利主体平等协商,针对待购土地的标的、面积、出让金和使用用途等主要条款协商相一致,签订《土地使用权的预购协议》;协议双方将签订的《土地使用权预购协议》提交国家土地管理部门审批;所购土地符合政府土地利用规划、城市规划的,由土地需求者委托土地管理部门征购集体土地的所有权、土地利用权等他项权利,并将"国有土地使用权"出让给相应的土地需求者,政府可向集体土地所有者、土地使用者征收土地增值税。

(四) 完善土地增值收益共享机制

完善集体建设用地入市后土地增值收益的分配问题,建立协调国家、集体与土地权利人之间土地增值收益分配的分享机制,并通过税收、租金等方式,保障国家、集体和农民等相关利益主体能够获得长期稳定的收益。

第四节 未利用地适度开发建设机制

一 未利用地开发建设概述

未利用地开发建设是指依据相关规划,在保护和改善生态环境的前提下,采取行政、经济、法律等制度保障,在一定工程技术标准措施的基础上,对特定区域内的未利用地进行开发利用,将其用途改变为建设用地，从而实现提高土地利用率、优化区域土地利用结构目的的过程。未利用地开发建设的对象主要为"四荒地"，即荒山、荒沟、荒丘、荒滩。

根据我国发展目标，"十二五"期间，全国新增建设用地需求量为4000万—4500万亩，超出规划1000万亩以上。弥补如此大的缺口，除了要坚定不移地贯彻落实节约集约用地战略外，还需要加快综合开发未利用地的步伐。由于未利用地开发建设不以占用耕地资源为代价，并可以在一定程度上保护和改善生态环境，使未利用地开发建设势在必行。

目前一些地区在未利用地开发方面做了一些有益的探索，如甘肃酒泉、嘉峪关等地利用戈壁荒滩建设光伏、风力发电项目，青海格尔木利用戈壁荒滩建设循环经济区，宁夏宁东利用戈壁荒滩建设能源化工基地等，都已成为当地新的经济增长点乃至支柱产业，云南在低丘缓坡未利用地开发利用方面走在全国前列。这些地区的实践反映出当前未利用地开发面临的问题主要包括：

（1）缺乏统一政策标准。由于各地资源禀赋和建设用地供需矛盾差异明显，各地未利用地开发建设均以自发性探索为主，国家层面上尚未形成统一的政策标准，缺乏专门规划进行引导。

（2）生态约束明显。未利用地开发本身面临较大的生态风险，一旦过度开发或建设不当极易造成严重的生态环境问题，急需在规划、审批、监管上建立完善的生态防范措施。

（3）未利用地开发成本高。未利用地开发成本明显高于传统的农用地转用供给新增建设用地方式，造成政府开发成本和企业拿地成本高，需要更多资金支持。

（4）与现有制度相矛盾。未利用地开发建设目前在指标、布局、土地税费缴纳等方面均与现行的土地管理制度相矛盾，要推进未利用地开发建设，必须继续推进现行土地管理体制的差别化管理，实行对开发建设重点区域的政策优惠。

基于以上问题，未利用地开发建设首先应坚持"生态优先"原则，实行适度开发，同时增加相应投入、建立必要的激励制度。

二　建立未利用地开发建设的生态防范制度

"生态优先"原则是未利用地开发建设的前提，因此在未利用地开发建设管理过程中首先需要从规划编制、项目管理等方面建立生态防范制度，把未利用地开发建设对生态环境的破坏降到最低。

（一）编制未利用地开发建设专项规划

1. 规划区域

未利用地开发建设的重点地区需要编制未利用地开发建设专项规划，建议在县级层面编制该专项规划，由县国土资源局在土地利用总体规划的指导下编制。

未利用地开发建设的重点省（自治区、直辖市），包括西北地区的甘肃、宁夏、青海等，西南地区的云南，东南沿海的江苏、山东等，除了在县级层面编制专项规划外，还需要在市级、省级层面编制未利用地开发建设专项规划。

2. 规划期限

未利用地开发建设专项规划作为土地利用总体规划指导下的专项规划，其规划近期、远期应与土地利用总体规划的近期、远期相一致。

3. 规划目标和内容

未利用地开发建设专项规划的目标是明确规划区域内近期、远期未利用地开发建设的规模及相应投入。围绕以上目标，规划包括以下内容：

（1）未利用地开发建设适宜性评价。需要在摸清规划区域内未利用地面积的基础上，对未利用地开展适宜性评价，明确宜农、宜林、宜建和不宜开发的区域及数量，进而明确未利用地开发建设的潜力。在开展适宜性评价时，要突出本地区生态环境因子的重要性，如西北地区要重点考虑荒山、荒沟开发建设后水资源承载力问题，东部沿海则要重点考虑沿海滩涂开发建设后海洋生态问题。

（2）未利用地开发建设目标确定。依据适宜性评价的结果，结合本地区建设用地供需矛盾和资金投入能力，确定规划近期、远期的开发建设目标。部分后备资源丰富、建设用地缺口较大的地区，其目标可以适当突破土地利用总体规划中未利用地开发建设的指标。

（3）未利用地开发建设的重点区域和重大工程。省市级层面的未利用地开发建设专用规划需要明确重点区域和重大工程。选择未利用地后备资源丰富、靠近城镇、集中连片、交通等基础设施条件好、开发潜力大、资金配套能力强、投资少见效快的地区作为未利用地开发建设的重点区域。

（4）未利用地开发建设重点项目。在开发建设目标下，遴选未利用地开发建设重点项目；依据"先易后难"的原则，确定项目时序。

（5）未利用地开发建设投资分析。计算实现未利用地开发建设目标的工程量，得到所需总投资、年均投资规划和分年度投资安排；制订相应的资金筹措计划。

（二）严格未利用地开发建设项目管理

项目管理的整个过程是要"做正确的事、正确地做事、获取正确的结果"。依据未利用地开发建设的特点，其项目管理的重点就是在立项、审批、项目执行过程中建立起生态防范制度。

1. 建立生态优先的立项评价制度

立项是项目执行的最初阶段，其中立项评价是项目能否推进的关键。因此，未利用地开发建设首先应该从立项评价上突出生态环境保护，防范生态环境问题。

（1）评价内容。未利用地开发建设项目的立项评价包括以下四个方面：①项目必要性评价；②项目生态影响评价；③项目保障性评价；④项目预期效益评价。建设用地开发项目针对的对象都是荒山、荒沟、滩涂等未利用地，其普遍具有环境敏感性、生态脆弱性等特点，土地开发会在一定程度上改变地形地貌、水文结构、地表植被覆盖状况等，因此要尤其突出生态影响评价各项指标的权重，使其成为决定项目能否立项的关键门槛。

（2）评价指标。未利用地开发建设一般要从地质灾害影响、水文结构影响、景观改变三个方面开展生态影响评价。

除此之外，由于未利用地具体类型的不同、所在区域的不同及其开发后的具体用途不同，在进行项目生态影响评价时要注意指标选取的针对性和差异性。西部山地区，要以防治滑坡、崩塌、泥石流为目标，主要对荒山、荒沟进行合理开发和保护；中西部平原区，要以防治土地荒漠化为目标，主要对荒草地、盐碱地、沙地进行合理开发和保护；东部山地丘陵区，要以防治水土流失为目标，主要对沟谷沼泽进行合理开发和保护；东部沿海地区要以防止湿地萎缩、保障海洋生态系统良性循环为目标对苇地、滩涂进行合理开发和保护。

2. 实行项目审批的生态一票否决制

（1）审批主体及权限。由于未利用地开发建设项目涉及土地利用类型的转变，同时考虑到未利用地生态环境的脆弱性，参考《中华人民共和国土地管理法》中对土地征收的审批权限、《国土资源部关于报国务院批准的土地开发用地审查报批工作有关问题的通知》（国土资发〔2002〕404号）中对未利用地开发的审批权限，建议将未利用地开发建设项目审批划分为两级审批：

- 一次性开发70公顷以上的，由国土资源部审核后，报国务院批准。
- 一次性开发70公顷以下的，由省级土地行政主管部门审核后，报省人民政府批准。

（2）审批依据。审批依据为本地区的《未利用地开发建设规划》和国家发布的《土地开发整理项目资金管理暂行办法》（国土资发〔2000〕282号）、《国家投资土地开发整理项目实施管理暂行办法》（国土资发〔2000〕316号）、《关于改进国家投资土地开发整理项目入库管理的通知》（国土资发〔2004〕115号）、《关于加强和改进土地开发整理工作的通知》（国土资发〔2005〕29号）、《关于进一步加强土地整理复垦开发工作的通知》（国土资发〔2008〕176号），参考项目立项评价的结果进行审批。

各省应该针对不同类型未利用地开发建设的生态影响评价指标设立下限值，生态环境评价低于下限值的项目在项目审批中实行一票否决，即便其总评价得分较高也不能予以立项。

3. 强化项目验收的生态防护措施落实

对于未利用地开发建设项目，项目验收包括以下内容：（1）项目建设总体完成情况；（2）项目建设工程质量；（3）开发后各类土地面积与质量；（4）资金使用情况；（5）项目管理制度的执行情况；（6）土地权属调整与土地分配情况；（7）项目档案资料管理；（8）生态防护措施。鉴于未利用地开发建设项目的特殊性，需要强化其中生态防护措施的验收。

生态防护措施指项目区内工程性和生态型防护主体、防护资金、防护措施的落实情况。验收内容主要包括：

（1）工程性防护措施的验收。主要包括排水、边坡土木工程等工程防护措施的落实情况，以防治地质灾害。

（2）生态型防护措施的验收。主要包括防护林、植物护坡、土工材料复合种植基护坡、挂网植草、格子梁等生态防护措施的落实情况，以防范风灾、水土流失等。

三　完善未利用地开发建设多元融资制度

由于未利用地一般远离中心城镇，加之地质条件特殊，其开发建设成本明显高于农用地转用。当前，开发成本高是制约未利用地开发建设的一个重要因素。因此需要建立未利用地开发建设多元融资制度，保障未利用地开发建设的资金。

（一）重点地区未利用地开发建设财政倾斜制度

对未利用地开发建设重点地区，需要中央、省级财政加大扶持力度。

1. 扶持对象

建议在国家层面上，选择未利用地开发建设重点扶持区域，重点扶持地方经济发展相对落后、未利用地开发建设潜力又相对丰裕的西北、西南等地，优先选择这些区域中能产生较高经济、社会和生态效益的国家级项目进行扶持；对于未利用地开发建设的重点省（自治区、直辖市），应该依据省级未利用地开发建设专项规划，加大对省级未利用地开发建设项目的扶持。

2. 资金来源

对重点地区未利用地开发建设的财政倾斜主要来源于国家、省土地开发整理专项资金，加大对扶持区域的投入力度。每年由地方向国土资源部、省国土资源厅申报未利用地开发建设重大项目，国土资源部、省国土资源厅审批后按照工程进度分批下拨经费。

（二）加大对参与开发企业的扶持政策

除了加大财政和金融支持外，还可以在政府引导、监管的前提下，制定相应的优惠政策，鼓励企业参与未利用地开发建设，减轻政府在未利用地开发建设中的资金压力。

1. 企业资质审核及开发用途限定

参与未利用地开发建设的企业，需要具备以下条件：（1）企业规模。优先鼓励、吸引行业内的龙头企业参与，以便实现规模开发。（2）企业信用情况。考察企业信用等级，评价其参与未利用地开发建设的信用风险。（3）企业资金情况。分析企业现金流，在考虑开发建设预算的基础上，评价企业参与未利用地开发建设的资金投入能力。（4）企业对未利用地开发建设的经验。考察企业是否参与过未利用地开发建设或土地综合整治，评估其规划设计、开发建设、生态防护的经验及能力。

未利用地开发建设后的用途应有严格限定，允许工业企业、房地产开发企业、设施农业企业参与未利用地开发建设，同时其开发用途必须满足以下条件：（1）符合国家的产业发展政策；（2）符合本地区产业发展政策；（3）符合本地区未利用地开发建设专项规划。

2. 税费优惠

各省（自治区、直辖市）可以制定相应的管理条例，给予参与未利用地开发建设的企业一定的税费优惠措施。

（1）土地出让金及其缴纳方式。对使用未利用地的工业项目，土地出让金可以考虑采用协议出让方式；土地出让金标准可以参照《全国工业用地出让最低价标准》的一定比例执行。

一些地方还可以试点实行土地年租制度，允许企业分年度缴纳土地租金，降低工业企业的开办成本。

（2）新增建设用地土地有偿使用费。对于配套水、电、路等基础设施的企业，可以免交新增建设用地土地有偿使用费或者给予一定比例的减免。

（3）其他税费。鉴于未利用地开发建设成本较高，部分经济落后地区可以在土地出让金和新增建设用地土地有偿使用费优惠以外，对于那些符合国家和地区产业政策、对当地经济和社会发展急需的产业和项目实行所得税减免和再投资退税。

四 放宽未利用地开发建设指标及布局约束

目前，在未利用地开发建设专项规划缺失的情况下，指导未利用地开发建设的主要是本地区的土地利用总体规划。在当前的土地利用总体规划管理体制下，未利用地开发建设受指标控制和用途管制的双重制约，建议在一些未利用地开发建设的重点省区，通过试点适当放宽指标限制和布局约束。

（一）放宽未利用地开发建设指标限制

当前，未利用地开发建设转为建设用地指标是新增建设用地指标的一部分，受每年土地利用计划指标的限制。由于未利用地开发建设的成本一般高于农用地转用，指标限制严重约束了地方政府开发建设未利用地的积极性。

1. 指标性质

因此，建议将未利用地开发建设指标从新增建设用地指标中单列出来，从目前的限制性指标变为控制性指标，从而在控制农用地转为建设用地指标的前提下激励地方政府加大未利用地开发建设的数量。

2. 指标数量

未利用地开发建设指标数量并不是不受约束的，也需要层层下达，建议由上级国土部门在下达年度土地利用计划中，考虑未利用地开发建设潜力、建设用地供需矛盾和地方政府财政收入等因素下达给下级国土部门。该指标数量由于是控制性指标，其数量具有一定的弹性，地方以指标下达量为依据开展未利用地开发建设，可以有一定比例的差额。

（二）放宽未利用地开发建设布局约束

未利用地由于其属性特殊，一般都位于土地利用总体规划确定的允许建设区的外围，意味着除了城市建成区周边的未利用地，一旦进行开发建设势必突破允许建设区。因此，建议在未利用地开发建设的重点地区放宽未利用地开发建设布局约束，允许其在有条件建设区以外，非禁止建设区范围内选址进行开发建设活动。

（三）上图入库，加强监管

在放宽指标控制和用途管制以外，市县级土地行政管理部门要对未利用地开发建设进行专项管理，构建专项数据平台，实行台账管理，定期将规划审批、指标使用、批地供地、资金使用、权属调整、验收考核等情况上图入库，建立台账系统。同时，将此纳入国土资源综合监管平台，实施全程在线动态监管。

第六章　我国主要矿产资源现状与需求预测

进入 21 世纪，虽然我国经济总量、综合国力得到了极大的提升，但是社会经济持续快速增长与矿产资源供求之间的矛盾更加突出，许多重要矿产的国内供需缺口增大；与此同时，跨国公司在瓜分全球优质资源的基础之上，控制国际市场的能力进一步增强，导致我国经济发展的成本过高，关键矿产的保障和国民经济安全隐忧不断凸显。另外，我国许多重要矿产仍处于粗放开发利用状态，经济增长依靠外延式的扩张模式还没得到有效改变，资源利用效率与国外先进水平相比还有很大的差距。因此，在世界矿产资源争夺日趋激烈的背景下，研究我国矿产资源有效供给与高效利用问题，对于保障国家矿产供应和国民经济安全等方面具有重要的现实意义。

第一节　全球矿产资源形势分析

由于持续的资金与技术投入，世界矿产品市场总体供需平衡，资源的消费重心开始向发展中国家转移。随着跨国公司加强控制全球资源市场，加之受局部政治、军事与投机等因素的影响，国际市场矿产品价格跌宕起伏。

一　矿产资源较为丰富，且分布相对集中

就目前探明的矿产储量，按当前的开采水平计算，全球矿产静态保障能力大多维持在 30 年以上。其中，煤炭、铝土矿及钾盐的静态保障能力都在一百年以上；天然气、铁矿石及稀土的静态保障能力也在 50 年以上。全球矿产资源分布不均衡。石油主要分布在中东地区；铁矿主要分布在俄罗斯、澳大利亚、乌克兰、巴西及印度等国家；铝土矿主要集中

分布在几内亚及澳大利亚；钾盐主要集中分布在加拿大和俄罗斯（见表6-1）。

表6-1　　　　　　　全球重要矿产储量、产量及开采年限情况

矿种	单位	储量		矿山产量	储采比（年）	资源分布
		2000年	2010年			
石油	亿吨	1510	1888	39	46	沙特20%、委内瑞拉13%、伊朗10%、伊拉克9%、科威特8%、俄罗斯6%
煤炭	亿吨	9842	8609	73	118	美国29%、俄罗斯19%、中国14%、澳大利亚9%、印度7%
天然气	万亿立方	154	187	3	59	俄罗斯24%、伊朗16%、卡塔尔14%、土库曼斯坦4%、沙特4%
铁矿石	亿吨	710	870	11	70	俄罗斯18%、澳大利亚16%、乌克兰12%、巴西12%、印度9%
铝土矿	亿吨	250	270	2	135	几内亚27%、澳大利亚23%、越南8%、牙买加8%、巴西7%
稀土	万吨（REO）	1000	990	12.4	80	中国36%、独联体19%、美国13%、澳大利亚5%、印度3%
钾盐	百万吨（K_2O）	8400	8500	25	340	加拿大52%、俄罗斯21%、白俄罗斯9%、德国8%

资料来源：BP Statistical Review of World Energy June 2011；Mineral Commodity Summaries 2011。

二　矿产品市场供需基本平衡

矿产品的生产及消费与经济发展密切相关。第二次世界大战后60多年间，世界经济出现了多次"恢复—回升—发展—衰退"的周期性规律，世界重要矿产生产及消费也经历了多次反复，但是总体上基本能够实现供需平衡，并且在小的衰退中保持上升态势（见表6-2）。2010年，受国际金融危机影响，多数矿产品需求呈现回落，但与2000年相比增势依然明显，煤炭需求增加了41%，石油需求增加了7.5%，精炼铜需求增加了27%，原铝需求增加了37%。

表 6 - 2　　　　　　　　　　世界主要矿产品供需情况

矿种		2000 年	2005 年	2007 年	2008 年	2009 年	2010 年
煤（亿油吨当量）	产量	22.46	28.82	31.44	33.36	34.08	37.31
	消费量	23.37	29.04	31.84	32.86	32.78	35.56
石油（亿油吨当量）	产量	36.13	38.95	39.05	39.29	38.20	39.13
	消费量	35.58	38.71	39.52	39.28	38.82	40.28
天然气（亿油吨当量）	产量	21.78	25.09	26.67	27.62	26.96	28.81
	消费量	21.75	24.98	26.52	27.17	26.53	28.58
精炼铜（百万吨）	产量	14.8	16.6	18.0	18.5	18.6	19.2
	消费量	15.2	16.6	18.1	18.1	18.2	19.1
原铝（百万吨）	产量	24.4	32.0	38.1	39.2	37.2	41.1
	消费量	25.3	32.0	37.9	37.4	35.1	40.1
精炼铅（万吨）	产量	673.3	763.5	813.4	888.2	886.4	927.7
	消费量	643.4	768.9	829.5	892.0	883.3	929.3
锌锭（万吨）	产量	904.9	1018.2	1141.9	1174.9	1149.7	1277.3
	消费量	886.5	1045.2	1129.0	1157.9	1101.4	1235.8
镍（万吨）	产量	110.9	128.8	144.6	135.2	132.6	151.3
	消费量	117.2	129.5	135.5	129.3	130.5	151.1

资料来源：*BP Statistical Review of World Energy*，*June* 2011；*Mineral Commodity Summaries*，2011；*World Metal Statistics Yearbook*，2010。

三　矿产品消费重心正向发展中国家转移

世界矿产资源供需格局是由世界各国所处的发展阶段决定的。总体上看，由于工业化国家和发展中国家所处的经济发展阶段不同，因而对矿产资源的消费需求状况表现出各自不同的规律。世界重要矿产需求格局及变化趋势是：工业化国家仍是当今世界矿产资源消费需求的主体，但消费量所占的比重呈下降趋势；发展中国家随着工业化进程加快，矿产资源需求持续快速增长，消费量占世界比重逐步加大。

（一）石油

从近 10 年来的情况看，美国是世界石油消费大户，消费量约占世界总量的 1/4；日本石油消费占比呈现减少的趋势，中国石油消费占比呈扩大的趋势（见图 6 - 1）。

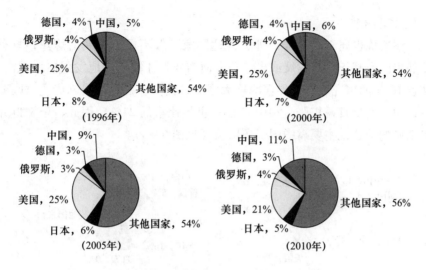

图 6 - 1　世界主要国家石油消费变化情况

（二）铁矿

铁矿石主要用于钢铁冶炼。钢铁冶炼属于高耗能产业，世界钢铁生产大国例如美国、日本及德国等，铁矿石消费占世界的比重有减少的倾向；巴西、俄罗斯虽然也是世界钢铁生产大国，但是铁矿石自给有余。只有中国等发展中国家，因生铁产量日益扩张，导致中国 2010 年铁矿石消费已占世界总量的 60%（见图 6 - 2）。

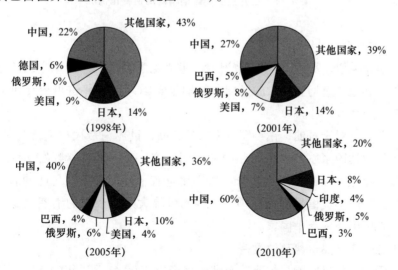

图 6 - 2　世界主要国家铁矿石消费变化情况

（三）铜

铜冶炼也属于高耗能产业，发达国家一般不提倡发展冶炼业，只有发展中国家基于自身发展或出口等方面需要，才能不断地发展冶炼规模。从近 10 年的情况看，世界铜冶炼大国中，美国、智利等冶炼产量急剧减少；中国产量日益扩张，2010 年已占世界比重的 24%。因此，未来世界铜精矿的消费也主要靠中国引领增长（见图 6-3）。

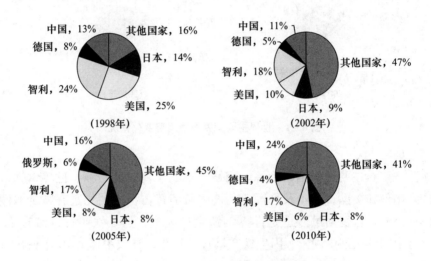

图 6-3　世界主要国家铜精矿消费变化情况

（四）铝

与铜类似，从近 10 年的情况看，世界电解铝大国中，除中国急剧扩张外，其他国家均有减少的倾向，特别是美国，2010 年占世界比重只有 12%（见图 6-4）。

总之，对于石油、铁、铜等大宗矿产品，世界消费大户主要为美国、日本等发达国家以及经济崛起中的中国。鉴于美国、日本等发达国家已完成工业化进程，矿产品消费占世界比重有下降的迹象；与此同时，发达国家一般不提倡发展冶炼项目，因而世界大宗矿产品的消费增量主要集中在中国等发展中国家。

四　矿产品价格高位震荡

受金融危机影响，主要矿产品价格经历 2008 年下半年的急剧下滑之后，2009 年第一季度一直在低位徘徊；进入 4 月之后，在世界各国拯救

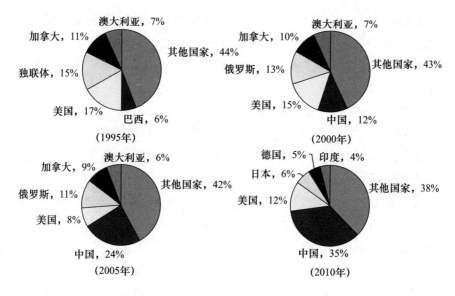

图 6 - 4　世界主要国家电解铝生产变化情况

经济及国内各项"保增长"政策措施的共同作用下，主要矿产品价格震荡回升，并且振荡频率加剧。至 2011 年 9 月，布伦特原油现货月度价格为 113.1 美元/桶，是 2000 年 1 月 25.6 美元/桶的 4 倍多；澳大利亚 BJ 动力煤现货价为 122.7 美元/吨，是 2000 年年初价格 21.8 美元/吨的 5.6 倍；铁矿石 IMF 实际市场月度价格为 177.2 美分/干吨，是 2000 年年初价格 12.5 美分/干吨的 14 倍多；LME 铜现货收盘价为 7174 美元/吨，是 2000 年年初价格 1865 美元/吨的近 4 倍。

第二节　我国矿产资源供需状况

受资源禀赋制约及工业化进程对资源消费的推进，当前我国大宗矿产资源短缺已从原先的个别矿种短缺向全面短缺推进，石油、铁、铜等重要矿产供需矛盾不断加剧，对外依存度不断攀升。即便是传统的优势矿产，目前大多也面临资源保障能力退化及出口过量等问题，对我国经济运行的资源成本和经济安全构成严峻挑战。

一　能源矿产

与国民经济增长同步，我国能源行业实现了稳步发展，但是供不应求的状况并未扭转。2010 年全国一次能源生产总量 31.4 亿吨标准煤，比上年增长 12.1%；能源消费总量 32.5 亿吨标准煤，比上年增长 5.9%；净进口能源 4.7 亿吨标准煤，比上年增长 23.9%。2010 年，我国能源对外依存度约为 14.5%。

其中，石油是我国能源问题的核心。多年来，我国原油生产增长缓慢，而消费却在持续高速增长，致使石油供需缺口越来越大。2010 年，全国原油产量 2.01 亿吨，比上年增长 6.9%；表观消费量（原油产量＋石油净进口量）4.47 亿吨，比上年增长 11.9%；净进口石油 2.46 亿吨，比上年增长 16.9%，对外依存度 55.1%（见图 6-5）。目前，我国石油进口安全面临的主要问题是：进口主要来源国资源潜力不大、合作空间有限，急需开辟新的资源市场。

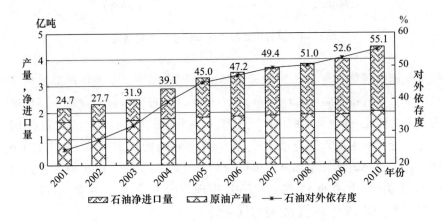

图 6-5　2001—2010 年我国石油生产与消费情况

煤炭作为我国能源消费的核心，以年为周期的波浪式生产推进规律得到强化。但是，随着我国经济规模的扩张，煤炭的消费总量仍在不断增长，并且在 2009 年首次表现为供不应求之后，年净进口规模持续增长；2010 年，全国净进口煤炭 1.46 亿吨，比上年增长 40.9%，对外依存度为 4.3%。

二　短缺固体矿产

当前，我国铁、铜、铝等工业用量大的支柱性重要短缺矿产的突出问题集中表现为：一方面，大部分矿产的资源储量呈减少趋势，保障能力退化；另一方面，国内需求规模持续增长，供应压力不断增大，使对外依赖日益严重，形势非常严峻。

（一）资源储量减少，保障能力乏力

从统计资料看，21世纪以来，我国铁、铜等大部分矿产的储量总体呈持续下降趋势，在不考虑采矿损失的情况下，静态供应保障能力主要集中在4—15年（见表6-3）。部分矿种的静态保障能力虽然相对较高，但是这些资源用量较大，国内开发规模相对需求又偏低，况且我国铁、铜、铝资源以低品位矿居多，开发利用经济性能不是很好，如果外界供应受到影响而需要提高国内供应比例，它们的保障能力还将减弱。

表6-3　　　　　　　　　　　大宗矿产储量变化情况

矿种	单位	2001年	2003年	2006年	2010年	保障能力（年）
铁矿	亿吨	121	116	110	79	12
铬铁矿	万吨	252	223	218	110	6
铜矿	万吨	1942	1787	1754	1097	15
铝土矿	亿吨	5.1	5.3	5.4	3.9	21.4
铅矿	万吨	712	805	792	480	4.7
锌矿	万吨	2382	2513	2510	1224	6.2
金矿	吨	1385	1354	1262	869	3.2
钾盐	万吨（KCl）	8692	13403	13093	15085	25

造成这一结果的主要原因是：近几年来，矿产品价格持续走高而刺激采掘业投资力度的增强，使矿产资源开发规模不断扩张，进而导致资源储量消耗增加；另外，由于矿业市场活跃，社会各方面对地质勘查投入不断增加，使新发现矿点的数量不断增加，进而增加了查明资源储量。由于勘探网度及加密勘探时滞效应的关系，查明资源储量并不能立刻升级而转化为储量，结果自然导致资源储量呈减少而查明资源储量呈增加的态势。

（二）资源需求急剧扩张，供需矛盾突出

进入21世纪以来，随着我国工业化、城市化进程加快，大宗矿产资源需求强劲增长。2000—2010年，铁矿石消费增加了4.3倍，铜增加了3.2倍，铝增加了3.5倍。受需求拉动，国内产量虽然也在扩张，例如

2000—2010 年，铁矿石、铜矿和氧化铝产量分别增长了 3.8 倍、3.2 倍和 5 倍，但是产量增长赶不上需求增长的速度，致使他们的供需缺口越来越大（见表 6-4）。其中，2010 年我国铁矿对外依存度达 62.8%，铜的对外依存度超过 70%，铝的对外依存度接近 60%。

表 6-4　　　　　　　　　我国大宗固体矿产产量、消费量情况

矿种		2000 年	2005 年	2007 年	2008 年	2010 年
铁矿石（亿吨）	原矿产量	2.24	7.09	8.27	8.80	10.7
	成品矿消费量	1.75	7.48	8.09	10.05	9.18
锰矿（万吨）	原矿产量	264	1400	1450	1310	1243
	成品矿消费量	354.3	1183	1295.3	1515	1655
铬铁矿（万吨）	产量	20.8	28.15	20	20	20
	表观消费量	132.1	637.15	704	695.6	886
精炼铜（百万吨）	产量	1.4	3.5	3.8	4.1	4.57
	表观消费量	1.9	4.8	5.1	7.1	7.92
原铝（百万吨）	产量	2.7	12.5	13.1	12.8	16.2
	表观消费量	3.4	12.5	12.4	12.4	15.3
钾盐（万吨）	产量	72	249.6	277.5	362.8	396.8
	表观消费量	422.3	852.15	805.4	543	712.3

（三）资源粗放开发与低效利用

多年来，我国经济发展对资源消耗强度过大，单位资源的效益大大低于发达国家，主要表现在资源的低效利用。例如，我国单位产值能耗比世界平均水平高 2.4 倍，是德国的 4.97 倍。这既有我国经济发展所处阶段的原因，同时也与我国矿业本身粗放经营等因素有关。再则，与国外矿业公司相比，我国矿山企业规模普遍比较小。由于多数小型矿山从业人员素质参差不齐，设备简陋，技术落后，工作不规范，导致资源回收率低，资源损耗严重。据对全国 719 个国营坑采矿山调查，有 56% 的矿山回采率低于设计要求，"专吃菜心"等破坏和浪费资源的现象在部分地区还较普遍。

（四）境外资源来源地集中，运输通道单一，资源风险大

目前，我国境外矿产来源地相对集中（见表 6-5）。例如铁矿石，来

自澳大利亚、巴西、印度三个国家的进口量占铁矿进口总量的 80% 以上，其中澳大利亚一家就超过 40%；铜进口量 60% 以上来自智利、秘鲁、澳大利亚；锰、铬等矿产也存在类似的问题。如果上述矿产资源主要供应国之中的任何一个，无论是什么原因造成对我国的供应中断，对我国的经济运行都会产生严重的后果。

表 6 – 5   2010 年我国大宗短缺矿产品进口量及进口来源

矿产品	进口量（万吨）	进口来源及比例
原油	24900	中东、非洲和苏联地区。其中，中东所占比例高达 48%
铁矿砂	61863	澳大利亚（占 42%）、巴西（占 23%）、印度（占 17%）
锰矿砂	1158	澳大利亚（占 31%）、南非（占 24%）、加蓬（占 10%）
铬矿砂	866	南非（占 39%）、土耳其（占 19%）、阿曼（占 7%）、印度（占 6%）
铜矿砂	647	智利（占 23%）、秘鲁（占 16%）、澳大利亚（占 12%）

从我国矿产资源供应的运输通道来看，绝大部分为海上运输，而且路途遥远。一方面运输周期长，另一方面又必须经过一些重要海上运输要塞，如巴拿马运河、苏伊士运河、马六甲海峡等，倘若其中任何一个环节出现问题，都会对我国境外矿产安全供应构成严峻挑战（见图 6 – 6）。

（五）矿产品价格高位运营，资源代价不断增大

近年来由于受世界矿产品市场垄断、我国资源需求拉动和国内企业境外购矿无序竞争等诸多因素的影响，国际市场矿产品价格大幅度上扬，资源代价不断增大。以铁矿石为例，尽管经历了 2008 年下半年价格的急剧下滑，但是之后都表现出企稳回升的态势。2010 年，全国铁矿砂进口数量虽然较上年减少 1.4%，但是进口耗费却高达 797 亿美元，较上年增长 59.0%，平均进口单价为 128.9 美元/吨，较上年上涨 61.3%。仅因铁矿砂涨价，2010 年我国就为此多支付了近 300 亿美元。

三 优势矿产

我国稀土、钨等矿产的查明资源储量位居世界第一，属于典型的优势矿产。但是因长期过量开采与出口，导致部分资源优势已基本丧失，严重阻碍了资源优势向经济优势转化。

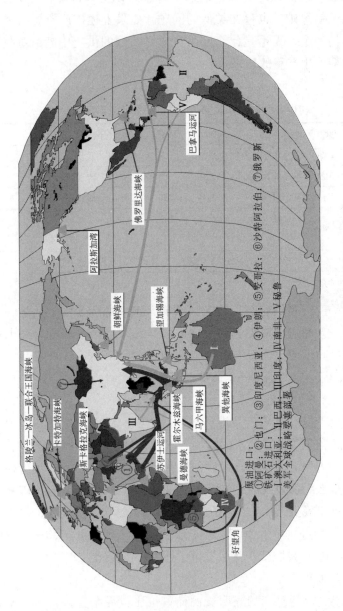

图 6-6 我国石油、铁矿石进口线路示意

（一）稀土

稀土是我国的优势矿产，为了保护这一优势资源，国家相继采取了一系列的调控措施，严格控制开采及出口总量，并初步取得了比较明显的效果。2010 年，我国稀土矿产品产量 8.93 万吨，占世界总量的 97%，与消费量 7.3 万吨相比，供应仍显过剩。

（二）钨

钨也是我国传统的优势矿产，已经连续多年实行总量开采控制制度，但是每年的实际产出量均超出总量控制指标。2010 年，全国钨精矿产量 7.4 万吨，超指标生产 3.5 万吨，严重阻碍了资源优势向经济优势转化。

（三）锑

近几年，锑资源储量已不乐观，储采比仅为 5，优势地位已基本丧失。2010 年，全国锑精矿（金属）产量 11.5 万吨，超指标生产 1.5 万吨（见表 6-6）。

表 6-6　　　　　　　我国优势矿产储量、产量、消费量情况

矿　种			2000 年	2005 年	2006 年	2007 年	2008 年	2010 年
稀土	储量	万吨 REO	4300	2700	2700	2700	2700	3600
		占世界比重（%）	43	30.7	30.7	30.7	30.7	36.4
	矿产量	万吨 REO	7	9.8	12.3	12	12	8.93
		占世界比重（%）	86.4	93.3	99.2	96.8	96.8	96.8
钨	储量	万吨金属含量	82	180	180	180	180	180
		占世界比重（%）	82.9	89.1	83.6	80.8	80.1	84.5
	矿产量	万吨	3	6.5	5.7	5.2	5.2	7.4
		占世界比重（%）	82.9	89.1	83.6	80.8	80.1	84.5
锑	储量	万吨金属含量	90	79	79	79	79	79
		占世界比重（%）	42.9	43.9	46.5	37.6	37.6	37.6
	矿产量	万吨金属含量	9.9	15.1	15.3	16.3	10	11.5
		占世界比重（%）	85.4	86.6	87.6	87.1	80	86.9

资料来源：*Mineral Commodity Summaries*，2011；*World metal Statistics Yearbook*，2010；《全国主要矿产品产供销综合统计与价格通报》2010 年。

当前，全球资源布局版图悄然发生变化，资源输出国加强优势资源的深度控制，资源消费国则呈现以跨国企业为先驱，政治、外交及军事

协同跟进的态势；而我国大宗资源消费没有定价权、优势资源出口没有话语权的被动局面却没有转变，使我国矿产资源供应不仅面临国内数量、质量及生态环境因素的约束，而且还受到国际环境因素制约，矿产资源安全供应正面临严峻的挑战。

第三节 我国矿产资源需求与供给潜力预测

一 矿产资源消耗规律

（一）矿产资源消费的"S"形曲线规律

矿产资源消费与人均GDP之间具有密切的关系。从农业社会—工业社会—后工业化社会呈现全周期"S"形增长的规律性现象，即随着人均GDP的增长，人均矿产资源消费增长的趋势是：开始缓慢，然后快速增长并达高峰，至工业化完成进入后工业化而趋于稳定不再增长。在工业化阶段则呈"近线性"增长关系，"近线性"增长模式实质上是"S"形增长模式前端的线性部分，即工业化阶段随着人均GDP增长，矿产资源消费持续上升。这是大多数工业化国家和正在步入工业化过程国家伴随着经济发展，矿产资源消费所遵循的共同模式，本质上它是"S"形规律的组成部分（见图6-7）。当然，不同国家由于经济发展模式和消费理念的不同，人均矿产资源消费增长的速率和到达的峰值高低有很大差异（见图6-8）。

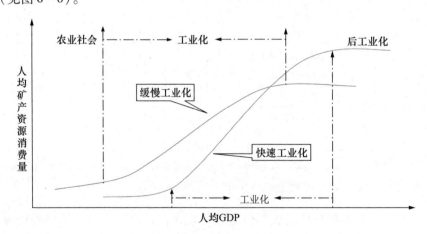

图6-7　人均矿产资源消费与人均GDP "S" 形规律模式

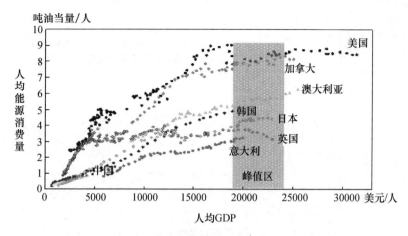

图 6-8　人均矿产资源消费与人均 GDP 的关系曲线

（二）矿产资源消费的"拐点"现象

拐点是个时间概念，"拐点"的出现意味着矿业产业即将出现重大结构调整。因此，必须科学判断"拐点"出现的时间，及时制定相应政策。本书探索需求模式、需求强度和需求弹性相互之间关系，提出了资源消费的两个拐点（见图 6-9、图 6-10）：一是经济增长方式发生转变，矿产资源由粗放利用向集约利用转变时出现的拐点，这时资源需求强度达到峰值，我国目前正处在这个阶段；二是矿产资源消耗由增加向减少转变时出现的拐点，这时矿产资源需求模式达到顶点，国家即将进入后工业化阶段。

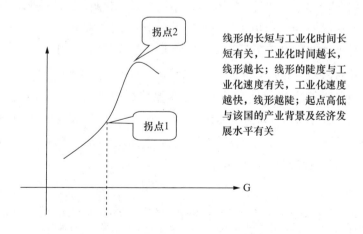

图 6-9　人均矿产资源消费与人均 GDP 关系

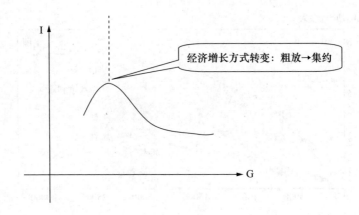

图 6 – 10 单位产值矿产资源消费与人均 GDP 关系

注：需求模式 $M = f(G)$；需求强度 $I = M/G = f(G)/G$，其中 M 为人均资源消费量；I 为单位产值矿产资源消费量；G 为人均 GDP。

二 经济发展与我国矿产资源消费趋势

(一) 我国经济发展足迹

半个世纪以来，以 1978 年改革开放为界，中国的经济发展大致可以划分为两个阶段，即之前的以农业为主体，经济增长大起大落的工业化初期阶段，以及之后的以工业为主体，经济高速增长的工业化中期阶段。1950—2007 年，GDP（PPP，下同）总量从 1896 亿美元增长到 79656 亿美元，58 年间增长了 41 倍，年均增长率接近 6.7%；人均 GDP 从 347 美元增长到 6003 美元，增长了 16 倍，年均增长率接近 5%。按照两阶段分析，1950—1977 年，经历了 20 世纪 60 年代初期和末期的负增长，20 多年间经济平均增速为 3.7%；1978—2008 年的 31 年间，年均增长率接近 8%。中国经济腾飞明显始于 20 世纪 90 年代初期。1990—2008 年的 18 年间，GDP 年均增速超过 9%，且基本保持高速平稳。这一时期创造的 GDP 总量比之前 40 年创造的 GDP 总量之和的 2 倍还要多。2010 年，我国 GDP 总量达到 8.6 万亿 GK 美元①，约占全球总量的 15%，居世界第 2 位，人均 GDP 接近 7000GK 美元。

---

① GK（Geary Khamis）译成中文为盖凯美元，是指各国本国的一个货币单位在国内所能买到的货物和劳务的数量，始于 1968 年执行的联合国国际对比项目（international comparison）而产生的更广泛而有效的国际对比方法。

（二）我国已经进入经济发展重要转折期

根据发达国家历史经验，工业化过程可划分为两个阶段：经济快速发展阶段和经济稳定发展阶段。经济快速发展阶段也可称为腾飞阶段，是工业化的初中期，基本特点体现为经济高速发展，GDP 增速保持在5%—8%以上，经济发展以物质生产部门快速发展为主导，第二产业高速发展，基础设施、社会财富等硬件设施迅速累积；经济稳定增长阶段可称为工业化中后期，特点体现为 GDP 增速保持相对稳定，经济结构向第三产业转移，物质生产部门从量的增长向质的增长转变，结构调整任务艰巨。以下经济指标表明，我国已进入从经济高速发展的第一阶段向稳定增长的第二阶段的过渡期，即将进入从量的增长向质的增长的发展阶段（见图 6 – 11）。

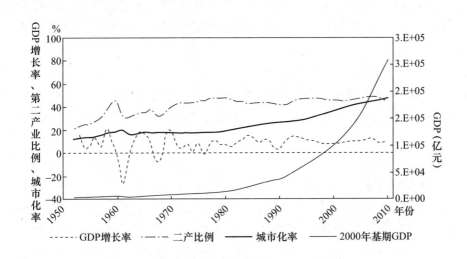

图 6 – 11　1950—2010 年我国经济发展阶段划分

1. 第二产业比例长期居高

1978 年以来的 21 年间，我国 GDP 增速保持在 8% 以上，经济结构以第二产业为主，第二产业占 GDP 的比例一直保持在 40% 以上。这一阶段我国经济增长以物质生产量的增长为特征，近年来进入重化工业发展阶段。根据近代新兴工业化国家经验，这一阶段所需时间最多不过 30 年，而且，当前我国第二产业占 GDP 的比例已经接近 50%，这是英、美等国家从来没有达到过的。

2. 城市化进程即将进入平稳增长期

根据城市化率与人均 GDP 的相关性分析，在人均 GDP 3000—7000GK 美元时，城市化率呈高速增长之势，当人均 GDP 超过 7000GK 美元时，城市化进程开始放缓。2010 年我国人均 GDP 已经达到 7000GK 美元，根据发达国家经验，未来城市化进程将进入平稳增长期。

3. 经济增长从依靠固定资产投资向依靠固定资产投资和扩大内需双重转变

长期以来，我国一直通过固定资产投资拉动经济增长，尤其是进入 21 世纪以来，我国固定资产投资连年高速增长。2010 年，我国固定资产投资总额达 27.8 万亿元。目前，我国道路、交通等基础设施建设已经基本完善，各行业工业设施建设已经高度发达，许多生产行业产能建设已经出现过剩。随着工业化、城镇化的快速推进和产业结构调整，以固定资产投资为主的经济增长方式将向依靠固定资产投资和扩大内需的双重转变。

4. 工业结构近期仍以重工业为主

重工业是我国矿产资源需求的主体。从工业结构来看，重工业占工业总产值的比重在新世纪之前一直略高于 50%；进入 21 世纪后快速增长，2010 年达到 70.5%，据社会科学院预测，在今后 10 年的时间内仍将保持在这一水平上。

5. 未来经济发展预期

根据相关资料判断，2011—2015 年 GDP 以 8% 的速度增长，2015—2020 年以 6% 的速度增长，2020—2030 年以 4% 的速度增长；城镇化速度每年增加 0.9 个百分点，固定资产投资占 GDP 比例每年下降 1.5 个百分点，重工业占工业总产值的比例维持在 71%（2008 年的比例）。经计算我国人均国内生产总值将在 2020 年达到 13450GK 美元。

（三）矿产资源消费趋势判断

根据上述我国经济发展与产业结构分析确定，当前我国工业化和城市化正在积极推进，并且经济结构仍以重工业为主导；对应着矿产资源消费的一般规律判断，当前我国经济发展正处于工业化标准模式的中期阶段。工业化中期阶段也正是矿产资源消费的急剧扩张阶段。当前，我国矿产资源消费正处于旺盛时期，消费量基本相当于 21 世纪初的 4—7 倍，符合矿产资源消费的一般规律。如果再根据我国矿产资源消费扩张的路径及矿产资源消费的一般规律，确定当前我国矿产资源消费的典型规律就是"近线性"增长。也就是说，我国矿产资源正处于消费持续扩张阶段。

三　主要矿产资源需求预测

（一）预测思路及预测背景数据来源

矿产资源是工业的基础，受多种因素的影响，不分阶段、不考虑经济结构变动等因素，仅采用数学工具或情景分析进行经验外推，无法达到较好的预测效果。鉴于此，本预测采用多种模式相结合的方法。基本思路是：首先根据先期工业化国家的经验，得出经济增长同资源消耗的一般规律。其次对当前我国所处的历史阶段进行判断，即当前我国处于快速工业化时期，根据此阶段资源消耗同经济增长存在"线性"关系的一般规律，建立资源消耗的"线性"模型；接着对未来我国经济发展的趋势做出基本判断，并给出最为可能的发展情景，代入模型进行预测。之后，回归到资源消耗的一般规律，即在人均 GDP 达到 12000 美元左右时，快速工业化阶段完成，确定模型的有效期限。最后考虑科技进步和循环利用的影响，对预测结果进行修正。

历史 GDP 数据引自国家统计局，未来 GDP 数据是充分参考 OECD、IMF、发改委能源局、中科院等相关机构未来经济发展趋势分析报告以及历史 GDP 变化趋势，经过系统分析得出的。历史能源及矿产资源生产、消费数据来自历年《中国统计年鉴》《能源统计年鉴》《中国工业经济统计年鉴》《新中国有色金属工业 60 年》及《中国海关统计年鉴》等（见表 6 - 7）。

（二）预测方法及结果修正

本书主要运用弹性系数法、消费强度法、人均能源消费量对比法、部门消费法和计量经济学常用的多元回归法等，选取能源消费总量以及煤炭、石油、钢材、铜等大宗矿产资源的消费量为主要研究和预测对象，并分析我国未来主要矿产资源的供需状况（见表 6 - 7）。

考虑到科技创新和进步、产业结构调整和资源的循环利用等因素，未来矿产资源的综合回收率和使用效率将会大大改善，并导致替代资源出现和广泛应用，从而减少对一次能源和资源的过度依赖。鉴于科技发展难以量化并体现在预测模型中，为此需对预测结果进行必要的修正。根据《中国至 2050 年矿产资源科技发展路线图》的发展目标，截至 2020 年，我

表 6 – 7   1956—2010 年中国经济指标、人口指标及资源消费数据

年份	总人口	城市化率	GDP	二产比例	能源	粗钢	铜	铝
	亿人	%	2000 年基期亿元	%	亿吨标煤	亿吨	万吨	万吨
1956	6.3	14.6	4096	27.3	0.7	—	4	1
1957	6.5	15.4	4305	29.7	0.8	—	6	2
1958	6.6	17.8	5222	37.0	1.2	—	10	5
1959	6.7	18.4	5682	42.8	1.7	—	15	9
1960	6.6	19.7	5665	44.5	2.4	—	19	13
1961	6.6	19.3	4118	31.9	2.5	—	16	12
1962	6.7	17.3	3888	31.3	2.2	—	11	10
1963	6.9	16.8	4284	33.0	1.7	—	8	7
1964	7.0	18.4	5068	35.3	1.6	—	9	8
1965	7.3	18.0	5930	35.1	1.7	—	12	10
1966	7.5	17.9	6564	38.0	1.9	—	16	14
1967	7.6	17.7	6190	34.0	1.9	—	18	16
1968	7.9	17.6	5936	31.2	1.9	—	18	17
1969	8.1	17.5	6940	35.6	2.0	—	18	18
1970	8.3	17.4	8286	40.5	2.3	—	22	23
1971	8.5	17.3	8866	42.2	2.9	—	27	29
1972	8.7	17.1	9203	43.1	3.4	—	30	35
1973	8.9	17.2	9930	43.1	3.7	—	33	37
1974	9.1	17.2	10158	42.7	3.9	—	34	37
1975	9.2	17.3	11042	45.7	4.2	—	36	37
1976	9.4	17.4	10865	45.4	4.4	—	34	36
1977	9.5	17.6	11691	47.1	4.9	—	34	38
1978	9.6	17.9	13055	47.9	5.2	—	36	40
1979	9.8	19.0	14044	47.1	5.6	—	40	45
1980	9.9	19.4	15145	48.2	5.9	0.3	45	49
1981	10.0	20.2	15940	46.1	5.9	0.3	47	52
1982	10.2	21.1	17383	44.8	6.1	0.3	49	57
1983	10.3	21.6	19270	44.4	6.3	0.3	52	63
1984	10.4	23.0	22194	43.1	6.6	0.4	59	71
1985	10.6	23.7	25183	42.9	7.1	0.5	71	78

续表

年份	总人口	城市化率	GDP	二产比例	能源	粗钢	铜	铝
	亿人	%	2000 年基期亿元	%	亿吨标煤	亿吨	万吨	万吨
1986	10.8	24.5	27411	43.7	7.6	0.5	79	85
1987	10.9	25.3	30586	43.6	8.1	0.6	85	91
1988	11.1	25.8	34036	43.8	8.7	0.6	84	91
1989	11.3	26.2	35419	42.8	9.2	0.5	83	87
1990	11.4	26.4	36779	41.3	9.6	0.5	79	81
1991	11.6	26.9	40154	41.8	10.0	0.5	79	82
1992	11.7	27.5	45873	43.4	10.4	0.6	84	95
1993	11.9	28.0	52278	46.6	11.0	0.8	92	113
1994	12.0	28.5	59117	46.6	11.6	0.9	96	134
1995	12.1	29.0	65575	47.2	12.3	1.0	103	157
1996	12.2	30.5	72139	47.5	13.1	1.0	112	182
1997	12.4	31.9	78845	47.5	13.6	1.0	124	209
1998	12.5	33.4	85021	46.2	13.6	1.0	131	227
1999	12.6	34.8	91500	45.8	13.5	1.1	134	256
2000	12.7	36.2	99215	45.9	13.5	1.2	156	296
2001	12.8	37.7	107449	45.1	13.9	1.3	186	335
2002	12.8	39.1	117208	44.8	14.5	1.5	231	381
2003	12.9	40.5	128959	46.0	15.7	1.9	268	447
2004	13.0	41.8	141964	46.2	17.7	2.3	303	527
2005	13.1	43.0	156775	47.7	20.1	2.8	336	621
2006	13.1	43.9	174961	48.7	22.5	3.3	354	727
2007	13.2	44.9	197706	48.5	24.6	3.8	393	934
2008	13.3	45.7	215499	48.6	26.6	4.3	451	1117
2009	13.3	46.6	234300	46.3	28.7	4.9	586	1308
2010	13.4	47.5	258433	46.8	30.7	5.4	699	1408

国钢材替代率（含循环）达到30%—40%，氧化铝替代率达到10%，有色金属替代率达到30%—40%。因此，对钢材、精炼铜、原铝等在2020年均减去30%进行修正。

（三）预测结果

目前，我国仍处于工业化和城镇化快速发展阶段，国民经济仍将保持较快增长速度，固定资产投资占国内生产总值的比例仍将处于高位。在经济结构逐步下调及城镇化率仍将保持较快增长等基本情景下，预测未来 10—15 年，我国能源及非能源重要矿产需求仍将沿着"近线性"轨迹增长。根据量化模型测算及相关研究机构的研究成果，预测结果如下：

（1）能源需求。到 2015 年和 2020 年，我国一次能源需求总量将分别达到 39 亿吨标准煤和 45 亿吨标准煤。其中，煤炭需求将分别达到 36 亿吨及 38 亿吨，石油需求将分别达到 5.6 亿吨和 6.5 亿吨，天然气需求将分别达到 2200 亿立方米和 3000 亿立方米。

（2）非能源需求。到 2015 年和 2020 年，我国钢材需求将分别达到 8.5 亿吨和 10.5 亿吨，精炼铜需求将分别达到 750 万吨和 790 万吨，电解铝需求将分别达到 2843 万吨和 3920 万吨，精炼铅需求将分别达到 800 万吨和 820 万吨，精炼锌需求将分别达到 880 万吨和 1200 万吨。

四　主要矿种未来供给潜力预测

（一）主要矿种近年供给情况和潜力分析

（1）供应情况。20 世纪 90 年代中期以来，我国能源资源供应结构开始发生变化。自 2000 年至 2009 年，我国大部分能源、固体矿产资源生产呈现快速发展态势，铁矿石、粗钢、精铜等资源产品的生产增长速度保持在两位数以上，超过 GDP 年均 9% 的速度；原油生产保持平稳，年均增速在 1.7% 左右。

（2）潜力分析。我国地域辽阔，地处环太平洋、古亚洲和特提斯三大成矿域交会处，成矿条件十分有利。据最新一轮全国矿产资源潜力评价（2007—2010 年）结果显示：我国矿产勘查工作程度总体较低，油气、煤炭等能源有较大找矿潜力，非能源重要矿产在全国重要成矿区带成矿条件良好，在已知矿床（山）深部及外围和新区找矿均具备很大的资源潜力。根据相关研究成果判断，截至 2008 年年底，我国石油资源探明程度为 37.8%，天然气探明程度为 22.4%，煤炭探明程度为 24.9%，油页岩、油砂和煤层气的探明程度都不足 10%，稀土、镍矿、锡矿等资源探明程度相对较高（>50%），铅锌、铜、铁、钨、铝土矿资源探明程度较低（<40%）。只要持续加大地质矿产勘查力度，是能够实现找矿突破的（见图 6-12）。

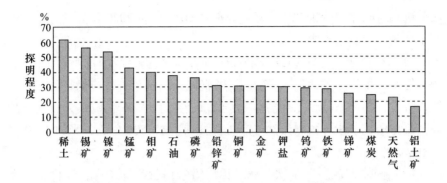

图 6 – 12 我国能源及重要矿产资源探明程度情况

注：探明程度 = 累计查明资源储量／（累计查明资源储量 + 预测未查明资源总量）。

　　其实，自 2002—2009 年以来，我国地质找矿勘查投资快速增长，新一轮矿业周期找矿效果已开始显现，并新发现了相当规模的大中型矿床及矿产地（见图 6 – 13）。能源及大部分固体矿产探明资源储量年均增速保持在 1%—4%，使查明资源储量总体呈上升趋势。随着勘查深入和技术进步，这些资源储量将逐渐升级为基础储量或储量。

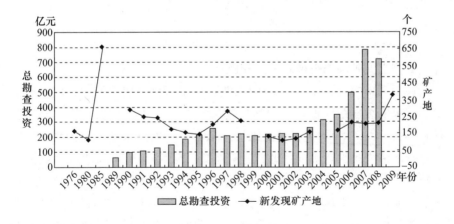

图 6 – 13 自 1976 年以来我国地质勘查投资和新发现大中型矿产地个数

（二）主矿种供给预测

　　在考虑资源需求、资源禀赋、国家政策及技术进步等多方面影响因素的基础上，以能源、矿产资源的供给和需求历史数据为依据，运用回归分析和时间序列分析方法，对主要矿产 2015 年及 2020 年的供应能力进行了预测。预测结果为：

（1）能源矿产。到 2015 年和 2020 年，煤炭仍是我国重要能源来源，预测煤炭产量将分别达到 32 亿吨和 35 亿吨；石油生产供应仍将处于平稳增长阶段，预测石油产量将分别达到 2.1 亿吨和 2.25 亿吨；天然气产量进入快速增长阶段，预测天然气产量将分别达到 1500 亿立方米和 2100 亿立方米。

（2）固体矿产。对于铁、铜、铝、铅、锌、钨等矿产，经检验，大都不服从正态分布或平稳性较差，主要运用时间序列模型进行预测。预测结果见表 6 - 8。

表 6 - 8　　　　　　　　　　重要矿产未来供应能力预测

矿种	单位	2015 年	2020 年
铁矿	亿吨	12.8	16.5
铜矿	万吨	110	120
铝土矿	万吨	2700	2800
铅矿	万吨	140	160
锌矿	万吨	400	500

五　主要矿种未来供需平衡分析

在接下来的 10—20 年，我国工业化、城镇化将快速推进，矿产资源市场需求依然强劲，重要矿产消耗速度依然快于生产增长速度，并且这种态势在 10—20 年内仍将继续维持。依据上述的需求和供应预测，可以大致判断将来我国能源资源供需差额程度：至 2015 年和 2020 年，我国石油缺口将分别达到 3.0 亿吨和 3.4 亿吨；煤炭缺口在 2 亿—3 亿吨左右；天然气缺口将分别达到 700 亿立方米和 900 亿立方米。固体矿产生产及需求预测分别采用矿石（原矿金属量）、金属成品和半成品数据，中间涉及金属的多次转换和进口品种多元化等因素，不能直接进行对比，但是根据消费发展趋势及我国资源情况，可以大致预测：未来 10—15 年，我国大宗矿产，例如铁、铜、铝等矿产的对外依存度依然高达 50% 左右。

六　提高矿产资源安全的途径

展望未来，我国对矿产资源的需求将越来越多，这既是我国宏观战略中的一个重大问题，也是由我国经济社会发展所处的阶段所决定的。基于国内外矿产资源供需形势，以矿产资源永续利用支撑社会经济可持续发展，实现全面建成小康社会为目标，提高重要矿产资源安全途径的总体思路是：以"供需双向调节战略"为指导，以"找矿增储、高效利用及境外补充"等为基本途径，并开展相关机制构建研究，进而全面提升矿产资源供应保障能力与实际利用水平。

（一）矿产资源安全的概念与内涵

矿产资源安全问题的提出是矿产资源供应短缺的演变产物，是一个与社会经济发展水平、与人类对自然环境和客观世界的认识及利用相关的经济范畴。尤其是 20 世纪 70 年代初，国际上发生的石油危机把整个矿产资源安全问题推向政治关注的前沿，并把它看作经济发展的最主要威胁。资源净出口国通过取消战略资源的供给，从而影响资源净进口国实现政治和经济的影响，这种情况更加重了人们对矿产资源安全的广泛担忧。

矿产资源安全供应是矿产资源供需矛盾不可调和的产物，但是到目前为止也没有一个公认的定义。一般都认为矿产资源安全主要是指它对经济发展和人民生活的保障程度，保障程度越高则越安全。参照粮农组织对粮食安全的定义，我们可以给矿产资源安全供应下一个类似的定义，即矿产资源安全供应是指经济发展和人民生活所需的矿产资源能持续、稳定和以合理的价格得到保障，其核心内容包括三个方面：一是充足的数量，二是稳定的供应，三是合理的价格。它的提出是在人类社会的快速发展对资源承载能力产生巨大压力的背景下产生的，所研究论述的对象特指与国民经济发展紧密相关、供需矛盾紧张以及对社会经济发展具有"瓶颈"影响的基础性、稀缺性的矿产资源。在我国，石油、天然气、铁、铜等，都属于重点研究对象。

（二）提高资源安全的基本途径

目前，我国经济发展遇到了资源供给的约束，这是我国宏观战略中的一个重大问题，直接关系到民生问题。缓解资源约束的路径很多，这里分别从开源和节流两个方面来阐述。在开源方面又有多种路径，例如发现资源新储量、从国外进口资源，等等；在节流方面也有多种路径，例如创新技术、提高资源利用效率、调整产业结构及发展循环经济，等等。展望未来，我国对矿产资源的需求将越来越多，这是由我国经济社会发展所处的阶段所决定的。基于国内外矿产资源供需形势，以矿产资源永续利用支撑社会经济可持续发展，实现全面建成小康社会为目标，提高重要矿产资源保障能力的总体思路是：以"供需双向调节战略"为指导，以"找矿增储，高效利用，回收替代和境外补充"为基本途径，全面提高我国矿产资源安全供应保障能力。

上述缓解资源约束的途径都是可行的，认真实施都会取得一定的效果。但是，从资源产业角度进行归纳，认为当前缓解我国资源约束及提高资源安全供应的主要途径应该寄托在以下四个方面：一是加强地质找矿工作，这是最大的开源，为此需要开展矿产资源勘查机制构建研究；二是加强境外矿产资源利用机制研究，实施全球化资源配置战略，提高利用境外资源水平；三是开展矿产资源高效利用机制研究，提高资源节约与综合利用水平，提升资源利用效率；四是加强非传统矿产资源开发利用研究，开辟潜在资源空间，鼓励资源替代，减轻传统矿产资源的供应压力。上述四个途径都具有战术上的意义，只要高度重视，并积极组合实施，对提高我国矿产资源安全供应保障能力都具有重要的现实意义。

第七章 矿产资源有效供给与高效利用机制

以切实保障我国矿产资源有效供给和高效利用为总体要求，从容应对价格波动和有效抵御供应中断为衡量标准，建立"新形势下保障经济建设总需求和总供给基本平衡"为核心的矿产资源保障体系。从需求侧出发，节流的根本是转变经济发展方式，优化产业结构，限制不合理的需求。从供给侧出发，开源的途径是充分利用"两种资源两个市场"，主要包括两个方面：一是加大国内地质找矿力度，找到新的资源和替代资源；加强技术研发，攻克共伴生、难选冶矿技术难关，盘活一批呆滞资源。二是利用境外矿产资源，通过矿产品贸易、矿权交易、购买股权、公司并购等资本运作方式来获取境外资源。

第一节 矿产资源勘查机制研究

新中国成立以来，我国矿产资源勘查取得了举世瞩目的成绩，先后共勘查发现172种矿产，查明矿产地（点）20多万处，为建立我国独立的矿产工业体系奠定了坚实的基础。但是，随着我国经济总量的规模扩张，大宗矿产供需矛盾不断加剧；特别是勘查领域的结构性问题，导致矿产资源储量结构性矛盾突出，使具有实际经济意义的经济储量不断减少，资源承载力不断降低。构建矿产资源勘查机制，其核心目的是尽快促进查明资源储量升级而转化为经济储量，进而为我国经济发展提供更多的具有经济意义的资源储量。

一 我国矿产资源勘查现状

（一）矿产资源勘查概念

矿产资源勘查又称矿产勘查（也称矿产地质勘查），是指在区域地质勘查的基础上，根据国民经济和社会发展的需要，运用地质科学理论，使用多种勘查技术、手段和方法对矿床地质和矿产资源进行的系统调查研究。在市场经济条件下，矿产勘查是商业性投资主体以具备开采外部环境条件的探矿权、采矿权区块为工作对象，通过筹集并投入风险勘查资本，投入地球科学各专业勘查人才、地物化遥感技术和槽探、井探、坑探和钻探等手段，探知区块内是否存在经济矿床，以及获取矿床的埋藏深度、形态、产状、三维分布、赋存状态、矿床规模、矿石质量（如品位、选冶性能）等数据和信息，用以指导矿山设计、矿山建设及矿床开采的复杂过程。

（二）矿产资源勘查现状

21 世纪以来，我国矿产资源勘查取得了重大成绩，矿产勘查投入逐年增加，找矿成果逐步显现，为矿业开发和经济社会发展提供了坚实的基础。

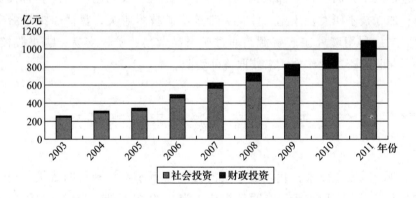

图 7 - 1　近年来我国矿产勘查投资情况

（1）勘查投入持续增长。据《国土资源经济形势分析与展望》（2012）数据显示，我国地质矿产勘查投入持续快速增长。2003 年勘查费为 260 亿元，到 2011 年已增长到 1092 亿元，年均增幅为 22.8%。特别是 2006 年以来，财政投资的增长速度非常明显（见图 7 - 1），为基础地质调查程度不断提高提供了有力的保障。

（2）钻探工作量不断增长。随着勘查投入的不断增加，钻探工作量也在不断增长。2003 年非油气钻探工作量为 170 万米，到 2011 年已增长到 2486 万米，年均增幅为 46.7%（见图 7-2），一大批大型、超大型矿床被相继发现并陆续进入开发阶段。如云南普朗和羊拉铜矿、新疆阿吾拉勒和查岗诺尔等铁矿、西藏的驱龙和甲玛铜矿等，都是在短时间里探明的，之后大型企业及时跟进开展后续勘查，迅速规划建设大型矿山。

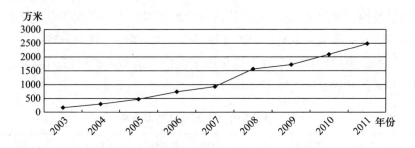

图 7-2　我国矿产勘查钻探工作量情况

（三）矿产勘查取得的成果

近年来，受国内外矿业投资快速增长的影响，地质勘查经济健康运行，主要矿产查明资源储量明显增长；一大批大型、超大型矿床被相继发现并陆续进入开发阶段。

（1）新发现大批矿产地。在"多找矿、找大矿、找好矿"目标驱动下，"十一五"期间，国土资源部积极部署了新疆"358"项目、青藏专项、危机矿山接替资源找矿专项、地质矿产保障工程和找矿突破战略行动等，地质找矿取得新突破，每年都有大批的新增矿产地被发现。2009年新发现的矿产地数多达 398 处，为近年来最高水平（见图 7-3）。

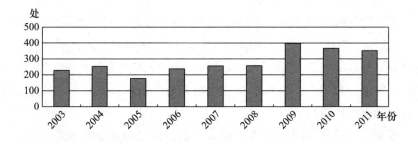

图 7-3　我国矿产勘查新增矿产地情况

（2）主要矿产查明资源储量明显增长。随着大批新增矿产地的发现，我国主要矿产查明资源储量呈明显增长态势（见表7-1），新增资源储量有了巨大突破。如2009年，在新疆、西藏等重要成矿带探获煤炭资源量1117亿吨，安徽庐枞地区泥河铁矿探明铁矿资源量2亿吨；辽宁本溪桥头铁矿控制资源量30亿吨，预测资源量70亿吨以上。2011年，安徽省金寨县境内探明巨型钼矿，其钼储量有220万吨以上，仅次于世界最大的美国科罗拉多州克莱麦克斯钼矿（储量300余万吨），成为全球第二大钼矿。这些新资源的发现，有力地保障了经济发展对矿产资源的需求，为下一步矿产勘探奠定了坚实的基础。

表7-1　　　　　　　　近年来我国主要矿种查明资源储量

矿种	单位	2006 年	2007 年	2008 年	2009 年	2010 年	变化趋势
煤	亿吨	11597.79	11804.45	12464.03	13096.80	13408.3	
石油	亿吨	27.6	28.3	28.9	29.5	31.7	
铁矿石	亿吨	607.26	613.35	623.78	646.00	727.0	
铜	万吨	7047.77	7158.90	7709.56	8026.30	8040.7	
铝土矿	亿吨	27.76	29.08	30.31	32.03	37.5	明显呈逐年增长趋势
钨（WO_3）	万吨	558.35	551.55	561.17	571.00	591.0	
锡	万吨	476.92	476.92	483.66	498.30	431.9	
钼	万吨	1094.21	1136.00	1232.23	1255.80	1401.8	
金	吨	4996.90	5541.34	5951.79	6327.90	6864.8	

资料来源：国土资源部《全国矿产资源储量通报》。

二　矿产勘查中的问题

（一）勘查领域结构性问题突出

矿产勘查阶段是遵循循序渐进原则，逐渐缩小矿产勘查范围，不断提高研究程度，以期减少投资风险。根据1999年实施的《固体矿产资源/储量分类》规定，目前我国固体矿产勘查工作分为预查、普查、详查和勘探四个阶段。习惯上，将预查和普查阶段称为找矿阶段，详查和勘探阶段称为勘查探矿阶段。

近年来，虽然我国地质找矿成果丰富，但是找矿的动机却更热衷于矿业资本运作，使各类资本更多地投资于普查与详查阶段。实践中，只有勘探阶段提交的地质成果最具有经济意义，它能够用于直接指导矿山设计或矿山开采。然而，由于勘探工作投入量大，且风险不能转移，使勘探投入所占比重明显偏低。近年来，我国固体矿产勘探投入所占比重仅为8%—12%，如此加剧了我国勘查产业链的畸形发展，导致勘查领域结构性问题非常突出（见表7－2）。

表7－2　　　　　我国矿产勘查阶段要求及勘查完成的矿产地数　　　单位：处、%

勘查阶段	2006 年		2007 年		2008 年		2009 年		2010 年	
	矿产地	比重	矿产地	比重	矿产地	比重	矿产地	比重	矿产地	比重
预查	196	12.5	104	7.0	123	10.4	97	7.2	76	6.0
普查	979	62.6	806	54.2	545	46.0	525	39.1	574	45.5
详查	265	16.9	418	28.1	413	34.8	550	41.0	461	36.5
勘探	123	8.0	159	10.7	105	8.8	170	12.7	151	12.0
总计	1563	100	1487	100	1186	100	1342	100	1262	100

（二）资源储量结构性问题突出

勘查领域结构决定资源储量的结构情况。由于我国勘查投资主要集中于普查与详查阶段，所提交的成果多为低级别的资源储量。据《全国矿产资源储量通报》数据，我国查明资源储量在持续增长。以铁矿为例，其查明资源储量呈增长势头，从2003年的577亿吨增长到2010年的727亿吨，年均增长率约为3.7%（见图7－4）；储量却从2003年的109.6亿吨下降到79.0亿吨，年均下降4.6%（见图7－5）。主要原因是，矿产品价格持续走高刺激采掘业投资力度增强，使矿产开发规模不断扩张，资源储量消耗持续增加，但勘探投资较弱，储量升级缓慢，使一些重要矿种的储量呈下降趋势。铜矿也存在类似的情况（见图7－6、图7－7）。

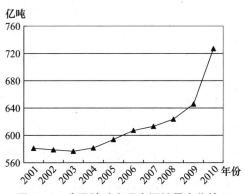

图7－4　我国铁矿查明资源储量变化情况

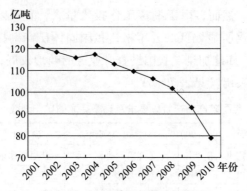

图 7 - 5　我国铁矿储量变化情况

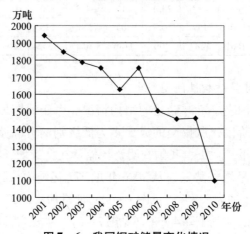

图 7 - 6　我国铜矿储量变化情况

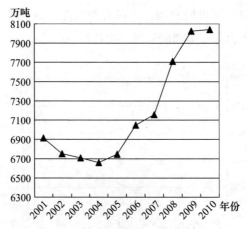

图 7 - 7　我国铜矿查明资源储量变化情况

三　矿产资源勘查机制的构建

矿产勘查机制主要是指矿产勘查活动中投入主体在资金、人员、技术等内部要素之间的组织、联结方式及各要素在市场中发挥功能的方式。根据当前我国矿产勘查领域及资源储量的结构问题，为了引导勘查资金向勘探领域转移，并尽可能多地提交高级别资源储量，当前迫切需要构建矿产资源勘查机制。

（一）我国矿产资源勘查机制的历史演变

新中国成立以来，我国经济发展经历了计划经济—有计划商品经济—市场经济的转变，与此相适应，我国矿产勘查机制也经历了以下三个发展阶段：

（1）改革开放之前（1949—1978 年）。在计划经济体制下，我国矿产勘查实行的是"调查勘探一体化"机制，其特点是"国家统揽、事业体制、专业队伍、财政投入、计划管理、投入产出两条线"，并长期独立于矿业体系之外，实行事业体制，形成"国家出资勘查—地勘单位找矿—矿山企业开矿—国家再出资找矿"的运行机制。该机制在计划经济体制时期发挥了重要作用，但随着我国经济体制改革的深化，国家财政大包大揽，依靠事业体制组织开展勘查生产，日益暴露出其政事不分、事企不分、投入产出关系不清及效率低下等严重弊端。

（2）改革开放之后至 20 世纪末（1978—1997 年）。改革开放以后，我国建立了社会主义市场经济体制，推行"有计划的商品经济"。为适应这一改革方向，地质工作机制也随之发生重要转变。1985 年地矿部制定了《地质工作体制改革总体构想纲要》，明确了地质工作"三化"（地质成果商品化、地勘单位企业化、地质工作社会化）的改革目标，此后十几年矿产勘查工作基本是围绕着"三化"目标展开的。但由于长期封闭，地勘单位属地化后并没有得到多少地方的政策支持，对勘查工作的重要性、特殊性等认识不足，对矿产勘查行业发展缺乏合适的顶层设计和有效的制度供给；加之当时市场机制不健全，使地质找矿工作徘徊不前。

（3）国土资源部成立以来（1998 年至今）。1998 年国土资源部成立，从此建立了相对集中的国土资源管理体制。1999 年，地质工作转向公益性和商业性分体运行，继续推进大部分地勘单位属地化，矿产勘查投资主体多元化格局初步形成。进入 21 世纪以来，随着我国工业化、城镇化及国际化的进程不断加快，对矿产资源的需求大增，矿产资源供需矛盾成为制约经济社会发展的"瓶颈"。为了满足对矿产资源的需求，2006年国务院出台了《关于加强地质工作的决定》，并用了较大篇幅提出完善地质工作机制的问题。此后按照"找新区、上专项、挖老点、走出去"等思路，构建了中央、地方和企业相互联动，公益性地质工作、地勘基金和商业性矿产勘查合理分工、有机衔接及共同推进的地质找矿机制。2010年，又在以往工作的基础上形成了"公益先行、商业跟进、基金衔接、整装勘查、快速突破"的地质找矿新机制。其中，整装勘查是组织管理地质找矿的一种新模式，它是集公益先行、基金衔接、商业跟进于一体的多元勘查主体互动的组织管理方式，对提高地质找矿的效果，特别是找大矿具有重要意义。

（二）国外主要经验和做法

进入21世纪以后，全球地质工作和矿业领域进入新一轮的快速发展时期，能源和矿产资源需求旺盛，各国均加大了对矿产勘查的投入和评价，形成了适合本国国情的矿产勘查做法和经验。

（1）实施公益性地质调查，降低商业性投资的风险和引导商业性地质勘查。世界上大多数国家将基础性、公益性地质工作交由地质调查机构完成。美国、加拿大、澳大利亚等西方发达国家由联邦政府、地方政府出资，进行公益性地质工作，各国地质调查机构开展基础性、公益性地质工作的经费大部分依赖于国家财政拨款，同时也有少部分经费通过其他有偿经营服务等渠道获得。政府通过实施公益性地质调查计划，进行勘查项目的踏勘和详查等工作，有效地降低了商业性勘查投资的风险。

（2）矿业公司开展商业性勘查工作。由企业出资并承担勘查风险，一般通过探采结合或探矿权交易方式实现其利益，同时运用法律法规、矿业政策和市场机制约束和调控勘查运作。

（3）实施矿产勘查促进计划。矿业具有波浪式发展的规律，每一次低谷的出现实际上都是一次国家需求的大变化的结果，每一次昌盛都是经济与社会发展对公益性地质工作需求急剧增长的结果。根据矿业兴衰的不同阶段，矿产勘查重点要有不同程度的变化。进入矿业低谷时，政府推出矿产勘查促进计划，获取和更新基础地学数据，改善提供地学信息服务的方式，从而推动矿业的发展。矿业进入高潮时，政府根据情况取消或调整对矿产勘查促进计划，同时引导商业性勘查投入的积极性，这种成熟市场经济条件下的地质工作运行机制为我国构建地质工作新体制提供了很好的思路与借鉴。

（4）制定优惠政策鼓励矿产勘查。发达国家为矿产勘查提供优惠的税收政策，也是其加强矿产勘查工作的重要举措之一。例如，加拿大目前实施的勘查投资减税计划（ITCE），是一种有效吸引商业性矿产勘查投资的方法。它以一种不能用新债券代替的15%的减税额来鼓励草根勘查（普查），是在按规定从公司税金的联邦份额中减除符合规定的勘查支出后进一步减除的。

（5）鼓励勘查技术创新。科技创新是实现找矿突破的关键。应用先进的地质勘查技术，可以使矿产勘查的地域范围更广、深度更大。政府要为矿产勘查技术的研制提供优越的创新环境，如建立一批高质量的研究机构和基础设施，实施大型勘查技术创新计划，培养优秀的人才，加大研发经费的投入，提供一定的风险资本和高效的管理环境，出台相应的鼓励研发的政策措施等。例如，澳大利亚的《玻璃地球计划》就以政府为主导，由中央和地方的地质调查机构、大学、矿业公司等参与，按董事会的方式运作，参与的公司优先应用所研发的新技术，这样便大大地促进了勘查技术的创新与发展，进而提高找矿效果。

（三）我国矿产勘查机制的构建

目前，我国正处于工业化、城镇化和农业现代化快速推进的关键时期。为了缓解资源"瓶颈"，按照中央指示精神"完善矿产勘查投入，运用先进找矿技术，摸清资源家底和开发利用的可能性，不断增加重要资源探明储量，形成一批资源战略接续区，把矿产资源潜力转化为经济社会发展的保障能力"。这就要求我们必须构建适应当前经济社会发展特点的矿产勘查新机制。

（1）机制目标。矿产勘查是矿业的基础性工作，矿产勘查的目标就是发现有开发价值的经济矿体，通过矿产开发和后续的矿业销售收入取得回报、实现扩大再生产和矿产勘查—矿业开发的良性循环。当前，构建矿产勘查新机制的首要任务按照地质工作规律，立足国内，加大地质找矿力度，充分挖掘国内资源潜力，不断地将查明资源储量转化为资源储量，为矿业开发提供坚实的资源保障。

（2）矿产勘查流程及机制。研究矿产勘查定义发现，矿产资源勘查有其内在的本质要求和作用机制。主要包括投入机制、储量评审和监测机制、退出机制（见图7-8）；此外，政府的调控机制也发挥着重要的指导作用。

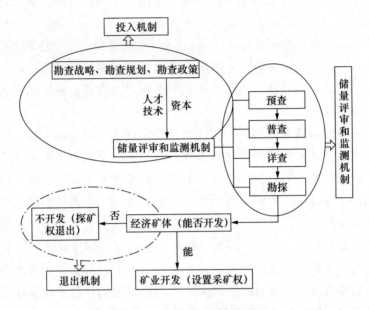

图 7-8 矿产勘查流程和机制

（3）矿产勘查机制的作用机理。观察矿产勘查流程可发现，储量评审与监测是矿产勘查机制的核心，因为矿产勘查的最终目的就是发现经济矿体，探明资源储量；并依据储量评价矿体开发的经济可行性，实现矿产勘查—矿业开发的良性循环。通过储量评审和监测，掌握国家矿产资源状况，确定勘查矿种和勘查级别，为国家宏观调控提供依据，进而制定勘查战略、勘查规划、勘查政策（调控机制），同时指导资本、人才和技术的合理投入（投入机制）以及探矿权取得、出让及在各个勘查阶段的有效退出（退出机制）（具体见图 7-9）。

①储量评审与监测机制。储量评审与监测是构建矿产勘查机制的基础与核心，因为资源储量是矿山建设和生产的物质基础，也是矿产勘查的最终目的。其主要作用：一是对新发现矿产地的资源储量进行评审，建立全国矿产地数和新增资源储量的动态数据库，为制定国家矿产勘查战略提供基础数据；二是依据当前矿产品市场的供需形势，选择重点勘查矿种及勘查级别，为国家制定矿产勘查战略和宏观调控政策提供基础支撑。

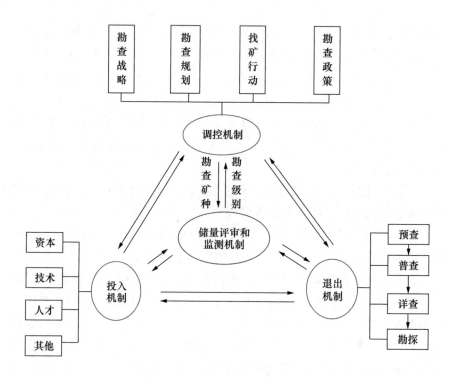

图7-9 矿产勘查机制作用框架

②调控机制。调控机制是指政府根据储量监测的结果，制定勘查战略和勘查规划等相关政策，发挥调控和指导作用，同时引导矿产勘查工作布局和结构调整。主要工作如下：

首先，制定矿产勘查战略和勘查规划。随着我国工业化、城镇化快速发展，资源的制约日益突出，矿产资源刚性需求明显增长。近十年来，我国矿产资源消费量大，增速快，已成为世界煤炭、钢铁、氧化铝、铜、水泥的最大消费国。石油、铁矿石、铜、钾盐对外依存度连续多年超过50%，严重影响了国家的经济政治安全。因此，必须根据矿产勘查成果，结合生产矿山的储量动态监测，制定矿产资源勘查战略和规划，强化地质勘探工作，及时促进重要矿产资源储量级别升级，进而直接为提高矿产资源保障能力服务。

其次，开展重要矿产资源的找矿行动。国外许多国家根据经济社会发展及矿业兴衰不同阶段的特征，适时动态地调整矿产勘查重点，推出矿产勘查促进计划，从而推动矿业的发展。我国也针对当前矿产资源的供需矛盾，开展针对紧缺矿种的找矿行动，如 2010 年，国土资源部出台《全国地质找矿"358"行动纲要》，以铁、铜、铝、金、铅、锌等为主攻矿种，优先部署全国 47 个重点勘查区，明确各个勘查区的目标任务和工作进展，大力推进地质找矿工作。

最后，制定勘查政策。勘查政策是保障矿产勘查顺利进行的根本保障。主要是指地勘单位分类改革及相关政策、勘查税费减免优惠政策、鼓励草根勘查等。

③投入机制。目前，我国实行的是多元主体投入制度，即中央和地方政府、地勘单位、矿山企业等多种投入主体。在市场经济体制下，如何充分发挥各个投入主体的积极性、主动性和创造性，实现资金、技术和人才的合理有效投入，是当前需要解决的主要问题。

首先，资本投入是矿产勘查工作的基础。矿产勘查的特点是高风险、高回报、高收益。政府应通过实施公益性矿产勘查计划，进行勘查项目的踏勘和详查等工作，有效降低商业性勘查投资的风险。企业是商业性矿产勘查的主体，因按市场规律办事，坚持"谁投资，谁受益"，政府要对其引导和规范。此外，通过市场手段，鼓励社会资金进入矿产勘查，特别是短缺矿种的勘查。

其次，充分发挥国有地勘单位的主力军作用。1999 年，国家发布《地质勘查队伍管理体制改革方案》（国办发〔1999〕37 号文），地勘单位属地化管理后，便自觉将自身发展融入当地的经济社会发展之中，主动为当地经济社会发展服务，许多地勘单位积极"走出去"，在省外、境外开展矿产勘查工作，走"探采一体化"道路，增强了自我发展能力。2011 年以来，为了更好地发挥地勘单位的积极性、主动性和创造性，各省按照《中共中央、国务院分类推进事业单位改革的意见》的要求，稳步推进国有地勘单位分类改革。目前，地勘行业分类改革框架已经初步形成。

最后，技术和人才是实现找矿突破的关键。应用先进的地质勘查技术和装备，可以使矿产勘查的地域范围更广、深度更大。政府要为矿产勘查技术的研制提供优越的创新环境，如建立一批高质量的研究机构和基础设施，实施大型勘查技术创新计划，培养优秀的人才，加大研发经费的投入，提供一定的风险资本和高效的管理环境，出台相应的鼓励研发的政策措施等。

④退出机制。科学设置探矿权，能够促使地质找矿成果转化的效益最大化，有利于矿产资源的规模化开发利用，所以必须建立探矿权在各个勘查阶段有效退出机制。严格按照国家相关规定，每一个探矿权原则上在 5 年内必须完成从普查、详查到勘探三个阶段的全部地质勘查工作，提交资源储量报告，转入划定矿区范围和矿产资源开采；对大中型矿床，勘查周期可延长到 7 年。到期不能划定矿区范围的，勘查许可证原则上不再延续，予以注销。经转让取得的探矿权，其勘查时间连续计算，若时间不够，可提出延期申请，延长时间凭地质勘查报告由管理部门审定。

（四）矿产勘查机制的保障措施

矿产勘查机制的构建是同一定的社会经济条件相适应的，也需要相应的保障措施来不断加以完善，建议从以下几个方面着手：

（1）借地勘单位分类改革的契机，完善和规范矿产勘查工作。根据国内外经验，矿产勘查工作分为公益性、基础性和商业性三类。地勘单位分类改革也应充分考虑这一特点，区分为公益性地勘单位和商业经营性的地勘单位，并对其进行分类管理，并实施差别化扶持政策。

首先，夯实公益性地质调查工作，并健全其管理机构。目前，当务之急是各级政府要夯实公益性地质调查工作，把公益性地质调查组织管理机构健全起来，充分利用公益性地勘单位的优势和力量，加快地质调查进展，取得一批新成果。公益性地质找矿成果，对经济社会发展具有重要意义和作用：第一，它为政府制定发展规划提供矿产资源信息，在摸清矿产资源家底的基础上统筹当地的经济和社会发展；第二，它为地质找矿出资者提供找矿信息，减少风险损失，特别是它在很大程度上影响商业性地质找矿总体经济效益；第三，它在矿产资源丰富地区可以直接拉动当地经济和社会发展。

其次，积极鼓励和引导商业性地质找矿。目前，我国在矿产勘查领域的投资中，除了公益性地质勘查外，仍然有相当一部分是政府投资，这种行为不符合市场经济规律。市场经济下，矿产资源勘查作为高风险、高投入、高回报的一种风险投资，其主体应当是企业。政府的主要职能是打造以市场机制为导向的制度平台，对勘查工作给予鼓励和指导，并科学配置给企业矿权，只有让企业自主经营，自负盈亏，才能为勘查业提供源源不断的动力。也只有依靠企业，才能构建持续长久和良性的勘查投入长效机制。

（2）完善探矿权管理和退出机制。首先，放开探矿权。探矿过程是一个资本运作增值的过程，并遵循一般经济规律和自己的特有经济规律。国家应允许投入资金的企业或地勘单位优先获得探矿权。此外，社会资金也可通过风险勘查市场，或者与地勘企业合作进入勘查领域，解决勘查企业资金短缺的问题，并激活矿权。其次，严格监管探矿权退出。公益性勘查工作，应主要侧重于对重点成矿区（带）、空白区（即未做过地勘工作、前期未有投入或做过前期工作但未获得有价值的找矿成果）以及其他公益性基础地质工作，不设探矿权。对达到普查阶段的矿区，可通过行政方式和市场配置相结合的方式出让探矿权，进行商业性勘查。此外，应尽快建立健全探矿权退出机制，严格规范探矿权存在和流转期限，对到期不能划定矿区范围的，勘查许可证原则上不再延续，予以注销，这将有效解决目前存在的圈而不探、跑马占地问题。

（3）加快储量升级，提高资源的保障能力。随着矿产勘查投入的持续增长，地质找矿实现新突破，主要矿产新增查明资源储量明显增长。但是，由于勘查工作程度较低，储量升级缓慢，使近年铁、铜等多数矿产资源储量呈明显下降趋势。为此，建议加大投入，提高矿产勘查工作程度，加快储量升级，提高资源的保障能力。

（4）推进技术进步和人才培养。矿产勘查工作具有很强的基础性、探索性、实践性和继承性，需要长期的资料、经验与人才的积累，制定相关激励政策和措施，鼓励产学研结合，开展地质勘查高新技术的研究和开发，提高地质勘查技术和装备的国产化水平。加快先进适用技术的释放推广，加强地质科技人才培养，逐步改善地质勘查单位科技人才结构。推行地勘单位与地勘院校相结合，地勘单位提供场所，地勘院校培养科技人才，优势互补。这样，地勘单位解决了科研问题，地勘院校培养了人才，二者共同促进地质找矿质的飞跃。

第二节　境外矿产资源利用机制研究

随着中国经济的持续增长及其工业化进程的不断推进，国内自有资源生产能力已经越来越不能满足日益快速增长的资源需求，以至于在一定程度上影响了经济发展的独立性和稳定性。经济全球化给人类带来了前所未有的繁荣和发展机遇，同时也带来了巨大的风险和严峻的挑战。任何国家要取得本国经济更大的发展，除了依靠国内资源和国内市场外，还要善于利用国外资源和国际市场，努力抓住各种机遇，积极主动地参与全球资源竞争，并建设一批可靠的境外矿产资源供应基地，争取更合理地利用更多的境外资源为我国的经济建设服务。

一　世界重要矿产品贸易格局

由于矿产资源分布的不均衡性，世界几乎没有哪一个国家能够完全依靠自身的资源来满足其发展的需要，这就使资源全球化配置成为各国不同发展阶段所面临的必然选择。纵观历史，资源禀赋情况及各国经济发展动态往往是决定矿产品贸易格局变迁的核心要素。当前，虽然发达经济体已经实现了工业化，对矿产资源的需求趋于稳定，但是以中国为首的"金砖四国"的工业化大都选择了"压缩式"的发展路径，要在几十年内完成西方国家上百年的工业化路程，使巨大而快速增长的需求正在迅速改变世界矿业格局。

（一）世界矿产品供需格局

从实践情况来看，当前世界矿产品供需的基本格局是：矿产资源大国往往是矿产品的生产大国，同时也是矿产品贸易中的主要输出国；发达国家及经济崛起中的发展中国家，一般都是矿产品消费大国及贸易中的主要进口国家。例如，石油资源主要分布在沙特阿拉伯、伊朗、科威特及阿联酋等国家；与此同时，石油出口也主要集中在中东地区，2010年的出口量占到世界总量的44%。石油进口较多的国家或地区主要是美国、中国、日本、印度和欧洲，其中特别是中国，进口量占世界的比重已由2001年的4%提升到2010年的13%；另外，印度也不仅进入了石油进口大国系列，而且进口规模已逼近日本（见图7-10）。

铁矿也是这样。当前，世界约60%的铁金属储量集中分布于澳大利亚、巴西及俄罗斯，并且这三个国家的矿石产量也占到世界总量的45%—50%；与此同时，这三个国家的铁矿石出口量也占到世界总量的65%以上。铁矿石进口主要是中国、日本及欧洲经济发达国家，这些地区铁矿石进口量基本占到世界总量的85%以上。

（二）世界矿产品贸易格局

矿产品作为社会经济发展中的载体，它的贸易流向受控于资源禀赋及供需格局的空间变迁。根据矿产品的供需格局分析判断，当前世界重要

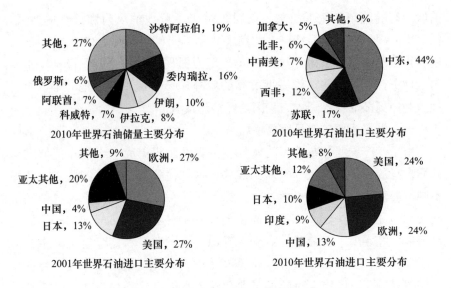

图 7 - 10 2010 年世界石油贸易格局情况

矿产品贸易的基本格局是：资源大国所生产的矿产品，正不断地通过贸易等途径流入发达国家及经济崛起中的发展中国家；其中，贸易流量中的增量，主要流向经济崛起中的发展中国家。我国由于受大宗矿产品供应短缺的制约及工业化进程采用"压缩式"发展路径的推动，已经并将继续成为世界矿产品贸易流向的归宿。例如铁矿，2010 年中国进口铁矿砂 6.19 亿吨，比 2001 年增长 5.27 亿吨；同期，世界铁矿石产量增量是9.17 亿吨，使产量增量中的 57.5% 流入中国市场。

二 我国利用境外矿产资源现状

虽然我国是世界矿产资源总量丰富、品种齐全的少数几个国家之一，但是受矿产资源自然禀赋制约与"压缩式"工业化发展路径的推动，我国一些重要的对国民经济发展起支撑作用的大宗矿产（例如石油、富铁矿等），已不仅是资源供应明显不足，供需缺口仍持续扩张，致使资源供应短缺与对外依赖问题非常突出。2010 年，我国绝大部分大宗矿产品的对外依存度都超出了 50%（见图 7 - 11）。

为了提高石油、铁、铜等重要短缺矿产的供应保障能力，本着坚持补缺、补紧与补劣的原则，目前我国利用境外资源的主要方式仍是现货贸易；对外投资份额矿所占的比例很小，基本上属于补充方式。

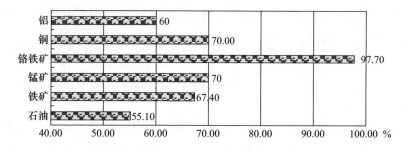

图 7 - 11 重要矿产品对外依存度情况

（一）现货贸易比重过大

通过现货进口贸易手段利用境外矿产资源是一种传统的方式。目前，我国约 70% 的石油、80% 的铁矿及铜矿、90% 以上的铅锌矿及钾盐等大宗境外资源产品，都是以现货贸易方式直接从国际市场上购买的，个别矿产品的进口规模甚至已经占到世界贸易总量的 50%（见图 7 - 12）。因为短缺矿产品的大量进口，使 2010 年我国矿产品进口总额高达 4829 亿美元，比上年增长 41.3%。

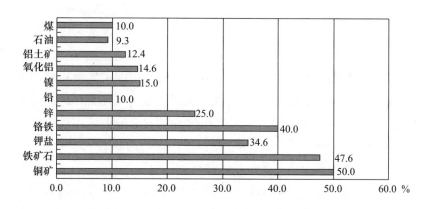

图 7 - 12 我国矿产品进口占世界贸易量比例情况

（二）权益矿所占比重偏低

除了现货贸易方式外，买断或控股国外矿山、境外独资或合资勘查开发也是利用境外矿产资源的常用方式，但是我国通过这些对外投资方式所获得的权益矿比例很小。我国石油对外投资做得相对比较好，但是

2011 年中石油和中石化通过对外投资所获得的权益油产量也分别只有5170 万吨和2000 万吨；加上中海油的权益油，估计 2011 年我国境外石油权益份额产品占进口量的比例大概也只占 30%。铁矿、铜矿次之，估计权益份额产品占进口量的比例也不会超过 20%；其他矿产的权益份额产品估计也不会超过 10%。

在资源高度垄断的格局下，各国都不会将自己经济的可持续发展甚至国家安全简单地寄托在所谓市场的万能分配上。当前，不仅矿产资源拥有国在想方设法控制资源，一些矿业公司也在积极谋求垄断权，在某种程度上，矿产丰裕国、稀缺国和跨国公司之间形成了一种三方拉锯混战的局面，加剧了资源竞争过程中的紧张和不安。在全球资源配置与争夺战中，我国矿产对外投资项目正不断地向铁、铜和黄金领域集中；其中，特别是铜矿和铁矿，其投资规模基本占据了我国境外矿产开发投资的半壁江山，投资数额均在 200 亿美元以上。因此，估计未来 3—5 年，我国铁、铜的份额矿产品会有所提高，但是超过 30% 比例的难度依然很大。

现货贸易方式虽然简单易行，但是我国是一个矿产品需求大国，尤其是原油、铁矿及铜矿等大宗矿产品，在缺乏贸易定价话语权的背景下，大量进口往往会对国际市场产生较大的影响，并且支撑国际市场矿产品价格走高，结果对我们这样的进口大国是极为不利的。借鉴发达国家利用境外矿产资源的经验与模式，要逐步改变目前我国主要依靠现货进口贸易来利用境外资源的状况，必须在提升自己资源保障能力的基础上，采取现货进口贸易与对外投资开发并举的方针，努力通过多种组合方式来利用境外矿产资源，逐步实现矿产资源的全球优化配置。

三 利用境外矿产资源的可得性分析

资源一直是一个敏感的问题。我国利用境外矿产资源的过程中虽然受到发展中国家资源民族主义抬头、"中国威胁论" 及投资保护主义等因素的软约束，但是从世界资源勘查成果、内外部环境与条件来看，我国利用境外矿产资源仍然具有很好的可行性。当前，我国利用境外矿产资源的可行性主要体现在以下几个方面：

（一）世界资源充裕

受金融危机的影响，虽然 2009 年全球矿产勘查投资受到影响，但是并不改变 21 世纪以来全球勘查投入持续增长的趋势。金属经济集团的

《企业勘探战略》报告第 22 期显示，2011 年全球采矿工业的有色金属勘探投资预算总额已经增长到 182 亿美元，比上年又增长了 50%，再一次刷新历史最高纪录。受勘查投资的驱动，世界上不断地有新的矿床被发现，使世界大宗矿产资源储量总体呈现增长态势。以铜矿为例，尽管世界每年矿产金属铜绝对开发规模均超过 1500 万吨，但是随着新一轮矿业经济周期中全球铜矿勘查投资的不断增加，世界铜资源储量是总体保持增长态势；而且，铜金属具有很好的再生性，可以不断地回收利用。所以，随着勘查投入的增加、替代品的出现及"二次资源"的回收利用，世界矿产资源总体是非常充裕的，可以供未来长期开发使用，并为我国利用境外资源奠定了坚实的资源基础（见图 7 – 13）。

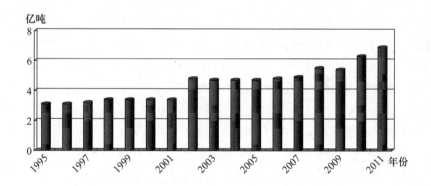

图 7 – 13　世界铜矿资源储量变化趋势

（二）从外部环境来看，利用境外矿产资源仍有很大的发展空间

当前，尽管国际矿业垄断格局已经形成，大型跨国矿业公司已基本垄断多数矿产资源，但是目前世界部分资源丰富且资金实力和技术水平都比较欠缺的一些发展中国家，为了发展经济，纷纷实行积极开放的矿业政策，以吸引外资开发本国资源。当前，非洲大部分国家的矿产资源尚处初步开发阶段，发展潜力很大；另外，我国周边国家不仅矿产资源开发利用程度比较低，而且已在经济上同我国有千丝万缕的联系，有的甚至在经济上依附我国，因而"走出去"的发展空间依然很大。即便是发达国家中的一些重要资源大国，例如澳大利亚、加拿大等，仍然坚持通过资源开发来提高社会福利，并希望为其开发的矿产资源寻找新的市场；中国矿产资源需求规模庞大，迎合了它们产能释放的需要，这也为

获取境外矿产资源方面增添了一定的主动权。所以，无论是现货贸易还是通过"走出去"利用境外资源，我国都还有很大的发展空间。

（三）从内部条件来看，我国不仅具备矿业资本输出的能力，而且对外投资正逐步走向制度化

改革开放 30 多年来，国内经济一直高速发展，中国企业经济实力得到了进一步增强，综合国力也日渐强盛。2003 年，我国人均 GDP 首次突破 1000 美元；根据国际经验，当人均 GDP 超过 1000 美元时，资本输出的增长速度将会显著提高，并且向矿业领域的投资动机明显增强。2011年，中国人均 GDP 5414 美元，虽然排名世界第 89 位，但是已经明显高于资本输出提速的临界点。当前，我国对外投资中，采矿领域的投资总额已排名第二，资本输出意愿非常强烈。与此同时，在海外资源开发实践中，中国不仅培养和锻炼了一批具有丰富海外矿产资源开发、并购且能参与国际合作与竞争的跨国经营人才，而且也探索性地在完善企业海外并购的国家化管理程序，正逐步向制度化、程序化、规范化与国际化转变。因此，中国目前已经具备了实施矿产资源全球配置战略的内部条件。

（四）政策支持为利用境外矿产资源奠定了基础

世纪之交，国家提出"走出去"战略，是中国充分利用国内外"两个市场、两种资源"实现我国经济可持续发展的强国战略。如今，我国全方位、宽领域、多层次的对外开放格局正在形成，鼓励和扶持中国企业参与国际化竞争，实现战略资源全球优化配置。当前，我国已经分别与亚洲、欧洲及非洲等国家建立了"东亚合作峰会"、"亚欧合作机制"、"东亚亚美合作论坛"及"中非论坛"等国际合作与对话平台，为我国实施全球化资源配置做了铺垫。另外，中国政府加强了资源外交和领事保护，外交部门以及驻外机构加大了对国内企业在境外勘查开发过程中的指导、协调和服务力度；国家领导人出访时很多涉及能源和资源领域的合作事项，这也给国内企业"走出去"创造了很好的双边、多边合作条件。

此外，为了缓解资源能源对我国经济发展的"瓶颈"制约，我国政府还在政策、金融和信息等方面加大了对利用境外资源方面的政策支持。通过改进外汇管理、下放境外投资审批权、设立"国外矿产资源风险勘查专项资金"及实施"全球一张图工程"计划与编制国别或地区的矿业

投资指南等系列政策措施，为我国通过以"市场换资源"、"资金、技术换资源"及"资源换资源"等途径利用境外资源奠定了坚实的基础。

四　利用境外矿产资源机制

利用境外矿产资源是我国经济社会发展过程中不可逾越的环节。结合我国利用境外矿产资源存在的问题，并借鉴以往工业化国家的成功经验与模式，在继承与发展的基础上确定：未来我国利用境外矿产资源框架的基本结构仍然主要是现货进口贸易与境外投资开发两条基本途径的复合。由于我国大宗矿产利用境外资源规模庞大，而且当前境外投资开发相对滞后，使份额矿产品对现货进口贸易的替代性有限，因而未来我国利用境外矿产资源的主要模式还是以现货进口贸易为主，但是更要鼓励通过并购等途径，尽快控制并占有一批海外矿产资源基地，提升中国在国际矿业领域资源的主导地位，努力造就中国式的"矿业航母"，为确保我国境外矿产的长期、稳定和安全供应奠定扎实的基础。

（一）对外进口贸易机制

无论是现在还是将来，现货进口贸易都是我国利用境外矿产资源的主要途径。但是，我国在现货市场上缺乏贸易定价话语权，使利用境外资源经济代价巨大，并对下游相关产业发展及国民经济宏观调控等方面带来了一系列问题。因此，对外进口贸易机制的主要目标是以提高定价话语权为核心，重点解决利用境外资源经济成本过大问题。

（1）进口贸易中的问题。发达国家虽然也有现货进口贸易，但是它们在现货市场上拥有贸易定价话语权，并且实践中倾向于境外投资，能够通过权益矿分享高价所带来的各种矿业收益，因而高价对发达国家及资源大国往往是利好的表现。与此对应，我国缺乏大宗矿产品贸易定价话语权，使大宗矿产品进口贸易表现出"量价齐升"的特征，资源经济安全受到严峻挑战。例如铁矿砂，仅因为其涨价，2010年我国就为此多支付了近300亿美元，资源经济代价非常大。

在国际矿产品贸易中，我国期货贸易、国家协议等贸易方式发展相对滞后，并且缺乏定价话语权，使我国对资源定价问题显得无能为力，一直只能被动地接受大宗产品垄断势力的定价，导致下游关联产业利润空间不断地被挤压，今年一季度钢铁行业基本全面处于亏损状态就是很好的佐证。所以，利用境外资源经济成本过大是我国现货进口贸易中的最大问题。

（2）进口贸易问题的原因分析。目前，人们对贸易定价话语权的解释各有不同。一般而言，定价话语权往往指的是某地或者某个机构在某种商品上的定价能左右或者严重影响国际上对该商品价格的定价的能力。多年来，我国只能被动地接受国际市场定价，使经济发展的资源成本过大。归纳起来，其原因主要包括以下几个方面：

①市场主体与客体实力失衡。虽然我国在历年的价格谈判中都在做出积极努力，但是始终没有取得相应的贸易定价话语权，多年来一直只能被动地接受国际市场价格。其问题的核心是，伴随着资源开发规模的扩张，全球资源争夺不断加剧，矿山企业间兼并、收购和经营范围的拓宽已成为一股潮流，并形成了跨国生产经营的格局，出现了一批生产经营性跨国矿业公司，对全球资源控制程度显著提高，使国际矿业市场结构发生了根本性的改变，跨国矿业公司主宰矿产品市场，处于定价谈判的主导地位。以铁矿为例，全球铁矿石贸易市场份额的70%以上被三大矿业公司（淡水河谷、力拓、必和必拓）占据，市场处于高度的寡头垄断状态；随着三大矿业公司的铁矿石产量占比不断提高，它们在国际市场上的定价话语权还在不断提升。与国际矿业垄断地位相对应，我国矿产品消费分散特征比较明显，虽然在价格谈判中也组成了各类"谈判集团"，但是行业协会的协调能力太弱，而且这些"谈判集团"的成员必定不全是真正进口的执行者，实践中缺乏"高铁"项目那种高度集中的一致对外的市场执行能力，使谈判"主人翁"精神从一开始就受到"折扣"影响，因而价格谈判中被击破也属正常现象。因此，市场主体与客体实力的失衡是影响大宗矿产品现货进口贸易定价权的一个结症。

②资源竞争中的地缘政治和经济因素。一个国家的基础资源储量在一定程度上证明了该国的国家实力和国际地位。随着中国经济的持续高速增长，中国需要从国际市场上大量进口原油、铁矿石等基础资源产品。这样，中国必然会在国际市场上与其他国家进行资源争夺，这种资源争夺不仅表现在与发达工业国之间，也表现在与新兴工业国之间。从另一方面看，随着中国的综合国力不断提高，在国际上的影响力也不断扩大，越来越多的竞争对手开始担心中国的高速发展，想通过某些手段来抑制中国的发展，从国际钢铁行业的激烈竞争中可见一斑。

2004年以来，全球原油和铁矿石等大宗产品价格均大幅上涨，而这些资源恰恰是中国进口依存度最高的。当然，我们不否认这与资源供需因素变动有关，但是造成价格上涨的原因也不能仅从单纯的市场供求关系上考虑，而不考虑国际政治经济因素。从政治经济的角度看，自工业革命以来，能源和工业原材料等资源从来都是国家战略的重要考虑方面，并且与国际金融资本等因素息息相关。所以，导致资源价格强劲上行，并抬高经济发展的成本，政治经济的角逐力量是无处不在的。

③定价机制的问题。国际大宗矿产品的定价，一直都是在经济纠纷与斗争中推进，但是供应垄断方自始至终都处于主导地位。以铁矿石为例，自2010年开始，在世界铁矿石三大主要供应商的强势推行下，维系多年的全球铁矿石谈判机制宣布终结，取而代之的是以现货市场为基准的指数化定价机制。按照国际三大矿商的定价公式，每一季度的铁矿石价格将按照上一季度市场的现货指数均价来确定；消费方基本没什么话语权。因此，现在的铁矿砂指数化定价机制基本可以理解为原先合同定价模式的翻版，使消费方处于不利地位。

此外，期货贸易、国家协议产品及企业合同产品贸易规模较小，并且产品储备调控市场的能力非常脆弱，这些因素在一定程度上也决定了我国大宗矿产品贸易基本是随行就市。另外，采购中的无序竞争及管理体制中的部分弊病也是削弱我国大宗矿产品贸易定价话语权的客观因素之一，迫切需要在实践中不断地进行调整与改革。

（3）机制结构。根据我国大宗矿产品进口贸易中的实际问题，对外进口贸易机制的核心目标主要是逐步降低利用境外资源的经济成本。降低境外资源经济成本，可以通过发展期货贸易、签订企业合同及通过资源外交签署国家协议等多种方式综合来实现，但是我国通过这些方式调控市场的能力太弱，因而提高定价话语权自然成为对外进口贸易机制的重点途径与核心环节（见图7-14）。

（4）保障措施。针对我国大宗短缺矿产品现货进口贸易缺乏定价话语权及进口实践中表现出进口"量价齐升"等现象，对外进口贸易机制的核心是要围绕提升矿产品贸易定价话语权及努力降低进口贸易资源的经济成本等方面展开，并重点开展以下工作。

①培育中国式"矿业航母"。针对国际矿业垄断的新特点，必须及时培育中国式的"矿业航母"去同国际矿业寡头"对话"，这才是提升中国矿产品贸易定价话语权实力的新归宿。所以，通过现货进口贸易利用境外矿产资源，首先必须解决中国矿业企业做大做强的问题，及时解决矿

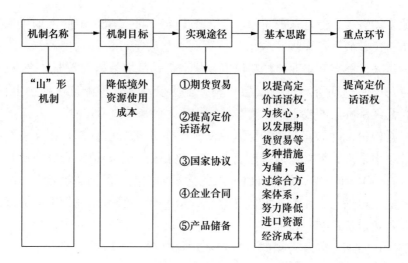

图 7-14 对外进口贸易机制基本结构

产品贸易定价谈判中的"增长极",而不是怎么组织谈判团队的问题。只有组建了中国式的"矿业航母",并在国际矿业市场享有较高声誉,我国巨大的矿产品需求市场才能成为"上帝",如此方能推进进口贸易资源经济成本最小化,并减缓对下游产业发展的冲击影响。

当然,进口贸易来源多元化及进口贸易方式多元化等传统的操作策略,在部分产业集中度比较低的非关键矿种上,或许还有它的适用空间,但是对于石油、铁、铜等大宗矿产,因市场已经让矿业垄断集团,使传统的贸易操作策略基本行不通。所以,传统贸易策略不应进入机制调整的范围。

②加强国内资源保障能力建设。提高国内资源供应保障能力既是保障国家资源安全的内因,也是提高矿产品国际贸易定价话语权的重要筹码,更是打破国际矿业垄断的"撒手锏"。当前,提高国内资源供应保障能力,应重点做好以下几项工作:第一,调整地质工作结构,强化地质勘探,及时促进重要矿产查明资源储量级别升级,进而直接为提高资源保障能力服务;第二,加强重要矿产大型资源基地与接替基地建设,稳定资源供应重心;第三,加快重要矿产资源开发利用技术革新,通过技术进步盘活一批低品位及难选冶资源;第四,加强重要矿产资源运输通道建设,确保我国西部地区重要矿产资源向中东部地区的运输安全。通过系列的国内资源保障能力建设,努力提高利用境外矿产资源的信心和

决心。

③加大政策支持力度。在进一步规范进口贸易秩序的基础上，为了促进大宗短缺矿产品进口贸易，政府应加强与资源大国之间的政治经济合作，这不仅有利于冲减资源领域的政治经济隔阂，为矿企间的全面合作与签订企业资源合同搭建平台，而且有利于签署国家协议，促进资本换资源、技术换资源等配套资源战略的实施落地。与此同时，鼓励发展资源期货，规避资源价格大幅波动造成的经济风险；逐步扩大矿产品储备规模，增强对国际市场的调控能力；加强市场监测，在矿产品价格高企的时候，有条件地实施进口环节增值税优惠政策，充分发挥政策的激励潜能，努力降低下游产业发展的资源成本。

（二）对外投资机制

现货贸易解决的是即时问题。要更加安全地利用境外矿产资源，借鉴发达国家的经验，则必须不断地提高境外投资份额矿产品的比例。矿产资源境外投资包括风险勘查、矿业并购及产业整合等途径。但是，从发达国家实践情况来看，当前境外投资主要集中于矿业并购上，这是争夺全球资源及霸占矿业市场最有效的途径。因此，我国矿产资源境外投资机制的主要目的是鼓励并推动国内企业"走出去"参与矿业项目并购，争取尽快建立一批国外资源生产供应基地和储备基地，不仅为提高大宗矿产品国际贸易定价话语权提供基础支撑，而且为中国从国外长期、稳定、安全、经济地获取资源及确保中国经济发展的独立性和稳定性奠定资源基础。

（1）国外经验与借鉴。从理论上来说，利用境外矿产资源主要包括现货进口、参股矿山及风险勘查等途径，但是从实践上来看，发达国家更倾向于通过矿业并购来控制矿产资源，从而保证稳定的原料供应和收益水平，并迅速造就大型国际矿业航母，取得矿业垄断优势。日本获取境外矿产资源的决策顺序是最明显的：能直接买的就买，直接进口不了的就参股、买股权，实在不行才亲自出马，从前期草根勘查做起。所以，通过矿业并购的途径已不仅成为当今各国利用境外资源的主潮流，而且作为加速矿业垄断的推手也愈演愈烈，并进入了新一轮高潮期。2011年，全球矿业并购资金已达527亿美元，比上一年增长了一倍多。

当今世界实力雄厚的跨国资源公司，无一不是通过兼并、收购、重组等资本运营手段来实现几何级数的规模扩张，进而增强控制资源和左右市场的能力。近年，国际矿业并购形成了三个特点：一是并购事件越来越多，并购成为国际矿业公司发展的主要手段；二是并购金额越来越大，加速了国际矿业资本的流通；三是由并购而形成的矿业巨头越来越强，成为左右国际矿业市场的霸主。通过矿业并购，不仅使国际矿业巨头越来越倾向于向多元化综合性资源公司转型，整体实力有了质的飞跃，而且矿业产业集中度明显提升。现在，从单矿种来看，即使最为分散的矿种，前十大矿业公司也控制了近35%的市场份额；世界15家最大的矿业公司控制了世界非铁金属生产量的一半左右，力拓、超达、英美、必和必拓及淡水河谷世界5大公司控制的矿山项目约占全球总项目的35%，使大型矿业公司在全球范围内占有或控制优质资源的同时，牢牢地掌握了定价话语权。面对日益激烈的市场竞争，我国矿业如果再不驶出港湾，以海外并购方式控制资源，那么矿产资源的控制权恐怕很快就被瓜分殆尽。因此，通过对外投资获取境外矿产资源，矿业并购应作为优选途径而优先加以实际应用，这既是国际经验的具体实践，也是迎合中国渴望控制大型采矿项目的战略需求，更是打破国际能源与矿业垄断格局及尽快建造我国"矿业航母"与提升矿产品贸易定价话语权的必然选择。

（2）对外投资进展与经验教训。被上游短板桎梏多年的中国对矿产资源显得尤为饥渴。中国企业实施海外矿产资源并购既是企业生存发展的客观需要，也是保障国家安全和实施可持续发展战略的需要，更是国家和企业的诉求在这个特殊的社会经济背景下最大程度的吻合。随着资源对经济发展约束的增强，我国采矿业对外投资意愿不断提升。据统计，2006—2010年，我国采矿业对外直接投资流量年均约为75亿美元，使投资存量在2010年达到4470亿美元，相当于2006年的2.5倍，占对外投资总存量的14%（见图7-15）。

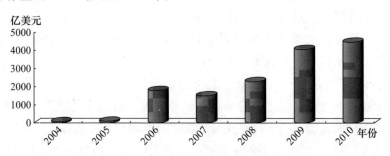

图7-15　中国采矿业对外直接投资存量变化情况

①境外并购进展。在国际矿业巨头战车风卷残云般地并购同时，随着经济实力的增强，中国矿企在整合国内资源之际，也正积极参与其中。特别是金融危机之后，抓住国际矿业融资困难之机，我国矿企参与世界矿业并购活动的热情非常高涨，并且在 2009 年出现爆发式增长，使很多具有影响力的并购活动都有中国矿企的身影。从公开报道的资料来看，仅 2009 年下半年，我国海外矿产资源并购案就有 16 起，并购的对象主要集中在国内资源短缺且需求量较大的战略资源上，其中石油、铁、铜、铅锌、镍等资源更受资金的追捧（见表 7 – 3）。

表 7 – 3　　　　　　　　2009 年下半年中国矿业海外并购案例

时　间	收购公司	目标公司	收购形式	金　额
2009 年 7 月	广晟资产	澳大利亚泛澳公司	获 19.9% 股权	4 亿美元
2009 年 7 月	中石化、中海油联手	美国马拉松石油公司	收购其在安哥拉 32 区块 20% 的权益	13 亿美元
2009 年 8 月	兖州煤业	澳大利亚菲利克斯（Felix）	收购其 100% 股权	33.33 亿澳元
2009 年 8 月	中石化	瑞士 Addax 石油公司	收购其全部股份	72.40 亿美元
2009 年 9 月	中石油	新加坡石油公司	收购其 96% 股权	
2009 年 9 月	华东有色地勘局	非洲铜矿威士利国际公司	达成股权购买协议	1.8 亿元人民币
2009 年 9 月	广东核电集团	澳大利亚能源金属公司	73% 股权	—
2009 年 10 月	博赛矿业	力拓矿业公司	获得其在非洲加纳一处铝土矿 80% 的股权	3000 万美元
2009 年 10 月	金川集团	赞比亚穆纳利	收购其 51% 股份	200 万美元
2009 年 10 月	宝钢集团	阿奎拉公司	认购阿奎拉公司向其定向增发的股权，增发后占股的 15%	2.86 亿澳元
2009 年 11 月	湖南有色集团	加拿大水獭溪锑矿有限公司	获得其 100% 的股权	2950 万元人民币
2009 年 11 月	吉恩镍业	加拿大皇家矿业	与加黄金布鲁克风险公司共同收购 100% 股权	—

续表

时　间	收购公司	目标公司	收购形式	金　额
2009 年 11 月	汉龙矿业	澳大利亚钼矿公司	收购其 51% 股权	5 亿美元
2009 年 11 月	紫金矿业	澳大利亚勘探开发公司 Indophil（TRN）	全面收购 TRN	33.7 亿元人民币
2009 年 12 月	云锡集团	澳大利亚塔斯马尼亚岛锡资产业务	获 50% 股份	5000 万澳元
2009 年 12 月	中国铁建、钢陵有色	加拿大铜矿公司 Corriente	联合收购 96.9% 股份	6.7 亿美元

资料来源：根据网络资源整理。

当前，实施海外矿产资源并购的主体主要包括央企、地方国企、民营企业及主权财富基金四大类，并购主体日趋多元化。其中，央企实力雄厚，加上国家的全力支持，因而在海外矿产资源并购中充当了非常重要的角色。但是，无论是从交易的活跃程度还是交易的规模来看，民营企业也正扬帆海外，积极开展海外资源并购，并在并购市场中扮演越来越重要的角色。

②经验教训。至 20 世纪 80 年代酝酿境外矿产资源并购以来，中国企业海外矿产资源并购经历了一个从不完善到逐步成熟的发展过程，走了一条不同于西方国家的发展道路。根据实践，归纳总结我国海外矿产投资的经验教训主要包括六个方面：一是海外矿产投资是一项长期、艰苦而科学的工作，切忌一哄而上，事先要有充分的风险防范意识；海外收购实践中，股票拉高套现及 2008 年金融危机股票价格暴跌而引起的惨重经济损失，教训是深重的。二是对资源国的政府阻力要有充分的预期。并购实践中，即使中国企业不怕高价，但是当真的要控股或收购国外矿山时，资源国政府或议会往往会跳出来，以国家安全或其他什么理由来阻止控股或收购；我国几个比较成功的收购案例，都是在属于第三世界的亚非国家完成的。另外，即使是友好国家，也存在反对势力，这方面要有心理准备。三是要处理好项目所在地政府和民众的关系，多做亲民的实事，以削弱当地民众的抵触情绪；要了解项目所在国的法律和政策，尊重民俗和宗教信仰。四是项目投资要实事求是，切忌贪大求洋；要考虑技术水平在当地的可行性。五是当心劳工组织的强大力量，它往往能

干扰项目正常进行；澳大利亚及南非等国家都非常典型，中国在这方面是吃过大亏的。六是项目建成后，要尽快达产超产，尽快在最短的时间内回收投资，防止资源国政权或政策的变化。从典型项目的实践来看，对项目的软环境应予以特别关注，要注重地方社会文化，并逐步适应属地化的生产经营与管理。

（3）对外投资的问题。当前，虽然我国参与国际矿业投资存在很多的机遇，但是实践中仍然受到国外各类因素挑战及国内各种实际问题的制约。其中，国际因素主要表现在资源民族主义抬头、熟练工短缺及社会准许经营等方面；国内问题主要表现在投资盲目与"扎堆"及投资主体"政府背景"等方面（见表7-4）。

表7-4　　　　　　　　　　矿业公司境外投资国内外影响因素比较

国　外		国　内	
风险因素	因素说明	风险因素	因素说明
资源民族主义	资源民族主义抬头，资源国政府期望减少外国公司对本国资源直接开采和使用，主要利用矿业权协议条款谈判、调高税率等各种手段加强对资源控制	政府的战略、政策、协调和服务	还没有一个非常清晰、完整的境外矿产勘查开发战略，对国内企业"走出去"总体情况的掌握还不太清楚，政府在有些层面还缺乏协调
熟练工人短缺	预计2012年在发达国家和发展中国家有可能升为第一风险	具有一定的盲目性	地质风险意识还比较淡薄，对投资经营的风险意识不强
社会准许经营	公众对社会安全、环境和当地可持续发展要求更高	投资"扎堆"现象	投资"扎堆"导致内部竞争
成本控制	基础设施缺乏或需要改善而导致需要增加投入；劳动力缺乏、能源和资金成本提高而导致经营成本增加；价格和汇率波动影响公司经营成本	重投资、轻基础设施条件	关注风险勘查投资和并购，轻视基础设施等关联产业条件
欺骗和腐败	一些关键的投资靶区，政治风险和政策变化的风险不断增加	国有公司政府背景	很多公司有政府背景，而在海外特别是在发达国家很忌讳有政府背景的公司进行矿业投资
地质风险	地质资料信息不对称		

（4）机制结构。对外投资机制的核心目标主要是迅速占有资源，并不断提高份额矿的比例，为国家资源安全做出贡献。传统的对外投资主要包括风险勘查、参股矿山及买断矿山等显性途径。但是，随着资本市场的开放及经营战略理念的调整，通过产业整合及产业基地外迁等以产业投资为载体的隐性综合途径也不断出现。当前，虽然世界通过产业整合及产业基地外迁等隐性投资方式控制资源的形式已经出现，但是在我国还是个案事物或处于萌芽阶段，解决不了当前的主流问题；风险勘查虽然具有低成本的优势，但是找矿成功概率很低，而且在一定程度上可以看作是矿业并购中的一种极端特例。所以，我国矿产资源对外投资机制的基本思路是，以矿业并购为主，以风险勘查及产业整合等方式为辅，通过显性类与隐性类两种途径相结合的"轨道式"投资机制，迅速占有境外资源。当前，我国应借鉴国外经验，重点突出矿业并购这一显性途径，尽快在境外占有并形成一批具有实践意义的资源基地（见图7-16）。

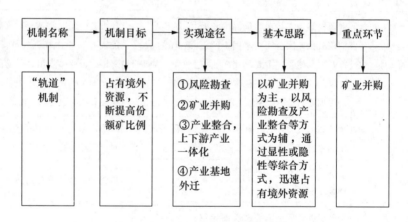

图7-16　对外投资机制基本结构

（5）保障措施。利用境外矿产资源主要涉及企业与政府两个实体。从国外的实践经验来看，企业在利用境外资源中往往扮演"承办者"的角色，积极谋划并做好相关事项，起到具体操作与落实的作用；政府主要扮演"主办者"的角色，起到战略引领与提供相应支撑条件的作用。因此，利用境外矿产资源机制作用机理的本质是一个企业与政府相互联动的过程，两者共同致力于为提高境外矿产资源水平服务。为了提高我国矿业海外投资的整体水平，降低海外投资风险，保障海外投资收益，借鉴国外经验，结合我国境外投资的经验教训及实践中面临的问题，围绕提升控制境外资源的规模能力，建议境外矿产投资应重点加强以下几个方面工作。

①选择合适的投资模式。当前，矿业并购是有效争夺和控制境外资源的主要途径。根据控制境外资源投资项目风险的能力及以往的实践经验，可以选择并参考以下模式进行境外矿业项目投资与并购（见表7-5）。

表7-5　　　　　　　　　　矿业境外投资模式

模　式	特　点	实　例
收购或租赁已有的国外矿山企业	到目前为止最为成功的模式，具有"短平快"特点	中色集团1998年投资1.5亿美元收购、复产赞比亚谦比希铜矿
收购国外已探明但尚未开发的矿床，自行开发建设经营	具有储量大，投资规模大，建设周期长，容易受各种因素干扰的特点。但项目规模一般很大，一旦建成投产将对解决资源短缺问题起到决定性作用	2008年，中冶科工集团和江西铜业公司组成投资联合体中标阿富汗政府艾娜克铜矿开发项目，拥有100%的矿权
收购和参股国外矿业公司，间接控股资源	具有政治影响大、投资风险大、收益未知的特点	2008年，中铝公司收购力拓股份，最后以力拓毁约而告终

②做实投资方案。矿业是一项高风险的投资，尤其是在人地生疏的海外，其风险更大。境外投资的成功取决于多种因素，在选择好投资矿种与投资地区的基础上，加强投资环境评估，并注重项目软环境建设，系统地做实投资方案，对防范项目风险及提高项目效益等方面都具有重要的意义（见表7-6）。

表7-6　　　　　　　　矿产资源对外投资方案要素事项

事　项	要　点
矿种选择	以我国紧缺的战略矿产为重点，优先考虑石油、铜、铁及钾盐等矿产，争取获得国家资源外交及政策扶持与资助

续表

事　项	要　点
地区选择	充分利用我国的政治优势和地缘优势，以矿产资源丰富的发展中国家，特别是周边、拉美和非洲国家为重点，兼顾矿产资源丰富的发达国家，实现我国矿产资源供给在全球范围内的优化配置，减少资源民族主义干扰。其中，政局的稳定程度、法规的完善程度、对外开放程度、税负程度、经济社会发展程度及其与我国的政治经济合作和互补关系等要素要优先考虑
投资环境评估	矿业对外投资环境是众多因素构成的有机整体，包括政治、经济、民族、宗教、资源禀赋及目标公司的财务状况等各个方面，需要对目标项目进行整体环境评估，努力将项目成本及地质风险等要素控制在可控范围内
其他事项	从实践经验来看，应注重软环境建设，重点表现为注重地方社会文化，积极履行社会责任，加强和谐矿区建设，并逐步适应属地化生产经营，减少社会准许约束

③加强国内政策配套组合，系统支持短缺矿产对外投资。结合我国实际，认为应从资源战略的全局出发，制定一系列综合配套的组合政策措施，并对战略性短缺矿产境外开发予以政策扶持。第一，积极开展资源外交，并与资源国建立互信关系，为我国境外矿业投资营造良好的合作氛围。第二，制定国家层面的全球矿产资源战略与规划，建立统一协调机制，解决投资盲目与"扎堆"等实际问题，统筹外交、信息、技术、金融、外汇、税收及海关等各个环节，在政策上实行配套组合，做到对矿业支援行为贯穿于矿业开发活动的各个阶段，实现政策支持无缝衔接，为利用境外资源做好服务支撑。第三，选择切实可行的并购战术，在运作机制上，应以市场为导向、以经济效益为中心，遵循投资风险最小的原则，鼓励具有实力的各种性质的企业或企业集团到海外发展；尤其要重点支持已拥有相当经济实力，有能力参与国际矿业市场竞争的大企业"走出去"开发利用境外矿产资源。第四，淡化国有企业"政府色彩"，鼓励民营企业进行海外资源开发，因为国有企业到海外投资矿业很容易受到当地政府和民众质疑，认为国有公司代表的是中国政府，其背后是政府的意志，而不是市场化的企业行为，违反了市场中公平竞争的原则。因此，在实际运作过程中，为了提高项目成功概率，一定要淡化中资国

企背景，鼓励民营企业或绕道民营企业或以其他间接方式实行对外投资，进而掌控境外资源。

总之，为了提高矿产资源对国家经济发展和国防安全的保障程度，矿业对外投资是保持我国经济可持续发展的必由之路。在目前形势下，我国应以经济全球化为契机，坚持"资源互补、互利共赢及繁荣世界矿业"的方针，在维护世界和平与发展的大好局面基础上，通过政府、企业及相应机构的共同努力，发挥三者之间的良性互动作用，围绕我国紧缺和短缺的资源，通过国家财政、金融、税收等多种手段，全方位积极扶持中国大型资源跨国公司的发展，建立起中国全球矿产资源供应系统，形成一批海外矿产资源基地，切实提高矿产资源对经济社会发展的保障能力。此外，要积极探索产业整合，通过产业链上下游一体化或产业基地外迁等模式，开拓以产业投资为载体的隐性境外资源投资与占有的新模式。

第三节　矿产资源高效利用机制研究

矿产资源高效利用是指国家投入尽可能少的矿产资源以最短的时间、最低的经济和人力成本及最小的环境代价创造最大的社会财富，实现最大限度地满足国民经济发展对矿产资源的需求。实现矿产资源高效利用的基本途径是，采用先进的科学技术，努力提高各有益组分元素的回收利用率。我国矿产资源的禀赋特征是"三难矿多、三易矿少"，具有高效利用的天然资源基础。因此，在我国开展矿产资源高效利用机制研究有着更重要的现实意义。

一　国内外矿产资源高效利用状况比较

近年来，世界各国十分重视矿产资源的高效利用，并据此制定了资源开发对策，制定了高效找矿、高效利用的策略，开辟了矿产资源高效利用的多种途径。通过国内外矿产资源高效利用状况的比较，可以找出我国与矿业发达国家矿产资源高效利用之间的差距，并借鉴其先进经验，提出适合我国矿产资源高效利用的发展之路。

（一）国外矿产资源高效利用状况

近20年来，世界各国十分重视矿产资源高效利用，并据此重新制定了矿产资源开发对策，规定了高效找矿、高效利用与高效评价的要求，促进了一大批组分复杂、低品位矿床和非金属矿床的重新评价和开发；恢复了一批资源枯竭或经济濒危的矿山，开辟了矿产资源高效利用的多种途径。目前，发达国家矿产资源高效利用主要集中于中低品位矿石和难选冶矿石领域，并加强相关利用工艺技术及设备研究，推进中低品位矿和难选冶矿的加工利用工业化。近年来，国外主要发展堆浸技术处理低品位及难选矿石，并在金属的地下溶浸和就地溶出方面实现了工业化，使生物浸出技术已成为极具前景的清洁生产工艺。例如，苏联、日本、乌兹别克斯坦、加纳、秘鲁等国家都采用大型堆浸技术回收金、铜等有色金属，使资源得到了合理开发和高效利用（见表 7 - 7）。

表 7 - 7 　　　　　　　　　世界主要国家矿产资源高效利用状况

国家	先进技术及经验	成　　效
苏联	化学—细菌堆浸方法 露天采矿法 地下充填采矿法等	铁损失率从 22% 降到 2.2% 铜从 7%—8% 降到 3% 铅与锌从 10%—12% 降到 5%—7%
日本	生物浸出技术 选冶联合处理技术等	可从品位为 1%—18% 的铜、铅、锌、黄铁矿、重晶石、金 0.5 克/吨、银 59 克/吨的原矿石中回收的精矿率达 23%—97%，高效回收上述矿物元素含量达 45%—95%，尾矿损失率一般为 0.1%—3.72%

（二）我国矿产资源高效利用现状

近年来，随着我国矿产资源开发利用水平的提高，资源高效利用状况也有了较大的改观。

（1）矿产资源"三率"情况。矿产资源"三率"是指采矿回采率、采矿贫化率和选矿回收率的简称，是高效反映矿产资源开发利用效益和经济效益的重要技术经济指标。近年来，我国矿产资源的回收率在不断提高。以铁矿石为例，2009 年露采铁矿回采率为 96.07%，选矿回收率为 77.47%；地采铁矿回采率为 79.99%。露天铁矿的回采率高于地下铁矿近 16 个百分点，且采矿成本较低。九种有色金属（铜、铅、锌、钨、锡、钼、铝、镍、锑）矿井开采回收率几乎均超过 90%（见表 7 - 8）。

表 7-8　　　　　　　　我国矿产资源"三率"情况　　　　　　单位:%

矿种	开采方式	2001 年			2006 年			2009 年		
		采矿回采率	采矿贫化率	选矿回收率	采矿回采率	采矿贫化率	选矿回收率	采矿回采率	采矿贫化率	选矿回收率
铁	地采	81.19	15.39	81.67	78.67	15.59	84.32	79.99	17.35	77.47
	露采	95.91	5.6		96.35	9.76		96.07	6	
铜	地采	86.57	13.74	88.3	91.43	10.2	87.55	88.27	14.49	86.98
	露采	97.98	20.66		98.92	23.4		98.01	23.83	
铝	露采	93.09	3.95	89.59	95.22	3.07	87.88	94.54	0.86	84.46
铅	地采	92.88	12.19	87.04	92.19	11.36	84.70	90.92	10.83	85.39
	露采	95.25	6.39	87.90	94.84	5.4	87.56	95.89	1.39	88.98
镍	地采	98.06	4.29	85.71	98.15	4.89	83.95	95.59	5	83.29
锡	地采	92.01	5.71	68.91	91.26	11.19	66.22	91.91	10.82	68.4
锑	地采	88.11	14.48	87.1	89.83	16.39	81.34	90.5	14.99	88.64
钼	地采	95.43	3.73	86.94	97.63	1.54	84.45			84.93
	露采	99.13	0.77		98.91	1.31		95.81	1.24	
钨	地采	88.19	38.99	83.84	91.36	37.24	80.62	89.4	34.01	71.08

　　(2) 共伴生矿产资源高效利用情况。我国共伴生资源丰富,潜在价值可观,但是全国对共伴生矿进行高效开发的只占其总数的 1/3,高效利用率近 20%。黑色金属矿共伴生的 30 多种有用成分中,有 20 多种得到了高效利用;一些有色金属共伴生矿产 70% 以上的成分得到了高效利用。统计资料显示,50% 以上的矾、35% 黄金、90% 的银、100% 的铂族元素和 75% 的硫铁矿都是通过高效利用得到的;50% 以上的钯、碲、铟、锗等稀有金属也来自高效利用。目前,全国已形成了攀枝花钒钛磁铁矿、金川多金属共生矿、包头白云鄂博多金属共生及稀土矿、湖南柿竹园多金属共生矿、广西大厂多金属矿、辽宁硼镁铁矿六大共、伴生矿产资源高效利用基地。

　　(3) 低品位矿产资源开发情况。经过几十年的不懈努力,我国低品位矿产资源开发利用取得了一些成绩,在某些方面甚至有所突破,部分矿业科技成果达到国际先进水平：一是部分油田稠油的开采技术已居世界领先水平；二是超低品位铁矿开发利用技术获得重大突破，大大提高了磁铁矿选矿的分选效果和选择性分离精度，明显地提高了磁铁矿石选矿的技术经济指标；三是低品位铜矿利用技术提高，生物提取技术发展顺利，解决了低品位硫化铜矿的矿石堆浸、废石堆浸和铜矿山的就地堆浸；四是"选矿—拜耳法"工艺促使中低品位铝土矿资源利用技术取得明显进展。

（4）矿山固体废弃物的高效利用情况。我国在尾矿的高效利用方面，已取得了较大的成绩，积累了一定的经验，成功研制了一批较为成熟的工艺技术和产品，不仅使矿山废石、尾矿可作为铁路、公路道渣、混凝土粗骨料来使用，而且多种矿山尾矿被作为免烧尾矿砖、砌块、广场砖、铺路砖及新型墙体的材料。此外，有些矿山则将尾矿制成陶瓷墙地砖、瓦、轻质材料，还有很多矿山的尾矿成为良好的水泥配料，有望形成尾矿水泥系列。

（5）再生金属的回收利用情况。再生资源的回收利用，可大大减少对矿产资源的开采利用，达到节约矿源、能源和减少环境污染的目的。改革开放以来，在国家再生资源回收利用鼓励政策的导向下，再生资源回收利用快速发展，取得明显成效。目前，我国再生金属回收已经形成了一定的产业布局。国内产生的废旧金属主要集中在河南长葛、湖南汨罗和山东临沂三大回收集散地。天津子牙环保产业园区、江苏太仓港再生资源进口加工区、宁波镇海金属加工园区和台州再生金属进口加工园区等中国进口废金属拆解园区的建设在有序地进行中。再生金属回收技术装备水平有了大幅度提升，再生金属集散地由单纯的回收集散功能开始向产品深加工方向发展。

（三）国内外矿产资源高效利用水平对比

虽然我国矿产资源高效利用水平总体在不断取得新进展，但是与矿业发达国家仍有相当差距。目前，我国矿产资源总回收率仅为30%左右，比世界平均水平低了15—20个百分点。我国矿产资源综合回收的矿种，只占可以综合回收矿种的一半，综合利用指数为50%，比国外低30个百分点左右。有色金属矿产资源综合利用率为60%，与矿业发达国家相比低10—15个百分点；共伴生矿产资源综合利用率仅为40%，比发达国家低20个百分点（见表7-9）。

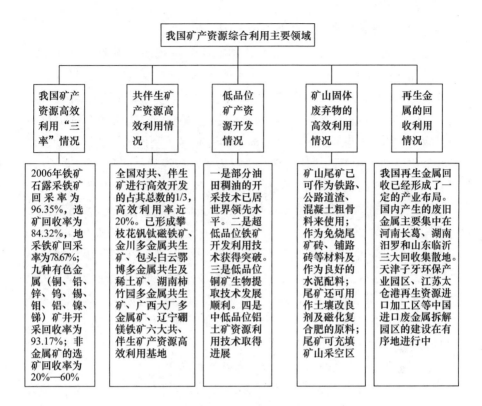

图 7-17　我国矿产资源综合利用结构情况

表 7-9　　　　　　　　国内外矿产资源高效利用主要指标对比

指标	国内	国外
矿产资源总回收率	30%左右	45%—50%
共伴生矿产资源综合利用率	40%	60%
有色金属矿产资源综合利用率	60%	70%—75%

二　国外矿产资源高效利用的主要经验

目前，国外发达国家矿产资源高效利用走在我们前列，已经取得了许多成功经验。这些经验，归纳起来，除了技术方面的差距之外，政策法规的鼎力支持是非常关键的。从发达国家的实践情况来看，它们在矿产资源高效利用领域的政策上具有一定的共性，概括起来主要体现在以下几个方面：

（一）加强矿产资源高效利用的立法工作

苏联、美、日、欧盟等经济发达国家非常重视矿产资源高效利用的立法工作，并且都已结合本国的具体情况制定了一些法律法规。例如，苏联制定并颁布了《改善自然资源保护和合理利用矿产资源问题》及《苏联各加盟共和国矿产法》；美国政府制定颁布了《国防生产法案》与《美国矿业和矿产条例》等。这些国家对资源高效利用的立法和行动，启示我们应该利用相关的法律法规，来促进矿产资源的高效利用。

（二）制定促进矿产资源高效利用的政策

一些矿业比较发达的国家，如苏联、美国、加拿大、澳大利亚及一些本国资源相对贫乏而经济技术比较发达的国家，如德国和英国等，均投入了大量的资金和人力，同时给予优惠政策，鼓励开发利用二次资源和使用二次资源产品。由于政府的重视和政策措施得力，这些国家的资源高效开发利用已取得显著成效，例如有些国家尾矿的利用率可达 60%以上，其中德国对包括尾矿在内的各种工业废料的利用率已达 80%以上；欧洲一些国家已向无废物矿山目标发展。

（三）以技术为先导，提高资源高效利用水平

发达国家矿业发展趋向于管理集约化、科学化，发展成本低、污染少、效率高的矿产资源选冶加工短流程提取技术；矿山装备向大型化、系列化及自动化和智能化方向发展，不断提高资源高效利用水平。例如在露天采矿工艺方面，广泛采用开采、高台阶开采、间断—连续运输工艺或陡坡铁路—公路联合运输工艺等集成化技术，以达到大规模、高效率和低成本的目的；地下采矿基本上实现了集中强化开采和规模化经营，以铲运机为核心的无轨采矿设备及工艺、连续出矿设备及工艺成为当今采矿技术发展的主流，基本上实现了设备的大型化和液压化，促进采矿工艺与技术向高阶段、大采场和高效率方向发展。发达国家重视科技进步，推动资源合理开发和高效利用，启示着我们必须引进和推广先进技术，提高矿业科技含量，从而提高矿产资源高效利用水平。

三 影响矿产资源高效利用的因素分析

尽管我国矿产资源高效利用取得了长足的进步和较快发展，但仍存在制约我国矿产资源高效利用发展的影响因素。总体来说，主要在以下几个方面：矿业法律法规和管理尚需进一步完善提高；科技攻关力度仍需加强；工艺技术较落后，资源利用率较低；再生资源利用依然存在较

大问题。

（一）矿业开发管理秩序尚待提高

近年来，国土资源部在全国开展了矿产资源开发秩序治理整顿，积极推进资源整合，着力提高矿产资源利用水平，使全国矿山特别是小矿数量显著减少，矿产开发经济效益大幅度提高。但矿业开发还存在着浪费矿产资源的行为，矿山"小、散、多"，一些矿山采富弃贫、采厚弃薄、乱采滥挖现象较为严重。我国矿产资源高效开发利用的发展与世界先进水平相比有较大差距。当前，我国大多数矿山企业从根本上尚未摆脱粗放式经营方式，矿产品结构不合理，技术装备落后，能源、原材料消耗高，资源浪费大，高效利用率低。据统计，目前我国矿山企业的能源、原材料消耗比国外先进水平高30%—90%，资源消耗高、浪费大、利用率低是造成矿山企业成本上升、经济效益低下的重要原因之一。另外，依法行政意识尚待加强，矿政管理秩序需进一步规范。由于法律制度体系不够完善和规范，在矿产资源利用管理中不同程度存在行政法律依据不足、基于地方或部门利益行政、行政程序欠透明、随意增加行政要求，使管理相对人无所适从，影响公平效率和改革开放形象。矿业多头管理，事权划分不够明晰，责任不易落实，成效不便考核。矿产资源监督力量的载体分散，很难实施常态化监督管理。

（二）矿产资源高效利用总体工艺技术较落后，资源利用率较低

资源利用率的低下，不仅造成资源的浪费，同时客观上又造成资源供应的不足，导致资源价格节节攀高，使经济的发展受到了前所未有的制约。矿产资源总回收率仅为30%左右，比世界平均水平低了15—20个百分点，综合利用程度比较差，大部分小型矿山企业根本不进行综合利用，目前我国对列入储量表的共伴生矿产进行较好开发的矿山只占1/3。大量铜、铅锌低品位矿、共伴生矿、难选冶矿没有得到充分利用。煤铝共生资源目前仅用于开采煤炭，共生的铝矿资源没有得到利用。我国已探明的矿产储量中，共生、伴生矿床比重占80%左右，具有很高的综合利用价值，但资源综合利用率占30%左右。仍有部分非金属矿的开采加工采用手工拣选等方式，装备水平落后，大部分依靠采富弃贫维持利润，回采率低，只有20%—30%。我国煤炭资源浪费现象严重，全国煤矿平均资源回收率为35%—40%，资源富集地区的小型矿井资源回收率仅为20%—30%，提高煤炭资源开发利用效率的问题亟待解决。

（三）金属和矿产品再生利用薄弱

我国经济虽有了很大发展，但矿产品的社会积累还很薄弱。美国、英国、德国、苏联、日本等国家炼钢用废钢比例已达40%以上，个别还达到50%，我国目前只有21%。2009年我国主要再生有色金属产量约为633万吨，比2008年增长19.4%，占十种有色金属产量的比例达到24.3%，比2008年提高3.3%；但是除再生铜外，铝、铅、锌再生量占其产量的比重远低于发达国家水平。再生有色金属的原料回收体系不健全，企业数量上万家，规模小，工艺装备落后，技术创新能力和再生金属产品质量有待提高，污染重，能耗高，资源回收利用率低，应对市场变化的能力弱。

（四）矿产资源高效利用科技攻关力度较低

矿产资源高效利用技术，需要应用技术基础研究的支持，技术方法的开展也需要持之以恒地研究开拓。与国际大矿业集团相比，我们的矿山企业绝大多数规模较小，缺乏研究队伍和实力。矿产高效利用科技攻关缺乏稳定的科技队伍和经费的支撑，针对典型的难选冶矿产的技术问题，关键在于集中科技精英和必要的财力方面，缺乏"十年磨一剑"的战略规划和战术部署，或虽有规划但难以落实。技术研究自主创新能力不强，勘查与开发过程中共伴生矿产高效利用评价体系尚待建立，低品位、难采选冶的矿产利用技术还没有取得重大影响力的成果。

四 矿产资源高效利用科技进步发展趋势

随着易采选冶、高品位富矿的开发殆尽，难采选冶矿、中低品位矿、复杂共伴生矿和一些尾矿、非传统类型矿产、替代资源的利用越来越迫切；矿产资源的精深加工和高附加值利用是矿产资源高效利用的重要发展方向；而矿业废弃物的处理和利用也关系到矿产资源高效利用目标的实现。科技进步是带动矿产资源开发利用水平不断提高、实现矿产资源高效利用的主要力量。

（一）科技进步发展总体思路

建立和完善矿产资源高效利用领域循环经济的技术创新体系、宏观管理体系和法规政策体系，形成关注与推进矿产资源高效利用的社会氛围，争取矿产资源高效利用效率有较大幅度提高。充分发挥中央财政资金的激励和引导作用，建立矿产资源高效利用新模式和新机制，支持矿山企业采用先进技术和工艺，形成一批具有较高资源高效利用水平的示范矿山，推广矿产资源高效利用新工艺、技术和装备，进一步提高矿产资源高效利用效率，切实增强矿产资源供应保障能力。

（二）科技进步发展趋势

（1）低品位矿高效利用发展趋势。中低品位矿的高效利用主要涉及中低品位矿的高效合理采矿、低能耗的破碎磨矿、高效少污染的选冶加工利用等科技问题。强调低品位贫矿资源的高效开发利用是为了解决我国低品位贫矿资源的利用技术问题，从而达到节约资源、提高资源利用率、延长矿山服务年限的目的。通过中低品位贫矿资源高效开发利用将扩大我国的矿产资源基础。针对我国矿产资源特点，加强中低品位贫矿资源开采、选冶新技术研究和贫矿资源新产品、新用途技术研究；发展针对低品位矿和难处理矿的选冶联合新技术、研制相关装备和实施工程示范。

（2）复杂共伴生矿资源高效利用发展趋势。复杂共伴生矿资源的高效利用主要涉及共伴生矿的高效勘查、高效评价、高效合理采矿、低能耗的破碎磨矿、高效少污染的选冶加工利用等科技问题。通过复杂共伴生矿合理开采、高效利用，解决查明资源的合理开采、高效利用技术问题，提高矿产资源回采率、选冶回收率，达到节约矿产资源的目的。依靠科技进步，用先进的科技推动复杂共伴生矿资源高效开发和高效利用向纵深发展。在技术条件和经济合理范围内，最大限度地开采、提取和回收矿产资源。要通过提高共、伴生矿的高效开发利用水平，在现有经济条件下，使我国矿产资源总回收率提高3—5个百分点。加强大宗短缺矿产的复杂共伴生矿高效利用和保护技术研究和工程示范，重点是：铁矿、铜矿、锰矿、铝土矿、铬矿、钾盐、硼矿等国家紧缺资源的复杂共伴生矿高效利用和保护技术研究及工程示范。在勘查、评价、矿山设计和生产中，对共伴生矿产要统筹兼顾，对主要共生、伴生矿产同等对待，扩大资源量。要加强复杂共生矿、难选矿处理方法攻关研究。对量大面广的红铁矿、锌锡铁矿、硼铁矿、含砷铁矿、含砷锑金矿、有色金属难选氧化矿、有色金属难选混合矿等复杂难选共生矿开展利用技术方法的攻关研究。

（3）尾矿等矿业废弃物高效利用发展趋势。矿业"三废"的高效利用需要解决利用技术（特别是大掺量、整体利用、无二次污染技术）和无害化处置技术问题，以达到缓解矿产资源开发带来的环境扰动、提高资源利用率的目的。充分利用矿山废弃物中的有用成分，通过废弃物的减量化、无害化和资源化处置，不仅可以实现资源环境协调发展，带来环境效益，也能为社会和企业带来新的经济效益，达到资源高效利用的目的。采矿废石、选矿尾矿、冶炼废渣和磷石膏、脱硫石膏是我国最主要的固体废弃物。矿山废弃物资源高效利用和无害化处置是矿产开发高科技、深层次的系统工程，应发挥国家在矿山废弃物高效利用上的宏观指导作用和对矿山废弃物资源利用上的示范作用，尽快完善其整体利用技术的系统化、配套化和工程化。矿业废气、废水的无害化处理和利用技术（特别是低浓度 SO_2 烟气制酸技术、重金属废水等的深度处理和循环利用技术）仍需继续研究，不断推广新成果的转化。

（4）非传统资源与替代资源高效利用发展趋势。非传统类型矿产资源的高效利用主要应针对碱性岩中金等矿产、煤层中金属和非金属矿产、氧化壳中金属矿产、富钾岩石中的钾资源、石油中的金属矿产和共伴生矿产等；药用矿物岩石资源；功能性矿物新材料，人工合成的或新发现的具有特殊功能的矿物原料等类矿产的综合勘查、综合评价、应用性和功能性基础研究、高效加工利用等方面加强科技攻关力度。

替代资源的高效利用主要涉及替代性矿产资源的综合勘查、综合评价、功能性开发、高效加工利用等科技问题。替代资源特别是煤层气、致密气、页岩气、石油焦炭、油砂、油页岩、地热等替代能源，目前发达国家已经实现了对非常规油气资源的规模勘探开发。钻探技术与以回灌为主的热储技术的进步是成功开发利用深层地热能的技术关键；地下水开采井、井下换热器以及换热桩等与热泵技术相结合则是利用浅层地热能源的技术关键。目前可替代金属材料的玄武岩（硅酸盐）连续纤维、替代铝土矿提取氧化铝的高铝非金属资源（高铝黏土、粉煤灰、高铝矸石等）等的利用研究在国内逐渐兴起，大规模生产技术仍待进一步开发完善。

（5）石油天然气高效利用发展趋势。现有油气资源开发技术不能完全适应油气工业可持续发展需要，油气资源开发，特别是低品位油气资源开发是技术密集型产业，先进适用的开发配套技术是推动油气资源开发业务不断向前发展的强大动力。只有始终站在世界油气资源开发的前沿，根据不同油气藏的地质特点和开发阶段，围绕提高油气采收率和投资回报率，针对边际、难动用等低品位储量技术、低渗和复杂特殊油藏的有效开发技术等加强攻关和推广应用，集成配套特色技术系列，才能不断突破"瓶颈"制约，实现油气高水平高效益开发。

（三）科技发展与矿产资源高效利用实证分析

随着我国国民经济持续快速的发展，矿产资源供需矛盾日益突出，资源短缺问题日渐严重。与此同时，矿产资源开发利用中普遍存在的资源利用率不高、资源浪费等问题，使得经济发展与资源紧缺、生态环境恶化的矛盾更为突出，直接影响到我国国民经济的长期、稳定、协调发展。同时，我国矿产资源一个很大的特点是共伴生矿床、低品位、难选冶的矿产占有很大比例，要想最大限度地提高我国矿产资源的利用效率和降低经济发展对矿产资源的消耗水平，必须依靠科技进步，必须实行开源和节流并举，以提高矿产资源的回收率和利用率，降低矿物原材料的消耗，提高矿山企业的经济效益。表7-10中的内容是近年来矿产资源高效利用发展较快的典型案例简介。

表7-10　　　　　　科技发展与矿产资源高效利用实证分析

序号	技术名称	技术适用范围	技术基本原理	技术实施效果
1	低品位硫化铜矿生物提铜大规模产业化应用关键技术	次生硫化铜矿、低品位原生硫化铜矿	生物浸铜大多采用堆浸法，高效浸矿菌的选育与应用以及控制浸出过程生物、化学和物理等因素的合理匹配，保持各工艺环节的酸、铁、水、杂质平衡，维持浸矿过程优势菌的最佳活性是生物堆浸提铜获得成功的关键	入堆最低铜品位0.2%，铜浸出率达到80%，铜回收率达75%以上，浸出周期185—220天
2	含砷难处理金银精矿的催化氧化酸浸湿法冶金新工艺体系及工业开发	含砷难处理金银精矿	通过对含砷难处理金银精矿氰化法提金前进行催化氧化酸浸预处理，从而破坏砷黄铁矿、黄铁矿等包裹体，使微粒金裸露出来，便于氰化冶炼	处理难处理金精矿时可由常规的氰化回收率13%—56%提高到93%—95%；处理难处理银精矿时，银氰化回收率可由60%提高到95%

序号	技术名称	技术适用范围	技术基本原理	技术实施效果
3	低品位菱、褐铁矿回转窑磁化焙烧—磁选新技术	低品位菱、褐铁矿、低品位氧化锰矿等	各种弱磁性铁矿石经磁化焙烧后再通过磁选便可进行有效的磁选分离，实现铁矿物的有效分选	焙烧矿比原矿品位提高7.29个百分比，精矿品位平均达到62.39%，在磁选管分析中铁总收率达90.17%
4	多金属硫化矿原生电位调控浮选工艺	多金属硫化矿	通过对矿浆中各矿物电化学过程的研究，有效控制矿浆电位，实现多矿物的有效分离	比原流程中铅品位提高8个百分点，锌、银回收率分别提高1个百分点和9个百分点；锌精矿品位比原流程条件下提高4个百分点，锌回收率提高4个百分点；硫回收率为87.40%；铁精矿含铁62.66%，含硫0.77%
5	磁铁矿提质增产高效选矿新技术——磁场筛选法及设备	低品位及难选磁铁矿	利用单体铁矿物与连生体矿物的磁性差异，使磁铁矿单体矿物实现有效团聚形成的磁链后增大了与连生体的尺寸差、比重差，再经过安装在磁场中的专用筛将呈分散状态存在的连生体筛除分离，品质较高磁铁矿单体在筛上回收	普遍提高铁精矿品位2—5个百分点，同时生产能力能提高5%—30%，每吨铁精矿耗水比同类设备节水50%以上
6	CotL's酸法从含硫氰酸盐、氰化物尾液中综合回收氰化物技术及配套设备研究	从高浓度含氰、硫氰酸盐尾液中综合回收氰化物	CotL's酸在酸性介质和加温条件下优先与硫氰酸盐反应生成HCN，而且生成的HCN在氢氰酸抑制剂（2号）作用下，形成强性质子化作用而控制HCN与CotL's酸的反应而达到回收氰化物的目的	贫液中的氰化物回收率≥90%；硫氰酸盐的氧化率≥95%；从硫氰酸盐中再生氰化物的回收率≥80%

续表

序号	技术名称	技术适用范围	技术基本原理	技术实施效果
7	低硫金精矿（尾矿）循环流态化焙烧提金	适用于低含硫不易焙烧处理的复杂金精矿与氰化高品位尾矿处理	将低硫矿进行选硫，得到的高硫矿直接焙烧，低硫矿进行循环流化态焙烧。脱去杂质、破坏包裹金提高氰化浸出率	通过改造后，解决了复杂低硫金精矿焙烧问题。这部分金精矿焙烧前氰化回收率在75%左右，焙烧后氰化回收率达到84%以上
8	三山岛金矿坑内高氯咸水选矿的研究与应用	适用于沿海矿山	在现有磨浮流程及设备不变的情况下，在磨矿作业和浮选作业全部利用坑内高氯咸水替代淡水进行磨矿和浮选，合理优化工艺作业条件及药剂条件，达到或超过淡水磨矿和浮选的生产经济技术指标	浮选精矿品位可以达到40g/t以上，浮选尾矿品位≤0.12g/t，浮选回收率达95%。降低起泡剂消耗20g/t
9	松树南沟金矿低品位矿石利用及尾水除铜	适用于低品位原生硫化物较难选金矿石，同时其伴生矿物未达到回收利用品位	将采出矿石粗碎后让其自然氧化，使金充分暴露，同时可提高磨矿效率；对氰化浸出的伴生矿物（Cu）使用过氧化氢氧化沉淀，并回收利用	采矿：贫化率<5%、损失率<5%；选矿：综合回收率>87%
10	钼钨金氧化矿高效利用新技术	钼钨氧化矿	采用泥沙分离，粗、细物料分别加工，使粗、细物料都更适合本身性质的加工方法。利用"彼德洛夫法"加温浮选氧化钼；湿法高压浸出钼钨	选矿：氧化钼钨精矿钼品位8%—15%、钨品位5%—12%，硫化钼精矿品位>45%，钼回收率>75%；冶金提取：钼浸出率>98%，钨浸出率>95%，钼回收率>97%，钨回收率>94%；氰化提金：金浸出率>98%，回收率>97%

五 矿产资源高效利用机制

矿产资源在国家经济社会可持续发展中具有重要地位，是国民经济建设必备的生产要素，是国家工业化进程的基石和保障。在国民经济快速增长的带动下，经过三十多年来高强度的矿产资源开发，我国矿业面临着资源消耗过快、资源浪费严重、资源开发利用效益不高、环境保护压力越来越大等一系列问题，已影响到资源节约型、环境友好型社会的建设与和谐社会目标的实现。因此，为保障我国国民经济健康、稳定、可持续发展，这就要求我们必须构建与我国经济社会发展相协调的矿产资源高效利用机制。

（一）机制目标

建立健全科技进步，技术创新体系，完善矿产资源高效利用激励约束政策，加大政府管控力度，构建矿产资源高效利用长效机制，以此来实现矿产资源利用方式转变，推动矿业节能减排，发展矿业循环经济，提高矿产资源的利用效率和保障能力，确保资源节约型和谐社会目标的实现（如图7-18所示）。

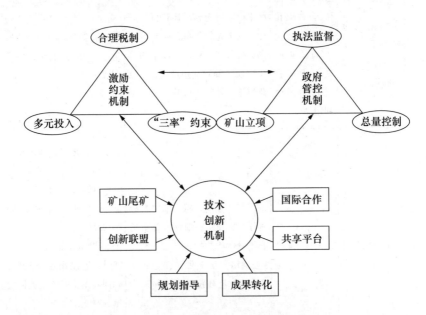

图7-18 矿产资源高效利用机制构建框架

（二）机制内容

（1）技术创新机制。推进科技创新人才培养，完善科技创新联盟体系。加强顶层设计，强化科技发展的规划指导作用，建立科技发展指南和科技发展计划制度。建立循环经济信息系统和技术咨询服务体系，推动企业增强技术创新能力，引导企业有重点地开发和应用先进的资源高效利用技术。在矿产资源勘查评价、开发、高效利用、技术装备等领域，建立推动矿产资源高效利用的科研和交流共享平台。实施矿产资源科技创新领域的国际合作，不断拓宽矿产资源科技对外合作与交流的渠道。实施以企业为主体，以市场为导向，产学研相结合的技术创新体系的建设，加快科技成果推广应用，不断提高科技成果的转化率，促进科技与经济的结合，实现科技成果向生产力转化，从而提高经济竞争力。

（2）激励约束机制。矿产资源高效利用的实施需要完善的激励约束体系来支撑。激励机制有：通过国债支持、财政贴息、银行贷款和企业自筹等方式，拓展资金渠道，建立稳定的多元化资金投入机制。调整税收政策，实行按矿石质与量级差收取税费，鼓励生产高附加值产品，限制低效率、高消耗产品的生产，实行消费型增值税。推广循环经济试点示范工程，围绕"减量化、再利用、资源化"的中心，缓解资源压力、推进资源利用方式转变。约束机制有：对开采回采率和选矿回收率进行核算，将其与设计回采率、回收率的差作为对矿山企业进行奖惩的依据。对高效利用较好的矿山企业，在同等条件下可优先获得采矿权；对高效利用较差的矿山企业，则酌情限制其采矿资格。

（3）政府管控机制。按照我国资源实际状况和利用水平及可持续发展的需要，进一步理顺关系，强化国家对矿产资源的控制力度，严格企业和项目准入，强化执法监督。对矿山开发的矿产高效利用方案进行严格的科学审查，严格控制高耗能、资源利用率低、浪费严重和缺乏"三废"治理与尾矿高效利用评价的矿山建设立项。改革资源行政管理体制，强化对矿产资源的保护，坚决制止"采富弃贫、粗放采选"经营方式。制定矿山资源高效利用的生产技术管理、经济管理制度与措施。严格审查矿产资源开采方案，落实总量调控、分区管理和最低开采规模要求。实施资源高效利用申报认定、矿产资源高效开发利用情况统计，建立矿产资源高效利用状况公报制度和资源高效利用信息网络。促使矿产资源高效开发利用逐步走上规范化、制度化轨道，以保障矿产资源高效利用健康发展。

（三）保障措施

（1）加强矿产资源高效利用法律法规建设。加强矿产资源高效利用法律法规体系建设。在借鉴发达国家经验教训的基础上，在《矿产资源法》中应修改、补充、完善资源高效利用的有关条款，确定矿产资源高效利用的基本原则、管理范围、基本制度及主要措施等，为矿产资源高效利用及其立法提供基本依据。制定、修改、完善矿产资源高效利用各主要方面的单行法规，包括共伴生矿产资源、二次资源和再生资源高效利用的单行法，进一步明确对矿产资源高效利用、提高资源回收率的要求，依法促进矿产资源高效集约利用。

（2）建立严格的矿产资源指标体系及监督机制。建立和完善矿产资源高效开发利用标准体系，制定、修改完善矿产资源高效利用的技术指标体系和评价指标体系，包括矿产资源共伴生资源高效利用率、废石围岩利用率和尾矿利用率，主要矿种的采矿回收率、选矿回收率，矿产资源高效勘探、高效评价等指标。通过设定的指标，采用科学的方法高效评价矿山企业高效利用水平，为评价、监督矿山企业高效利用工作提供定性标准。在矿山建设过程中进行监督检查，保证资源开发利用方案得到准确实施。对企业在生产过程中执行《矿产资源法》的情况进行严格的年度检查，特别要加强对矿产资源开发利用的"三率"和"三废"治理情况的监督管理，引导和强制企业在采矿、选矿、冶炼等重要环节上切实推进矿产资源高效利用。

（3）加强对矿产资源高效利用财税政策的支持。调整矿产资源税费政策，及时提出有利于推动矿产资源高效利用（包括表外矿、残矿）、提高资源回收率的政策，以此来鼓励矿山企业对中低品位矿产资源、二次资源的高效开发利用。完善减免税优惠政策，研究解决按矿石质与量实行级差收税费，保证国家关于矿产资源高效利用减免所得税、部分产品减免增值税、资源补偿费征收与回采率挂钩等政策的实施，形成与法律制度相衔接的、完善的、系统的经济政策体系。

（4）加强组织领导及宣传教育。加强组织领导。推进矿产资源高效利用是一项系统工程，各级部门必须坚定不移地贯彻执行中央关于矿产资源高效利用的决策部署。成立相关机构，对矿产资源高效利用中的重大事项进行统一部署，加强督促和协调、统筹解决发展过程中的重大问题，切实解决好地方保护、部门职能交叉造成的职责不明确、责任不落实等问题。加强宣传教育，提高全民意识。充分发挥新闻出版、广播影视、文化等部门和有关社会团体的优势，深入开展资源高效利用的宣传活动，不断提高全民的资源忧患意识、节约意识和责任意识。

第四节　非传统矿产资源开发利用研究

非传统矿产资源是指受目前经济、技术以及环境因素的限制，尚难发现和尚难工业利用的矿产资源，以及尚未被看作矿产和尚未发现其用途的潜在矿产资源，包括各种新类型、新领域、新工艺、新用途、新深度的矿产资源。它具有可持续性和技术性两大特征。随着技术、经济、环境、市场和需求的变化，它可以转化为矿产资源。赵鹏大院士认为：目前所利用的矿产资源仅是极少的"有用组分"，而大部分矿产资源作为"废物"而被抛弃。资源是随时间、空间而变化的技术、经济、环境、市场、人文等因素的函数，今天的"废物"可能就是明天的资源。在当今飞速发展的时期，对矿产资源的消耗激增，各种新产品不断涌现，需要大量矿物原料支撑。在一些新的领域需要新的矿物资源（用途），而新的矿物资源（用途）的使用又不断推动新领域的发展。这些都需要非传统矿产资源的理论和实践去支撑。非传统矿产资源研究，是一项具有国际前瞻性、战略性、竞争性和创新性的重大课题，它不仅涉及社会可持续发展的矿产资源问题，还可能引起整个矿业领域的重大变革。

一　非传统矿产资源的重要战略地位

我国目前处于工业化初期阶段，在相当长的时期内，对矿产资源的需求结构和趋势不会有大的变化。随着社会经济技术的不断发展，一些传统矿产资源将会被新非传统矿产资源所代替。从可持续发展的角度来分析，对非传统矿产资源的需求急迫程度可以通过矿种发现和替代的超越系数［矿产品产值增长÷（社会总产值增长率−1）］予以表明，如以下矿种发现和替代的超越系数为：石油 0.833、天然气 0.553、铁矿石 0.447 及水泥−0.798，意即我国石油、天然气、铁矿石等矿产急切需要新增资源储量，或者需要作为替代的非传统矿产资源迅速发展。

矿产资源是不可再生资源，已有传统矿产资源将逐渐耗尽，而新兴产业和高科技产品又需要大量新材料或新矿物用途，这使发现并利用非传统矿产资源以满足未来社会的需求成为一项十分紧迫的战略任务。其战略地位主要表现在以下几个方面：

（一）非传统矿产资源是接替传统矿产资源的根本保证

随着世界工业化、现代化进程的加快，矿产资源的消耗量呈几何级数增长。近百年人类消耗的矿产资源是前几千年消耗的数十倍。作为不可再生性自然资源，矿产资源枯竭问题已成为世界上迫切需要解决的重大问题之一，而我国的矿产资源形势则更加严峻：人均矿产占有量仅为世界平均水平的58%；主要矿产保证程度低；新的矿产类型研究才刚刚起步；一些矿产资源的开发造成严重的环境污染。

解决传统矿产资源耗竭的办法有三种：一是尽量节约传统矿产资源的开发与利用；二是增加传统矿产资源的资源储量；三是寻找替代资源。第一种只能延缓矿产资源耗尽时间的到来，而且要付出管理成本和放慢经济发展速度的代价，不能从根本上解决矿产资源自身的短缺问题；第二种主要是向深部要矿；第三种主要是发现新的矿产资源。第二种和第三种都属非传统矿产资源的范畴。所以，大力开展非传统矿产资源的研究工作，发现与开发非传统矿产资源是弥补传统矿产资源总量不足的根本保证。

（二）非传统矿产资源的发现和利用推动社会的发展

每一次新兴矿业大量出现，都促进了社会生产力的一次飞跃性进步。由石器→青铜器、铁矿业→能源矿业（煤、石油）、有色金属矿业→新能源矿业、非金属矿业等不同的发展期，是划分原始时代→封建时代→工业化时代→高科技信息时代的大致界限。由此可见，没有新兴矿业的出现，就不会有矿业的发展和人类社会的全面进步。

新矿产的发现和利用与世界科技和经济的发展密切相关。迄今为止，人类已发现和利用的250种矿产中，约有90%为近百年发现和利用的，约70%为近50年发现利用的，约50%为近30年发现利用的。许多事实证明新类型矿产一旦被发现，就会大大拓宽找矿领域，增加矿产资源储量，降低获得可用矿产资源的成本，为社会的发展奠定了基础。

社会需求是非传统矿产资源被大量开发利用并形成新型矿业的巨大动力。如装饰装修石产业近年发展很快，现年生产总值已超过500亿元，美化了人们的生活。随着社会的发展，需求将更加多样化，用全新的、动态的、发展的观点重新认识矿产资源，并应用新技术、新工艺去寻找研制、开发更多的非传统矿产及矿产品，使普通矿石成为有用矿产，形成新兴矿业，满足社会的新需求，进而推动社会向前发展。

（三）非传统矿产资源的发现和利用是矿业国际化竞争的需要

矿业是全球化的，矿产资源的有限性和全球调配性决定了只要某国提前发现了某种资源或掌握了某种矿物提炼技术或某种矿产资源赋存规律，它就有可能低成本获得该矿产资源开发权而占尽先机，控制并垄断该资源，使后续国家处于被动地位。不少非传统矿产将在未来国际矿业中占据非常重要的地位。例如海洋矿产中的铁锰结壳、金属软泥、钴结壳及天然气水合物等，将是 21 世纪最主要的接替资源之一。据初步统计，仅太平洋就有 15000 亿吨多金属结核，可供人类使用数千至数万年；各大洋中的天然气水合物能源总量相当于全世界已知煤、石油和天然气等能源总量的两倍。

（四）非传统矿业是人类社会长远发展的重要保障

传统矿业造成的环境污染和生态破坏严重。矿产资源采、选、冶过程中排放的"三废"治理率低，矿山诱发的灾害不断，矿区地面塌陷造成大量耕地损毁，矿山造成地下水资源枯竭或污染，矿业造成的气温升高等问题对人类的持续发展造成严重威胁。

资源的有限性和环境的可持续性决定了无废矿业、绿色矿业才是矿业发展的根本道路，这需要非传统矿业理论的指导，需要深入研究矿业物质流，需要更新传统的矿业生产观念。非传统矿业采用高新技术，生产高附加值产品，兼具节约和环保，是人类社会可持续发展的重要保障。

二　我国主要非传统矿产资源禀赋

非传统矿产资源转变为可开发利用的矿产资源需要一定的时间过程，这个时间的长短取决于其急需或重要程度。赵鹏大院士将非传统矿产资源分为五大类：新类型、新领域、新深度、新工艺和新用途矿产，本书将五大类中短期内较重要和急需的非传统矿产资源禀赋进行列表阐述（见表 7 - 11）。

三　非传统矿产资源开发利用技术现状及存在的问题

近 30 年来，经济发达国家和矿业大国高度重视非传统矿产资源的开发利用。在海洋矿产方面，到目前为止已经有几十个国家进行了一定规模的开发和利用，开采的矿产有 20 多种；我国几十年来圈定了 30 平方公里大洋多金属结核富矿区，拥有了 15 万平方公里开发区；在尾矿的开发利用方面，不少国家正大力研究无废料开采和加工工艺，建立包括采、选、冶、化工、建材等大型综合性企业；在新用途新工艺研究方面，30年来发展很快，矿产资源的新用途和新工艺日趋多元化。在深度矿产资源的开发方面，目前金矿开采深度已超过 5000 米，有色金属超过 3000米。总之，非传统矿产资源的开发利用发展很快，但也存在不少问题。

（一）主要非传统矿产资源开发利用技术现状

我国主要非传统矿产资源开发利用技术目前正在发展之中，不同矿产的开发利用具有不同的特点。下面对几种重要的非传统矿产资源的开发利用技术与存在的问题进行列表叙述（见表 7 - 12）。

（二）非传统矿产资源开发利用中存在的问题和障碍

非传统矿产资源在许多国家的开发利用与研究都取得了一些成就，但还存在不少问题和障碍，具体表现为：

一是非传统矿产资源的开发利用管理难度大。一般来说，非传统矿产资源的开发利用都是从传统矿产资源渐变过来的，由无到有、从少到多，随着时间的推移而发生质的变化，对此过程监管不到位造成新一轮的资源浪费和环境污染。同时一些产权不清也增加了管理的难度，例如海洋矿产、极地矿产的开发利用，与国家的强弱密切相连。

二是非传统矿产资源的发现速度远赶不上现有传统资源耗竭的速度。非传统矿产资源的发现和利用是缓慢的，取决于技术的进步和大量风险资金的投入，而传统矿产资源的开发随着社会的快速发展和需求的增加而加速耗竭。

三是非传统矿产资源开发利用缺乏战略规划。非传统矿产资源基础研究薄弱，缺乏统一规划，缺乏专门机构和专业队伍，这使非传统矿产资源的开发更多地属于企业个体的行为，处于无序状态。

四是思想观念上的障碍。非传统矿产资源是传统矿产资源的延续，由于思维上的惯性，人们在非传统矿产资源的开发利用中总是不自觉地走过去的老路。实际上非传统矿产资源是以全社会的可持续发展为目标的资源观，传统矿产资源是以经济增长为目标的资源观。

四　促进非传统矿产资源开发利用的政策建议

非传统矿业不仅为国家资源安全和社会发展提供新的资源保障，还会产生新的资源产业，更有效地利用资源、改善生态环境、推动社会持续发展。矿业大国都很重视非传统矿产资源的研究和开发。美国 1998 年制定的《国家矿产资源调查计划》中明确要求发展非传统矿床理论，查明非传统矿床远景区，并将此课题列入前沿研究之一；美国和俄罗斯都成立了有关研究机构，做了大量工作，取得了重要成果。与它们相比，我国尚存不足，在此提出以下建议：

（一）政府要高度重视、制定扶持政策、加大投入力度

目前，非传统矿产资源研究工作不足的主要原因是思想认识不足。政府要充分认识传统矿产资源的短缺性、危机性，充分认识非传统矿产资源开发利用的紧迫性和重要性，特别是要认识到加大探查海洋资源和极地资源的力度对获得相关资源开发权的重要性。

非传统矿产资源的发现，一方面要求技术上有所突破，另一方面还要有一定的新理论、新方法作为基础。新技术、新理论、新方法的产生，仅仅依靠企业自发研究是远远不够的，政府要制定倾斜扶持政策，设立专项基金，有效保证研发投入。

（二）建立非传统矿产资源研究基地，尽快实施研究项目

建立非传统矿产资源研究基地，开展非传统矿产资源的基础理论研究，提出寻找非传统矿产资源的思路和方法；打破技术垄断，组织系统研究，参与国际合作和交流，研究前沿问题，快速实现科研技术的突破；从社会总成本/收益分析出发，使非传统矿产资源得到公平的开发和利用。结合人口、资源、环境承载力与供需形势分析，厘清轻重缓急，尽快实施研究项目，其中要优先开展近期缺口较大的矿产资源的替代品的研究。

（三）坚持四个原则

非传统矿产资源的发现和开发应坚持四个原则：一是优先原则，紧扣国民经济的发展计划和可持续发展的战略目标及实施阶段，优先开发近期缺口较大的矿产资源的"接替资源"；二是速度原则，即非传统矿产资源的发现和评价速度要跟上传统矿产资源的耗竭速度，及时明确勘查方向，尽早纳入国家找矿与勘查规划；三是环境原则，非传统矿业管理中的保护环境是非传统矿产资源开发的基本出发点；四是代际原则，即保持自然资源的总存量基本不变，保证下一代的经济环境总体水平不降低。

（四）建立非传统矿业管理体制

在找矿勘探阶段，为了使非传统矿产资源的研究和勘查得以快速突破，要打破现有地勘单位的国有垄断体制，建立非传统矿产资源的风险投入机制，鼓励民营企业加入风险勘查。在矿业开发阶段，在研究深化传统矿业改革时，应将非传统矿业一并考虑，科学合理配置资源，增强非传统矿业的竞争能力，有序发展。

表 7 - 11　　　　　　　　　　　非传统矿产资源禀赋

分类		定义与解释	资源禀赋	开发意义
新类型	尾矿	是矿山采用各种手段从矿石中提取出有用物质后，废弃不用的一种物质	在化工、黑色金属矿山中，尾矿量要占矿石量的 50%—80%；有色金属矿山中，尾矿量则要占到 70%—95%；稀有金属矿山占到 99% 以上。据测算，1949—2007 年，我国矿山累计排放废石量至少在 200 亿吨以上	有用组分含量较高；挤占大量土地；破坏了生态环境；存在重大安全隐患
	可燃冰	分布于深海沉积物中，由天然气与水在高压低温条件下形成的类冰状的结晶物质	全球分布很广，资源量是现有天然气、石油储量的两倍，具有广阔的开发前景。2009 年，我国在青藏高原陆域上发现可燃冰，远景资源量至少有 350 亿吨油当量。据测算，我国南海天然气水合物的资源量为 700 亿吨油当量	使用方便，燃烧值高，无污染，解决能源危机，资源量大
新工艺	浅层地热	指地表以下至 200 米埋深范围内，温度低于 25℃，在当前技术经济条件下可开发利用的地球内部的热能资源	浅层地热的能量主要来源于太阳辐射与地球地温梯度，其热能资源潜力是巨大的和可持续性的。浅层地热通过热泵技术进行采集利用后，可以为建筑物供暖，较常规供暖技术节能 50%—60%，运行费用降低约 30%—40%。浅层地热分布广，再生迅速，资源储量大	提供新型环保热源；减少二氧化碳排放量；永不衰竭的能源，利用价值大

续表

分类		定义与解释	资源禀赋	开发意义
新工艺	宁乡式铁矿	指海相沉积型高磷低硫鲕状赤铁矿	广泛分布于扬子地台及周边的鄂、湘、赣、桂、滇、黔等11个省市区,查明铁矿资源储量37.2亿吨,约占全国铁矿资源总量的7%。鄂西地区探明资源储量19.92亿吨,占宁乡式铁矿总量的53.57%。已查明的基本都是浅部矿,深部资源潜力巨大	可有效缓解铁矿的供求紧张矛盾
	含钾页岩	指钾含量达到一定要求的砂页岩	含钾砂页岩在我国沉积岩地层中广泛分布,资源潜力巨大,仅贵州铜仁地区经预测可达50亿吨	可极大地缓解钾肥危机
新用途	造纸用石灰石	是一种含有单个方解石矿物成分的岩石,方解石成分占95%,另有少许白云石、长石等	石灰石资源分布广泛,资源储量巨大,即使全球都是用石头纸,也可供人类使用千年以上	减少传统造纸的污染;减少石油资源消耗
	电池用钒	钒电池全称为全钒氧化还原液流电池,是一种活性物质呈循环流动液态的氧化还原电池	我国钒矿资源储量丰富,V_2O_5累计查明资源储量约3600万吨,主要分布在四川、陕西、湖南、安徽、湖北等地。含钒石煤是我国一种独特的钒矿资源,其中已探明V_2O_5储量约1128万吨。目前我国石煤含钒资源正在大力勘查之中,据估计,有工业开采价值的[w(V_2O_5)0.8%]的资源量超亿吨,资源潜力巨大	绿色环保电池,具有大功率、长寿命特点,应用领域广阔,价值巨大
	新用途非金属矿物	利用非金属矿物原料制造农药、肥料、土壤改良剂、丰产剂、保水剂、污水处理剂、生物保健剂、营养剂等潜力很大	我国非金属矿产资源种类齐全,优势明显。已探明储量丰富的矿产有萤石、菱镁矿、重晶石、芒硝、石墨、滑石、硅灰石、石膏、膨润土、盐矿、水泥灰岩、玻璃硅质原料、花岗石和大理石等,不能保证国家需要的有钾盐、天然碱、金刚石和高档宝玉石等	今后将形成非金属矿物原料为主的新兴高新技术产业

续表

分类		定义与解释	资源禀赋	开发意义
新用途	稀土矿产	新用途：代替重金属颜料、降低碳离子排放量的柴油添加剂、水泥添加剂、磁共振照相、扰性超导带、存储全息图像、光纤脉冲转换器、固体氧化物燃料电池等	我国的稀土分布广泛，品种全，资源储量极为丰富。现已探明的稀土储量达1亿吨以上，而且还有较大的资源潜力，是世界各国总和的4倍以上，为发展我国稀土金属工业提供了优越的资源条件。我国目前已探明有储量的矿区193处，分布于17个省区，即内蒙古、吉林、山东、江西、福建、河南、湖北、湖南、广东、广西、海南、贵州、四川、云南、陕西、甘肃、青海。其中内蒙古占全国稀土总储量的96%	资源是垄断性的，新用途的开发利用意义很大
新领域	页岩气	页岩气是指赋存于富含有机质页岩或高碳泥页岩中，主要以吸附或游离状态存在的非常规天然气资源，成分以甲烷为主	据专家估算，我国页岩气可采资源量与美国大致相当。全世界页岩气资源估计为 $456 \times 10^{12} \, m^3$，页岩气资源主要分布在北美、中亚、中国、拉美、中东、北非和苏联，其中北美最多，为 $108.7 \times 10^{12} \, m^3$。我国主要盆地和地区的页岩气资源量约为 21.5×10^{12}—$45 \times 10^{12} \, m^3$，中值为 $30.7 \times 10^{12} m^3$，主要分布在南方聚气区、华北聚气区。四川盆地东部和南部下寒武统和下志留统页岩是目前勘探的主要层系。我国页岩气资源勘探开发前景很好，具有加快勘探开发的资源基础	页岩气资源的开发利用可缓解能源的紧张状况
新深度	深部矿	一般指开发深度大于500米的矿床	对超过500米深度的矿床也只是近几年才进行了一些勘查工作，深部矿产资源潜力巨大	大大增加矿产资源储量

表7-12　　　　　　　　　　主要非传统矿产资源开发利用技术现状

分类		开发利用技术概况	存在的问题
新类型	尾矿	随着社会经济的发展，矿产选冶技术不断提高，许多尾矿已成为可以开发利用的二次资源。近年来一些大型矿山企业正在积极开展尾矿、废石的综合利用，取得了一定的成效和宝贵的经验，但总体尾矿利用率很低，目前我国尾矿的利用率只有7%，而一些发达国家的尾矿利用率在60%以上，甚至已向无废矿山的目标迈进	不少矿山生产工艺、设备落后，经济欠佳，技术薄弱，无力开发
新类型	可燃冰	可燃冰在开采时只需将固体的"天然气水合物"升温减压就可释放出大量的甲烷气体。据了解，美国、日本等国均已经在各自海域发现并开采出天然气水合物。在我国，作为一种新型能源，可燃冰纳入"十二五"能源发展规划更多的是侧重于勘探和科学研究。按照战略规划的安排，2006—2020年是调查阶段，2020—2030年是开发试生产阶段，2030—2050年是中国可燃冰将进入商业生产阶段。另外，我国青藏地区部分可燃冰埋藏极浅，其表面冻土层最薄之处只有30米，由于全球气候变暖，可燃冰表面冻土层在渐渐溶解。一旦表面压力不够，可燃冰将很容易气化泄漏到空气中，对环境造成重大破坏，其开发可谓迫在眉睫	世界各国都没能解决其开采可能加剧温室效应、海洋生态变化、海底滑塌等问题；部分可燃冰应尽快开发，否则气化破坏环境
新工艺	浅层地热	浅层地热供暖制冷技术已成熟，我国浅层地热主要通过水源热泵和地源热泵技术采集，目前已属推广应用阶段。截至2009年6月，中国应用浅层地热供暖制冷的建筑项目共2236个，建筑面积近8000万平方米，其中80%集中在京津冀辽等华北和东北南部地区。至2009年年底，我国地热直接利用总装机容量达到3688MWt，居世界第一，年直接利用量12865GWh。2011年我国通过开发利用浅层地热，实现二氧化碳减排1987万吨。今后我国将加快在各省市的浅层地热勘查评价速度，建立全国范围内的浅层地热数据库，通过合理布局、多级利用实现总量平衡，同时在采矿许可、编制规划、开发审查等环节建立严格的监管制度	浅层地热勘查评价速度较慢，影响开发利用，在全国的很多地方还没开展勘查

分类		开发利用技术概况	存在的问题
新工艺	宁乡式铁矿	国外性质类似的铁矿一直在利用。法国阿尔萨斯洛林铁矿，其品位和含磷量与宁乡式铁矿相近，90年前就已开采用来冶炼钢铁，是法国、德国、比利时等国铁矿主要来源之一，其排出的钢渣成为"钢渣磷肥"副产品，曾是欧洲一些国家磷肥的主要来源。我国早在1959年就证明宁乡式铁矿的可用性，20世纪60年代冶金部也曾成立鄂西铁矿建厂筹备处，并在90年代再度与法国合作，但最终均未能实施。2010年，成都地矿所的研究已进入半工业化实验阶段，相信宁乡式铁矿的开发利用指日可待	矿石含磷过高，具鲕状结构，通过机械选矿方法富铁脱磷十分困难，成本太高
新用途	石头纸	石头纸技术，是以碳酸钙为主要原料，以高分子材料及多种无机物为辅助原料，利用高分子界面化学原理和填充改性技术，经特殊工艺加工而成的一种可逆性循环利用的新型造纸技术。石头纸技术在整个生产过程无须用水，不需要添加强酸、强碱、漂白粉及众多有机氯化物，比传统造纸工艺省去了蒸煮、洗涤、漂白等几个重要的污染环节，从根本上杜绝了造纸过程中因产生"三废"而造成的污染问题。同时由于以价格低廉的矿石粉为主要原材料，成本比传统纸张低20%—30%	并非所有石灰岩都可造纸；回收困难；产品厚度大，重量大，透明度高，光泽度差，难以高速印刷
新用途	钒电池	目前我国钒电池的研发已走在世界前列。中科院大连化学物理研究所与大连融科储能技术发展公司合作进行的液流储能电池电解质溶液、离子交换膜等核心材料的产业化技术平台的开发，已形成年产300兆瓦时钒电解质溶液和5万平方米碳塑双极板的生产能力。2012年4月，在大连友谊街上试运行的大型换电站采用钒电池储能系统，一次可同时为50辆纯电动公交车提供换电服务；5月7日，国内首个采用钒电池储能的光伏发电加油站在中国石油银江加油站进入试运行阶段；5月10日，钒电池制造商普能公司宣布：世界领先的，具备电网级规模循环储电的全钒液流电池储能系统获得美国加州爱迪生电力公司（CaliforniaEdison）的并网运营许可，系统即将正式运行，同时，钒电池大规模储能系统将用于提高吉尔斯洋葱（GillsOnions）公司农产品加工厂内的分布式电网发、配、用电综合质量，这是世界上大规模电网储能系统应用的一个里程碑。钒电池开发利用技术已日趋成熟，已进入推广利用阶段	目前我国液流储能电池产业链还没有完全形成，液流储能电池的成本还比较高

续表

分类		开发利用技术概况	存在的问题
新领域	页岩气	目前，世界主要资源大国都加大了页岩气资源勘探开发力度。美国页岩气开发有 80 多年的历史，目前每年有上千亿资本投入页岩气勘探开发，每年打井十万多口，已进入页岩气开发的快速发展阶段，2010 年，美国非常规天然气产量超过 $3700 \times 10^8 \text{m}^3$，约占全美天然气总产量的 60.6%，其中页岩气 $1378 \times 10^8 \text{m}^3$；加拿大商业开采处于起步阶段。我国国内石油企业多采取与国外石油企业合作开发，以资源换技术。国土资源部 2009 年 10 月在重庆市綦江县启动了首个页岩气资源勘查项目，是继美国和加拿大之后，中国正式开始这一新型能源的勘探开发。目前我国开展了勘探开发和科技攻关等多项工作：钻井 62 口，其中 24 口获得工业气流；在资源评价、水平井钻井和储层改造方面科技攻关也取得明显进展；大型压裂车、可钻式桥塞等页岩气关键装备研发等也取得了突破	我国页岩气的开发技术尚未突破，其开采具有相当大的难度，不仅需要定向钻井技术，还需要在地下岩层压裂方面有重大突破
新深度	深部矿	目前，世界上矿产开采的最大深度已超过 5000 米（南非兰德金矿），而我国绝大多数金属矿床开采深度不到 500 米，深部矿产资源潜力巨大	近几年才对超过 500 米深度的矿床进行勘查，开采成本高，难度大

第八章　典型国家不同发展阶段国土资源保障措施比较及借鉴

在工业化、城镇化进程中，美国、日本及欧盟等国家也面临着保护国土资源和保障经济发展的双重压力，并通过一系列政策、制度设计和市场建设，在国土资源有效供给和高效利用方面积累了大量实践经验。本章通过分析典型国家不同经济发展阶段国土资源变化特征及规律，对我国未来社会经济发展过程中的资源利用压力进行预测；在此基础上借鉴典型国家国土资源利用和保护经验，为构建符合我国国情的国土资源有效供给和高效利用实现机制提供依据。

第一节　中日不同经济发展阶段耕地资源利用特征及规律

回顾世界其他国家的发展经验，不难发现，在工业化、城镇化过程中，耕地减少将是一个不可避免的趋势。我国正处于经济社会发展的重要阶段，面临着耕地资源利用和保护的巨大压力。基于此，本节拟通过比较我国与典型国家在经济发展类似阶段的耕地资源变化特征，揭示经济发展对耕地损失的内在作用机理，并借鉴典型国家工业化后期的耕地损失经验预测和判断我国今后十年的耕地保护压力，为我国未来的政策选择提供参考和借鉴。

在选择典型国家方面，本书充分考虑了国家的相似性，最终以日本作为比较对象。日本与中国同属于东亚文化圈，在自身资源禀赋和人地关系等诸多方面具有极大的相似性；同时，日本作为一个国土面积狭小、耕地资源稀缺的国家，却能够在人均国土资源极为有限的条件下，在短时间内使工业化和城镇化水平步入世界先进国家的行列，这为我们的经验借鉴提供了很好的选择。

一　文献回顾

现有研究一般认为经济增长是耕地面积减少、城市用地扩张的最主要原因（黄宁生，1998；陈春、冯长春，2010）。1982—1994年我国土地非农化率和经济增长率之间的相关系数为0.83（曲福田、陈江龙等，2007），一定程度上反映了经济增长与土地要素投入的紧密联系。人均国民收入与城镇村建设用地和交通用地的显著正相关，也表明经济发展水平越高，城镇村建设用地和交通用地占用耕地面积越大（鲁明中，1996）。在两者关系上，有研究指出，经济增长与耕地面积变化存在长期均衡关系，但短期内却存在失衡（陈利根、龙开胜，2007；黄忠华、吴次方等，2009）。不同的经济发展水平和经济增长阶段，耕地资源数量变化的特征也不相同（吴群、郭贯成等，2006），其关系大致类似于库兹涅茨曲线形状（倒"U"形曲线），即随着人均GDP的增加，耕地资源流失量起初也随之增加，当达到某一阈值后则开始降低（蔡银莺、张安录，2005）。

从影响机理来看，现有文献认为经济增长对耕地数量变化作用的内在机制大致可以归结为两个方面，一是土地要素投入支撑经济快速增长的耕地代价性减少，二是经济水平提高后的生态环境保护引起的耕地保护性减少，如耕地休闲轮作和退耕还林等（黄宁生，1999）。但这种笼统的解释没有对经济增长内在机制进行深入分析，无法解释经济增长通过何种机制实现耕地的代价性减少和保护性减少，因此不足以打开经济增长与耕地面积变化之间关系的"黑箱"。对于经济现象的解释有必要深入考察经济活动各方面的细节特征，如马鞍山市的耕地减少主要是受工业产值、农业产值的变化所引起的（张建春、彭补拙，2001），这提醒我们经济结构的差异对于耕地数量变化具有重要的影响；而山东的经验则表明经济增长的波动也对耕地周期性变化具有驱动作用（张衍广、林振山等，2007）。

总体而言，就目前的文献我们大致可以得到如下启示：一是现有的研究已经取得了一些一致性的结论，即经济增长是耕地损失的主要驱动力，因此以经济增长的变化解释耕地面积变化的方法是可行的；二是经济增长与耕地损失之间符合倒"U"形关系（EKC），但这一结论跨越了较长的经济发展阶段，相比之下，只针对某一特殊阶段进行研究所得出的结论可能更有意义；三是在研究方法上，现有文献主要采用回归模型建立两者的联系，由于计量模型残差的存在，这种方法不能完全解释耕地损失；四是经济增长与耕地损失之间的关系仍是"黑箱"，其内在机理并不清楚。简单的倒"U"形关系并无益于我们对现象进行深入的了解和制定相应的政策，有必要进一步剖析经济增长对耕地面积变化影响的内在机理。

二 不同经济发展阶段耕地资源变化规律理论分析框架

为了探索经济增长与耕地变化的作用机制，把握其内在规律，本书借鉴 Panayotou（1997）的经济增长中环境污染 EKC 模型的分解工具建立理论分析框架。在 Panayotou（1997）的研究中，EKC 模型被分解为三个效应以解释经济增长对环境变化的影响，具体表达式如式（8-1）所示：

$$环境污染水平 = \frac{国内生产总值}{土地总面积} \times \frac{潜在污染量}{国内生产总值} \times \frac{实际污染量}{潜在污染量} \quad (8-1)$$

Panayotou（1997）认为，式（8-1）右侧第一项代表的是经济增长的规模效应，第二项代表的是经济增长的结构效应，而第三项则代表了经济增长的减缓效应。

在本书中，我们把耕地面积变化率（即耕地年变化幅度）作为一种污染，可以借鉴式（8-1）对经济增长与耕地面积变化的关系进行分解。

首先，我们定义耕地面积变化率指标，即：

$$耕地面积变化率 = \frac{实际耕地面积变化}{土地总面积} \quad (8-2)$$

按照式（8-1）分解思路，对式（8-2）右侧进行展开，得到式（8-3）为：

$$\frac{实际耕地面积变化}{土地总面积} = \frac{国内生产总值}{土地总面积} \times \frac{实际耕地面积变化}{国内生产总值} \quad (8-3)$$

此时，式（8-3）右侧第一项代表了经济增长中规模效应对耕地面积变化的影响。而单位 GDP 实际减少耕地的数量仍可以继续分解：

$$\frac{实际耕地面积变化}{国内生产总值} = \frac{潜在耕地面积变化}{国内生产总值} \times \frac{实际耕地面积变化}{潜在耕地面积变化} \quad (8-4)$$

联立式（8-2）、式（8-3）、式（8-4）得到耕地面积变化率的总分解方程为：

$$耕地面积变化率 = \frac{国内生产总值}{土地总面积} \times \frac{潜在耕地面积变化}{国内生产总值} \times \frac{实际耕地面积变化}{潜在耕地面积变化}$$

$$(8-5)$$

潜在耕地面积变化数值具有不确定性。考虑到工业发展对耕地的需求，我们将潜在耕地面积变化调整为工业增加值，调整后的总分解方程为：

$$耕地面积变化率 = \frac{国内生产总值}{土地总面积} \times \frac{工业增加值}{国内生产总值} \times \frac{实际耕地面积变化}{工业增加值}$$

$$(8-6)$$

式（8-6）右侧第一部分表示单位土地面积的国内生产总值，代表经济增长的规模效应；第二部分表示国内生产总值中的工业产值比重，代表经济增长的结构效应；第三部分表示每单位工业增加值需要转化的耕地面积，代表经济增长的技术效应。

具体而言，规模效应是指在经济发展中其他条件不变的情况下，经济活动规模越大，对土地的需求越高。不同的经济发展阶段，对土地的需求情况不同。农业经济阶段，经济增长主要体现为农业产出的增加，经济增长将导致更多的其他类型土地如荒地转为耕地，耕地面积增加。但是，在工业化阶段，快速膨胀的经济规模将极大地刺激对建设用地的需求，导致出现建设用地占用耕地等现象。这个时期人类活动非常活跃，可开垦的耕地后备资源有限，工业化的压力导致耕地总面积减少。因此，在经济发展的不同阶段，经济增长的规模效应对耕地数量变化的影响是不同的。鉴于本书主要考察不同国家在工业化阶段的耕地面积变化特征，因此，我们预期经济增长对耕地面积变化率的规模效应为正向，即随着经济规模扩大，耕地损失加大。

结构效应用来反映经济发展过程中经济结构的变动所引起的耕地数量变化。其中，经济结构的变动主要是指第一、第二、第三次产业增加值占经济总量的比例及其变化。一般而言，产业结构的变化总是沿着以第一产业为主导到第二产业为主导，再到第三产业为主导的方向发展。由于中国目前正处于工业化发展的重要阶段，本书将着重研究工业增加值占经济总量比例的变化对耕地变化率的影响。在工业化阶段前期，经济以粗放的制造业为主要特征，土地要素利用效率低下，耕地转化需求较高，耕地面积减少加速；至工业化中后期，工业结构逐渐优化，技术密集型和资金密集型产业比重提高，对耕地转化的需求降低，此时，耕地面积减少速度将逐步降低。总的来说，随着工业产值比重的增加，耕地损失呈倒"U"形变化趋势。

技术效应则主要反映在耕地供给与耕地需求两个角度。在供给角度，随着经济发展水平的提高，人们收入增加，国家资本丰裕，废弃地复垦及耕地后备资源开发能力逐步提高，耕地供应水平增加；在需求角度，一方面随着生活水平提高，人们开始关注耕地面积减少所引起的生态环境退化问题，对保持耕地数量提出要求，另一方面经济增长使人们利用土地的技术水平大幅提升，建筑容积率的提高以及地下空间利用极大地降低了对耕地转化的需求。所有这些将通过法律法规、政策、规划以及各项指标、标准等技术手段得以实现。随着经济增长带来的技术进步，耕地损失将逐渐减少。

三 研究方法及数据来源

为研究经济发展与耕地面积变化的内在规律，本节拟采用对数平均 Divisia 指数分解法（Logarithmic Mean Divisia Index Method，LMDI）对 1971—2008 年中日经济增长效应进行分别计算。

（一）研究方法

LMDI 由 Ang 提出并广泛应用于碳排放的影响因素研究中。该方法是一种完全分解方法，不产生残差，并且具有乘法形式和加法形式易于转换，选择任何一种形式都是无差异的优点。但是，加法形式的差值型指标测算相对简单，结果更容易理解。

令 ACR = 耕地面积变化率、$l = \dfrac{国内生产总值}{土地总面积}$、$c = \dfrac{工业增加值}{国内生产总值}$、$t = \dfrac{实际耕地面积变化}{工业增加值}$，则式（8-6）可以表达为：

$$ACR = l \times c \times t \qquad\qquad (8-7)$$

定义基年期到报告期的耕地面积变化率为 ΔACR_{tot}，根据加法形式对其进行分解，结果如下：

$$\Delta ACR_{tot} = ACR_t - ACR_0 = \Delta ACR_l + \Delta ACR_c + \Delta ACR_t \qquad (8-8)$$

按照上述耕地面积变化分解公式，耕地面积变化率受到经济增长的规模效应（l）、结构效应（c）和技术效应（t）的共同影响。

为了测定不同效应的大小，需要确定各效应的权重，采用 Ang 等

（1998）引入的对数平均函数，该函数定义如下：

$$L(x, y) = \begin{cases} \dfrac{(x, y)}{\ln x - \ln y}, & x \neq y \\ x, & y = y \\ 0, & x = y = 0 \end{cases} \qquad (8-9)$$

因此，分解各效应贡献值表达式分别为：

规模效应：

$$\Delta ACR_t = \frac{ACR_t - ACR_0}{\ln ACR_t - \ln ACR_0} \cdot \ln \frac{l_t}{l_0} \qquad (8-10)$$

结构效应：

$$\Delta ACR_c = \frac{ACR_t - ACR_0}{\ln ACR_t - \ln ACR_0} \cdot \ln \frac{c_t}{c_0} \qquad (8-11)$$

技术效应：

$$\Delta ACR_t = \frac{ACR_t - ACR_0}{\ln ACR_t - \ln ACR_0} \cdot \ln \frac{t_t}{t_0} \qquad (8-12)$$

（二）数据来源

本书采用日本和中国 1971—2008 年的时间序列数据对各效应进行计算。其中，经济数据来源于世界银行组织（World Bank），包括不变价的 GDP 总值、人均 GDP 以及工业增加值占 GDP 总值的比重。为了使比较具有一致性，2010 年以前的土地面积数据统一从联合国粮农组织（FAO）获得，2010 年的耕地数据则是依据我国"十二五"规划纲要，建设占用耕地数据来源于相关的土地统计资料。

四　中日不同经济发展阶段耕地资源利用特征分析

通过划分不同经济发展阶段，对比中日两国类似时期的耕地资源利用特征，为进一步分析经济发展对耕地变化影响的内在规律，以及预测我国未来耕地资源变化趋势奠定了基础。

（一）经济发展阶段划分

从世界银行以及联合国粮农组织的数据来看，20 世纪 60 年代是世界大多数国家统计数据的开始时期。从这一时期至今，各国经济发展过程被不同的学者划分为了若干阶段，根据研究内容的不同其划分标准也呈现出多样性，阶段区间差别很大。但是，大多数学者仍承认钱纳里关于经济发展阶段的划分标准，即人均 1000—3000 美元为经济发展的黄金阶段，3000 美元之后为经济发展平稳阶段。

按照这一标准，可以将 1966—1973 年看作日本经济发展的黄金阶段，在此期间，不仅重化工业得到了较大发展（约占工业总产值的60%），而且年均40万以上的农业劳动力向非农产业转移，从而为日本在 20 世纪 80 年代初期就基本完成工业化创造了条件（刘新卫，2006）。随后，日本经济发展步入平稳阶段，但由于 1992 年经济危机爆发，日本开始进入慢速发展时期，其中，整个 90 年代被称为"失去的十年"。由此可见，1973 年和 1992 年两次经济变化在日本的经济史上占有重要地位。以这两年为分界点，本书将日本 60 年代以来的经济发展大致划分为 3 个阶段：

第一阶段是 1961—1973 年的快速经济发展时期，其中，1966—1973 年更是经济发展的黄金时期，人均 GDP 由 1071 美元增加至 3348 美元，年均增长超过 10%，历时也仅仅为美国的一半时间。曲福田、陈江龙等（2007）又进一步将这一阶段划分为民间投资推动的高速增长、政府投资推动的高速增长和高速增长的结束期三个小阶段。在第一个小阶段中，日本通过设备的投资使钢铁、电力、造船等产业迅速扩大，石油、石化、家电、汽车等新兴产业相继诞生和发展；在第二个小阶段中，日本政府通过对铺设公路，整顿、完善港湾设施，建造水库，地域开发等活动的投资，经济发展出现了空前的繁荣局面；第三个小阶段则由于受到"日元危机"、世界性通货膨胀和中东石油危机等影响，导致日本许多中小企业破产，经济增长也出现了转折，逐步向技术密集型产业转移。

第二阶段大致是从 1974—1992 年左右，其间，日本经济增长较之前出现了大幅度下滑，但仍实现了平稳较快的增长。这一时期仍可分为两个小阶段。第一个小阶段是 1974—1985 年，其间，日本经济增长较为稳定，但增速远低于 1973 年以前，其主要原因在于石油、天然气等能源价格上涨，政府推行过度的紧缩政策，以及结构性调整仍不到位。第二个小阶段则是 1986—1990 年左右，这一时期，由于 1973 年日元升值的压力以及国际经济形势的恶化，日本的出口成本压力加大，出口企业受到重创，为了规避日元升值带来的压力，开始向海外投资、扩张。同时，日本国内土地、房产和股票价格持续上升，土地资产、股票价值等虚拟资产的膨胀程度远远大于固定资产实物投资的增长幅度，导致经济增长出现泡沫（李真贤，2004）。

第三阶段则是 1992 年以后，日本经济处于低迷发展时期。这一时期，

日本经济增长率长期处于 3% 以下，且经济增长波动较大。尤其是在 20
世纪 90 年代，仅仅在 1996 年经济增长率超过 2%，达到 2.6%，但随后
1997 年的金融危机又使日本经济受到重创，经济持续走低，1998 年和
1999 年甚至连续呈现负增长状态。进入 21 世纪，日本的经济增长仍保持
低迷状态，大多数年份的经济增长率仍徘徊在 2%。

　　由于世行数据限制，只能获取我国 1961—2008 年的经济数据。
1961 年是三年自然灾害的最后一年，自此我国经济逐步恢复，但仅仅
持续了 5 年。1966 年起，经济增长出现严重波动。可以说，1961—
1978 年，受自然灾害、政治等多方面外部因素的影响，经济发展严重
偏离了正常轨迹。1978 年的改革开放是我国经济发展的一个重要转折
点，经济增长速度与前期相比更为稳定，波动幅度逐步降低。根据钱纳
里的经济发展阶段划分标准，2001—2008 年是我国经济发展的黄金
阶段。

　　另据统计数据显示，1952—1977 年，我国经济平均增长速度为
6.53%；1978 年改革开放以后的 22 年里增加至 9.66%；而在 2001—2008
年的经济增长黄金阶段，我国经济年平均增长速度达 10.98%，且经济增
长呈现一个明显的倒 "U" 形趋势，即经济增速先增加后减小。在 2001
年，我国经济增长速度为 8.1%，此后逐步提高，至 2007 年达到顶峰为
14.2%，从 2008 年开始，经济增速又出现降低趋势。从整体来看，1978
年到 2008 年这一阶段，我国的经济增长呈现逐步收敛的趋势，尤其是
2001—2008 年，经济增长速度均保持在 9% 以上，增长势头强劲，稳定性
进一步增强。

　　基于此，按照 1978 年、2001 年和 2008 年三个临界年份划分，我国
的经济发展可以分为三个阶段，即 1961—1978 年的改革开放前阶段、
1978—2001 年的改革开放初期阶段和 2001—2008 年的经济快速增长
阶段。

　　（二）中日不同经济发展阶段耕地面积变化

　　耕地面积减少是大多数国家工业化、城市化发展的必然趋势（李秀
彬，2002；于伯华，2007）。统计数据表明，1961—2007 年期间，日本经
济水平从人均 7904 美元增长至 40718 美元，增幅约为原来的 4 倍，而耕
地面积一直呈负增长状态，从 566 万公顷下降至 433 万公顷，净减少 133

万公顷①，经济发展过程中的耕地流失由此可见一斑。

具体而言，从图8-1可以看出，随着经济发展，日本耕地变化也大致分为3个阶段。在第一阶段（1961—1973年），经济高速增长，日本耕地面积呈现出先增加后减少的趋势，且变化幅度基本保持在10‰以上，耕地面积出现了快速减少的迹象。联合国粮农组织的数据显示，1961年，日本耕地总面积为566万公顷，至1973年，减少为501.5万公顷，净减少64.5万公顷，年平均减少率达1%。值得注意的是，1966—1973年的经济发展黄金阶段，日本耕地面积变化呈现明显的倒"U"形特征。1966年，日本耕地损失为2.5万公顷，此后逐步增加，1969年达到15.8万公顷的最高值，后逐年下降，1973年降至4.2万公顷。如果仅从建设占用耕地的角度来看，1966年，日本每亿美元GDP建设占用耕地2.46公顷，1972年为3.11公顷，1973年则呈下降趋势。总的来看，日本该时期的耕地面积变化与经济增长趋势基本同步。

在第二阶段（1974—1992年），经济增速下降，但总体波动幅度较小，耕地总面积也较为稳定。1974—1985年期间，日本经济增速基本保持在3%—5%，耕地变化水平也较为平稳，大致徘徊在2‰左右。至1985年，日本耕地总面积减少为483万公顷，年平均减少率约0.34%。1986年以后，受过度扩张和投资的影响，日本经济开始泡沫化，耕地面积变化率也随之快速增长，自1986年的3.1%增长至1992年的7.1%，其间，耕地面积净减少11.6万公顷。这一阶段，日本的耕地面积变化与经济增长也呈现相同的趋势。

在第三阶段（1993—2008年），经济增长率较之前更低，甚至在部分年份出现了负增长，然而，耕地变化率却与经济增长呈反方向变动，即经济增长速度越快，耕地减少幅度反而越低，两者出现了不同步。从图8-1中可以看出，这一阶段，日本的耕地变化率除2004年后低于5‰以外，其他年份均保持在6‰以上，部分年份甚至高达9‰。在该时期，日本耕地面积从1993年的468.5万公顷降至2008年的430.8万公顷，耕地年均减少0.56%。

---

① 经济数据来源于世界银行；但由于世界银行关于中国的耕地面积数据近年来呈现显著增加，与我国的统计数据和经验感知不符，为了方便对国家间进行比较，本书的2010年以前的耕地面积统一采用联合国粮农组织的数据。我国2010年耕地面积数据采取"十二五"规划数据。

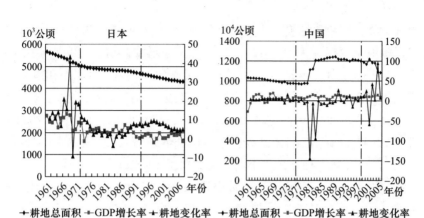

图 8 – 1　中日经济增长与耕地面积变化

对于中国，改革开放前的耕地变化在很大程度上受到政策的影响。尽管这一时期仍强调"以粮为纲"，但"大锅饭"体制极大地挫伤了农民耕作的积极性，耕地面积迅速减少（傅超、郑娟尔等，2007）。从图 8 – 1 可以看出，每年耕地减少面积占全国土地总面积的比例基本在 2‰以上。但是，由于行政管理有所加强，部分人地矛盾突出的省份纷纷下发了一系列耕地保护文件，1975—1977 年，耕地递减速度减缓（傅超、郑娟尔等，2007）。

1978 年开始，我国步入改革开放时期。农村土地制度改革极大地释放了农村经济活力，农民耕作土地的积极性提高，耕地面积呈现出增长趋势。1978—1982 年，耕地年增加面积占全国土地总面积的 – 0.52‰，共计 54.2 万公顷；1986—2000 年，耕地年增加面积占全国土地总面积的 – 0.11‰，共计 15.6 万公顷。[①] 可以看出，1978—2000 年，耕地面积总体呈增加趋势，但由于改革开放带来的促进能量逐渐削弱，耕地增加幅度开始降低。

2001—2008 年是我国经济发展的黄金时期，在此期间，随着我国经济的快速发展，耕地面积也出现了大幅度减少。2001 年，我国耕地损失 93.70 万公顷，后波动上升，至 2007 年达到最高为 880.82 万公顷，2008

[①]　1983 年和 1985 年连续两年的耕地大幅度增长现象可能是由于统计原因造成的，因此，本书在此未对这两个年份的耕地面积进行分析。

年出现下降，当年耕地损失 72.30 万公顷。① 从耕地减少幅度来看，2001 年我国耕地减少幅度为 10.04‰，此后总体呈增加趋势，至 2007 年达到最高 94.43‰，2008 年骤降为 7.75‰。很显然，在这一阶段，我国耕地面积变化符合倒"U"形特征。此外，从建设占用耕地角度分析，这一结论也成立。我国 2001 年每亿美元 GDP 建设占用耕地 12.61 公顷，2004 年上升至 17.07 公顷，随后即减少，至 2008 年降至 7.11 公顷。

（三）中日经济发展过程中的耕地面积变化特征

通过上述分析可以看出，中日经济增长过程中的耕地面积变化呈现以下两个特点：

一方面，经济增长波动与耕地面积变化关系逐渐减弱。从图 8-1 可以看出，在 1973 年以前，尤其是快速工业化时期，尽管经济增长与耕地面积变化率的波幅有所差异，但其方向基本呈同步趋势。进入第二阶段，两者虽然偶尔出现相背现象，如 20 世纪 70 年代中期和 80 年代中期，但总体仍保持一致。至第三阶段，两者关系相悖已很明显，自 20 世纪 90 年代初，日本的经济增长率和耕地变化幅度就基本相互分离开来，如在 1993 年、1998 年和 2001 年是日本经济增长的三个波谷年份，但同年却是日本耕地面积减少的峰点；而 1996 年、2000 年和 2005 年则分别对应了经济增长的波峰和耕地变化率的波谷。而我国自改革开放以来，耕地面积变化与经济增长趋势相关性逐渐增强，尤其是 1990 年以后，两者基本呈同步关系。此阶段可能正处于日本 1973 年之前的经济发展水平，由此得到的结论与日本基本一致。

另一方面，耕地减少数量呈波动特征，在经济发展的黄金阶段，耕地面积变化呈倒"U"形曲线。从现有文献来看，我国学者认为耕地变化幅度随着经济增长会呈现一个先增后减的趋势，即随着人均 GDP 的增加，耕地资源流失量起初也随之增加，当到达某一阈值后则开始降低（蔡银莺、张安录，2005；张琦、金继红等，2007）。而在人均 GDP 1000—3000 美元的黄金发展阶段（2001—2008 年、1966—1973 年），中日两国耕地面积变化的倒"U"形曲线特征也印证了这一点，但可能仅仅是一个阶段性特征。从长期来看，耕地变化幅度曲线呈现的是一种波动特征。

---

① 这里采用的是联合国粮农组织的耕地数据，该数据较我国统计数据有一定的差距。但是，即使采用我国统计数据，倒"U"形特征仍相当明显。

五　中日经济发展过程中的耕地资源利用规律分析及对我国变化趋势的预测

通过对中日两国不同经济发展阶段的耕地资源变化特征进行分析，可以看出，经济增长与耕地面积变化的内在关系非常密切。经济增长波动越大，耕地面积变化幅度越大。但是，在工业化和城市化过程中，经济发展与耕地面积变化不一定呈同步趋势。从我国和日本的经验来看，1992 年以前日本经济增长率与耕地面积变化率变动方向基本一致，但1992 年之后则出现了相悖；而我国经济增长率和耕地面积变化幅度则呈现逐步一致的趋势。因此，本书采用 EKC 模型分解工具，测定中日两国经济发展相同阶段的规模效应、结构效应和技术效应，并进行对比，进一步研究经济增长与耕地变化的内在机制。

（一）经济发展黄金阶段中日耕地资源变化规律比较分析

在上述研究基础上，依据 LMDI 对日本和中国自 1971—2008 年各年的规模效应、结构效应和技术效应进行定量计算，并分别求得两国经济发展黄金阶段各效应的年平均值；通过分析中国、日本两个国家不同效应的差异，总结经济增长对耕地数量变化的内在驱动机制，进而根据日本工业化中期阶段耕地数量变化规律来预测我国"十二五"期间乃至2020 年的耕地数量变化。

表 8 - 1 是日本和中国在经济发展的黄金阶段的各效应年平均值。其中，由于日本 1970 年以前的数据无法获得，故本书只取了日本黄金发展期末的 1971—1973 年的数据来核算各年平均效应值。

表 8 - 1　　　　　日本和中国发展黄金阶段的年平均规模效应、
结构效应和技术效应

国别	年份	规模效应	结构效应	技术效应	总效应
日本	1971—1973	0.0119	0.0003	− 0.0518	− 0.0395
中国	2001—2008	0.0092	0.0006	− 0.0131	− 0.0033

由表 8 - 1 可以看出，日本和中国在经济发展黄金时期的总效应均是负值，表明耕地损失总体上随着经济增长呈逐步下降趋势。而分解以后的三种效应中，规模效应和结构效应的符号为正，技术效应为负。从各效应的绝对值来看，技术效应对耕地面积变化的影响最大，规模效应次

之，结构效应最低。

对比中日两国数据容易发现，在经济发展黄金阶段，日本经济增长对于耕地面积减少幅度的总效应为 - 0.0395，远远小于中国的 - 0.0033，说明日本每年耕地损失程度的减缓速度要快于中国，日本在经济发展黄金阶段的耕地损失代价相对较低。相比之下，中国经济增长对促进耕地面积减少的贡献很低，可见对于控制耕地减少幅度我国仍有进一步操作空间。

从影响机理来看，中日经济扩张导致的耕地损失规模效应都很明显，且较为接近，分别为 0.0119 和 0.0092。这源于日本和中国在黄金发展阶段经济规模的快速扩张，其间，日本地均 GDP 从 1971 年的 51674.7 美元/公顷增加至 1973 年的 60539.0 美元/公顷，年均增幅为 8.24%；中国的地均 GDP 则从 2001 年的 1391.5 美元/公顷增加至 2008 年的 2886.7 美元/公顷，年均增幅达 10.99%。

中国工业比重增加对耕地损失的作用，即结构效应要大于日本，但由于工业增加值占 GDP 总量的比重逐年变动较小，结构效应对耕地面积变化率的影响在三种效应中最弱。其中，在经济发展的黄金阶段，日本和中国工业增加值比重年平均分别增加 0.21 个、0.71 个百分点，其间，日本的第二产业比重达到了历史最高水平，而我国的第二产业增加值比重也逐渐稳定。按照经济发展的一般规律以及日本的现实经验，可以预见，随着我国经济进一步发展，第二产业比重也将逐步下调，从而有利于我国耕地资源保护。但是，鉴于产业结构自身演变速度较慢，以此降低耕地减少幅度可能效果并不明显，有必要通过适当的政策对其加以引导。

值得注意的是，日本技术进步对耕地损失的抑制效应为 - 0.0518，明显高于中国的 - 0.0131，这表明日本的科技进步对抑制耕地损失发挥了更加明显的作用。在经济发展黄金时期，日本单位工业增加值所消耗的耕地面积下降 29.08%，而中国则仅下降 13.79%。技术效应的计算是依据第二产业增加值对耕地的消耗，一定程度上体现了工业用地的集约化水平。其对耕地面积变化的显著影响表明，提高工业用地的集约化水平对稳定耕地面积有着至关重要的作用。

（二）2010—2020 年中国耕地面积变化趋势预测

上述黄金发展阶段的分析属于经济发展的一般现象，没有考虑到生态退耕等重要政策因素对耕地损失的影响。鉴于近年来我国生态退耕步伐逐步放缓，可以预计，未来生态退耕对耕地损失的影响将逐步降低，我国今后的耕地减少将更多地来自建设占用损失。此外，从以上分析中我们可以发现，日本在发展经济过程中的耕地损失代价要远远低于我国，其经验很值得我们借鉴。

基于此，本书选择两国相同的经济发展阶段，依据日本经验，判断我国未来耕地损失的趋势。2010年我国人均GDP达4500美元，进入工业化中期发展阶段，按照"十二五"规划的速度，2015年和2020年人均GDP将分别突破6000美元和9000美元。日本人均GDP在4500—9000美元的时期是1975—1979年。

通过核算，日本该阶段经济增长对建设占用耕地影响的规模效应、结构效应和技术效应如表8-2所示。

表8-2　　　日本人均GDP 4500—9000美元时期的年平均
规模效应、结构效应和技术效应

国别	年份	规模效应	结构效应	技术效应	总效应
日本	1975—1979	0.0043	-0.0005	-0.0050	-0.0012

可以看出，日本在人均GDP 4500—9000美元阶段，三种效应分别发生了变化。经济规模扩张仍是耕地减少的主要来源；第二产业比重的降低使结构效应转为负值，一定程度上缓解了建设占用耕地的压力；而技术效应仍是抑制建设占用耕地面积损失的最主要因素。

鉴于本书所测算的效应值仅代表每年的平均变化，不能反映每年变化的真实值，并且近年来我国耕地比例的变化幅度每年差异极大，因此，为了方便预测，本书在2010年基期的耕地比例变化幅度取2001—2008年的平均水平0.2322%[1]，参照日本这一时期经济增长的总效应，该变化幅度年减少率为0.0012%，据此预测[2]，我国"十二五"期间建设占用耕

---

[1]　2009年的耕地面积数据缺失，导致2010年的耕地比例变化幅度无法测算，因此，采用2001—2008年的耕地比例变化平均幅度代替。

[2]　根据"十二五"规划纲要，我国2010年耕地保有量为18.18亿亩；根据世界银行数据，2006—2008年我国土地总面积为93274.89万公顷，且近年来土地总面积变动很小，故2010年土地总面积同样以93274.89万公顷计。

地将达到 0.14 亿亩，2015 年耕地保有量 18.04 亿亩；"十三五"时期建设占用耕地 0.09 亿亩，2020 年耕地保有量仅为 17.95 亩，18 亿亩耕地红线将被突破。由此可见，如果延续原有的发展模式，今后十年中国的耕地保护将面临很大压力。

六 研究结论

本节通过借鉴 Panayotou 经济增长中环境污染 EKC 模型分解工具建立分析框架，在比较中日两国经济发展类似阶段耕地资源变化特征的基础上，运用对数平均 Divisia 指数分解法分析经济发展对耕地损失的内在作用机理，并借鉴日本工业化后期耕地损失经验预测我国今后十年的耕地保护压力。研究结果表明，经济增长与耕地面积变化的内在关系非常密切，在经济发展黄金阶段，耕地损失总体上随着经济增长呈逐步下降趋势，其中，经济规模扩张是耕地保护的主要压力来源，结构效应影响较弱，而技术进步对耕地损失的抑制作用最为明显。此外，借鉴日本发展经验，2020 年我国耕地保有量将突破 18 亿亩红线，耕地保护形势严峻。

因此，鉴于经济规模增长不可避免，在未来 10 年里，应从降低结构效应与提高技术效应两方面入手，通过调整优化产业结构，促进土地集约利用；同时，建立和完善耕地保护相关政策体系，严格控制建设占用耕地，实现耕地资源的合理有效利用。

第二节 典型国家耕地资源保障措施比较及借鉴

按照日本在黄金发展阶段后期的耕地损失速度，我国耕地保有量在 2020 年很可能突破 18 亿亩"红线"，耕地保护形势严峻，粮食安全面临巨大威胁。典型国家在经济社会发展过程中也面临着耕地损失严重、粮食供需矛盾突出等问题，积累了很多耕地利用与保护方面的先进经验。因此，本节在梳理我国耕地资源保障形势的基础上，从增加耕地有效供给和促进高效利用两个方面深入探析典型国家耕地保护机制，以期找到适合我国国情的耕地资源保障措施。

一 我国耕地资源保障形势分析

随着工业化、城镇化进程的不断加快，我国耕地资源保障形势日益严峻，面临着数量减少和质量降低的双重压力。具体来说，主要有以下几个方面：

（一）国内耕地资源短缺，粮食供需矛盾突出

我国人多地少，如何保障粮食安全是国家关注的头等大事，而作为保障粮食安全的耕地资源，其形势却不容乐观。21世纪以来，我国耕地总量、人均耕地面积均呈逐年下降趋势（见图8-2），到2008年，耕地总面积为12171.59 × 10⁴公顷，直逼我国为粮食安全设定的12000 × 10⁴公顷红线，人均耕地更是不足0.1公顷，低于世界平均水平的40%。据相关估算，在其他因素不变的情况下，预计2044年我国人均耕地面积将低于联合国粮农组织确定的0.8亩（0.053公顷）耕地"红线"（孙爱军、张飞等，2008），粮食供给面临巨大压力。与此同时，随着我国经济的快速发展，粮食消费水平也逐渐升级。一方面，人口膨胀和居民收入的提高导致粮食消费总量不断增长；另一方面，工业化和城市化的发展使粮食消费结构也发生了剧烈变化，大量农民由粮食生产者转变为纯粹的消费者。由此可见，未来我国粮食供需不平衡将会进一步加剧。

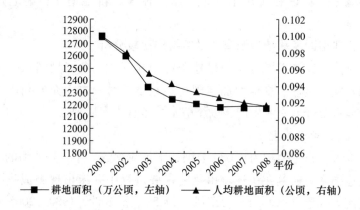

图8-2　2001—2008年我国耕地面积变化情况

资料来源：《新中国六十年统计资料汇编》。

（二）海外耕地开拓机制不健全

为充分合理利用国外耕地资源，增加粮食供给渠道，以缓解国内耕地生产压力，我国实行以农业援助和农业合作为主要内容的"走出去"战略。据报道，我国海外耕地开拓主要采取政府与政府之间的投资模式，且投资国家更多地集中在非洲，目前已在喀麦隆成功签下10000公顷耕地

种植水稻。然而在国家战略层面上，政府开展的农业合作、援助项目没有真正与企业衔接好，且政府职能不到位，提供的管理及信息服务不足（陈前恒、张黎华等，2009）。同时，企业资金存在严重缺口，缺乏完善的保险制度，劳务输出管理也不到位（翟雪玲，2006）。由此可见，我国的海外耕地资源开拓机制仍需要进一步完善。

（三）耕地利用效率低下

现阶段，我国农村土地经营仍以小规模为主，农地流转行政干预较多；且流转过程中，中介组织发育程度低、数量少；绝大多数流转没有签订合同，约半数未约定期限（叶剑平、丰雷等，2010），发展适度规模经营的效果并不理想。与此同时，长期以来农业科技、机械投入水平相对较低，农业技术服务、产业化服务体系不健全，使我国处于农业科技落后、农机化作业水平偏低、生产机械化规模较小的状态（冯启高、毛罕平，2010），严重制约了我国农业现代化的发展。此外，我国还存在着耕地滥占、滥用现象，造成大量耕地闲置或低效利用，加之缺乏必要的生态环境保护意识和耕作不合理，水土流失、耕地退化、土地荒漠化严重。

二 典型国家耕地资源有效供给措施比较分析

面对社会经济发展过程中耕地资源短缺问题，各典型国家一方面通过土地开发、整理、复垦增加本国耕地数量，另一方面充分利用国外丰富的耕地资源开展农业生产，以缓解本国粮食生产压力。

（一）土地开发整理

日本人均耕地面积为0.034公顷，不足我国的一半，是典型的人多地少的发达国家。而其在快速城市化的发展过程中并未出现类似我国的耕地大量流失现象（张军岩、贾绍凤，2005）。据统计，1980—2005年，我国经济每增长1%约占用耕地2×10^4公顷，而日本在相同发展时期（1965—1984年）仅需2000公顷，是中国的1/10左右。究其原因，除日本在经济发展过程中土地利用相对集约外，土地开垦、整理和复垦也是补充耕地的有效途径。资料显示，日本工业化快速发展时期也是土地整理、荒地开垦与废弃地复垦增加耕地面积最快的时期（于伯华，2007）。此外，作为最早实行土地整理的国家之一，荷兰的人地关系矛盾也与我国相似，但却是世界上仅次于美国和法国的第三大农业出口国。

因此，本书选取日本和荷兰作为典型国家，从法律、经济、规划、技术和公众参与等方面分析其土地开发整理措施，借鉴两国在增加本国耕地资源数量供给方面的先进经验。

（1）法律保障。日本涉及土地管理和农业的立法约130多个，不仅门类健全，形成纵横交织的法律体系，而且结构科学，单项立法之间衔接紧密，互为支撑，规范对象明确，条款翔实，可操作性强（汪先平，2008）。对于耕地资源的开发整理，一方面，有单部法律约束规范，如以荒地开垦为主题的《地方开发促进法》《山区振兴法》、特定地域开发对策、大都市圈整备等相关法律；以及《耕地整理法》《水利资源开发促进法》《森林开发公团法》和《土地改良法》等规范农地开发整理的土地改良法律制度体系；另一方面，又有统一的《农地法》《国土综合开发法》《国土利用计划法》作为土地管理过程中的整体规划、管制和协调。此外，在法律实施过程中，随着环境、政策、目标的变化，日本政府还对其不断进行修订和完善。如《土地改良法》先后被修改11次，以扩大土地改良种类和完善实施程序。

对荷兰而言，法律是土地整理得以实施的基础和依据。1924年的《土地整理法》改善了土地利用条件，促进了土地相对集中（曲福田，2007）；而1985年的《土地开发法》则为土地整理项目提供了多种可选择的具体实施方案，并保留了土地所有者和租赁者的投票表决权利。这两部法律对荷兰的土地整理工作起到了重要的指引作用，并依据不同阶段的主要目的、政策重心做出了适当调整，对相关利益者的权利予以充分保障。

日本与荷兰的土地开发整理工作，都有较完善的法律保障其顺利完成。相比较而言，日本更重视构建科学、系统的法律法规体系，针对不同的土地开发对象制定单部法律，并由统一立法进行协调和管理；荷兰则重视法律内容的延续性、适应性以及实际可操作性，土地所有者与租赁者的投票表决权利在近百年的土地开发整理实施中始终未变，仅两部法律便囊括了所有指导内容。

（2）资金保障。日本的土地整理项目资金充足，且来源渠道多，主要是自筹资金，即项目实施单位通过处置保留地而获得项目资金。另外，还有以下三种来源：中央政府的财政补贴、银行贷款获得启动资金以及减免税收间接为项目提供资金（王珺，2009）。

在荷兰，土地整理资金来源于国家（包括中央和地方政府）、企业

（参与土地整理的企业）和个人（土地整理区内的土地所有人）三个部分（李东坡、陈定贵，2001）。土地整理总投资的76%来源于国家和地方政府，其余23%则来源于企业和个人。

土地整理的投入力度与开展规模直接依赖于资金充足与否，日本与荷兰都有相对丰富的资金来源。但显著区别在于，日本以处置保留地而获得的资金为主，且渠道多元；荷兰则主要依靠国家或政府的出资。

（3）土地整治规划指导。科学规划一直是日本土地整治中的一个重要环节，包括长期规划以及详细的年度计划，分为三级进行：国家级规划，都、道、府、县级规划和町、村级规划。国家级规划确定一定时期土地整治的总体目标、工作方针和主要任务；都、道、府、县级规划确定土地整治的区域、规模、投资、权属登记管理；町、村级规划包括提出项目、实施项目和运营管护（袁中友、杜继丰等，2012）。荷兰是在土地开发整理总体规划的指导下，统一规划和实施土地开发整理项目。其规划体系完善，层次清晰，包括国土规划、省级区域规划和市级土地利用规划三个层次（曲福田，2007）。

土地整理的全部过程需要国家规划在方向上进行指导，同时具体实施操作也不能脱离各省、市地区的不同限制与各自的阶段发展策略。日本与荷兰都从三个层面翔实规定了土地整理从全国到局部的项目目标、任务及实施细则。

（4）科学技术支持。在开垦荒地过程中，日本特别注意表土改良技术的应用，以黏土做表土防止水土流失，不但节约了灌溉用水量，还提高了水温，对水稻增产起到了促进作用。据统计，1955年日本垦区粮食产量达到36亿斤，约占日本当年粮食总产量的1/10，充分说明改良技术对增加粮食产量的积极作用。同时，日本南端的熊本县还依据海拔高度规定山区开垦后种植的农作物种类，以使其更适宜各自的海拔环境。对于山区开发，政府则按照不同的坡度范围制定详细的农作物种植要求。此外，日本在耕地整理的具体执行上也有明确的技术标准。如耕地规划整治工作的基本标准单位，水田排水设施建设要求的地下水位，农田道路建设的最低宽度等。

荷兰的技术支持则主要体现为运用大规模的工程手段确保规划的具体实施。除围海造地工程以外，还包括通过统一收购或征用业主的土地，重新规划，再运用工程手段整合土地资源。这些高新技术在土地整理、土地利用过程中的应用，使规划更完善，实施可行性更高，有利于现代高效农业的发展（国土资源部代表团，2007）。

可见，科学技术的采用使耕地整理和开垦工作更加高效，提高了耕地供给能力。针对不同地区、不同整理对象，日本政府更精准、详细地规定了各项技术标准和实际操作准则，使土地开垦技术的应用渗透到每一个环节；荷兰政府则注重运用大规模的工程手段，提升国家层面整合土地资源的水平。

（5）提高公众参与度。为保证公众参与，日本为土地整治制定了严密的工作程序，并严格执行。土地整治前，由整治区域内各村村民代表和指导人员组成的委员会对规划方案、土地权属和地块调整方案等进行讨论和表决，2/3 以上成员同意后，才可开始实施土地整治工程。个人拟参加土地改良的要提出申请，在获得同一地区 2/3 以上参加人同意后方可获得参与资格（张凤荣、周丁杨等，2009）。日本在土地整理中公众参与程度相当高，政府行为拥有广泛的群众基础，很好地避免了项目准备和实施的阻力。

在荷兰，与土地整理利益分配切实相关的当地个人和团体是决定土地整理项目启动、规划和实施的重要力量，其公众参与深入到土地整理的全过程，且有强有力的法律作保障。1954 年的《土地整理法》明确了土地整理委员会，指出土地整理必须获得当地大多数人支持（王文玲、阚酉浔等，2011）。土地整理委员会主要由当地农户代表、水资源管理委员会代表、市政府代表和其他相关利益集团代表等组成，负责项目的规划和设计、组织公众听证会和投票表决以及监督项目工程施工和验收（廖蓉、杜官印，2004）。公众参与深入到荷兰土地整理的全过程。首先，土地整理项目的选择或立项必须由项目区内 50% 以上的土地所有者和使用者共同决定；其次，土地整理项目的规划是公众参与和各方协商的结果；再次，土地整理委员会的成员必须包括项目区土地所有者和使用者的代表；最后，土地收益分配以土地整理前的土地价值为计算依据（蒲春玲、吴郁玲等，2004）。

土地整理工作直接关系到土地所有者和使用者的利益，故而政府的规划、具体实施以及收益分配都应充分关注各利益主体的诉求，这一点在日本与荷兰都有相应的委员会参与和监督。区别在于，荷兰的公众参与深入到了土地整理的全过程，不仅涉及项目的规划、立项、实施，还包括了最终土地收益分配的相关内容。

（二）开拓海外耕地资源

早在 20 世纪初，日本就在拉丁美洲等土地资源丰富的地区进行农业开垦，利用国外土地和其他农业资源为本国经济发展服务。尤其在"二战"以后，日本进一步迅速扩展海外农业垦殖计划，通过开发海外农业项目，输出大量国内人口并为本国市场提供大量农产品（Eidt，1968）。自 20 世纪 60 年代以来，日本与巴西、阿根廷、俄罗斯、乌克兰、中国、印度尼西亚、新西兰、美国等国家的农场签订了玉米等饲料作物种植协议。目前，日本海外投资的耕地数量已达 $1200 \times 10^4 hm^2$，相当于其本国耕地总量的近 3 倍。① 沙特阿拉伯、巴林、科威特、卡塔尔、阿曼、约旦和阿联酋等海湾国家对粮食进口的依赖程度也相当高，多采用政府与政府之间的开拓模式（公对公模式，即投资方为政府或国有企业、接受投资方为政府），并成立海湾国家合作委员会，携手到海外寻找拓展耕地资源的机会，海外屯田已成为其国家粮食安全政策的重要组成部分。

经过几十年的小规模土地购买和长期租赁，日本和海湾国家已与东道国建立了较为稳定的农产品国际贸易关系，积累了丰富经验，这对我国海外耕地资源拓展具有重要的借鉴意义。

（1）投资合作。日本的海外耕地投资贸易起步较早，主要采取私对公的模式（投资方为大型跨国私营企业、接受投资方为政府）进行。在双方政府确定的投资框架下，投资方具体实施投资项目，接受投资方则提供耕地。日本多以共同出资的方式与当地人联合经营，主要提供农业机械和基础设施，并不直接在海外农场种植农作物，而是通过与当地农户签订购买合同来确保供应（章丽华，2008）。也就是说，日本是凭借股份获得他国农产品的处置权与优先购买权，从而最终实现等同于直接获取使用权的目标（李睿璞、卢新海，2010）。这种投资模式在很大程度上降低了交易风险，可操作性较强。

这种做法的优势在于，一方面，接受投资方比较容易接受，资本与技术支持可以有效提高当地农业生产率；另一方面，由于投资方不直接参与当地农业实际生产，因而降低了农业政策、气候、经济环境等因素

---

① GRAIN, Seized: The 2008 Land Grab for Food and Financial Security, http://www.grain.org/briefings/? id = 212, 2008 - 10 - 24/2009 - 05 - 20.

带来的各种风险。但值得注意的是，此种模式对投资方即私营企业的经济实力要求很高，同时需具有较强的独立经营能力及应对能力。

（2）金融支撑。日本农林水产省下设海外农业开发协会，政府每年都给予其预算用于开发海外农场。同时，国库还为有意投资海外农业的民间企业提供50%的投资环境调查费用（章丽华，2008）。此外，日本的输出、入银行为本国企业在发展中国家的农业投资直接提供贷款和股权融资，开发金融公司的参与提高了投资企业在国际金融市场和东道国金融市场的融资能力。沙特阿拉伯则以工业发展基金作支撑，从财政管理处给予探索国外土地投资的公司提供金融便利（周海川、刘亚鹏等，2011）。据相关资料显示，沙特阿拉伯对外投资土地面积已达1603400公顷，且在已有的投资项目中成功概率较高。

相比较而言，沙特阿拉伯由于实行公对公拓展模式，故资金方面主要由国家工业发展基金进行支持；日本则通过银行和金融协会协助大量私营企业完成海外垦田项目，其贷款、融资能力更强，渠道更多；同时，国库还提供投资环境调查费用以鼓励更多企业走向国际垦田市场。

（3）依托相关机构。日本政府早在1917年就成立了协调海外投资的专门机构，如日本贸易振兴会，向企业提供东道国的宏观经济状况、企业背景、与直接投资相关的法律管理程序等资料信息，以此鼓励本国的发展援助机构和商贸企业积极参与（韩琪，2010）。沙特阿拉伯政府成立了海外农业投资公司管理委员会，参股投资海外的私营农业企业。

总的来看，两国均由政府出面协助海外耕地资源拓展项目，但是由于其资金实力与发展经验的悬殊，日本政府侧重于建立相关机构以提供投资信息帮助本国私营企业完成海外投资；而沙特阿拉伯政府则直接以管理委员会作为股份持有者参与农业投资，共同进退，承担风险。

（4）政府优惠政策。日本政府实施减让和豁免税收政策，一方面对农业对外投资项目需要出口的生产资料、设备减免出口环节税费；另一方面对国内供需缺口较大的战略性、资源性农产品，在返销国内时免征进口环节税费（韩琪，2010）。沙特阿拉伯政府出台了从资金到服务的一系列优惠政策，以鼓励企业到海外投资农业。

总之，日本与沙特阿拉伯政府依据本国农业对外投资项目的实施现状与国库资金能力从不同角度、不同环节实行优惠政策以鼓励企业拓展海外耕地资源。不同之处则在于，日本将政策细化到通关税费、产品返销等具体内容上。

三 典型国家耕地资源高效利用措施比较分析

随着经济发展和城市化的不断推进，许多国家耕地面积的绝对数量呈下降趋势。在耕地资源自然供给有限的情况下，着力实现耕地资源的高效利用，以增加耕地的经济供给便显得尤为重要。大部分欧美发达国家和一些发展中大国都将高效利用作为使用土地资源的重要措施，并在农业科技化、规模化、机械化和专业化等方面有成熟经验。尽管国情和制度有所差异，但对于其符合发展规律的做法，可以有选择地进行借鉴。因此，本书通过对典型国家耕地资源高效利用措施进行对比分析，探求适合我国国情的耕地资源有效利用途径。

（一）农业科技化

美国农业以不足世界7%的耕地和4.53%的人口生产出了占全球农业总产值12.6%的农产品，其农业生产的高效率与政府重视农业科技发展是密不可分的（李荣光、任文菌，2012）。首先，美国对农业科研高度重视。政府每年花费巨额开支支持科研机构开展农业科研工作，保证美国农业生产技术的领先地位。其次，美国发展了完善的农业科研和技术推广体系。美国农技推广工作主要由州立大学承担，并由政府出资在每个州建立农技合作推广站，通过农业人才培训，提高农业劳动力应用新技术的技能（王志、董雅慧，2010）。美国逐步形成和完善"农业教育、科研和推广体系"，一方面，政府每年以巨资支持农学院和农业试验站，加强对农业生产者的教育和培训；另一方面，教学和科研人员不断反馈技术推广实践中发现的问题，形成新的研究课题，以保证科研与生产紧密结合（詹明月、陈赛蓉，2009）。目前，美国农业生产中广泛应用了生物技术、遗传工程和遥感监测等高新技术手段，不仅大幅提升了农业经济效益，也使本国农产品在全球市场中获得了巨大的竞争优势。

巴西也十分重视农业生产中的科技投入。近十年来，巴西种植面积仅增加5%，而同期农业生产能力则增长70%，这与其大力发展科技含量高、附加值高的农作物产业和品种是分不开的（郑风田，2011）。巴西农业科技研发的核心是提高农产品产量和质量，目标是满足消费者需求（娄昭、徐忠等，2012）。一方面，成立专门的研究机构，由农业部下属的农牧业研究公司与农牧技术推广公司具体负责农业科技推广工作（徐成德，2009），并将农业发展划为若干分区，由相应的农业技术联合体给农户提供技术指导和服务（杨瑞珍，2008）；另一方面，加大农业科研资金投入，其中，联邦政府的财政资金约占其开支的15%，主要用于保证国际农业科研项目研究、农业科研机构经费和农业院校教研经费等，州政府的财政资金则集中用于保证农业新技术的开发和应用（杨瑞珍，2008）。

美国和巴西在农业发展中对科研和教育给予了极大重视，建立农业科研和技术推广体系，完善科技投入体制机制，且政府扶持力度较大。不同之处则在于，其一，美国侧重于高新技术研究，巴西则偏重实际应用研究；其二，在农业推广方面，美国主要是由州立大学承担，政府出资在每个州建立农技合作推广站，巴西则是由农业部下属的巴西农牧技术推广公司具体负责农业技术推广工作。

（二）农地规模化

第二次世界大战以后，日本形成了小规模经营的农业生产格局。为提升农产品的国际竞争力和增加农民收入，日本在农地规模化方面进行了长期实践探索，积累了大量经验。现阶段，日本规模经营的重点在于推动农地向少数农户手中集中，其政策措施主要包括四个方面。首先，鼓励其他经济主体参与农业经营。2000年修订的《农地法》首次允许股份公司参股农业生产法人的农地经营，但参股比例不能超过总股份的1/4，同时允许地方公共团体成为法人成员。其次，设立"认证农业人"制度，培育稳定有效的农业经营体（专业生产农户）。农业经营者制订改善农业经营的计划，包括农业经营现状、扩大农业经营规模、生产形式及农场管理措施等，经地方政府审查合格后成为"认证农业人"（郭东红，2003）。再次，农地保有合理化法人介入农地流转。农地保有合理化法人，如农业委员会、市町村长等，有权将利用程度低的农地购入并转租给计划扩大农业经营规模的农户（优先考虑"认证农业人"），并对新从事农业经营的人进行技术培训，同时，购地人还可获得政府最高的贷款额度。最后，日本政府还对专业生产农户扩大经营规模予以金融支持。如具有改善农业经营积极性和能力的农户可申请借贷"维持稳定农业经营资金"，包括灾害资金、经营重建资金以及偿还债务资金。

巴西重视在农村中保留大土地占有制的基础地位，这一政策倾向为其发展现代农业创造了物质条件。针对小农土地不足的问题，巴西政府没有试图分割大土地，而是把新开垦的土地分给无地或少地农民，以解决其土地和就业问题。巴西还通过"土地银行"向农民提供信贷以协助其购买土地。此外，巴西积极实施基础设施建设，吸引农民到内陆的中西部开发后备耕地资源（徐成德，2009）。

由此可见，各国都十分重视农地规模经营，并不断改革土地及相关配套制度以适应发展需要。然而，由于不同国家的自然条件和历史背景不同，在推进农地规模经营方面所采取的方式也必然存在差异：日本针对本国以小农兼业经营为主的国情，采取了政府推动和市场引导相结合的手段，走的是小型规模化道路，而大量兼业农户的存在使日本农业生产领域的变革相对缓慢；巴西则积极着力于开发和开垦后备土地资源，既不破坏农地规模化进程，又能兼顾到无地或少地农民的需要。

（三）农业机械化

日本是典型的人多地少的国家，在耕地数量制约下，其农业的高速发展，除了采用优良品种、合理施用化肥和农药、采用良好的灌溉条件外，农业高度机械化生产也是很重要的一方面。日本政府长期实行农业投入补贴政策和农产品价格支持政策，其农业机械化资金主要来源于中央和地方政府的预算拨款。日本对农业机械化的促进措施以经济和法律手段为主。其中，经济手段表现为为农机化发展提供全方位补贴，包括农业补助金制度（农民购置大型高效农业机械和设备可获得50%的经费或贷款补贴）、农业机械化基金（为购置农业机械的农户、农协提供大额贷款）、农业改革基金（为引进新技术或创业农户提供无息贷款）和农业机械银行（赵蓉蓉，2010）。在法律方面，1994年以后，日本全面调整农业保护政策，制定《乌拉圭回合农业协议关键对策大纲》，在降低农业保护的同时强化农业基础设施建设，农业机械化支持政策得以进一步加强（单爱军、孙先明等，2007）。

美国人少地多、劳动力供给短缺，农民必然会选择以技术替代劳动力。美国是世界第一农产品出口大国，其农业的快速发展离不开农业机械化的大力支持。美国农业机械化的发展主要是市场主导，但政府的扶持、引导和推动也起着非常重要的作用。美国农业机械化发展的主要政策措施包括：一是政府根据《国家农业贷款法》成立农业信贷总局等农业信贷机构，制定了一系列鼓励和引导农业投资的税收政策；二是制定完善的农业指导和农村发展法律体系；三是美国农业部研究机构和州农业试验站建立合作推广站推广科研成果；四是形成灵活规整的管理体系，政府从宏观上对市场体系、信息发布、产品质量、安全生产等加以调控，农业生产过程则具体由市场调节；五是农业机械化服务组织数量与日俱增，合作范围不断扩展（赵蓉蓉，2010）。

总之，在实现农业机械化的过程中，美、日两国都制定了一系列促进农机化发展的保护和扶持政策，并通过立法形式对各项政策措施做出了具体规定；同时，还形成了完善的社会服务体系和完备的农机科研开发体系，国家和企业都设有专门的农机科研机构。不同之处在于，美国依据其人少地多的国情发展大型农场的机械化，而日本则依据其人多地少的国情发展中小型农场的机械化。还值得一提的是，这些国家都把农业机械化与农业科技化结合在一起，在发展农业机械化的过程中，充分利用了农业科技成果和技术，而农业科技化的实现也往往需要农业机械化的辅助和支撑。

（四）农业专业化

美国较高的耕地利用效率与其突出的专业化程度是分不开的，即首先在全国范围形成了区域专业化布局，然后在行业之间形成了较为严格的分工，最后在生产环节进行了细致的专业化分解。在美国农业产业区内，遵循生产要素向优势农户集中的原则，各经济主体进行专业化的分工分业，并在区域社会关系网中创造了规模优势和竞争优势，加速了农户之间的兼并重组和劳动力的非农转移，在促进农业生产效率增加的同时降低了农户经营的市场风险，也实现了耕地利用效率的提高（夏显力、赵凯等，2007）。由此，在耕地资源气候条件和农业结构布局的共同作用下，全美形成了十大农作物专业化种植区域（刘志扬，2003）。

巴西也注重引导农户开展专业化生产，其农产品生产的专业化程度非常高，一般的农场或农户只生产1—2种产品。巴西农科院对近40年巴西土壤、气候、植被、雨量等有关数据进行综合分析，绘制了"巴西宏观生物图"；此外，在各州政府的支持下，还绘制了"巴西各地区农牧业和农牧加工业发展及环境保护行动规划图"，以指导农户进行专业化生产。同时，巴西政府也不断对农业结构进行调整升级，加大对精细、高附加值农产品的研究和生产投入，优化耕地的利用结构，增加耕地的利用强度与效率。这些做法促进了巴西专项技术的发展以及专门机械的使用，提高了农业生产效率和农产品质量，从而使巴西农产品的市场竞争力不断增强，并在较短时期内成为农产品出口大国（吴凡，2012）。

可以看出，在农业生产过程中，美国和巴西都致力于农业专业化发展。不同的是，美国注重专业化生产分区和分工，而巴西则侧重于优势农产品的生产投入。

四 研究结论

通过上述比较可以看出，典型国家在耕地资源的利用和保护方面积累了很多先进经验，主要包括：

对于增加耕地资源有效供给，一方面，应加强对国内土地资源的开发，如土地开发、整理、复垦等。具体来说，首先，完善相关法律和规划，增加土地开发整理实施的可操作性；其次，建立以国家和地方投资为主、私人投资为辅、多方联合的投资体系，保障土地整理的顺利完成；再次，运用科学方式开垦、整理耕地，保证耕地质量；最后，提高公众参与程度，增加利益诉求渠道，确保土地整理的全面落实。另一方面，积极拓展海外耕地资源。国家应通过投资风险评估，选择合适的参与方式；并建立完善的支持体系加强对企业的扶持，并在贷款方面进行贴息；企业则进一步提高自身竞争力，加强谈判、合作、应对市场风险的综合能力。

在提高耕地资源利用效率方面，首先，政府应建立符合本国国情的农业科研、教育和推广体系，成立专门的农业科研机构、民间技术咨询服务组织等，加强对农业生产者的技术培训和推广；其次，积极培育和支持农业经营主体及流转中介组织，完善农地流转制度，促进规模经营；再次，通过经济、法律等手段提高农业生产的机械化投入，促进农业经营现代化；最后，还应支持农业专业化发展，通过经济主体专业化分业分工和科学划分种植区域，提高耕地利用强度和效率。

第三节 典型国家不同发展阶段能源利用特征及规律

经济社会发展的阶段性特征和特殊的资源国情决定了我国能源大量快速消耗的态势在短期内难以逆转，能源供需矛盾日益突出。加之能源战略储备能力不足，有效应对能源供应中断和重大突发事件的预警应急能力较弱，我国能源安全供应面临巨大的挑战，逐渐成为制约经济社会发展的"瓶颈"。

回顾世界其他国家的发展经验不难发现，尽管不同国家的能源消费情况有所差异，但在工业化、城市化过程中能源消耗数量不断增加的趋势是不可避免的。因此，本节立足于我国所处的重要战略机遇期，通过分析典型国家不同经济发展阶段人均能源消费及能源消费强度的变化特征，把握人均能源消费与经济增长之间的关系，揭示能源消费强度在不同经济发展阶段的变化规律，并借鉴典型国家的发展经验，预测我国未来的能源消费需求，为我国能源安全保障政策的制定提供依据。

一　文献回顾

能源是经济发展的基础，是一个国家经济发展的动力源泉。一方面能源消费促进了经济增长，而另一方面经济增长也加快了能源的大规模开发和利用（罗汉武，2009）。经济增长与能源消费之间的关系一直是学术界关注的热点。

（一）人均能源消费规律研究

在衡量一个国家能源消费的众多指标中，人均能源消费量是刻画国家能源消费水平的核心指标，人均 GDP 与人均能源消费量的动态变化关系能够更加深刻和科学地揭示一个国家的经济发展与能源消费的变化。从现有研究（王安建、王高尚等，2010）可以看出人均能源消费量与人均 GDP 之间存在密切联系：一个国家经济水平由低到高发展时，随着人均 GDP 的逐渐增加，人均能源消费量初期增长缓慢，随后逐渐加快，当达到一定程度后，增长率又逐渐下降，最后呈现缓慢增长的“S”形规律（如图 8 - 3 所示），这与描述增长趋势的 Logistic 模型相似（邢纪平、柴军等，2008）。傅瑛、田立新（2001）曾利用 Logistic 模型研究能源消费问题，但并未揭示出人均能源消费与人均 GDP 之间的“S”形规律。

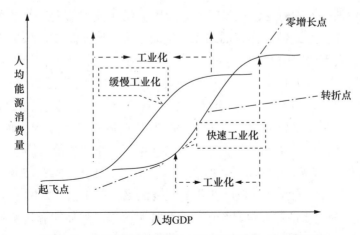

图 8 - 3　人均能源消费量与人均 GDP "S" 形曲线规律

（二）能源消费强度规律研究

能源消费强度是衡量一个国家单位 GDP 所投入能源数量的重要指标，是一个国家能源消费水平的重要标志。能源消费强度的研究是能源领域的热点问题，包括能源消费强度的发展变化、影响因素和影响机制等方面。Mielnika 和 Goldemberg（2002）对 20 个发展中国家的对外直接投资和能源强度数据进行了回归分析，结果表明：能源强度随着对外直接投资的增加而显著降低，技术溢出效应是导致其降低的主要原因；Birol 和 Keppler（2000）发现采用经济手段诸如提高能源价格等可以降低能源消费强度，提高能源利用效率；Wing（2008）则运用计量经济学方法解释了美国 1958—2000 年能源消费强度下降的原因，部门结构变化是其中的主要影响因素。

上述学者从不同视角、应用不同研究方法对能源消费强度的发展演变和影响其变化的因素进行了研究，但缺乏一个统一的分析框架，使各学者的研究结果无法在一个相同的平台上进行讨论。指数分解分析的方法提供了一个很好的分析框架，为研究能源强度的变化机理提供了许多方便。指数分解分析的方法主要有 Laspeyres、Divisia、Paasche、Fisher、Marshall – Edgeworth 等多种方法（Liu & Ang，2003），其中 Laspeyres 完全分解和对数平均的 Divisia 分解有效解决了分解中的残差问题，且易于计算，在能源消费强度分解研究中备受青睐（张炎治，2009）。

目前的分解模型大都将能源消费强度的内在变化机理分解为效率因素（也称技术效应）和结构因素（也称结构效应）。国内外研究结果表明，能源消费强度的变化是部门能源效率变化（技术效应）和产业结构调整（结构效应）共同作用的结果，但对于决定因素是技术效应还是结构效应，现有研究的观点并不一致。主要有以下三种代表性结论：一是技术决定论，认为技术效应是引起我国能源消费强度降低的主要因素。Sinton 和 Levine（1994）通过分析 1980—1990 年我国工业能耗变化的影响因素，认为技术效应对当时能源消费强度的降低发挥了很大的作用；刘静华、贾仁安等（2010）从产业结构（第一、第二、第三产业）层面对我国 1995—2007 年的能源消费强度进行了分解，认为第二产业的效率因素是影响我国能源消费强度变化的主要因素；王玉潜（2003）利用我国 1987—1997 年的数据得出结论，指出技术因素是促使能源消费强度降低的主要因素，而结构因素则增加了能源消费强度；此外，齐志新、陈文颖等（2007）、彭源贤、张光明（2007）等也有类似的研究结论。二是认为结构因素在能源消费强度变化中占主导地位。姚愉芳、陈杰等（2007）利用我国 1995—2004 年的数据综合多种分解方法，发现产业结构的变动对能源消费强度的影响很大，贡献率在 60% 以上；胡萌（2006）等的研究也证实了这一观点。三是认为不同阶段结构因素和技术因素对能源消费强度的影响是不同的。史丹、张金隆（2003）根据 1980—2000 年的数据，利用结构指数分析方法研究产业结构变动对能源消费强度的影响，发现 1980—1990 年产业结构变动使能源消费强度降低，而在之后则使能源消费强度增加；Ma 和 Stern（2008）从行业间（如采矿业、医药制造等）的角度对我国 1980—2003 年的能源消费强度进行分析，发现技术变化是能源消费强度降低的主要原因，而结构变化则在工业水平上使能源消费强度上升；张瑞、丁日佳等（2007）的研究也表明了这一观点。

（三）小结

通过回顾国内外关于经济增长与能源消费的研究，可以看出，人均能源消费规律作为一个国家能源消费水平的核心指标，目前学者们的研究仍不够充分，大多停留在定性研究阶段，定量的实证验证较少；而关于能源消费强度的分解研究，由于受到研究数据和研究范围的限制，很难得到一致的结论，在一定程度上影响了政策建议的可靠性。

二 能源消费规律的理论分析框架

在现有研究的基础上，本节选取人均能源消费量和能源消费强度两大指标建立分析框架，衡量典型国家经济发展不同阶段的能源消费水平和利用效率。[①] 在分析典型国家能源消费特征的基础上，一方面，通过构建 Logistic 计量模型验证各典型国家人均能源消费量与人均 GDP 之间是否符合"S"形规律；另一方面，借鉴指数分解法对典型国家类似经济发展阶段能源消费强度的内在变化机理进行深入剖析，并探寻其规律性。

（一）人均能源消费"S"形规律的分析框架

Logistic 增长模型常常用来表示可再生资源的生态增长，其基本形式

---

① 本书涉及的能源总量、人均能源消费量无特别说明均指一次能源总量与一次能源消费量。一次能源（Primary energy）是指自然界中以原有形式存在的、未经加工转换的能量资源。一次能源包括化石燃料（如原煤、石油、原油、天然气等）、核燃料、生物质能、水能、风能、太阳能、地热能、海洋能、潮汐能等。

如下：

$$N_t = \frac{K}{1 + (K/N_0 - 1) e^{-rt}} \tag{8-13}$$

式中，N_t、N_0 分别为 t 和 0 时刻的种群数量，r 为群内禀增长率，K 为负载容量。

Logistic 模型符合能源消费量与经济增长之间的变化趋势。邢纪平、柴军等（2008）曾利用描述经济增长趋势的 Logistic 模型，以能源消费量为自变量、地区国内生产总值为因变量，建立两者之间的函数关系，如式（8-14）所示：

$$y = \frac{1}{k + ab^x} \tag{8-14}$$

式中，y 为 GDP；x 为能源消费量；k、a、b 为未知常数，$k > 0$，$a > 0$，$0 < b \neq 1$。

本节拟选用式（8-14）作为衡量人均能源消费量和人均 GDP 的函数关系式，建立 Logistic 计量模型，描述"S"形曲线规律。从前文图形描述中可知，"S"形曲线的横轴为人均 GDP，纵轴为人均能源消费量，因此，将式（8-14）改写为如下形式：

$$country\_\,EN = \frac{1}{k + ab^{country\_\,GDP}} \tag{8-15}$$

式中，$country\_\,EN$ 表示一个国家的人均能源消费量；$country\_\,GDP$ 表示一个国家的人均 GDP；k、a、b 为未知常数，$k > 0$，$a > 0$，$0 < b \neq 1$。

本书使用的计量软件为 Eviews 5.0，首先对式（8-15）做如下变换：

$$\frac{1}{country\_\,EN} = k + ab^{country\_\,GDP} \tag{8-16}$$

$$\frac{1}{country\_\,EN} - k = ab^{country\_\,GDP} \tag{8-17}$$

$$\ln\left(\frac{1}{country\_\,EN} - k\right) = \ln a + country\_\,GDP\, \ln b \tag{8-18}$$

设 $country\_\,EN' = \ln\left(\dfrac{1}{country\_\,EN} - k\right)$，$a' = \ln a$，$b' = \ln b$，则式（8-18）转换为：

$$country\_\,EN' = a' + b'country\_\,GDP \tag{8-19}$$

经过转换后，使用最小二乘法便可估计出式（8-19）中的参数 a'、

b'。根据 Logistic 的理论模型式（8 – 13），K 为负载容量，即环境容量的饱和值。而在能源消费过程中，根据 "S" 形曲线规律的相关理论，取人均能源消费量的最大值（"S" 形规律中的零增长点）。由于在式（8 – 19）中，将 k 作为分母处理，在此对人均能源消费的最大值取倒数，同时，为保证 $country\_\ EN'$ 存在，将 k 值定义为一个国家某年人均能源消费量的最大值 +1 并取整后的倒数，即：

$$k = \frac{1}{Maxcountry\_\ EN_t + 1}，t\ 为年份$$

（二）能源消费强度内在变化规律的分析框架

依据能源消费强度的定义，能源消费强度 = 能源矿产消费量/GDP（可比价）。借鉴刘静华、贾仁安等（2010）的研究将能源消费强度分解，表达式如下：

$$ENI_t = \frac{EN_t}{GDP_t} = \sum_i \frac{EN_{it}}{O_{it}} \times \frac{O_{it}}{GDP_t} \qquad (8-20)$$

式中，ENI_t 为第 t 年某个国家的能源消费强度；EN_t 为第 t 年该国的能源消费量；GDP_t 为第 t 年的国内生产总值；EN_{it} 为第 t 年第 i 产业部门的能源消耗量；O_{it} 为第 t 年第 i 产业部门的产值；EN_{it}/O_{it} 代表效率因素，即第 t 年第 i 产业部门的能源消费强度；O_{it}/GDP_t 代表结构因素，即第 t 年第 i 产业部门在国内生产总值的份额。

考虑到工业对能源消费强度影响的重要性以及数据的可获得性，在此采用工业生产总值代替第 i 产业部门的产值，在式（8 – 20）的基础上做如下变换：

$$ENI_t = \frac{EN_t}{GDP_t} = \frac{EN_t}{IV_t} \times \frac{IV_t}{GDP_t} \qquad (8-21)$$

式中，ENI_t、EN_t、GDP_t 含义同式（8 – 20）；IV_t 为第 t 年的工业增加值；$ENI_{tec} = EN_t/IV_t$ 代表技术效应，即第 t 年工业部门的能源消费强度；$ENI_{str} = IV_t/GDP_t$ 代表结构效应，即第 t 年工业部门在国内生产总值的份额。

具体来说，结构效应是用来反映经济结构变动对能源消费强度的影响。其中，经济结构的变动是指第一、第二、第三次产业增加值占经济总量的比例及变化。一般来说，在农业社会，产业结构以第一产业为主导，工业化社会以第二产业为主导，后工业化社会则以第三产业为主导，预计结构效应对能源消费强度的影响呈现出先增后减的倒"U"形趋势。

技术效应主要反映经济发展过程中技术进步对能源消费强度的影响。一方面技术进步有助于各国采用最新的科学技术和新型的节能方式,降低能源消费强度;另一方面随着技术进步,人们开发出了新的能源利用方式,在某种程度上会使能源消费强度有所增加。因此,技术效应对能源消费强度影响的方向不定。

确定分解模型后,还需要选择适宜的分解分析方法。在分解分析中,主要有结构分析方法(Structural Decomposition Analysis,SDA)和指数分解方法(Index Decomposition Analysis,IDA)两种(Hoekstra & Van der Bergh,2003),Ang 等(1998)提出的对数平均权重 Divisia 指数分解法(Logarithmic Mean Divisia Index Method,LMDI)是 IDA 中的一种完全分解方法,不产生残差,并且具有乘法与加法两种形式,易于转换。因此,本书采用 LMDI 法的加法形式对各典型国家的能源消费强度进行分解。

根据式(8-21),定义基年期到第 t 期的能源消费强度的变化率为 ΔENI_{str},根据加法形式分解后的结果如式(8-22)所示(ΔENI_{str} 为结构因素,ΔENI_{tec} 为技术因素):

$$\Delta ENI_t = ENI_t - ENI_0 = \Delta ENI_{str} + \Delta ENI_{tec} \tag{8-22}$$

为了确定各效应的大小,采用 Ang 等(1998)引入的对数平均函数,确定各效应的权重,定义如下:

$$L(x,y) = \begin{cases} \dfrac{x-y}{\ln x - \ln y}, & x \neq y \\ x, & x = y \\ 0, & x = y = 0 \end{cases} \tag{8-23}$$

各因素的分解结果如下:

结构效应:$$\Delta ENI_{str} = \frac{ENI_t - ENI_0}{\ln ENI_t - \ln ENI_0} \cdot \ln \frac{ENI_{str}^t}{ENI_{str}^0} \tag{8-24}$$

技术效应:$$\Delta ENI_{tec} = \frac{ENI_t - ENI_0}{\ln ENI_t - \ln ENI_0} \cdot \ln \frac{ENI_{tec}^t}{ENI_{tec}^0} \tag{8-25}$$

然后用计算得到的 ΔENI_{str}、ΔENI_{tec} 分别除以基期的能源消费强度得到结构效应、技术效应的变化率。

三 典型国家能源消费特征分析

本节依据工业化发展的先后与快慢,将国家分为先期工业化国家、新兴快速工业化国家和发展中国家三类，并选取先期工业化国家中的英国、法国、美国，新兴快速工业化国家中的日本、韩国以及发展中国家中的巴西作为本书研究的典型国家。

（一）数据来源

本节数据主要来源于世界银行数据库（World Bank Database，WB）和格罗宁根增长与发展研究中心（Groningen Growth and Development Centre，GGDC），其中经济数据中的 GDP 数据（包括总量和人均）来源于 GGDC，均为消除价格影响后的不变价，以购买力平价下的不变价 1990 年盖凯美元计，其他数据均来源于 WB。根据数据的完整性、连续性和可获得性确定研究区间为 1960—2010 年，其中英、法、美、日为 1960—2010 年，中国、韩国、巴西为 1971—2009 年。

（二）经济发展阶段划分

合理、科学地对各个国家的经济发展阶段进行划分是本书研究的重要前提。在国际经济学界有诸多关于经济发展阶段或工业化的判断标准，如霍夫曼从工业内部结构变化角度对工业化发展进行了划分，即霍夫曼定理（郭熙保、周军，2007）；钱纳里等（1995）从结构转变过程的角度，以人均收入水平为划分依据创立了钱纳里工业化阶段理论；此外还有从劳动力结构指标出发的配第—克拉克定理（杨海军、肖灵机等，2008）以及从产业结构方面来判断工业化的库兹涅茨的产业结构理论（马亚华，2010）等。一些学者选择上述一种或几种工业化理论对我国进行了工业化发展阶段的划分，其中以陈佳贵等、郭克莎、吕政等的研究为代表。陈佳贵、黄群慧等（2006）以人均 GDP、产业结构、工业结构、就业结构等建立指标体系对我国大陆 2004 年所有省级区域的工业化水平进行评价，认为我国整体处于工业化中期的前半阶段；郭克莎（2000）以人均收入水平为主、三次产业结构和工业内部结构为辅分析我国的工业化进程，认为 2000 年我国的工业化处于中期阶段的上半期；吕政、郭克莎等（2003）以人均 GDP 指标和就业结构为主要依据，认为 2003 年我国仍处于工业化中期的第一阶段，并在文章中提到了就多数国家而言的一般变动模式。

综合已有研究发现，一般变动模式的工业化基本实现阶段与美、日、韩等国的工业化完成时段基本相符，与我国目前所处的经济发展阶段也较为吻合，因此用工业化的一般变动模式作为经济发展阶段的划分依据具有较强的可行性。由于涉及不同国家经济发展水平的对比，能否客观地评估不同国家实际国内生产总值的多少及水平的高低显得尤为关键，而许多学者的研究表明，购买力平价（Purchasing Power Parities, PPP）法较汇率法更能真实地反映各国实际经济发展水平和差距（钱纳里等，1995；麦迪森，1997；任若恩、郑海涛等，2006），因此本书在对比各国GDP时均采用购买力平价（PPP）法，并且以不变价的1990年盖凯美元作为统一的货币衡量单位。

按照一般变动模式将各典型国家划分为三个阶段：第一阶段，人均GDP在7400盖凯美元以下的工业化中期及以前的阶段；第二阶段，人均GDP在7400—11100盖凯美元之间的工业化基本实现阶段；第三阶段，人均GDP在11100盖凯美元以上及后工业地（如表8-3所示）。

表8-3　　工业化发展的一般变动模式（以1990年盖凯美元计）

时期	阶段	人均GDP水平（1990年盖凯美元）
第一阶段	工业化中期及以前的阶段	<7400
第二阶段	工业化基本实现阶段	7400—11100
第三阶段	工业化全面实现及后工业化阶段	>11100

注：1970年与1964年美元的换算因子为1.4，取自钱纳里等的研究结果，1964年美元与1990年盖凯美元的换算因子为3.7，系骆祖春等在《新中国六十年来工业化发展时段标准的确定》的计算中确定。

在此基础上，划分各典型国家工业化三阶段的起止时间，如表8-4所示。

表8-4　　各典型国家及中国一般变动模式划分的起止时间

阶段	英国	法国	美国	日本	韩国	巴西	中国
1	—	—	—	1960—1967年	1960—1988年	1960年至今	1960—2010年
2	1960—1972年	1960—1970年	—	1968—1973年	1989—1995年		2011年至今
3	1973年至今	1970年至今	1960年至今	1974年至今	1996年至今		

注：本划分中把1960年作为起始年是针对本书研究的数据区间而言。

资料来源：格罗宁根增长和发展中心（GGDC, www.ggdc.net）。

从人均 GDP 角度来看，2010 年我国人均 GDP 为 7378 盖凯美元。在纵向上与发达国家相比（见表 8 - 5），相当于英、法等先期工业化国家 20 世纪中期水平，日本 20 世纪 60 年代中后期水平，韩国 20 世纪 80 年代后期水平。2000—2010 年，我国 GDP 总量年均增长 10.3%，人均 GDP 年均增长 9.8%，依据"十二五"规划提出的年均 GDP 总量增长 7% 的目标，同时考虑到未来几年经济增长可能放缓以及当前的国际经济形势，加之人口增加等因素，预计我国人均 GDP 年均增长率将维持在 6%—6.5%，按"十二五"时期人均 GDP 年均增长 6.5%，2016—2020 年年均增长 6% 计，到 2020 年前后，我国的人均 GDP 将达到 13560 盖凯美元（14000 盖凯美元左右），与各典型国家的差距进一步缩小。按照各典型国家的经验，届时我国有望进入后工业化时代。因此本节重点研究的是各典型国家在与我国未来经济发展相近时期的能源消费情况，即人均 GDP 为 7000—14000 盖凯美元的时期。

表 8 - 5　　我国人均 GDP 达到 7000 盖凯美元、14000 盖凯美元时
与主要发达国家的年份对比

	中国	英国	美国 *	法国	日本	韩国
人均 GDP	7378	7346	7018	7398	7152	7621
年份	2010	1953	1940	1960	1967	1988
人均 GDP	13560	19720	14133	13912	14078	13889
年份	2020	1984	1966	1977	1982	1999

注：＊美国数据来自 A. 麦迪逊的《世界经济二百年回顾》。

资料来源：格罗宁根增长和发展中心（GGDC，www. ggdc. net）。

（三）典型国家人均能源消费变化特征

人均能源消费量是衡量一个国家能源消费水平高低的重要指标。借鉴现有研究成果，本书以典型国家人均 GDP 为横轴、人均能源消费量为纵轴做散点图（见图 8 - 4），初步判断人均能源消费与人均 GDP 之间的动态变化特征。从图 8 - 4 可以看出，法国、日本、韩国呈现较为明显的"S"形，人均 GDP 处于较低水平时，人均能源消费量增速较缓，此后随着经济水平的不断提高，人均能源消费量呈现快速增加的趋势，但增加到一定程度之后，人均能源消费量增速放缓或者趋于稳定。美国、英国、

巴西的"S"形规律不明显，原因可能是在所取的数据范围内，英、美两国处于工业化后期和后工业化时期，只能观测到"S"形的后半部分；而巴西经济发展正处于工业化的中前期，只能观测到"S"形规律的前半部分。具体分析如下：

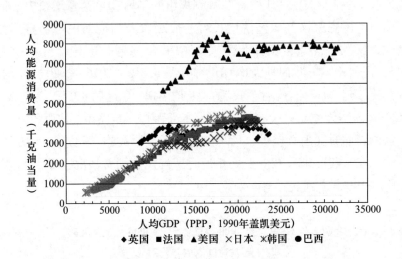

图8－4　典型国家人均能源消费随人均GDP的变化趋势

资料来源：世界银行数据库（WB，www. wordbank. org），格罗宁根增长和发展中心（GGDC，www. ggdc. net）。

（1）先期工业化国家人均能源消费变化特征分析。从人均能源消费量与人均GDP的关系来看，由于数据所限，在先期工业化国家中，我们只能观测到全周期"S"形规律的后半部分。英、法、美三个先期工业化国家在研究区间内的人均能源消费变化既有共同特征也有一定的区别（见图8－5）。在一般变动模式的第二阶段，英、法两国的人均能源消费量快速增长，且与人均GDP之间呈线性增长关系，进入第三阶段，当人均GDP分别达到12025盖凯美元（1973年）、12824盖凯美元（1973年）时，英、法两国人均能源消费量呈现出增长速度变缓的趋势，而美国则继续快速增长，当人均GDP达到15179盖凯美元（1969年）时美国的人均能源消费量出现增速变缓的趋势。之后由于受两次石油危机的影响，三个国家的人均能源消费出现了不同程度的波动，波动期之后三国的人均能源消费变化趋于平稳缓慢。美国的人均GDP在22499盖凯美元左右

（1988 年）时人均能源消费量基本处于稳定并维持"零增长"状态，自 30203 盖凯美元左右（2004 年）后人均能源消费量有所下降；英国则呈极缓慢上升的状态，并当人均 GDP 达到 20487 盖凯美元（2000 年）时进入了零增长或者负增长状态；法国人均能源消费量依旧保持一定速度上升，并在人均 GDP 达到 21554 盖凯美元（2005 年）时出现了零增长或者负增长。

综上分析，三个国家人均能源消费量增速减缓的转折点在 12000 盖凯美元以后，而人均能源消费量增速停滞或者出现负增长的零增长点在 20000—23000 盖凯美元。从图 8-5 可以很明显地看到，美国的人均能源消费量远远高于英、法两国，美国这种高耗能的消费方式与其大房子、高能耗汽车等生活方式有着直接的关系。

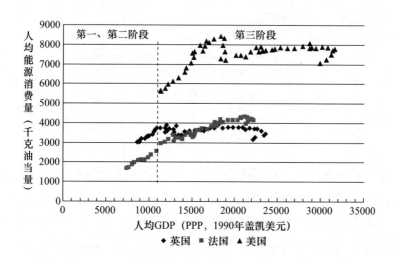

图 8-5　先期工业化国家人均能源消费随人均 GDP 的变化趋势

（2）新兴快速工业化国家人均能源消费变化特征分析。根据图 8-6，韩国的人均能源消费量与人均 GDP 之间呈现明显的"S"形变化特征：人均能源消费量在人均 GDP 约为 7620 盖凯美元（1988 年）时有个加速增长（起飞）的过程，在人均 GDP 达到约 13800 盖凯美元时增速趋缓（转折），此后韩国的人均能源消费量变化不大；但其人均能源消费的零增长期是否已经到来，还需一段时间的观察。日本由于受到数据的限制以及十年经济停滞的影响，其人均能源消费量与人均 GDP 之间的"S"

形规律并不如韩国明显。从图 8-6 中可以看出，日本人均能源消费的起飞点不显著，转折点为人均 GDP 达 11343 盖凯美元（1975 年）处，当人均 GDP 达到 22286 盖凯美元（2004 年）时，人均能源消费量基本处于稳定状态，进入了零增长期。

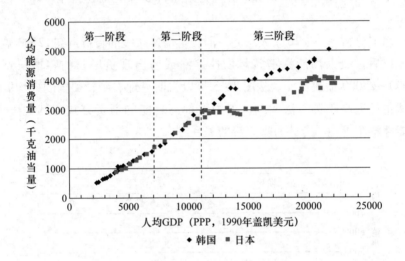

图 8-6　新兴工业化国家人均能源消费随人均 GDP 的变化趋势

从人均能源消费量数量上看，日、韩两国的人均能源消费量在 1960 年、1970 年分别为 859 千克油当量、520 千克油当量，均在 1 吨油当量以下，短短几十年的增长，日本的人均能源消费量在达到 4 吨油当量左右时趋于稳定，韩国的人均能源消费量则在 4.6 吨油当量时增速变缓，步入后工业化时期后两国的人均能源消费量稍高于英、法等先期工业化国家，但差别不大，进一步说明美国的高耗能模式并非普遍现象。人均 GDP 在 7000—14000 盖凯美元，韩国的人均能源消费基本呈线性快速增长，由 1.7 吨油当量上升到了 3.7 吨油当量；日本此时的人均能源消费量变化与韩国较为相似，不同之处在于受到 20 世纪 70 年代石油危机的影响，人均能源消费量增长出现波动与下降，最后在 14000 盖凯美元时人均能源消费量为 2.8 吨油当量，较韩国低近 1 吨油当量。值得注意的是，无论是法国还是日本、韩国，三国在 7000 盖凯美元时的人均能源消费量均维持在了 1.7 吨油当量，这是一种巧合还是能源消费与经济发展的规律性还值得我们进一步研究。

（3）发展中国家人均能源消费变化特征分析。从人均能源消费量随人均 GDP 的变化趋势来看，由于巴西的经济发展水平处于一般变动模式的第一阶段，人均能源消费量与人均 GDP 总体呈线性变化趋势，即"S"形规律中的前半部分。图 8 - 7 左半部分显示，当人均 GDP 在 5300 盖凯美元时，人均能源消费量的增速有加快的趋势。对比日、韩等国人均 GDP 在 6000—7000 盖凯美元时的人均能源消费水平，人均能源消费量基本在 1.3—1.5 吨油当量，差异不大。根据先期工业化国家和新兴快速工业化国家的发展经验，随着经济发展水平的提高，巴西的人均能源消费量也会不断提高。

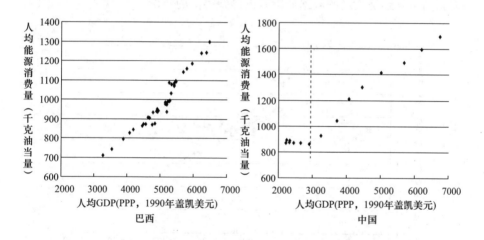

图 8 - 7　发展中国家人均能源消费量随人均 GDP 变化趋势

资料来源：世界银行数据库（WB，www. wordbank. org），格罗宁根增长和发展中心（GGDC，www. ggdc. net）。

而对于我国，自 1971 年以来，人均 GDP 在经历初始阶段缓慢增长后快速增加，到 2009 年达到 6737 盖凯美元，按照一般变动模式的划分仍处于第一阶段，如图 8 - 7 右半部分。而该时期的人均能源消费量在进入新世纪之前一直增长较为缓慢，之后则明显加快。从人均 GDP 角度，我国人均能源消费量在人均 GDP 达到 3000 盖凯美元后快速增加。在此之前（1971—2001 年），人均能源消费量年均增长 2.06%，人均 GDP 则为 5.32%；而在 2002—2009 年，我国人均能源消费量年均增长率高达

8.89%，而人均 GDP 年均增长率为 11.07%。总的来说，近 40 年里我国人均能源消费量年均增长 3.46%，低于 6.50% 的人均 GDP 增长。

（四）典型国家能源消费强度变化特征

能源消费强度是指单位社会经济指标中的能源消费量，其公式表示为能源消费强度 = 能源消费量/GDP（可比价），它是衡量一个国家能源利用效率的重要指标。Malenbaum（1978）认为，国家工业化发展的矿产资源消费强度变化反映了以人均收入为量度的地区国民经济发展水平，处于不同发展阶段上的国家或地区有着不同的矿产资源消费需求和消费特征，呈现出由初始、增长、成熟、衰弱四个阶段组成的倒"U"形规律；王安建、王高尚等（2010）通过搜集多个国家（地区）近 200 年来能源消费与经济发展的数据分析后也得到类似的结论。

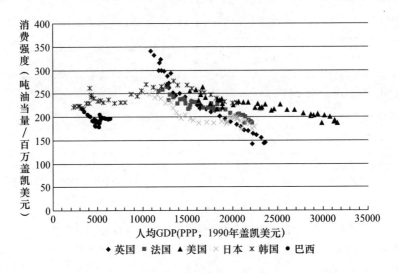

图 8-8　典型国家能源消费强度随人均 GDP 的变化趋势

图 8-8 描述了典型国家在 1971—2009 年能源消费强度的变化特征。从图中可以看到，先期工业化国家如英、美、法等国能源消费强度处于不断下降的趋势，即倒"U"形的右半部分；而日本和韩国等新兴快速工业化国家的能源消费强度随人均 GDP 的变化呈现出较为明显的倒"U"形趋势；发展中国家巴西的能源消费强度变化没有呈现规律性。英、美、法、巴等国能源消费强度随人均 GDP 的变化趋势未表现出明显的倒"U"

形，可能的原因是选取的数据多位于工业化发展的部分阶段，尚未包含各个国家工业化发展的整个周期。但总体上来看，随着经济发展水平的不断提高，各国能源消费强度不断下降，并逐渐趋于一致，大都保持在200吨油当量/百万盖凯美元左右。

（1）先期工业化国家能源消费强度变化特征分析。英、法、美三国能源消费强度（如图8-9所示）最近50年总体呈下降的趋势，处于倒"U"形规律的右半侧（由于数据时间尺度的原因，三国消费强度的顶点我们无法判断）。在1960年，美国的能源消费强度远高于英、法两国，但近几年来，三国能源消费强度的差距逐渐减小，大体维持在200吨油当量/百万盖凯美元左右。这表明，伴随着能源利用技术的不断进步和逐渐成熟，各国能源消费强度总体降低并趋于一致可能是一种趋势。此外，我们可以看到，英国、美国的能源消费强度下降速度较快，而法国则较为缓慢，法国在消费强度上的变化规律与英、美两国存在一定的不同，这可能与法国独特的经济结构（农业经济占较大比重）以及渐进式工业化有关。

在一般变动模式的第二阶段（1960—1972年），英国的能源消费强度经历了一个"下降—上升"的过程，此阶段能源消费强度整体有小幅度下降；第二阶段（1960—1970年）法国的能源消费强度变化呈"下降—上升—再下降—再上升"的波动，与英国不同，此阶段能源消费强度整体有一定幅度上升。在第三阶段，美国的能源消费强度首先经历了一个先降后升再降的过程，呈倾斜的"N"字形；之后能源消费强度明显下降，降幅达一半之多，由1974年的480吨油当量/百万盖凯美元下降到2010年的236吨油当量/百万盖凯美元。英国的能源消费强度又可分为两个阶段的线性下降过程，并以1992年为分界点，能源消费强度由1973年的323吨油当量/百万盖凯美元下降至1992年的227吨油当量/百万盖凯美元，再到2010年的146吨油当量/百万盖凯美元。第三阶段法国（1971—2009年）能源消费强度呈波浪式下降状态，幅度较小，并且在1990年左右与英国几乎持平，之后下降速度有所减缓，维持在200吨油当量/百万盖凯美元左右，2010年的能源消费强度为189吨油当量/百万盖凯美元。

在人均GDP小于11000盖凯美元时，英、法两国能源消费强度变化趋势不同，英国能源消费强度呈下降趋势，而法国则在波动中有所上升。

当人均 GDP 为 11000—14000 盖凯美元时，三个国家的能源消费强度都有所降低，其中英国、美国的降幅较大。从整体来看，三个国家的能源消费强度都有不同程度的下降，但下降趋势并不完全相同。英、美两国能源消费强度的下降速率大体相同，法国则总体变化不大，呈缓慢下降态势。

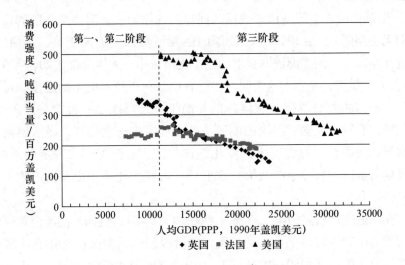

图 8 – 9　先期工业化国家能源消费强度随人均 GDP 的变化趋势

（2）新兴快速工业化国家能源消费强度变化特征分析。从日、韩两国能源消费强度的变化趋势来看，两国有着相似之处，其能源消费强度均呈波浪式的变动，由两个峰值不等的倒"U"形叠加而成（如图 8 – 10所示）。日本的能源消费强度由 210 吨油当量/百万盖凯美元左右一直上升达到第一次极大值——262 吨油当量/百万盖凯美元左右，之后有所下降后又有所回升，并达到第二次极大值——202 吨油当量/百万盖凯美元。韩国的情况与日本类似，在 1997 年达到了 277 吨油当量/百万盖凯美元的最大值，之后下降至 230 吨油当量/百万盖凯美元左右。通过对比英、法、美等先期工业化国家，各国的能源消费强度的差异并不大。

在一般变动模式的第一、第二阶段，日、韩两国的能源消费强度总体呈上升趋势，并在第二阶段末期或者第三阶段初期达到能源消费强度的极大值，当时的人均 GDP 分别在 11000（日本）盖凯美元、14000（韩国）盖凯美元左右；两国能源消费强度的峰值相差不大，且日本极大值形成时的人均 GDP 低于韩国。在第三阶段，日、韩两国的能源消费强度在达到峰值后开始下降，其中日本的能源消费强度下降得更为明显。人均 GDP 为 7000—14000 盖凯美元，日本经历了能源消费强度"上升—下降"的倒"U"形过程，而韩国在该阶段能源消费强度依旧处于上升期，在 14000 盖凯美元左右达到极值。两国人均能源消费强度的顶点分别在 11000 盖凯美元、14000 盖凯美元，表现出工业化过程出现时间越晚，能源消费强度峰值出现时人均 GDP 越高的特征。

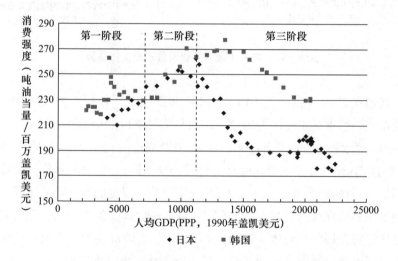

图 8-10　新兴工业化国家能源消费强度随人均 GDP 的变化趋势

（3）发展中大国的能源消费强度变化特征分析。巴西的能源消费强度在近 40 年里变化不大，从 1971 年的 220 吨油当量/百万盖凯美元下降到 1980 年的 180 吨油当量/百万盖凯美元，之后呈波浪式上升，进入 21 世纪以来一直维持在 196 吨油当量/百万盖凯美元左右。以人均 GDP 为横轴，可以看到，巴西的能源消费强度在人均 GDP 为 5000 盖凯美元左右时最低，没有呈现之前所述的能源消费强度与人均 GDP 之间的倒"U"形规律（如图 8-11 左所示）。巴西近几年的能源消费强度稳定在 190—200 吨油当量/百万盖凯美元，这与前期工业化国家以及新兴工业化国家的能源消费强度相差不大。可能的原因是，随着科技水平的不断进步，各国能源消费强度也会趋于一致。

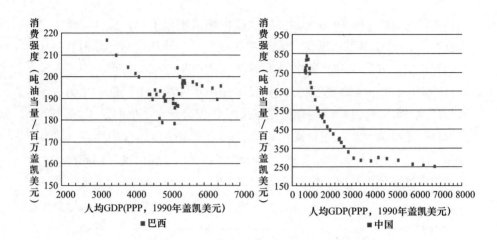

图 8 - 11　发展中国家能源消费强度变化趋势

　　我国在 2009 年的人均 GDP 为 6737 盖凯美元，根据经济发展的一般变动模式，基本处于经济发展第一阶段与第二阶段的分界点。从图 8 - 11右中可以看到，在近 40 年里我国能源消费强度变化很大：从 1971 年的757 吨油当量/百万盖凯美元略有上升后快速下降，到 2009 年降至 252 吨油当量/百万盖凯美元。从人均 GDP 与能源消费强度的变化趋势来看，我国的能源消费强度达到最大值时仅为 692 吨油当量/盖凯美元，此时我国尚处于经济发展的初级水平；当人均 GDP 达到 3000 盖凯美元时，能源消费强度降低速度减慢并有所回升，虽有所变化，但幅度不大。

四　典型国家能源消费规律实证分析

　　本节第三部分分别利用人均能源消费量与人均 GDP、能源消费强度及人均 GDP 的散点图，探索典型国家不同经济发展阶段能源消费的演变趋势及特征。但要准确预测未来的能源需求，还必须把握经济发展不同阶段能源消费的基本规律，深入剖析能源消费强度的内在变化机理。因此，本部分基于能源消费规律的理论分析框架，选择英国、法国、美国、日本、韩国以及巴西等工业化发展具有代表性的典型国家进行实证研究，计量验证人均能源消费量与人均 GDP 在工业化全周期过程中的 "S" 形变化规律，并采用指数分解法剖析不同经济发展阶段能源消费强度与经济增长的内在变化规律，以期为科学地预测我国今后的能源消费需求提供参考和借鉴。

（一）典型国家人均能源消费"S"形规律分析

根据 Logistic 模型，需要确定每个国家人均能源消费量的最大值。由于韩国最近的人均能源消费量依旧随人均 GDP 的增加而上升，人均能源消费的零增长还未到来，据此拟将 k 值取 1/5100，即假定韩国人均能源消费量的零增长点在 5100 千克油当量；而巴西的人均能源消费仍然处在增长阶段，根据典型国家零增长点的集中范围，并结合巴西人均能源消费实际设定 k 值取 1/4000，即以人均 4000 千克油当量进行"S"形曲线的模拟。

将各国的数据代入模型，由于人均 GDP 与人均能源消费之间存在严重的自相关，因此采用 Cochrane – Orcutt 迭代法消除自相关，结果如表 8 – 6 所示。可以看出，各国方程的自相关在极显著水平上已消除，除英国方程在显著水平上通过 F 检验外，其他各国的方程均在极显著水平上通过 F 检验。法国、日本和韩国的各个参数均达到了极显著水平，拟合优度也比较高，特别是韩国的拟合优度达到了 99.80%；巴西的拟合优度也很高；英、美两国整体的拟合优度较差，参数 b' 也未通过 t 检验，出现这一结果的原因可能有以下几点：第一，由于数据的缺失，造成"S"形曲线的前半部分没有样本点，无法拟合出整个周期；第二，受 Logistic 模型自身的限制，Logistic 模型会逐渐趋向于最大值，而能源消费量则在到达零增长点后随着经济的发展可能会出现缓慢下降的情况；第三，由于人均能源消费量受国家经济形势的影响，会出现必然的波动，例如，英国和美国的人均能源消费量在达到一定水平后呈现出了先下降再上升的局面，这是 Logistic 模型无法模拟的。

由于 $a' = \ln a$，$b' = \ln b$，因此，$a = e^{a'}$，$b = e^{b'}$，将表 8 – 6 中各典型国家的参数代入上式得到 a、b 的值，见表 8 – 7，最终可得到各国能源消费与人均 GDP 的 Logistic 模型。通过模型，进一步选取拟合程度较好的国家对今后各国能源消费进行预测。通过将法国、日本、韩国以及巴西 2000—2009 年的 Logistic 模型预测结果与实际结果进行对比（见表 8 – 8），发现这四个国家利用 Logistic 模型预测的结果误差绝大部分在 5% 以内，表明 Logistic 模型的预测精度较高，拟合结果可信。应注意的是，随着数据的不断更新，应随时动态地对能源需求进行预测，这样更能反映能源需求的真实状况。

表8-6 典型国家的 Logistic 模型计算结果

Country	Variable	Coefficient	t – Statistic	Prob (t – Stat)	Adjusted – R^2	F – statistic	Prob (F – stat)	D. W. Stat
英国	a'	-10.5299	-10.6705	0.0000	0.0924	3.4957	0.0384	2.1013
	b'	-3.7060×10^{-5}	-0.6071	0.2482				
	AR (1)	0.3366	2.4395	0.00185				
法国	a'	-4.9989	-5.1507	0	0.7568	77.2598	0	1.8808
	b'	-3.3871×10^{-4}	-5.7804	0				
	AR (1)	0.4979	3.8647	0.0003				
美国	a'	-10.9222	-8.5955	0	0.3138	12.2013	0.0001	2.0284
	b'	-2.4878×10^{-5}	-0.445952	0.6577				
	AR (1)	0.5677	4.7775	0				
日本	a'	-5.2599	-5.9061	0	0.7566	75.1522	0	2.1198
	b'	-3.2637×10^{-4}	-6.005	0				
	AR (1)	0.4873	3.7787	0.0004				
韩国	a'	-6.1718	-57.4703	0	0.998	9288.346	0	1.8158
	b'	-2.3518×10^{-4}	-30.7118	0				
	AR (1)	0.7842	9.3235	0				
巴西	a'	-6.4025	-29.2582	0	0.9828	1060.197	0	1.4599
	b'	-1.7187×10^{-4}	-7.3931	0				
	AR (1)	0.9484	17.7719	0				

资料来源：世界银行数据库（WB, www.wordbank.org），格罗宁根增长和发展中心（GGDC, www.ggdc.net）。

表8-7　　　　　　　　　　典型国家 Logistic 模型参数

国家	英国	法国	美国	日本	韩国	巴西
k	1/3881	1/4313	1/8439	1/4091	1/5100	1/4000
a	2.6725×10^{-5}	6.7454×10^{-3}	1.8053×10^{-5}	5.1958×10^{-3}	2.0875×10^{-3}	1.6574×10^{-5}
b	0.99996	0.99966	0.99998	0.99967	0.99976	0.99983

资料来源：世界银行数据库（WB，www.wordbank.org）。

表8-8　　　　　典型国家 2000—2009 年 Logistic 模型预测
结果及对比　　　　单位：千克油当量

年份	法国			日本		
	预测值	实际值	误差（%）	预测值	实际值	误差（%）
2000	4145.14	4191.33	1.11	4090.38	3985.09	-2.57
2001	4253.51	4201.28	-1.23	4017.15	3985.73	-0.78
2002	4235.69	4203.97	-0.75	4004.67	3986.29	-0.46
2003	4281.87	4206.51	-1.76	3963.47	3996.32	0.83
2004	4312.69	4219.88	-2.15	4089.39	4009.47	-1.95
2005	4295.60	4227.52	-1.58	4073.75	4016.31	-1.41
2006	4214.82	4238.09	0.55	4068.52	4024.52	-1.08
2007	4142.32	4246.62	2.52	4031.99	4033.88	0.05
2008	4162.76	4243.26	1.93	3880.45	4029.40	3.84
2009	3969.74	4224.29	6.41	3700.22	4000.17	8.11
年份	韩国			巴西		
	预测值	实际值	误差（%）	预测值	实际值	误差（%）
2000	4000.92	3884.58	-2.91	1084.48	1107.43	2.12
2001	4032.39	3986.78	-1.13	1075.76	1106.45	2.85
2002	4170.09	4180.77	0.26	1092.31	1115.53	2.13
2003	4234.04	4246.92	0.30	1096.13	1113.63	1.60
2004	4334.05	4358.60	0.57	1140.61	1146.21	0.49
2005	4364.58	4448.76	1.93	1158.39	1160.62	0.19
2006	4421.05	4559.47	3.13	1186.27	1182.31	-0.33
2007	4584.50	4655.82	1.56	1240.22	1223.19	-1.37
2008	4669.01	4693.04	0.51	1297.91	1258.06	-3.07
2009	4701.38	4693.97	-0.16	1242.77	1244.64	0.15

资料来源：世界银行数据库（WB，www.wordbank.org），格罗宁根增长和发展中心（GGDC，www.ggdc.net）。

（二）典型国家能源消费强度规律分析

依据上述能源消费强度的分解方法以及经济发展阶段的划分，对典型国家不同经济发展阶段能源消费强度的各效应分解结果见表 8 - 9（以1971 年为基期），其中年平均值是指总效应在各发展阶段以 1971 年为基期每年增加的幅度。

表 8 - 9　典型国家能源消费强度的效应分解结果（以 1971 年为基期）

阶段	英国				法国			
	技术效应	结构效应	总效应	年平均值	技术效应	结构效应	总效应	年平均值
1	—	—	—	—				
2	- 0.0152	- 0.0119	- 0.0271	- 0.0271				
3	- 0.1184	- 0.4357	- 0.5541	- 0.0150	0.2447	- 0.5153	- 0.2706	- 0.0071
总体	- 0.1336	- 0.4476	- 0.5812	- 0.1336	0.2447	- 0.5153	- 0.2706	- 0.0071

阶段	美国				日本			
	技术效应	结构效应	总效应	年平均值	技术效应	结构效应	总效应	年平均值
1	—	—	—	—	—	—	—	—
2					0.0183	0.0042	0.0225	0.0112
3	- 0.1463	- 0.3826	- 0.5289	- 0.0139	0.1174	- 0.4405	- 0.3231	- 0.0090
总体	- 0.1463	- 0.3826	- 0.5289	- 0.0139	0.1357	- 0.4363	- 0.3006	- 0.0079

阶段	韩国				巴西			
	技术效应	结构效应	总效应	年平均值	技术效应	结构效应	总效应	年平均值
1	- 0.4785	0.5248	0.0463	0.0027	0.2557	- 0.3813	- 0.1257	- 0.0033
2	0.1142	0.0387	0.1529	0.0218	—	—	—	—
3	0.0148	- 0.1707	- 0.1559	- 0.0111				
总体	- 0.3495	0.3928	0.0433	0.0011	0.2557	- 0.3813	- 0.1257	- 0.0033

依据表 8 - 9 中能源消费强度的效应分解结果，对各典型国家同一经济发展阶段能源消费强度的内在变化机理进行分析：

（1）典型国家第一阶段能源消费强度的变化规律。由于数据限制，在经济发展的第一阶段，只对韩国和巴西进行了能源消费强度的分解分析。结果显示，韩国和巴西在第一阶段的能源消费强度总效应和分效应呈现出截然相反的结果。从总效应来看，韩国的能源消费强度为增加趋势，而巴西则相反。就分效应而言，韩国的结构效应为正、技术效应为负，而巴西的两种分效应结果与韩国的正好相反。可能的原因是，韩国的工业化进程起步比巴西晚[①]，但发展速度远远快于巴西。随着工业化的推进，韩国以重工业为主的第二产业比重不断增加，导致结构效应为正值，能源消费强度增加；而巴西在第一阶段的经济发展长期处于停滞与震荡状态，产业结构调整幅度很小，甚至出现第二产业比重减少的情况，使结构效应出现负值。同时，由于韩国为新兴快速工业化国家，技术进步空间和速度较大，促进能源消费强度的降低，而巴西的经济发展缓慢、停滞，虽然技术进步有降低能源消费强度的作用，但新能源利用方式的出现会增加能源消费强度，从而使巴西在该阶段的技术效应为正。

（2）典型国家第二阶段能源消费强度的变化规律。在经济发展的第二阶段，我们对英国、日本和韩国进行了能源消费强度的分解分析。其中，英国和日本进行分解的时间段分别为1971—1972年、1971—1973年，处于第二阶段的末期，不能完全代表该国第二阶段能源消费强度的变化情况。

从三个国家能源消费强度的总效应来看，英国能源消费强度的总效应为负，其他两国均为正。英国、日本两国在经济发展第二阶段末期，各效应的结果截然相反，造成这种现象的原因可能是由于两国的工业化方式不同，英国属于先期工业化国家，工业化进程缓慢，能源消费强度在工业化初期较高，随着技术、结构的缓慢变动，技术进步和产业间能源消费强度的差异使能源消费强度下降，而日本属于新兴工业化国家，工业化进程较快，技术进步对能源消费强度有降低作用，而其带来的新能源利用方式则在一定程度上增加了能源消费强度，加之各产业结构的快速变化导致产业间能源消费强度的叠加，最终使能源消费强度升高。

韩国在整个第二阶段总效应为正值，达到0.1529，变化幅度大于第一阶段，其技术效应和结构效应均具有增加能源消费强度的作用。此外，韩国的总效应年均增加0.0218，明显高于第一阶段的0.0027。日、韩等

---

① 韩国自20世纪60年代步入工业化过程，而巴西工业化历程始于19世纪末期。

新兴快速工业化国家在第二阶段能源消费强度总效应的明显增加表明，随着经济规模的不断扩大，快速工业化国家的能源消费强度可能出现逐渐增加的情况，进而导致能源消费总量的快速增加。

（3）典型国家第三阶段能源消费强度的变化规律。在经济发展的第三阶段，本书对巴西以外的其他五个典型国家进行了能源消费强度的分解分析。这一阶段，五个国家的总效应变化保持一致，均为负值，表明随着经济发展水平的不断提高，能源消费强度会逐步降低。从总效应的年均变化情况来看，英、美两国的总效应变化较大，降幅均在 0.5 以上，由于英、美两国的能源消费强度在第三阶段初期明显高于其他三个国家，分别为 332 吨油当量/百万盖凯美元和 500 吨油当量/百万盖凯美元，能源消费强度下降的空间较大。

第三阶段五个国家的结构效应均为负值，对能源消费强度有降低作用；从绝对值上来看，结构效应均大于技术效应，说明结构效应在该阶段对总效应的影响更大。值得一提的是，结构效应在韩国第一、第二阶段和日本第二阶段为正，而进入第三阶段后变为负值，即结构效应对能源消费强度的影响呈现出先升后降的倒"U"形特征。

技术效应在该阶段对不同国家的影响不同，英、美两国为负值，而法国、日本、韩国为正值。这主要与各国的工业化进程有关，英、美两国工业化时间较长，属于缓慢工业化，而日、韩两国则属于快速工业化，法国与英国一样，虽然也是老牌资本主义国家，但法国的工业化过程有所不同，主要表现为前期的渐进缓慢增长与后期的快速增长，虽然起步较早，但完成较晚，且法国的农业始终占有重要地位，工业化的进程在一定程度上影响了技术效应在该阶段的变化情况。从绝对值上来看，除英国外，其他各国第三阶段的技术效应较第一、第二阶段对能源消费强度的影响均有所降低，说明随着技术的不断进步，可能存在这样的一个规律：技术对能源消费强度的减少作用存在边际递减的趋势，不能无限度地降低能源消费强度。

（三）典型国家能源消费规律总结

本书通过收集 1960—2010 年不同经济发展阶段、不同工业化发展历程国家的经济、能源消费数据，探究人均能源消费量和人均 GDP 的"S"形规律，同时建立 Logistic 模型对"S"形规律进行拟合，并且利用 LMDI 法对能源消费强度内部变化机理进行剖析。研究发现：①在研究的时间范围内，法国、日本、韩国呈现较为完整的"S"形规律，而英国、美国、巴西则由于数据的不完整只表现出了"S"形的阶段性特征；②利用Logistic 模型对各国"S"形规律的模拟中发现，除英、美两国之外，其他各国的模型和参数均通过了检验，对比各国近十年的人均能源消费量后发现误差绝大部分在 5% 以内，拟合结果可信，可用于能源消费需求的预测；③不同经济发展阶段技术效应和结构效应对能源消费强度总效应的贡献率不同，这在一定程度上解释了前面学者因所取的时间范围不同而造成结果的不同；④结构效应在工业化后期和后工业化时期对能源消费强度下降起重要作用，此外日本、韩国结构效应对能源消费强度的影响在该时期还呈现出先增后降的倒"U"形特征；⑤技术效应对能源消费强度的影响随各国的国情有所不同，但从技术效应绝对值的变化情况来看，技术效应呈现一个类似边际递减的过程，即技术效应不能无限度地降低能源消费强度，这也在一定程度上解释了随着各国经济的不断发展，能源消费强度可能会趋于一致；⑥工业化进程的速度对能源消费强度有重要影响，缓慢工业化、快速工业化均会对技术效应和结构效应造成影响，进而导致其对能源消费强度的贡献率不同。

五　我国能源消费规律分析及需求预测

从典型国家不同发展阶段能源消费的变化规律来看，工业化、城市化过程中能源消费数量增加的趋势是不可避免的。在经济发展水平较低时，能源消费强度较高，尤其是在工业化中期阶段，能源消费量快速上升，但工业化后期和后工业化时期能源消费趋于零增长，能源消费强度也呈现下降趋势。目前我国仍处于工业化发展阶段的中后期，能源消费的需求压力会越来越大，同时能源消费仍未完成从粗放型向集约型的转变。因此，如何保证我国经济快速发展的同时降低能源消费强度，从而减少能源消费总量，对于我国的经济发展具有重要意义。本部分借鉴典型国家的发展经验，根据前文对典型国家人均能源消费"S"形规律及能源消费强度内在变化规律的把握，利用中国的经济和能源数据，分析我国经济发展与能源消费的关系，探究经济发展过程中能源消费的基本规律，并基于人均能源消费"S"形规律（趋势递推法）与能源消费强度规律（类比法）对我国能源消费需求进行预测，以期为我国能源安全保障政策的制定提供依据。

（一）我国能源消费的"S"形规律及需求预测

通过前文论述以及建立 Logistic 模型进行验证得知，在工业化周期比较完整的典型国家，人均 GDP 与人均能源消费量之间的变化趋势大致呈"S"形，且工业化周期越完整的典型国家（如日本和韩国）人均能源消费量和人均 GDP 的"S"形规律拟合优度也越高。总体来说，Logistic 模型的预测精度较高，因此本部分采用此模型验证和模拟我国人均 GDP 与人均能源消费量之间的变化规律。

（1）我国能源消费的"S"形规律验证。由于我国人均能源消费量的零增长点远未达到，通过对比典型国家人均能源消费量的零增长点发现，除高能源消费的美国外，其他各国均在 3500—5000 千克油当量，结合目前我国人均能源消费量变化趋势以及面临的节能减排压力，按人均能源消费量高等消费模式（模式一）、中消费模式（模式二）、低消费模式（模式三）三种情景进行模拟，其中设定高、中、低三种模式的人均能源消费量分别为 4500 千克油当量、4000 千克油当量、3500 千克油当量，结果见表 8 - 10。从表 8 - 10 中可以看出，在极显著水平上消除自相关之后，三种情景模式的拟合优度均在 0.99 以上，方程均通过极显著水平的检验，各情景模式的参数也达到极显著水平。对比 2000—2009 年实际的人均能源消费量（见表 8 - 11），误差大多控制在 5% 以内，表明利用 Logistic 模型递推和预测我国未来的能源消费需求量是合理且可行的。

表 8 - 10　　　　　　　　中国 Logistic 模型计算结果

Country	Variable	Coefficient	t - Statistic	Prob (t - Stat)	Adjusted - R^2	F - statistic	Prob (F - stat)	D. W. Stat
中国模式一	a'	- 6. 4561	- 78. 6419	0. 0000	0. 9922	2364. 669	0. 0000	1. 3681
	b'	$- 2. 1745 \times 10^{-4}$	- 12. 1026	0. 0000				
	AR（1）	0. 8527	13. 4709	0. 0000				
中国模式二	a'	- 6. 4403	- 80. 8771	0. 0000	0. 9924	2401. 802	0. 0000	1. 3715
	b'	$- 2. 2843 \times 10^{-4}$	- 12. 7877	0. 0000				
	AR（1）	0. 8475	13. 1203	0. 0000				
中国模式三	a'	- 6. 4636	- 84. 2196	0. 0000	0. 9925	2455. 680	0. 0000	1. 3767
	b'	$- 2. 4426 \times 10^{-4}$	- 13. 8241	0. 0000				
	AR（1）	0. 8399	12. 6426	0. 0000				

表 8 - 11 　　　　　　中国 2000—2009 年 Logistic 模型预测

结果及对比　　　　　　　单位：千克油当量

年份	实际值	模式一		模式二		模式三	
		预测值	误差（%）	预测值	误差（%）	预测值	误差（%）
2000	867.13	904.56	4.32	891.55	2.82	907.17	4.62
2001	858.11	946.38	10.29	933.64	8.80	950.78	10.80
2002	922.92	1002.68	8.64	990.24	7.29	1009.22	9.35
2003	1043.97	1084.35	3.87	1072.16	2.70	1093.41	4.74
2004	1209.74	1148.45	−5.07	1136.29	−6.07	1158.93	−4.20
2005	1301.19	1223.80	−5.95	1211.44	−6.90	1235.25	−5.07
2006	1414.15	1330.98	−5.88	1317.88	−6.81	1342.41	−5.07
2007	1490.26	1473.80	−1.10	1458.77	−2.11	1482.41	−0.53
2008	1598.52	1586.47	−0.75	1569.05	−1.84	1590.45	−0.50
2009	1695.31	1708.63	0.79	1687.69	−0.45	1705.02	0.57

资料来源：世界银行数据库（WB，www.wordbank.org），格罗宁根增长和发展中心（GGDC，www.ggdc.net）。

（2）基于"S"形规律（趋势递推法）对我国能源消费需求的预测。依据"十二五"规划提出的年均 GDP 增长目标，按照 2011—2015 年年均增长 6.5%、2016—2020 年年均增长 6.0% 计算，到 2015 年我国人均 GDP 将达到 10133 盖凯美元（10000 盖凯美元左右），而到 2020 年将达到 13560 盖凯美元（14000 盖凯美元左右）。

表 8 - 12 显示了通过 Logistic 模型预测得到的我国 2010—2020 年人均能源消费量，结果表明，到 2015 年，当人均 GDP 达到 10000 盖凯美元左右时，按照高、中、低三种消费模式预测得到的人均能源消费量分别为 2643.20 千克油当量、2452.98 千克油当量、2398.53 千克油当量。与法国、日本、韩国等国家在 10000 盖凯美元左右的人均能源消费量对比可知，无论采取何种模式，我国的人均能源消费量均低于韩国，却高于同期的法国。根据"十二五"规划，我国的总人口要控制在 13.9 亿以内，若按此估算，2015 年三种模式的能源消费总量分别为 36.74 千克油当量、34.10 千克油当量、33.34 亿吨油当量。到 2020 年，我国人均 GDP 达到 13560.46 盖凯美元时，人均能源消费量分别为 3464.44 千克油当量、

3104.94 千克油当量、2919.54 千克油当量；对比法国、日本、韩国等国家在14000 盖凯美元左右的人均能源消费量，高消费模式下我国人均能源消费量低于同期韩国，却高于其他两个国家，但低消费模式下我国人均能源消费量比三个国家都低。尽管如此，根据国家《人口发展"十一五"和2020 年规划》，我国2020 年人口数量将达到14.5 亿，届时能源消费总量将分别达到空前的50.23 亿吨油当量、45.02 亿吨油当量、42.33 亿吨油当量，是2009 年能源消费总量的两倍之多。因此，无论采取高、中、低哪种能源消费模式，能源保障的压力都将空前巨大。

表8－12 中国人均能源消费量预测与典型国家同一经济水平下人均能源消费量对比

年份	人均GDP（盖凯美元）	中国（千克油当量）			法国（同左）	日本（同左）	韩国（同左）
		模式一	模式二	模式三			
2010	7396.00	1862.98	1836.09	1845.83	1699.54	1720.55	1766.67
2011	7876.74	1995.88	1945.55	1947.82	1861.56	1938.46	1861.91
2012	8388.73	2140.75	2062.47	2054.95	1984.10	—	—
2013	8934.00	2297.47	2186.50	2166.49	2085.93	2193.61	2171.43
2014	9514.71	2465.39	2317.00	2281.45	2123.96	2458.36	2309.83
2015	10133.16	2643.20	2452.98	2398.53	2361.38	2531.09	2823.76
2016	10741.15	2804.46	2582.49	2507.43	2538.43	2667.05	—
2017	11385.62	2969.74	2714.16	2615.46	2953.65	2964.21	2971.52
2018	12068.76	3136.70	2846.36	2721.15	3173.13	2899.90	3210.16
2019	12792.88	3302.59	2977.27	2822.99	3388.02	2898.34	3454.73
2020	13560.46	3464.44	3104.94	2919.54	3250.30	2950.14	3726.08

资料来源：世界银行数据库（WB，www.wordbank.org），格罗宁根增长和发展中心（GGDC，www.ggdc.net）。

（二）我国能源消费强度规律及需求预测

1971—2009 年处于我国经济发展的第一阶段，为了更好地分析该时期能源消费强度的变化情况，根据前面描述的我国能源消费强度变化特征，将其细分为三个阶段：1971—1977 年（上升期）、1978—2002 年（快速下降期）和2003—2009 年（稳定期）。

（1）我国能源消费强度的变化规律。1971—2009 年，我国能源消费强度的总效应减少了 0.6675，年均减少 0.0176，其中技术效应占主导地位，显著降低了能源消费强度，达到 0.7236；而结构效应呈现正向影响，且影响较小，仅为 0.0561（见表 8－13）。

表 8－13　我国能源消费强度的效应分解结果（以 1971 年为基期）

阶段	技术效应	结构效应	总效应	年平均值
1971—1977 年	－ 0.0138	0.1173	0.1035	0.0173
1978—2002 年	－ 0.6495	－ 0.0786	－ 0.7282	－ 0.0291
2003—2009 年	－ 0.0603	0.0174	－ 0.0429	－ 0.0061
总体	－ 0.7236	0.0561	－ 0.6675	－ 0.0176

从三个阶段来看，我国在 1971—1977 年能源消费强度上升是由结构效应为正所决定的，加之此阶段我国处于计划经济时期，技术效应贡献较小。1978—2002 年，总效应降低幅度最大，为 － 0.7282，其中技术效应起主导作用，达到了 － 0.6495。自改革开放以来，通过引进国外先进技术，技术效应对能源消费强度的影响在很大程度上得到了释放。2003—2009 年，我国经济进入快速发展时期，与前一阶段相比总效应变化较小，仅为 － 0.0429，技术效应对能源消费强度降低作用的减弱是主要原因，同时结构效应也由上一阶段的负值变为正值。

对比前面典型国家能源消费强度的分解变化，可以发现无论从总量还是年均变化量来看，我国的能源消费强度在第一阶段的降幅都是最大。但从 2003—2009 年来看，降幅已明显减缓。究其原因，首先，技术效应对我国能源消费强度的大幅度下降起了显著的作用；与此同时，结构效应所起作用并不明显。然而，随着技术效应对能源消费强度影响的逐渐减弱，有必要挖掘和发挥结构效应对降低能源消费强度的作用，通过政策引导促进产业结构转型，如提高行业节能和环保准入门槛，降低高耗能行业比重、鼓励发展低能耗、低污染、高效益的产业，降低能源消费强度。此外，尽管我国第一阶段能源消费强度已呈现下降趋势，但鉴于韩国和日本在一般变动模式第二阶段出现了能源消费强度总效应为正的情况（见表 8－9），因此我国在未来的经济发展过程中仍然需要注意，避免能源消费变化出现逆转和上升的趋势。

（2）基于能源消费强度规律（类比法）对我国能源消费需求的预测。

根据我国战略发展目标，21 世纪初到 2020 年是我国经济发展的重要战略机遇期，在此期间我国能源消费强度和消费需求将如何变化？这是我国政府和许多学者最关心的问题。目前，许多学者采用数学分析法、类比法和部门分析法等方法对我国能源消费需求进行了预测，本书将从国际经验和能源消费强度规律的角度对我国能源消费需求做中长期预测。

2010 年，我国人均 GDP 为 7378 盖凯美元（7000 盖凯美元左右）。依据"十二五"规划中年均 GDP 总量增长 7% 的目标，同时考虑到未来几年经济增长可能放缓以及当前的国际经济形势，如果按"十二五"人均 GDP 年均增长 6.5%、2016—2020 年年均增长 6% 计，2020 年我国人均 GDP 将达到 13560 盖凯美元（14000 盖凯美元左右）。因此本书预测的范围集中在人均 GDP 7000—14000 盖凯美元。

为了借鉴同一经济发展水平下的国际经验，首先对英、法、日、韩等国人均 GDP 在 7000—14000 盖凯美元时的能源消费强度进行分解，结果见表 8－14。

表 8－14　　典型国家人均 GDP 7000—14000 盖凯美元能源消费
强度的效应分解结果（以 1971 年为基期）

国家	技术效应	结构效应	总效应	年平均值
英国	－ 0.2237	－ 0.0575	－ 0.2812	－ 0.0216
法国	－ 0.0502	－ 0.0551	－ 0.1053	－ 0.0176
日本	－ 0.0975	－ 0.1021	－ 0.1997	－ 0.0182
韩国	0.1656	－ 0.0018	0.1638	0.0149

从总效应来看，除韩国以外，其他三个国家的能源消费强度在该时期均有不同程度的下降；四个国家的结构效应在该时期均为负值，而技术效应则出现了不同的变化，韩国的技术效应为正，而其他国家为负。造成韩国总效应和技术效应依旧为正的原因可能是，韩国经济的快速发展是建立在快速、集中的工业化发展模式以及严重依靠出口的外向型经济基础上的，世界加工厂的模式导致了其能源的高强度消费。此外，从绝对值上来看，英国、日本和韩国的技术效应均大于结构效应，这表明在第二阶段技术效应对总效应的影响占主导地位。

根据典型国家的发展经验，我国未来能源消费强度的变化依然具有不确定性。选择不同国家进行参照，在 2020 年人均 GDP 达到 14000 盖凯美元时，我国能源消费强度将达到 180.89—291.06 吨油当量/百万盖凯美元（见表 8－15）。

表 8－15　　　　按照典型国家的发展趋势对我国能源消费强度及能源消费量的预测

参照模式	英国	法国	日本	韩国
能源消费强度（吨油当量/百万盖凯美元）	180.89	225.15	201.41	291.06
能源消费量（亿吨）	35.44	44.11	39.47	57.03

根据《人口发展"十一五"和 2020 年规划》，预测我国 2020 年人口数量将达到 14.5 亿，按此计算，到 2020 年我国能源消费总量将达到 35.44 亿—57.03 亿吨不等。如果按照最高能源消费的韩国发展模式，我国在 2020 年的能源消费总量将高达 57.03 亿吨，是 2009 年世界第一大能源消费国美国（21.82 亿吨油当量）的 2.5 倍之多，远远超出我国能源保障能力。因此，在追求经济发展的同时，必须吸取韩国能源消费的经验教训，努力降低能源消费强度，将能源消费总量控制在适度的水平，减轻能源保障压力。

（三）我国能源消费规律及需求预测结果总结

对比典型国家人均能源消费量与人均 GDP 之间的"S"形规律，我国的能源消费正处于"S"形规律的快速上升期，未来能源消费量可能会保持较快增长。对我国能源消费需求按照高、中、低三种消费模式进行预测发现，到 2015 年人均 GDP 达到 10000 盖凯美元时，三种消费模式下我国能源消费需求将分别达到 36.74（高）亿吨油当量、34.10（中）亿吨油当量、33.34（低）亿吨油当量；到 2020 年人均 GDP 达到 14000 盖凯美元时，将分别达到 50.23（高）亿吨油当量、45.02（中）亿吨油当量、42.33（低）亿吨油当量。因此，无论采取何种模式，我国的能源消费量将会达到甚至超过 2009 年世界第一大能源消费国美国 21.82 亿吨油当量的两倍，能源保障压力空前巨大。

我国能源消费强度近 40 年间总体呈现快速下降趋势，这与我国技术水平的快速提升密切相关；结构效应在这段时期内提高了能源消费强度，说明我国的产业结构还是以第二产业为主导。从英、法、日、韩等国人均 GDP 7000—14000 盖凯美元时能源消费强度的变化趋势来看，在未来一段时间内，我国将会进入降低能源消费强度的产业结构调整时期，而技术效应对能源消费强度的作用可能存在一个类似边际递减的过程，因此有必要吸取韩国的教训，努力降低能源消费强度，力争将其控制在日本、法国模式水平，即 2020 年能源消费量维持在 39.47 亿—44.11 亿吨油当量。

对比基于趋势递推法与类比法对我国能源消费需求的预测结果，发现两种方法得到的结果基本都在 40 亿吨油当量以上，其中根据日本、法国能源消费强度变化规律的经验，我国能源消费量分别为 39.47 亿吨油当量、44.11 亿吨油当量；而利用人均能源 "S" 形规律的预测值为 50.23（高消费模式）亿吨油当量、45.02（中等消费模式）亿吨油当量、42.33（低消费模式）亿吨油当量，稍大于利用能源消费强度规律得到的结果。

六　研究结论

本节选取先期工业化国家、新兴快速工业化国家和发展中国家三类典型国家，以人均能源消费量和能源消费强度两大指标构建能源消费规律分析框架，一方面，运用 Logistic 计量模型验证各典型国家人均能源消费量与人均 GDP 之间的 "S" 形变化规律；另一方面，借鉴指数分解法（LMDI）探索典型国家类似经济发展阶段能源消费强度的内在变化机理。在此基础上验证我国能源利用变化规律并预测未来消费需求。结果表明：首先，经济增长与能源消费变化关系密切，典型国家人均能源消费量与人均 GDP 呈现完整或部分 "S" 形特征，而能源消费强度则随人均 GDP 的变化表现出倒 "U" 形规律。其次，通过 Logistic 模型验证，各国人均能源消费量与人均 GDP 之间 "S" 形规律的拟合结果可信；而对于能源消费强度，运用指数分解法发现，不同经济发展阶段技术效应和结构效应对各国能源消费强度的贡献率不同，结构效应在工业化后期和后工业化时期对能源消费强度下降起重要作用，技术效应的影响则因各国国情而异，其绝对值呈现出类似边际递减的过程。此外，借鉴典型国家发展经验，依据趋势递推法和类比法对我国能源消费需求进行预测发现，到2020 年我国能源消费总量将达到 42.33 亿—50.23 亿吨或 39.47 亿—44.11 亿吨不等，能源保障压力巨大。

第四节 典型国家能源保障措施比较及借鉴

根据不同工业化类型国家的能源消费规律，无论从人均能源消费量还是能源消费强度的角度，未来一段时间内我国能源消费需求都将保持较为快速的增长趋势，能源安全保障压力空前巨大。本节将通过梳理我国目前的能源保障形势，从增加能源供给和提高能源利用效率两方面对典型国家能源利用机制进行深入剖析，以期找到适合我国的能源保障措施。

一 我国能源保障形势分析

目前，我国正处于能源消费的快速增长期，能源保障形势不容乐观，具体来说，表现在以下几个方面：

（一）国内能源供给相对不足，海外获取稳定、安全能源的能力较弱

随着经济的快速发展，我国能源在 1993 年结束了自给自足的局面，此后对外依存度不断上升。2007 年，我国一次能源净进口量 1.73 亿吨，对外依存度达到 9.4%，其中石油的对外依存度超过 50%。在国内供给方面，主要能源储量增长速度远远低于产量增长的速度，而产量增长速度又远低于消费量的增长速度。表现为：能源勘查程度较低，勘测费用投入相对不足。我国西部有些地区还是找矿空白区，加之国家地勘费投入相对不足，且分配不甚合理，影响着能源地的勘探与开发，例如我国的天然气勘查、开发较晚，探明程度不高；煤炭的精查储量不足，制约着产能的增长；技术的相对落后也制约了能源的勘探和生产能力，我国东部大部分地区的勘查深度仅有几百米，石油资源的海洋勘探特别是深海勘探技术仍有待突破。海外资源获取方面则主要表现在：我国是能源进口大国，却缺少能源定价的话语权，利用海外能源的方式主要是现货贸易，能源供给的波动性较大；同时，我国能源自主开发能力相对偏弱，自 20 世纪 90 年代才开始海外油气开发，虽然积极实行"走出去"战略，且能源活动几乎遍布世界的各个角落，但是效果并不十分明显，日产量超过 10 万桶的项目仅有 2 个，而 2003 年中化国际收购韩泰炼油公司以及 2005 年中海油收购尤尼科均以失败告终，说明我国在海外油气获取能力上还有待提高（彭颖、邓军等，2010）。此外，我国的能源消费结构也不

甚合理，煤炭等高污染能源所占比重较大，而天然气等相对清洁的能源则比重较小。

（二）战略能源储备体系起步晚，储备能力不足

自 20 世纪 70 年代石油危机以来，各石油进口国纷纷建立本国的战略石油储备体系，以此作为应对突发事件的基础，降低石油供应短缺对宏观经济的影响。我国战略石油储备建设与发达国家相比起步较晚，直至 2003 年才正式批准实施。我国石油储备的一期工程于 2004 年正式开工，至 2008 年年底全部完成，总库容 1640 万立方米，约 1400 万吨，储备量不足 30 天，远远低于 IEA 国家规定的 90 天的石油储备量。从国家能源战略与安全的角度来看，我国石油储备体系建设尚存在很多问题：首先，石油储备相关法律法规不健全。由于石油供应形势严峻，我国石油储备体系建设先于法律规范的制定，同时，我国石油资源的立法还没有形成系统和完整的法律体系，分散在《宪法》、《矿产资源法》及其他规章条例和政策性文件中（孙仁金、邱坤，2008）；而《矿产资源法》和即将颁布的《能源法》中对石油储备的规定也仅局限于原则性规范，对储备目标、储备模式、资金筹集、动用方式等具体事项没有进行明确说明，缺乏可操作性，影响我国石油储备体系的运行和进一步完善。其次，石油储备资金来源单一，储备模式不完善。目前，我国主要以政府储备为主，民间储备仅限于三大国有石油公司，政府负担过重（庞铁力，2011），同时，石油系统内部的原油储备多用于生产周转，尚未建立起真正意义上的商业储备（曹博谦，2008）；此外，在我国的石油储备计划中，国家是主要投资者，国家财政已出资 60 多亿元建成了一期四个基地，若石油储备所需资金全部由政府财政支出，不仅会造成财政负担过重，也将制约石油储备的进一步发展。最后，我国战略石油储备基地选址集中，储备方式单一。目前一期四大储备基地全都集中在东部沿海地区，虽然运输方便，但在战争中易被敌方摧毁而无法实现石油供应，而且这种集中设置还会在一定程度上影响区域经济的均衡发展。另外，四大基地的地理位置离盐穴较远，主要采用地上油罐储备方式（杨静雅、张思，2010），建设成本低但维护费用高，占地面积较大且安全系数低。

（三）新能源开发利用相对滞后

相对于常规能源而言，新能源具有储量大、分布广泛、尚未大规模开发等特征，如果加以合理利用，可以有效缓解能源供应紧张的局面，

从而实现能源跨越式发展。目前，由于技术、政策、成本等因素的限制，我国在多种新能源的开发上遇到了"瓶颈"。如我国页岩气储量丰富，但由于开发起步晚，加之缺乏核心技术，难以实现有效开采；我国太阳能、风能发展迅速，但缺乏相关政策的引导，且成本相对较高，出现了产能过剩的局面。具体而言，以生物乙醇为例，我国于2000年启动燃料乙醇项目，目前尚处于起步阶段，面临很多问题，如发展目标不明确，产业政策被动频繁调整；原料供给压力大，玉米燃料乙醇的发展可能威胁到粮食安全，而非粮作物难以大规模种植；对生物乙醇产业的扶持多侧重于生产领域，对技术研发和市场推广的投入较少。这些问题导致生物乙醇产业缺乏市场竞争力，企业若没有国家扶持就会面临亏损，政府如何扶持和保护燃料乙醇产业的发展，成为摆在我们面前的一个重要问题。

（四）能源利用效率偏低

当前能源短缺与可持续利用引起全球关注，世界各国都在积极寻求解决途径，除了保障能源供给之外，还要立足于节约能源，提高利用效率，因此有人将节能称为除石油、煤炭、天然气、电力之外的"第五大能源"。目前我国经济增长仍以粗放型为主，进一步加剧了能源供需的矛盾。以2003年为例，我国单位GDP能耗是世界平均水平的2倍，因此，实现能源的节约集约利用是应对能源短缺的必由之路。在法律上，虽然我国早在1997年11月就出台了《中华人民共和国节约能源法》，但并没有节能法的强制性约束力（吴丹红，2007），且该法律主要侧重于行政监管，没有发挥出经济杠杆在节约能源消费上的作用；2007年我国成立国家能源局，能源管理机构建设上相对不健全，没有形成强制加自愿的能源节约管理体制；此外，能源紧缺的理念尚未深入人心，节能难以有效推行。在十一届人大五次会议上，温家宝指出我国"十一五"期间的节能减排目标并未完成。这一系列的问题说明我国在节能方面还存在很大的提升空间。

二　典型国家能源有效供给措施比较分析

在挖掘能源供给方面，各典型国家一方面充分利用国内、国外两个市场，不仅通过地质勘查和找矿工作提高国内能源的供给能力，还积极参与国际能源开发，充分利用海外资源，保障安全、稳定的国外能源供应；另一方面，各国还不断完善本国能源储备体系，积极开发新能源，以期实现能源的可持续利用。

（一）开发国内能源

从国内能源供给上来看，英、美两国都是典型国家中能源资源较为丰富的国家。美国是世界上第二大煤炭储藏国，石油、天然气等常规能源也较为丰富；英国则是西欧各国中能源资源最为丰富的国家，但两国在国内能源供给战略上却有所差异。作为世界上第一大能源进口国，美国以往偏重于通过海外开发和贸易的方式利用海外能源资源，其中石油的对外依存度更是超过了58%（王安建、王高尚等，2008），为改变这一状况，美国现逐渐向国内、国外能源协调供给的思路转变，在国内能源开发上实施有效调控，消费上既尽量满足需求，又不过量开发资源，保持国内足够的储备；英国则以充分挖掘本国能源供给潜能的方式来保障能源供应。例如，20世纪六七十年代，为了扭转能源供给过分依赖国外进口的局面，英国加大了在北海勘探与开发的力度，实现了石油从几乎全部依赖进口到净出口国的转变，1980—2006年英国的能源自给率基本维持在80%以上，而2000年后随着产能的下降，又逐渐沦为石油净进口国，面对能源进口率逐渐升高的情况，英国政府于2006年批准了威尔士南部尼斯河谷旁的一个大型露天煤矿开采计划（王安建、王高尚等，2008）。

可见，虽同属国内能源储备较为丰富的国家，英、美两国在供给战略制定上却各有侧重，美国注重国内外协调供应，而英国则充分挖掘本国能源供给潜能。本部分以英、美两国为例，从政策、经济和技术手段三个方面对其国内能源供给战略进行梳理，为我国合理开发利用本国能源提供经验借鉴。

（1）制定法律政策。英国作为西欧各国中能源最为丰富的国家，为充分挖掘本国资源，在《石油生产法案》和《大陆架法案》的基础上建立了英国石油特许勘探开发的法律制度，以法律承诺的方式鼓励和引导企业勘探开发石油，以促进英国北海油田的油气开发（周庚，1996）。美国为了改变能源供给过分依赖国外开发的状况，于2005年8月8日由总统布什签署了《2005美国能源政策法案》，明确提出本国能源供给的新思路，即"增加国内能源供给、降低能源国际依存度"（杨晓龙、刘希宋，2005）。

（2）提供经济支持。目前，美国的能源勘探程度已经很高，其平均每万平方公里国土的勘探钻井数可达772口，同时在新的能源政策法案中，美国政府还计划在未来 10 年里提供 335 亿美元的税收优惠及其他补助，用以鼓励能源的勘探与开发。强大的政策与资金支持有效地增加了国内能源的储量，2009 年美国的页岩气井数量达 98590 口，是 2006 年的 2 倍之多，仅当年勘探证实的储量就比上年增长了 76%（罗佐县，2012）。英国的经济支持主要体现在两个方面：一是投入资金进行专项研究，如在 2002—2004 年，累计投入 2.5 亿英镑用于太阳能、风能、生物燃料和水能等新能源的研发和示范，2004 年投资 5000 万英镑的专项资金用于开发海洋能源，这些开发和示范不仅能够提高能源利用效率、降低产业成本，而且对于开拓新市场、促进产业升级也具有重要作用；二是根据目前国家的发展阶段，建立能源利用的激励和约束机制，对相关能源产业设定补贴或惩罚措施，缓解能源禀赋和发展阶段对经济发展带来的限制（王京安、马立钊等，2010）。

（3）提供技术支持。美国依托其雄厚的科技实力，十分注重研究能源勘探开发的技术和方法，如成矿规律、地球化学、地球物理、遥感勘察技术和深部探测方法，改进资源可采性和产能预测模型，建立国家级资源地球科学数据库，广泛收集专家意见和产品信息，从而为美国勘探和开发能源提供强有力的技术支撑（谭文兵、王永生，2007）。英国也是在政策和资金的支持下加大科研力度，努力掌握能源产业的核心技术，增强能源开发的持续竞争力，例如，为开发清洁能源，英国在 2002—2004 年累计投入 2.5 亿英镑用于太阳能、风能等的研发和示范，同时成立英国能源研究中心、国家核实验室和能源技术研究所等研究机构以保证研发的顺利进行，2004 年英国建成世界首座海洋能量试验场"欧洲海洋能量中心"，用于帮助进行新型海洋能源技术和设备的试验与推广（王京安、马立钊等，2010）。

（二）开拓海外能源

目前，全球油气生产主要集中在中东、俄罗斯、中亚、西非和南美等地，其中，中东是石油储量最为丰富的地区，占世界总量的 2/3，而石油消费则主要集中在北美、欧洲和亚太地区。世界能源分布的不平衡性决定了大多数国家仅靠国内供给并不能满足其能源需求，因此保障能源供给安全必须通过国际贸易的方式来解决，尤其是像日、韩等国内能源极度匮乏的国家。为了保证国内能源的供给，美、日、韩、欧盟等国纷纷出台一系列措施，综合运用政策、外交、经济和技术手段来促进海外

能源的开拓，并积极鼓励能源企业获得海外能源租让权（赵庆寺，
2010）。

（1）综合运用政策、外交、经济、技术手段。对于海外能源开拓，
各典型国家在综合运用政策、外交、经济和技术等手段的同时，又各有
侧重。德国主要通过法律和政策保障海外资源获取，并辅以经济手段进
行激励；美国依靠其强大的经济和科研实力，一方面通过经济援助和投
资控制他国，另一方面采用技术手段，提高海外资源的开发和勘探等能
力；与美国类似，日本的海外能源战略是凭借其经济和技术实力与供应
国签订协议，以保证稳定的供应源；韩国主要依靠外交手段，发展能源
供给区域的多元化。

具体而言，从政策、外交上来看，为获取稳定、持久、经济的能源
供给，美国政府将能源供给安全放在外交政策和对外贸易的首位，通过
地缘优势、能源投资优势互补、共担安全义务、自由贸易协议等与石油
供应国建立长期可靠的供应关系，形成多渠道、多层次的全球能源保障
体系。英国从政府角度首先通过获取被援助国的资源信息为英国企业提
供帮助；其次依靠"开发援助"项目在目标国打下基础。日本的矿产资
源极其匮乏，因而一直推行"海外投资立国"战略，一方面通过与矿产
资源丰富的发展中国家进行经济合作，积极开发海外矿产资源；另一方
面为保证矿产来源的稳定性，与海外供应方签订产量分成产品返销协定、
技术帮助协议等（谭文兵、王永生，2007）。韩国政府则通过政府首脑外
交等手段将一部分能源供应国分流到俄罗斯、巴西、尼日利亚等国，并
向东南亚、大洋洲、非洲等未开发的地区推进（李炳轩，2011），以增强
能源供给的安全性（见表8 - 16）。

表8 - 16　　　　　　　　　美、日两国主要的石油进口国及比例

国家	年份	主要的石油进口国及比例
美国	2006	加拿大18%，墨西哥16%，沙特阿拉伯14%，委内瑞拉11%，伊拉克5%，尼日利亚4%，阿尔及利亚4%，其他28%
日本	2007	沙特阿拉伯30%，阿联酋25%，伊朗12%，卡塔尔10%，科威特8%，其他15%

资料来源：《能源与国家经济发展》，经笔者统计而得。

在经济、技术方面，美国通过贸易大量购买和使用全球廉价能源，以经济援助和投资的方式控制能源供应国的油气资源，从而在全球建立强大的能源战略储备库（谭文兵、王永生，2007）。根据 FRS（The Financial Reporting System）公司①的数据（见表 8 - 17），2006 年美国海外拥有的石油、天然气储量分别为 157 亿桶、25916 亿立方米，分别相当于美国国内油气储量的 62%、42%（王安建、王高尚等，2008），通过实施全球资源统治战略，美国在全球范围内建立了能源供应储备库。日本则建立了完善的海外资源开发机制，并通过实施海外资源勘探补贴计划、建立海外资源风险勘查补助金制度、建立全球资源信息网络等方式为企业海外能源获取提供补贴与帮助（彭颖、邓军等，2010）。德国由于矿产资源高度依赖进口，其政策全方位支持采矿企业的发展，一方面对采矿企业提供优惠政策，将勘探经费等作为生产成本，减少税额，企业亏损可结转；另一方面对矿产资源勘探提供财政支持，设立风险勘探开发基金（谭文兵、王永生，2007）。

表 8 - 17　　　　　　　　FRS 公司境外油气储备量与产量

年份	原油储量 （亿桶）		天然气储量 （亿立方米）		原油产量（百万桶）		天然气储量 （亿立方米）	
	国内	国外	国内	国外	国内	国外	国内	国外
1992	181	117	22558	15245	1750	1292	2229	1093
1997	165	135	22001	17084	1458	1474	2348	1375
2006	147	157	28138	25916	716	1776	1986	4229

资料来源：《能源与国家经济发展》。

（2）依托大型能源公司。由于能源供应所涉及的贸易金额巨大，而大型能源公司（见表 8 - 18）的参与可有效抵御能源交易过程中的风险，增强海外能源开发的竞争力。目前，以埃克森美孚、英国石油、壳牌为代表的英美国际石油公司控制着全球超过 80% 的优质油气资源的开采权（赵庆寺，2010）。具体来说，英国的海外石油开发利用主要依赖于石油公司进行，以英国石油公司（British Petrol，BP - Amoco）为代表，BP -

---

① FRS 公司占有美国境外油气储量、产量的绝大部分，基本上代表了美国境外能源活动。

Amoco 是世界上最大的综合石油公司，目前占有全球市场油气产量的
3%，拥有油气探明储量 178 亿桶油当量，是英国未来能源需求与供应安
全的重要保障。法国道达尔公司是法国最大的油气公司，也是世界第四
大油气公司，截至 2007 年 12 月底，拥有已探明油气储量 100 多亿桶油当
量。美国海外能源开发主要由 FRS 公司进行，并占有美国境外油气储量、
产量的绝大部分，基本上代表了美国境外能源活动。日本则成立石油
公团作为国家石油公司，与一般石油公司不同，其业务活动主要通过
运作国家专用资金账户完成，与金融机构、油气勘探开发企业和石油
储备公司的关系全部遵循市场经济的投资、借贷和担保原则，在高风险、
高投入的国外油气勘探开发项目中，石油公团对日本海外石油勘探开
发起到决定性的作用，发挥了国家机构的影响力（梁慧、朱起煌，
2003）。

表 8-18　　　　　　　典型国家主要的大型能源公司名称

国家	企业名称
英国	英国石油公司（British Petrol，BP - Amoco）
法国	道达尔公司（TOTAL）
日本	日本石油、天然气和金属国家集团（Japan Oil，Gas and Metal National Corporation）
日本	日本石油勘探公司（Japan Petroleum Exploration Co. Ltd.）
韩国	韩国国家石油公司（Korea National Oil Corporation）
韩国	国营韩国天然气公司（State - owned Korea Gas Corporation）
美国	壳牌石油公司（Shell Oil Company）
美国	康菲石油公司（ConocoPhillips）
美国	埃克森美孚（Exxon Mobil Corporation）
美国	迈朗能源公司（Marathon Oil Corporation）

（三）建立能源储备体系

石油资源是一种重要的战略资源，不仅关系到国家经济可持续发展
和社会稳定，而且对世界政治、经济和军事形势产生深远影响。2010 年，
全球石油消费量已达创纪录的 8738.2 万桶/日（40.28 亿吨），比 2009 年
增长 3.1%，是过去 10 年平均水平的两倍，而全球石油产量仅为 8209.5

万桶/日（约39.1亿吨），同比增长2.2%，虽已达到2004年以来的最大增幅，但仍低于消费量的增长（英国石油公司，2011），石油供需失衡致使国际油价剧烈波动，能源安全形势日益严峻。对此，自20世纪70年代石油危机以来，各石油进口国纷纷建立本国的战略石油储备体系，以此作为应对突发事件的基础，降低石油供应短缺对宏观经济的影响。

美国和日本是世界上主要的石油消费国和进口国，对外依存度高，容易受到国际石油市场动荡的冲击，因此，两国都将战略石油储备作为保障国家政治经济安全的重要手段。自20世纪70年代至今，国外石油储备体系已运行三十多年，逐步形成了较为成熟的储备制度。综合分析各典型国家的储备体系，借鉴其先进经验，将为我国石油储备的高效建设提供现实依据。

（1）制定石油储备立法。石油储备建设投资大、选点严格、建设周期长，且与国家能源安全、经济稳定密切相关。因此，各国为了确保石油储备计划顺利实施，都制定了相关法律，做到法制先行，使石油储备建设有法可依。

具体来说，美、日两国在1973年第一次石油危机以后都进行了有关战略石油储备的立法，如美国的《能源政策与保护法》（EPCA）、日本的《石油储备法》和《石油公团法》（李鹏蛟，2007）等。这些基本法都对石油储备主体的义务、储备数量、种类、资金、动用以及惩罚等重大问题进行了比较详尽的规定，并随后多次修订和补充。不同之处则在于，美国的石油储备立法主要服务于战略石油储备，对民间储备没有明确规定，美国还颁布了《综合预算调节法》《内政部和相关机构拨款法》《清洁空气法》《清洁水法》等一系列法律对战略石油储备的财政预算、资金来源以及储备基地环境进行具体说明（赵航，2007）。而日本的石油储备法对政府和民间储备都有明确规定，且早在石油危机之前便颁布了《基本石油法》和《石油工业法》以便对民间石油储备进行规范（刘金红，2006）。

（2）设立石油储备管理机构。在管理和运行方面，两国主要实行政府主导下的层级管理体制。美国的石油储备属于自由市场型，由政府所有和决策，进行市场化运作，由"能源部—石油储备办公室—储备基地"三级管理。具体地，能源部负责制定规划和政策，石油战略储备办公室负责开展实施管理，并委托民间机构负责站点的日常运行（章奇，

2005）。日本是政府导向型，实行"通产省资源能源厅—石油公团（JNOC）—核心石油公司—国家储备公司"四级管理体制，通产省资源能源厅受日本政府授权统一指导管理，负责确定储备目标、制定政策法规；石油公团（JNOC）作为政府特别法人规划储备项目、管理战略储备公司并提供财政支持；核心石油公司在储备工程中起主导作用；国家储备公司则进行实际运作（冯春萍，2004）。

（3）石油储备主体多元化。根据主体不同，国际能源署（IEA）将石油储备分为政府储备、企业储备（法定储备和商业储备）和机构储备三种（金三林、米建国，2008）。三种储备方式特点不同，功能各异，相互补充（见表8－19）。一个国家在选择石油储备模式时，必须既考虑本国国情，又兼顾不同储备主体的特点，这样才能有效保证国家石油安全。

表8－19　　　　　　　　　三种石油储备方式的特点

主体	优点	缺点
政府储备	政府直接决策，便于管理和监督；能够在紧急情况下快速做出反应，可靠性强	缺乏市场化运作，投资效率低，成本高；财政负担大，公平性低
企业储备	充分利用已有储备设施和机构，投资节省，成本低；利用现有的储运系统，动用快而方便；公平性高	企业分散储备，反应慢、可靠性低；监管困难，可能出现过度竞争；不易与生产库存区分
机构储备	兼有政府储备反应快、可靠性强和企业储备投资省、运行成本低的优点；便于监管，公平性高	不能充分利用企业已有的储运系统；先立法后实施

美、日等发达国家均采用多种储备主体相结合的多元化储备方式，但侧重点有所不同。美国的石油储备体系分为政府战略储备和企业储备两部分，二者相对独立。战略储备主要由国家战略石油储备、海军石油储备等组成（李果仁，2002），完全由政府承担。美国企业储备仅以商业储备的形式存在，在数量上也远远超过战略储备。美国企业储备最大的特点是完全采用市场化运作，政府并未要求企业承担石油储备义务，也不干预企业的石油储备和投放，企业可根据市场供求和自身实力决定石

油储备量和投放时机（费明明、赵鹏大等，2011）。日本的石油储备为官民共担型，国家战略储备与民间储备并重，以国家储备为主，国家储备由石油储备基地和从民间租借的油罐储备构成，采取统一管理模式（周浩、陈其慎，2011）。民间储备是以企业义务储备为主，商业储备占的比例很小。根据日本《石油储备法》，达到一定规模的炼厂、销售商和进口商都要承担规定比例的石油储备任务（张魁中，2009）。

（4）石油储备筹资渠道多元化。石油储备建设需要巨额资金投入，包括储备设施成本、运输费用以及原油成本等。在储备资金来源方面，美、日两国的相同点在于都有政府出资；不同之处在于，美国对民间储备不给予任何资金支持，而日本则采取了多元化的筹资方式，有效地缓解了资金压力。

具体来说，美国的战略石油储备支出全部由政府财政负担，包括设施投资、石油采购、日常管理等均通过国会预算分配程序和总统签署后由国家拨付（何晓伟、郑宏凯，2011）。这种做法有利于将储备要求一步到位，但巨额储备费用也加重了政府财政负担，制约其进一步发展。日本采取的是多元化筹资方式，主要包括三部分：一是设立石油专门账户，征收石油税，以此作为石油储备基金；二是国家政策扶持，一方面政府和国家信贷部门筹集各种公共基金，另一方面由石油公团和开发银行等提供低息贷款，用于购买石油和设施建设；三是民间储备的建设和维护费用，由企业自行承担并纳入产品成本，同时石油企业联合成立共同体，共同筹资建立和经营储备基地（冯春萍，2004）。

（5）建立石油储备基地。石油储备基地的建设是为了防范石油供应中断，因而其选址应综合考虑多种因素。总结各国经验，主要遵循以下四个原则：储运便利；保存风险小；地质地理条件适宜；储备费用最低。

在储备布局方面，美国采用了集中布局形式，而日本则是均衡布局形式。美国的战略石油储备基地主要集中分布在墨西哥湾沿岸的得克萨斯州和路易斯安那州，充分利用当地有利的地质条件、发达的交通网络和接近最大石油炼化中心等优势条件，形成了依托大中城市，毗邻炼油基地，集储备、中转、运输为一体的储运体系（何晓伟、郑宏凯，2011）。日本由于缺乏有利的地形地质条件，在基地选择时主要考虑建罐土地和海域的可获得性，其次便是环保、安全和经济，布局呈现"大分散、小集中"态势（赵航，2007）。

表 8 – 20 不同储备方式的优缺点

储备方式	优点	缺点
地上油罐储备	结构简单，易建造，成本低；便于管理和维修；适合在炼油厂附近设立储备基地	占地面积较大，适合内陆炼油厂；损耗大，易发生火灾、爆炸事故，风险高
半地下式油罐储备	一般为非金属油罐，节省钢材，耐蚀性好，能承受较大外压，使用年限长；存放原油时罐内温度变化小可减少蒸发损耗降低火灾危险性，安全性能高；利于隐蔽和保温	发生基础下陷时易使油罐破裂，难以修复；渗漏，防渗问题未完全解决
地下油罐储备	占地少，抗震性好；漏油时大面积扩散的危险性小	结构相对复杂，建造成本高
地下盐洞储备	储存费用小，封闭性好；溢出、爆炸或火灾风险低，不易渗漏；不易被人为破坏，安全可靠	受地理地质条件限制大
海上储备	不占用陆地面积，抗震性好；易建造，尤其适用于沿江、沿海大型炼油厂；比采用管道集输等方式节约成本；油水置换储油方式由于罐体保持充满液体的状态可以省去常规的安全防爆装置	海上条件恶劣，储罐易受海浪潮汐等影响，易腐蚀；施工及维护管理条件差；油水置换储油方式污染环境，不利于高凝原油的保温；水面以上储罐使平台质量大，地基受力大，不易建造大型储罐

储备方式主要分为地上油罐储备、半地下式油罐储备、地下油罐储备、地下盐洞储备和海上储备五种，各有优缺点（见表 8 – 20）。由于美国境内具有最佳的地下盐穹地质条件，故其石油储备以地下盐洞为主，地上油罐为辅（李果仁，2002）；此外，美国还进行石油产地储备，只探不取，以备急需。而日本由于受到地理位置和国土环境的制约，不能像美国那样建立地下盐洞油库，也不能完全采用地上储备，因而其储备方式因地制宜，多种形式相结合，主要有地面油罐、半地下油库、海上油船和地下盐洞油库等（李鹏蛟，2007），民间储备多采用储油罐的形式。

（四）开发利用新能源

相对于常规能源而言，新能源具有储量大、分布广泛、尚未大规模开发等特征。根据技术发展水平和开发利用程度的不同，对新能源的界定也有所差异，主要包括太阳能、风能、地热能、生物质能、海洋能、氢能、核能、核聚变和页岩气等。考虑到能源分布范围和自身资源禀赋的限制，各国在新能源选择上也各有侧重。本部分将以生物质能中的生物燃料乙醇为例，对典型国家的新能源开发进行研究。

近年来，随着原油价格攀升和对温室气体减排要求的日益强烈，为调整能源结构、保护环境和应对气候变化，我国开始积极促进和扶持生物液体燃料的发展。早在2000年我国就启动了燃料乙醇项目，从最初成立国家试点机构到推广试点区域，其适用地区范围不断扩大。2006年后，随着粮食价格上涨，国家确立了"因地制宜，非粮为主"的原则，不再鼓励甚至叫停粮食燃料乙醇的生产，转而支持木薯、甜高粱等非粮原料。

在全球乙醇生产中，美国和巴西的产量分别占世界总产量的48.2%和27.2%（向丽，2011），总和达到3/4，占据着绝对领先的地位。在生物燃料发展方面，两国都制定了明确的发展规划，并有相应的政策措施，其在产量、产能、市场、技术等方面的优势将对世界生物燃料的发展产生深远影响（李元龙、陆文聪，2011）。作为世界上生物燃料乙醇的最大生产国，美国通过立法、规划、财税等手段支持其产业发展，积累了丰富经验；巴西则作为发展中大国，曾一度占据乙醇产量世界第一的位置，燃料乙醇发展有着悠久的历史，所积累的经验同样值得借鉴。因此，本部分选取美国、巴西作为典型国家，从技术研发、生产加工和市场推广消费三个环节，梳理总结两国发展生物燃料乙醇的政策措施，并对其运行模式进行比较分析，为我国生物燃料的开发利用提供重要参考。

（1）技术研发环节。在燃料乙醇的技术研发上，美国和巴西给予了足够的重视。首先，在法律方面，美国《清洁能源和安全法》规定，新能源项目在可行性研究阶段可以获得政府100%的资金补助，在基础研发和工业性试验阶段可以获得50%—80%的资金补助（陈柳钦，2011）。巴西政府公布了《生物能源政策指令（2006—2011）》和《巴西农业能源计划》，制定了巩固第一代生物燃料、发展第二代生物燃料转化技术等政策目标，旨在巩固其在生物燃料研究和发展方面的全球领导者地位。

其次，在经济措施上，美国政府早在1997年就将生物质专项研究经费由最初的1.96亿美元增加至4.42亿美元，随后又追加2.4亿美元（刘宁、张忠法，2009），一方面用来支持生物燃料示范项目活动，另一方面用来新建生物燃料研究机构；2002—2006 年，美国政府拨款 1.6 亿美元用于支持原材料生产、纤维素生物质转化技术，并且有一批纤维素乙醇加工厂正在建设中（李先德、罗鸣等，2008）；即使在金融危机发生之后，生物质资源研究仍是美国经济复兴和再投资计划的重要组成部分，2009 年，美国能源部宣布，复兴计划中将有 7.865 亿美元用于加快先进生物燃料的研究和开发（原松华，2011）。

最后，在科研层面，两国都在加强粮食作物燃料乙醇技术研究的基础上，开始着力进行第二代以纤维素燃料乙醇为主的研究。美国政府通过不同机构的协调与合作来推动生物燃料技术的研发，如 2006 年各政府机构合作参与的"国家生物燃料行动计划"，为生物质能的发展制定了一个长期的目标；同时，政府机构十分重视与相关大学、公司企业的合作，致力于开发提取生物燃料乙醇的新技术，如以纤维素原料为代表的二代生物乙醇技术研发。而巴西的燃料乙醇技术科研历史更为悠久，政府长年对技术研发予以大力支持，巴西圣保罗大学和其他科研机构在甘蔗种植、乙醇发酵工艺方面进行了十分深入的研究（曹俐、吴方卫，2011），使其甘蔗燃料乙醇的生产成本全世界最低，且乙醇产量在 2007 年之前一直居世界首位。国内科研机构的技术研发不仅发展完善了乙醇发酵工艺，推动乙醇企业生产率不断提高，也在提高甘蔗产量、推广田间管理等方面发挥了重要的作用，使原料的供应有了保障。

（2）生产加工环节。在生产原料选取方面，美国和巴西依靠其农业天然优势和政府的扶持保证了充足的国内原料供应，为生物燃料产业发展奠定了坚实的基础。美国选取玉米作为生物乙醇原料。玉米是美国的优势农产品，除了满足国内需求外还可以大量出口，且出口量一直稳居世界第一。此外，美国政府还对玉米种植者提供减税优惠。巴西则选取甘蔗作为生物乙醇原料。巴西是世界上最大的甘蔗生产国，在政府和私营部门的共同投资下，甘蔗种植面积 10 年间增长了近 1 倍。此外，巴西政府也按地域发展差异为能源作物种植者提供不同程度的补贴，如对于北部穷困的州，种植规模达 10000 公吨的种植户可获得政府所给予的每公吨 5 美元的直接补贴，从而平衡了中南部和东北部工厂的生产成本（曹俐、吴方卫，2011）。

美国和巴西主要通过财税政策对生物燃料的生产加工进行扶持。美国主要通过税收减免、直接补贴、投资优惠和公积金政策等对生物乙醇的生产加工进行扶持，如政府对年产 0.3 亿—0.6 亿加仑的小型乙醇生产厂家减征其每年前 150 万加仑的生产税，允许纤维素乙醇的生产厂家加速设备折旧（李元龙、陆文聪，2011）；2005 年颁布的《能源政策法案》则进一步提高了企业享受税收优惠的生产能力上限，每加仑生物乙醇可获得直接补贴 51 美分，同时，为防止进口生物乙醇冲击国内市场，政府对每加仑进口生物乙醇征收 54 美分的关税（吴伟光、仇焕广等，2009）。巴西则早在 20 世纪 70 年代中期就开始推行"生物乙醇计划"，采取了一系列激励政策和措施推动乙醇生产。如对相关企业提供低息优惠贷款补贴；鼓励投资者进入生物燃料乙醇产业，不设市场准入门槛，对投资者予以补贴等（向丽，2011）。

（3）市场推广和消费环节。作为一种新型产业，生物燃料乙醇能否顺利在市场推广以及得到消费者的认可是其发展成败的关键。在此环节，两国政府主要通过法律、经济和行政手段来培育燃料乙醇消费市场。

法律上，1970 年，美国制定《空气清净法》，对空气质量做出了严格规定，既为发展乙醇汽油提供了法律依据，也为推广使用乙醇汽油提供了政策支持（刘宁、张忠法，2009）；1992 年，美国颁布《能源政策法案》，要求美国联邦和州政府机构购买替代燃料车辆，促进了乙醇弹性燃料车辆市场的发展（曹俐、吴方卫，2010）；2005 年，美国颁布《能源政策法》，首次提出"可再生燃料标准"，要求在汽油总组成中加入特定数量的可再生燃料，而且每年递增，美国近 50% 的汽油需要调和乙醇（王鑫鑫、郭红东，2008）；2007 年，出台《能源独立和安全法案》，又提出了新的"可再生燃料标准"，规定到 2022 年前，国内汽车中加入 360 亿加仑的生物质燃料，且主要是乙醇（车长波、袁际华，2011）。巴西在实行"国家乙醇计划"之初，就通过法律的形式保护燃料乙醇和汽车生产商及消费者的利益，明确规定汽油中燃料乙醇的比例，对不执行者给予相应的处罚；此外，巴西法律还明确规定联邦级单位购换公用车时必须优先考虑采购包括燃料乙醇在内的可再生燃料的汽车（刘宁、张忠法，2009）。

经济和行政手段上，美国在消费推广方面注重政府采购和消费者补贴，由政府承担较高的成本，并且对国内乙醇市场实施关税保护政策，如对乙醇汽油减征税额为每加仑 51 美分，消费者购买混合动力汽车会得到减税优惠（陈柳钦，2011）；设置进口燃料乙醇贸易壁垒，对进口乙醇征收每加仑 0.03 美元关税和 2.5% 的从价税（唐建光、童莉霞等，2008），在一定程度上促进了国内乙醇市场的发展。巴西燃料乙醇产业的发展则通过渐进式地强制推广、财政扶持和价格杠杆以及国际贸易，依靠成本优势向海外大量出口燃料乙醇，充分利用国际和国内两个市场，例如，通过强制手段将纯乙醇的零售价格控制在低于汽油的水平；对汽车实行不同比率的税收，鼓励发展专门以无水乙醇作燃料的汽车（李先德、罗鸣等，2008），既刺激了乙醇汽车的生产，也为乙醇消费打下了基础；倡导制定和采用生物能源国际标准，建立全球生物能源市场，从而促进燃料乙醇的出口，刺激国内乙醇生产。

三 典型国家能源高效利用措施比较分析

保障能源安全必须坚持开源与节流并举，把节约放在首位，实现能源消耗的减量化，提高能源利用效率（郝美英、赵军伟等，2009），因此节能被称为除石油、煤炭、天然气、电力之外的"第五大能源"。英、美、日等国将节能视为能源可持续利用的重要途径，在节能法律制定、管理和节能企业推广方面有着较为成熟的经验。

（一）制定能源法律法规

日、美、欧盟等国纷纷把节能提高到国家战略上，出台了一系列相关法律法规。日本早在 1979 年就颁布了能源方面的核心法律《节约能源法》，对能源消耗标准作了严格规定，具有详细、可操作性强等特点，在实施目标、职责、对象和支持手段等方面均有明确说明，防止因法律条文解释不清而造成的法律效力降低；进入 21 世纪后，日本更是分别在2002 年、2003 年、2006 年颁布了《能源政策基本法》《能源基本计划》《新国家能源战略》，在扩大节能监控对象的同时加大了违法处罚力度，以法的强制性保障节能措施的实施，并提出到 2030 年能效较 2006 年提高30% 的目标。

美国是世界上最大的能源消费国，虽然早在 20 世纪 70 年代就提出了节约能源的相关政策，但直到 2005 年 8 月，美国才开始对节能进行全面的立法，《2005 美国能源政策法案》从立法角度提出了促进节约能源的一系列措施，2007 年进一步通过《能源安全法》鼓励企业、家庭及个人使用节能产品，2009 年 6 月奥巴马政府通过了《美国清洁能源安全法案》，积极实施绿色战略，提高能效标准，并提出通过更加严格的标准，在未来的 18 年内，将燃料效益至少提高 1 倍。

德国是欧洲节能法律框架最完善的国家之一，其《循环经济与废弃物管理法》和《节约能源法案》的先后出台，把减少化石能源和废弃物处理提高至发展循环经济的高度。欧盟也在2006—2008年陆续出台了《可持续、具有竞争力和安全的欧盟能源战略》绿皮书、《欧洲能源政策》一读文件和《能源安全和整体行动方案》二读文件（刘东国，2009），把节能放在能源保障的优先位置。

（二）运用经济杠杆调节

当能源价格能够充分反映能源供给成本时，消费者才会考虑改变其行为，采取提高能源效率的措施。在工业部门，能源消费所占的成本比例较低，即使一些高耗能行业，如造纸、化工行业，其能源成本也仅为总成本的10%—14%，因此为推动节能措施的实施，日本、美国等国家纷纷进行了能源价格改革，通过取消价格补贴等措施使能源价格能正常发挥出市场"信号"的作用（王安建、王高尚等，2008）。

政府采购是财税政策中政府可直接调控和引导节能行为的政策措施之一（苑新丽，2007），1993年美国总统克林顿签署总统令，规定政府必须采购有"能源之星"标志的节能产品，"能源之星"因此成为全球的节能基准，这一措施刺激和引导了生产者采用更为节能的生产方式，对节能产品的推广起到了积极作用。

税收是重要的财政调控手段。为鼓励企业、家庭和个人使用节能产品，各国通过财税优惠政策加以引导。例如，美国计划在未来几年内提供100多亿美元鼓励企业节能及其开发，减税40亿美元鼓励消费者购买节能汽车等（王亮方，2006）。日本则在能源税收方面对111种节能设备实施税收减免优惠政策，减免的税收约占设备购置成本的7%。同时，日本政府对购买新节能产品的消费者进行补助，初期金额较多，随后降低，并在达到一定普及率后不再给予补助。此外，政府还对节能技术的研发提供补贴。例如，日本经济产业省每年下拨3亿美元用于补贴家庭和楼房能源管理系统、高校热水器等，2000年节能技术研发费用支出达6.22亿美元，居IEA成员国之首。日本政府还通过专项准备金提供担保等方式对工业企业节能投资提供优惠贷款，贷款利率比商业银行低20%—30%，目前工业企业节能投资有一半以上来源于这些优惠贷款（姜异华，2007）。

（三）设立能源管理机构

能源管理机构的建立与完善，对国家自上而下地开展节能工作起到至关重要的作用。其主要职责是为政府、企业和消费者提供改进能源效率的意见和建议，研究开发先进的节能技术，制定执行国家能源政策、能源效率中长期目标等（王安建、王高尚等，2008）。日本形成了"经济产业省—日本节能中心—新能源/产业技术综合开发机构—日本国际合作机构—日本能源经济机构"自上而下的能源机构组织框架（见图8-12）（王安建、王高尚等，2008），各部门分工明确、协调有序、齐抓共管。美国的节能管理机构除了包括国家级和地方级部门外还有很多非政府部门，完备的能源管理机构对美国的节能管理工作起到了重要的作用（见图8-13）（王安建、王高尚等，2008）。此外，法国政府则在1992年成立了跨部门且相对独立的环境与能源控制署。

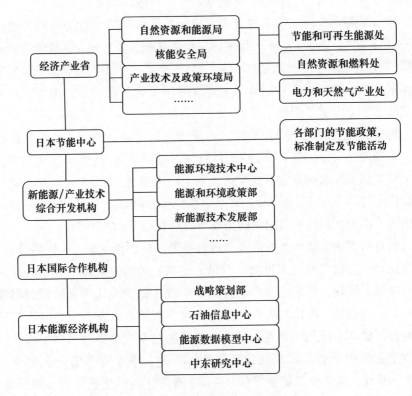

图8-12　日本能源机构组织框架

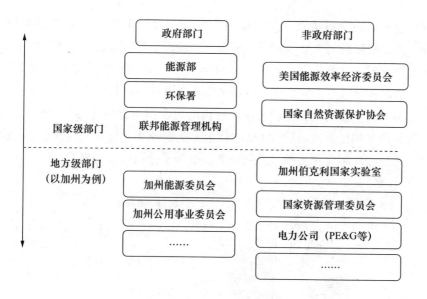

图 8 – 13　美国能源管理机构

（四）推行节能公司

为了促进节能减排，典型国家不断完善法律、能源管理，积极通过经济杠杆进行调节。在充分发挥"有形的手"的调控作用的同时，还积极培育市场"无形的手"，以便更好地为节能管理服务。

节能服务公司（Energy Service Company，ESCO），也被称为能源管理公司（Energy Management Company），是一种基于合同能源管理①（Energy Performance Contracting，EPC）机制运作的、以营利为目的的专业化公司（王安建、王高尚等，2008）。在许多国家，节能公司广泛发展，效果十分显著，平均节能20%—30%，成为一种新兴产业。

美国是能源管理公司（ESCO）的发源地，也是 ESCO 产业最发达的地区。根据《纽约时报》报道，1994 年，纽约州专业节能公司的营业额达到 30 亿美元，用户逐步由工业企业向机关、学校以及私人住宅过渡（船舶节能，1996），图 8 – 14 为 2006 年美国节能服务业的市场细分。美

---

① 合同能源管理是一种新型的市场化节能机制，其实质是通过减少能源费用从而支付节能项目全部成本的节能业务方式，它通过允许客户用未来的节能收益为工厂和设备升级，降低目前的运行成本；或者节能服务公司已承诺节能项目的节能效益或承包整体能源费用的方式来为客户提供节能服务。

国节能公司的发展得益于对节能技术的普及以及节省原则的严格贯彻，同时政府制定的有关建筑物节能标准、环境保护法规等也对帮助 ESCO 产业发展起到了助推作用。据统计，目前美国专业的节能公司已超过 2100 家，有的甚至成为跨国集团。法国的 ESCO 也有一定的规模，与其他国家相比多为行业性的能源管理公司，且在电力、供水、煤气等行业较发达，与其他国家相比，法国的 ESCO 除提供节能服务外，还提供类似于物业管理方面与能源供应相关的一系列服务，增加了公司的收益来源。

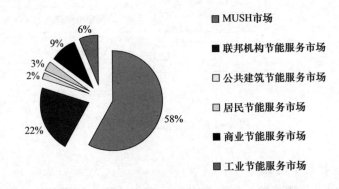

图 8－14　2006 年美国节能服务业的市场细分

资料来源：A Survey of US ESCO Industry。

日本自 1999 年成立了 ESCO 协会，随后节能服务公司越来越多，从最初的 5 家发展到 2006 年的 70 家，节能服务行业的市场规模达 1300 亿日元（约合 91 亿元人民币）（中华建设，2007）（预测值），其潜在的市场规模也可达 200 万亿日元（约合 2366 亿元人民币）。日本节能服务公司的投入资金由政府和银行提供支持，在税收上也给予一定的优惠。同时，日本推行的节能方案在显露成效时再由客户支付投资费用的做法也促进了日本工业领域项目份额的快速增长。

四　研究结论

从前面的比较中不难看出，典型国家的能源保障模式在许多方面较为成熟，值得我们借鉴，主要有以下几个方面：

第一，就增加国内能源供给而言，应根据本国能源储备的基本国情，在国内保证一定比例的能源供给。首先，以法律、政策的形式鼓励能源（特别是新的能源矿种）勘探，保护探矿人的合法权益；其次，要通过勘查技术的创新，积极拓展矿产勘探范围；再次，要保证充足的勘查资金，对勘探过程提供相应的税收优惠及其他补助，提高找矿、探矿能力，从而增加国内的能源储备量，保证能源安全供应；最后，还应努力实现能源消费结构的多元化，在发挥本国优势资源的同时，降低对其的过度依赖，提高优质、相对清洁能源（如天然气、核能等）的利用比例。

第二，在海外能源开拓方面，首先，要将能源海外供给提高到国家安全的战略高度，如美国的全球资源统治战略、日本的海外投资立国战略等，通过政治、经济、外交等手段加强与能源生产国的联系；其次，要鼓励能源企业积极参与海外能源开发，并对其提供可能的技术、信息帮助，保障海外企业开发的安全，在必要时为公司提供税收、补贴等优惠措施，增强海外能源的获取能力以及自主开发能力；最后，要改变能源供应区域单一的局面，实现能源供给的地区多元化，增强能源供应安全。

第三，对于能源安全储备体系，尤其是石油储备体系的建立，首先，要制定能源储备的相关立法，完善政府、企业在能源储备中的权利与义务；其次，要积极推行多元化的石油储备金筹集机制，降低储备风险；最后，要根据本国国情，结合不同地区不同储备主体的特点，选择不同的能源储备模式，进行合理的能源储备布局。

第四，在新能源开发上，首先，要根据本国新能源资源的分布情况制订可行的开发计划，并完善相应的法律政策，保证其合理持续的开发；其次，要加大技术的研发能力，使新能源在技术上、成本上具有可行性；再次，新能源的开发与利用属于"朝阳产业"，可在其推广和销售环节进行一定的税收优惠和补贴，提高市场竞争力；最后，在新能源开发利用的同时，积极制定相关的行业标准，提高本国在该行业的话语权。

第五，就能源高效利用而言，首先，应制定详尽、可执行且具有强制力的节能法律法规；其次，重视发挥经济杠杆的作用，利用税收、补贴等政策加以引导，鼓励企业、家庭、个人采用节能设备或技术；再次，建立统一的能源管理机构与能源管理系统，大力推行节能政策；最后，在完善的法律与管理体制的基础上，通过市场化的运作，积极培育节能服务公司，发挥市场在节能减排中的巨大作用。

第五节　典型国家国土资源保障措施比较及借鉴

一　典型国家国土资源利用特征及规律研究主要结论

本章通过分析典型国家不同经济发展阶段国土资源利用特征和变化趋势，揭示其经济增长对国土资源变化的内在作用机理，并借鉴典型国家的发展经验，预测我国未来的国土资源需求和保护压力。具体结论如下：

（一）典型国家耕地资源利用特征及规律

本部分选取日本为典型国家，借鉴 Panayotou（1997）经济增长中环境污染 EKC 模型的分解工具建立理论分析框架，将经济增长对耕地面积变化的影响分解为规模效应、结构效应和技术效应，在分析中日不同经济发展阶段耕地资源利用特征的基础上，运用 1971—2008 年中日面板数据，借助对数平均 Divisia 指数分解法，揭示中日相同发展阶段经济增长与耕地面积变化的内在规律，并进一步预测我国未来耕地资源的变化趋势。结果表明：从中日不同经济发展阶段耕地面积变化特征来看，一方面，经济增长波动与耕地面积变化关系逐渐减弱，另一方面，耕地减少数量呈波动特征，在人均 GDP 为 1000—3000 美元的经济发展黄金阶段，耕地面积变化呈倒"U"形曲线。从耕地面积变化的内在机理来看，其与经济增长的关系非常密切，在经济发展黄金阶段，耕地损失总体上随着经济增长呈逐步下降趋势，其中，经济规模扩张是耕地保护的主要压力来源，结构效应影响较弱，而技术进步则对耕地损失抑制作用最为明显。此外，借鉴日本发展经验，到 2020 年我国耕地保有量仅为 17.95 亿亩，"18 亿亩耕地红线"将被突破，耕地保护形势严峻。因此，由于经济规模增长不可避免，在未来 10 年里，应从降低结构效应与提高技术效应两个方面入手，实现耕地资源的合理有效利用。

（二）典型国家能源利用特征及规律

本部分根据工业化发展的先后与快慢，分别选取先期工业化国家（英国、法国、美国）、新兴快速工业化国家（日本、韩国）和发展中国家（巴西）三类作为典型国家。在分析各典型国家不同经济发展阶段人均能源消费量和能源消费强度演变趋势的基础上，运用 1960—2010 年各国经济、能源数据，通过构建能源消费规律分析框架，计量验证人均能源消费量与人均 GDP 在工业化全周期过程中的"S"形变化规律，并采用指数分解法（LMDI）剖析不同经济发展阶段能源消费强度与经济增长之间的内在变化规律，进而基于趋势递推法与类比法预测我国未来的能源消费需求。主要结论如下：

（1）典型国家不同经济发展阶段能源消费变化特征研究表明：法国、日本和韩国的人均能源消费与人均 GDP 呈现较为明显的"S"形，当人均 GDP 处于较低水平时，人均能源消费量增速较缓，此后随着经济水平的提高，又呈现快速增加的趋势，到一定程度后增速放缓或者趋于稳定；美国、英国、巴西的"S"形规律并不明显，可能是由于所取数据范围内，英、美两国处于工业化后期和后工业化时期，只能观测到"S"形的后半部分；而巴西经济发展正处于工业化的中前期，只能观测到"S"形规律的前半部分。对于能源消费强度，先期工业化国家如英、美、法等国处于不断下降的趋势，即倒"U"形的右半部分；而新兴快速工业化国家日本和韩国的能源消费强度随人均 GDP 的变化呈现出较为明显的倒"U"形趋势；发展中国家巴西的能源消费强度变化没有呈现规律性。但总体上来看，随着经济发展水平的提高，各国能源消费强度在不断下降的同时逐渐趋于一致，大多在 200 吨油当量/百万盖凯美元左右。

（2）典型国家能源消费规律实证分析结果表明：在研究时间范围内，法国、日本、韩国呈现较为完整的"S"形规律，而英国、美国、巴西则由于数据的不完整只表现出了"S"形的阶段性特征。在不同的经济发展阶段，技术效应、结构效应对能源消费强度总效应的贡献率不同，一定程度上解释了前面学者因选取时间范围不同而造成的不同结果，其中，结构效应在工业化后期和后工业化时期对能源消费强度下降起重要作用。从日本和韩国的变动情况来看，结构效应使能源消费强度呈现先增后降的倒"U"形特征；而技术效应的影响则因各国国情而异，但在整个工业化周期中，其绝对值呈现出一个类似边际递减的过程，解释了各国随着经济不断发展能源消费强度最终趋于一致的现象。

（3）我国能源消费需求预测结果表明：从人均能源消费变化趋势来看，我国能源消费正处于"S"形规律的快速上升期，未来能源消费量可能会保持较快增长。从 Logistic 模型预测结果可以看出，到 2020 年，人均 GDP 达到 14000 盖凯美元左右时，我国能源消费总量按高、中、低三种消费模式将分别达到 50.23 亿吨油当量、45.02 亿吨油当量、42.33 亿吨油当量。而从能源消费强度角度来看，参照英、法、日、韩等国人均GDP 7000—14000 盖凯美元时能源消费强度的变化趋势，未来一段时间内我国将进入降低能源消费强度的产业结构调整时期，而技术效应对其的作用可能存在一个类似边际递减的过程。到 2020 年，人均 GDP 达到14000 盖凯美元时，我国能源消费总量将达到 35.44 亿—57.03 亿吨不等。可见，无论采用趋势递推法还是类比法，我国的能源消费量将会达到甚至超过 2009 年世界第一大能源消费国美国 21.82 亿吨油当量的 2 倍，能源保障压力巨大。

二 典型国家国土资源保障措施对我国的启示

通过对典型国家不同经济发展阶段国土资源利用特征和规律的研究发现，其在经济发展过程中也面临着国土资源保障的巨大压力，并在长期实践过程中积累了丰富经验，值得我们借鉴：

（一）典型国家耕地资源保障措施对我国的启示

面对工业化、城市化进程中的耕地资源短缺问题，典型国家一方面通过国内和国外两种途径增加耕地资源有效供给；另一方面则通过增加投入和扩大经营规模来提高耕地利用效率。

（1）加强对国内土地资源的开发整理。首先，完善法律法规体系。我国土地管理相关法律仅由《土地管理法》《农村土地承包法》《国家建设征用土地条例》《城乡规划法》《土地复垦规定》等构成，其中原则性规定较多，可操作性不强，存在覆盖面不全、结构单一的问题，土地整理及其权属调整的法律法规仍不健全，没有形成完善的体系。因此，要加强相应法律法规体系的建设，借鉴日本立法模式，对土地开发整理的法定程序、开发区域做出限制；制定一部统一的土地整理法，整体管制、协调单部法律；同时，注重规范土地整理的作业流程和实施要点，使土地整理开发的每个过程、每个阶段都有法可依，实施的每个步骤科学合理。

其次，健全资金筹措机制。在土地整理的资金来源方面，我国国家和地方政府的投资约占到 98%，其中直接用于土地整理的包括新增建设用地有偿使用费、耕地开垦费和其他一些土地整理相关税费收入；只有极少量的资金来源于企业或个人（赵伟、张正峰，2010）。根据《土地复垦规定》中"谁破坏、谁复垦、谁受益"的原则，由于缺乏合理的筹资机制约束企业设立该项资金，且多数企业并未从复垦土地中获得足够的效益和鼓励，土地复垦资金来源难以保障（金丹，2009）。因此，需要运用市场经济手段，拓宽土地整理、复垦的资金融资渠道，同时建立起以国家和地方投资为主，私人投资为辅，多方联合的投资体系以保障耕地整理的顺利完成。

再次，合理选择耕地开发整理区域，落实土地整理规划。从日本经验来看，耕地开发主要集中于山区，降低了短期内被城市扩张占用的风险。对于我国而言，在进行耕地开发时，要综合考虑各项因素，既要保证开发后的耕地不会在近期被城市占用，又要有利于耕地的耕种便利性。同时，应借鉴日本、荷兰高度重视土地整治规划的做法，有计划、有步骤、有重点地分层次开展土地整理工作。从国家统一规划，到省市以及地方计划全面监管、督促土地整理项目的顺利实施。

复次，规范技术标准，提高开垦质量。国家层面的土地整理工作可以借鉴荷兰大规模运用工程手段，提高实施效率的做法；同时，在技术规范与运用上学习日本建立科学合理的技术标准体系，运用科学方式开垦、整理耕地；针对不同对象，明确规定各项操作标准，以便于土地整理工作的规范、高效开展，实现粮食产量提高和生态环境保护的统一。

最后，提高公众参与度，全面落实耕地保护政策。在我国，公众参与土地整理项目表现为一种较低层次的参与，只停留在规划编制与审批阶段，后期项目区的选址以及规划设计方案、施工监督等阶段并未涉及，且缺乏意见表达渠道（徐雪林，2004）。借鉴日本和荷兰的先进经验，一方面，应制定相关法律、制度保障公众的利益诉求渠道；另一方面，加强相关组织机构的建设，如土地整理委员会，完善土地整理项目选择、立项、规划及实施流程，使各利益相关者的意见得到充分表达，真正参与到土地收益分配中。

（2）积极开拓海外资源增加耕地供给能力。在海外耕地资源拓展方面，我国既要充分利用资金、外汇储备丰富这一优势条件，也要学习借鉴日本和海湾国家的成功经验与模式。其中，分析清楚投资国外土地的盈利点是关键，如何平衡投资方与接受投资方的利益是能否顺利施行的难点。

因此，首先应加强国家的主导作用。我国农业"走出去"起步较晚，在私有企业能力不足以应对国外风险、资金筹措、信息搜集等难题时，国家应建立完善的支持体系以加强对企业的扶持并加强合作，落实好政府的管理职责，为我国耕地资源的有效供给开辟一条健康、持久、有效的海外耕地资源拓展之路。一方面，给予企业在国内购买农机、化肥等方面的同样补贴政策；另一方面，资金上给予长期贷款贴息等支持。

其次，建立相关机构，完善风险评估机制。日本设立贸易振兴会专门协调海外投资，沙特阿拉伯则通过海外农业投资公司管理委员会直接参股管理。借鉴两国经验，我国在拓展海外耕地资源初期，更应该建立相关机构，并进一步完善风险评估与保险体系，为企业提供充足的海外投资信息；综合考虑政策、经济、社会、文化等多项因素，在尊重被投资国既定土地权利和风俗的基础上，更好地达成协议，实现互惠互利。

最后，提高企业综合实力。日本大型跨国私有企业之所以能有高比例的签约率和合同实施率，与其自身的实力是分不开的。故我国企业在拥有国家政策支持的同时，还需要进一步提高自身竞争力，加强谈判、合作和应对市场风险的综合能力；储备和培养通晓国际贸易知识、专业技术知识和农业生产管理经验的高素质人才；并且能够从大量信息中筛选、搜集与合作国更密切相关的可靠信息，再通过综合考察、评估制订合作方案与谈判对策。

（3）加大农业科技、机械投入，促进专业化分工协作。长期以来，我国在农业科研和教育方面的投入水平较低，且逐年递减，农业推广体系"网破、线断、人散"。为改变这一现状，首先，应借鉴美国和巴西经验，由政府及有关部门大力扶持，建立和完善具有中国特色的农业科研、教育和推广系统；其次，加快引进美国等发达国家的高新技术，增加农产品的科技含量，并在此基础上结合本国特点进行自主创新；最后，成立专门的农业研究机构，加强对农业生产者的教育和培训，并建立政府推广部门和民间技术咨询服务组织相结合的农业推广体系。

农业机械化方面，由于我国目前农机化作业水平偏低，生产规模较小，因此在发展的初期阶段，应加大政府的支持和投入。首先，政府除提供农业机械化公共服务外，还应增加以贷款、补贴和基金等经济手段为主的调控措施，同时完善相关法律法规，强化农机标准化体系建设和质量监督机制；其次，农业科研体系的完善是农机化顺利开展的技术支撑，应将农业机械化和农业科技化结合起来，建立和培育农机科研开发体系；最后，提高农民组织化程度，积极引导农机社会服务体系建设。

在农业专业化方面，目前我国专业化的农业综合服务机构还很少，绝大多数农户各自为政，自主经营。为完善我国农业专业化生产体系，可从以下几个方面入手：首先，依据地区特色及优势，在全国范围内进行分工，划分区域农业生产专区；其次，进一步建立和完善地方农民合作经济组织，并在此基础上化散为整，组成跨越行政区域的甚至全国性的合作经济组织体，建立一套规范的组织运行机制和技术指导标准；再次，培育和完善各个层次的农产品市场，使其拉动起更多的专业化生产基地；最后，为更多农业专业化企业的形成和发展创造条件，包括农业生产性专业化企业、为农业产前产中和产后服务的专业化企业，从而为专业化生产的顺利开展提供支持和服务。

（4）推进农地规模经营。首先，培育农业经营主体，确保农户的主体地位。借鉴日本农地规模经营政策，我国政府应重点确保农户的主体地位，并在此基础上培育农业经营主体。对于长期从事农业的农户，给予财政资金、税收优惠、技术服务等方面的扶持，将其培育成农业生产的中坚力量。同时，学习日本的农业生产法人制度，对于非农者进入农业设置一定的门槛，在确保其不损害农民利益的基础上，提高其对改善农民生活水平的贡献。

其次，建立非营利性的中介组织，完善社会化农业服务体系。目前，我国土地流转中介组织尚处于起步阶段，数量不多。农户在流转土地时，多采取一对一或一对多的谈判；同时，农业技术服务体系也不健全，产前、产中、产后服务断层，农业生产难以形成产业化。因此，我国应健全农业服务中介组织，可以借鉴日本的农协，以农户利益为出发点，组建为农户服务属于农户自己的组织；也可学习农地保有合理化事业，建立农地信托公司，促进农地使用权从低效农户向高效农户集中。

另外，拓展农民融资渠道，加强政府金融扶持。日本完善的农业金融政策及援助农业制度对其农业发展起到了一定作用。相比之下，虽然近年来我国政府取消了农业税，实行农业综合直补，加大购置机械等补贴费用，但惠及力度仍有限；农户融资渠道单一，从银行等金融机构贷款的比例非常低（叶剑平、丰雷等，2010）。因此，我国政府应拓展农户融资的渠道，完善补贴的内容、范围、对象，允许符合一定条件的农户根据自己的需要自主选择补贴项目。

（二）典型国家能源保障措施对我国的启示

现阶段，我国正处于能源消费的快速增长期，面对日益严峻的能源保障形势，典型国家主要从增加能源有效供给和提高能源利用效率两方面入手，以满足快速经济发展过程中本国的能源需求。

（1）保障安全、稳定的国内能源供应。首先，构建能源开发法律制度体系。目前，我国与能源相关的法律主要包括《矿产资源法》《节约能源法》《石油及天然气勘探开发登记管理暂行办法》和《石油天然气管道保护条例》，其作用主要是调节能源领域的重大全局性、综合性和战略性问题，缺乏针对各类能源利用的专门法律。因此，要加快能源专门法律以及相关实施细则的制定，引导企业对国内能源的开发，并制定优惠政策，鼓励企业对有前景的地区加大风险投入，保障我国能源的安全、稳定、可持续供给。

其次，加大对能源勘探及开发的经济扶持。主要有两个方面：一是税收优惠。目前针对企业优惠力度较大的税收政策包括增值税即征即退50%、企业所得税减免等，缺少具体针对能源产业的政策，因此应进一步加大税收优惠力度，有效促进能源勘探开发和新能源企业的稳定发展。二是根据我国现阶段的能源开发与利用情况，设定补贴与奖罚制度，激励和约束能源利用。

最后，为能源勘探及开发提供技术支撑。主要有两种途径：一是通过设立专项资金等手段，对能源勘探及开发的技术研究与应用予以支持；二是制定能源勘探及开发的技术政策、规范和标准，增强企业自主创新能力，促进企业技术进步（赵强，2010）。

（2）积极开拓海外能源。第一，综合运用政策、外交、经济和技术手段，加强与能源供给国的联系与合作，实现海外能源供给区域多元化，增强能源供给安全。目前我国的海外能源主要来自中东、中亚—西伯利亚、印度尼西亚—澳大利亚、非洲、拉丁美洲，其中60%左右来自中东，并通过马六甲海峡运输，政策、外交、经济和技术等手段的支持是能源公司组织和开拓海外供应区域和运输渠道的重要依托。

第二，鼓励能源公司（如中石化、中石油、中海油等大型国有能源公司）积极参与海外能源开发及运输，以增强我国抵御能源交易风险和海外能源开发的竞争力。20世纪90年代以来，中国石油天然气集团公司、中国海洋石油有限公司和中国石油化工股份有限公司等中国企业开始进入国际能源市场，而要保证海外能源的稳定，就要实现供应多元化和运输渠道多元化，能源公司的业务不应仅限于购买能源，而应进入国际能源开发和运输市场直接运作。

（3）完善能源安全储备体系。以石油储备体系的构建为例，首先，制定石油储备立法及相关法律法规。除完善能源安全、石油开采、使用等有关法律法规外，还应进一步争取石油储备立法，形成完整的石油储备政策管理体系，包括石油储备的总体框架、发展目标及不同阶段的适宜规模；各储备主体的最低储备量，相互关系及采购、建设、维护责任；储备资金来源，管理、运行、监督机制及各层次管理机构的权利义务；储备石油的支配权、动用条件和程序等。

其次，建立符合我国国情的多元化筹资体系。战略石油储备所需资金主要由政府财政负担；对于企业义务储备，可由国家提供一定的低息贷款、补贴等优惠政策；而对于企业商业储备，原则上由企业自行解决，但考虑到我国目前还没有建立真正意义上的商业储备，因此对其初期建设也可予以一定的财政支持。同时，应征收战略石油税以作为石油储备基金，并在国家预算中专项管理，专门用于石油储备设施的建设、维护和管理以及石油采购等。另外，还可以考虑由国家石油储备中心发行石油储备债券，侧重中长期投资，广泛吸收社会资金；鼓励民营企业出资建设储备基地或委托其运营管理等社会筹资方式。

再次，实行政府与企业储备相结合的储备模式。典型国家的石油储备模式各有特色，但都与本国具体国情相适应。根据我国实际情况，应走以政府储备为主、企业储备为辅，政府与企业储备相结合的道路。目前，我国战略石油储备三期工程正在建设当中，预计2020年全部完工，届时可达到90天的储备量。在企业储备方面，应先以三大国有石油公司为主体建立一定规模的商业储备，以备生产周转及紧急情况使用；在此基础之上，要求原油炼制企业、石油进口商和成品油销售商等承担一定规模的义务储备，作为国家储备的重要补充。另外，在企业储备发展比较成熟之后，可考虑建立机构储备，充分发挥三大储备主体各自优势，提高运行效率。

最后，合理、分散布局储备基地，采取多样化的储存方式。我国石油储备基地的选址应综合考虑经济性、及时性和安全性三大原则（曹博谦，2008），并根据区域特点有所侧重，从中寻找平衡点。根据世界各国成功经验，在战略储备方面，我国应采取东部沿海与西部内陆相结合的储备布局。初期建设选址主要分布于东部沿海地区，重点扩大储备量，如我国一期工程的四大储备基地；中远期发展阶段则逐步向内陆延伸，分散布局，在降低储备成本、提高安全系数的同时也有利于东西部地区的平衡发展。商业储备与政府储备不同，周转较快，在选择布局时应多考虑运输成本，即储备基地最好邻近炼油厂、管输中转站等，形成进出方便的储运分配系统。确定布局的同时还要考虑石油储存方式。根据美国的成功经验，地下盐穴是最理想的储备场所。我国地下岩盐资源丰富，分布广泛，因此可将其作为今后储存方式的重点。另外，考虑到商业储备动用可能性比较大，结合储备布局，我国也可以选择地上、半地下和地下油罐等多种方式储备。

（4）积极开发利用新能源。以生物乙醇的开发利用为例，首先，明确我国生物燃料乙醇的发展目标。鉴于当前严峻的能源形势，我国发展生物乙醇的首要目标应该是减少石油对外依存度，促进能源利用结构多元化，在该目标的引领下，国家应该结合能源多元化战略，合理确定生物燃料乙醇的发展速度、数量和规模。此外，面对与日俱增的节能减排压力，我国发展生物燃料的第二个目标应是促进经济和环境可持续发展，全面考量发展生物乙醇对温室气体排放的影响，把握好开发利用的合理度。

其次，着力解决木薯的原料供给问题。目前我国发展生物燃料乙醇只能走"非粮"道路。而在非粮燃料乙醇的生产中，只有木薯燃料乙醇达到了规模化生产的程度（杨昆、黄季焜，2009），因此要突破生物燃料的原料供应"瓶颈"，关键在于解决木薯的供给问题，主要可以从种植技术、政策扶持、开拓市场、评价规划等方面来着手。即加强木薯生产技术研发，努力提高木薯的种植栽培技术；通过税收优惠、财政补贴以及相关服务配套来提高木薯种植农户的积极性；开拓木薯国外原料市场，中国公司可以到东南亚一些适合种植木薯的国家进行投资开发或合作建厂，通过向国内输送木薯产品缓解原料压力；加强对原料作物的研究评价，因地制宜，制订符合实际的原料生产规划，同时合理规划、评估边际性土地，政策扶持利用边际土地种植能源作物的农户。

最后，加大技术研发投入，进行强制性市场推广。在技术研发方面，应借鉴美国和巴西的经验，通过立法、规划、财税和补贴等多种手段加大研发投入，建立生物燃料技术专项研究资金，尤其是在核心技术上提高支持力度；积极引进国外先进技术，在此基础上消化吸收形成自主创新能力；美、巴两国都重视大学与公司之间的合作，生物乙醇产业有着完善的公共技术平台，因此，构建产学研一体的技术创新体系，有效衔接人才教育、基础研究、技术研发和市场需求，是提高我国生物乙醇技术的必由之路。而在市场推广方面，巴西对乙醇汽车开发和应用方面的举措值得学习，我国应该通过税收激励政策，扶持以生物乙醇为原料的新能源汽车生产；巴西生物乙醇的最初发展是靠政府的强制性推广实现的，我国可适当加大对燃料乙醇行业的管制力度，如提高燃油混配比率、强制政府在使用乙醇燃料方面发挥带头作用等，对于处在发展初期的生物燃料产业，具有重要的促进作用。

（5）注重能源节约利用。根据美、日和欧盟等国的经验，首先，应将节能提高到国家战略高度，在现有《节约能源法》的基础上，通过制定详尽且可操作性强的能源法律法规、地方法规和部门规章，形成完善的能源节约利用的法律和政策体系，对能源消耗标准、节能支持手段、监督处罚方式等进行严格规定。

其次，充分发挥经济杠杆的调节作用，通过税收、补贴等优惠政策鼓励企业、家庭和个人使用节能产品，研发节能技术。具体可从两个方面入手，一是制定节能消费倾向的税收政策，如对高能耗产品和资源消耗品征收消费税，对使用再生性能源的企业给予补贴；二是制定鼓励节能领域科技创新的税收政策，如对从事节能新技术、新产品推广的企业进行营业税减免。

最后，建立和完善专门的能源管理机构，促进节能政策的推广和实施。目前我国能源管理机构的主要职能是制定能源战略和政策以及市场规制，而忽视能源战略储备、能源节约利用等职能，因此，建立专门机构以确保能源节约利用政策和战略的顺利实施是十分必要的。除此之外，还应充分发挥市场的作用，推进我国节能公司的发展，使其更好地为节能管理服务。

第九章 国土资源有效供给与
高效配置的政策设计

长期以来，我国经济增长基本上走的是一条资源高消耗、粗放利用的道路，资源浪费现象较为严重。当前，我国仍然处于工业化和城镇化快速发展时期，各项建设对土地和矿产资源有着强劲需求，有效供给与高效配置是未来我国国土资源利用的必由之路。基于我国国土资源利用的形势判断以及国外资源利用的经验启示，有效的政策设计将有助于解决我国资源配置存在的问题，提高国土资源对我国经济社会发展的保障能力。本部分在前文分析结论的基础上，从公共政策的基本构成出发，总结我国国土资源有效供给与高效配置所面临的主要政策问题，提出未来政策设计的目标、思路、治理结构改善途径以及具体的政策建议，为今后政策制定提供参考依据。

第一节 国土资源有效供给和高效
配置的主要政策问题

随着我国国土资源稀缺局面日益严峻以及公共政策体系的不断完善，国家出台了国土资源供给和配置的大量政策并取得成效，但随着我国经济社会快速发展，现有政策设计已不能完全满足资源管理需要。本部分从我国国土资源利用政策现状出发，从政策目标、政策主体、政策工具、政策执行以及政策评估、监督等层面，剖析我国国土资源有效供给和高效配置面临的主要政策问题，从而科学把握我国国土资源配置政策现状。

一 政策目标模糊，国土资源保障能力被削弱

由于国土资源利用具有全局性，国土资源政策目标实际上属于多元

化的目标体系。在我国现有资源利用政策框架下，政策目标内涵和外延界定模糊，削弱了国土资源保障能力。

第一，政策目标内容模糊。这方面直接表现为政策目标缺乏明确的针对性或者过于原则性，缺乏可操作性的衡量标准，对最终目标和阶段性目标的分解不够具体，多重目标解构不细，约束性目标和指导性目标划分不清。这里面既有经济社会可持续发展等政策目标不断发展和充实的原因，也有对经济发展和资源集约、环境保护、民生保障等"两难"问题认识不清、理解不当的原因。特别是对于不同时期、不同阶段经济安全和粮食安全、生态安全、社会安全等关键政策目标的内涵理解不够全面，本质内容认识不透彻，导致我国国土资源利用中长期存在重近期、轻长远，重效率、轻效益，重数量、轻质量，重增长、轻发展，重外延扩张、轻内涵挖掘的不良现象。

第二，多元政策目标间的优先顺序不明确。我国长期以来强调经济增长，唯 GDP 马首是瞻，涉及民生问题的资源利用问题被搁置。并且不同部门对国土资源政策目标的认识和追求也更多的是从本部门利益出发进行考虑，缺乏对城乡之间、区域之间以及产业之间国土资源问题的综合考虑，使经济增长这一政策目标长期处于优先位置，而环境保护、资源集约等政策目标则处于次要位置甚至被忽略。多元政策目标优先顺序的不明确以及政策目标动态调整体系尚未建立，进一步削弱了国土资源的保障能力。

二　政策主体关系不畅，利益相关者博弈明显

在我国现有经济基础和制度框架下，立法机关、行政机关、国土资源所有者、资源使用者以及其他利益相关者和公民个人都是国土资源利用管理政策主体。目前，政策主体关系不畅及利益博弈严重阻碍着我国国土资源利用目标的实现。

一是相关政策主体定位模糊、职能交叉，关系没有理顺。特别是多头管理、部门利益错综复杂，管理部门分工不明、权责不清，政出多门、相互矛盾成为制约国土资源配置的突出难题，相关管理部门集"运动员"和"裁判员"角色于一身，政策主体缺乏独立、客观地发挥作用的基础。

二是实际发挥作用的政策主体比较单一，没有形成多主体共同参与的局面。这主要表现在行政机关占据着国土资源政策的主导地位，立法

机关和司法监察机关的行动反而受到行政机关的影响，资源的真正直接使用者和利益相关者等关键主体的地位没有得到充分尊重，政策制定和实施中公众参与不够。由此带来的后果是居于主导地位的行政机关垄断了全部政策过程，其他政策主体的作用没有得到体现，促进国土资源有效供给和高效配置的政策实施缺乏公众基础。

三是政策主体间因价值取向不同、利益冲突而形成的博弈关系制约国土资源利用共同目标的实现。由于地方政府过度依赖土地财政，中央政府和地方政府在耕地保护、经济发展和民生保障等目标上存在明显分歧，中央政府和地方政府之间的博弈为政令畅通埋下了隐患；同时，资源使用者为追求经济效益的最大化，过度开发利用土地和矿产资源，严重破坏生态环境，生态安全难以保障；再者国土资源利用政策由于政策主体的非理性和相互博弈而难以得到共同遵守。

三 政策工具运用不合理，多元化治理机制缺失

政府管制、市场交易、社会治理和技术手段都是国土资源利用的重要政策工具。当前，国土资源政策工具侧重于单一形式的运用，多元化治理机制缺失，主要体现在以下几个方面：

第一，行政性工具应用过多。在我国国土资源管理中，政府居于主导地位，享有较高的管理权限，作用边界较宽，行政性权力参与过多。因此，政府管制、指令性计划以及政府审批和处罚等强制性行政手段成为主要政策工具，并大量应用于国土资源管理过程，以至于形成了以处罚代替管理、以政府代替市场的不利局面。

第二，市场化工具应用不足。尽管我国已经初步形成了市场化的土地和矿产开发利用局面，但现有政策框架下市场化工具应用仍然不足。由于行政性工具大量存在于资源配置领域，产权交易作为市场化工具的主要类型，只在土地使用权和矿业权交易等很小的范围内得到应用。目前，农村集体建设用地使用权的市场交易没有得到允许，集体土地承包经营权流转也缺乏良好的交易平台，探矿权、采矿权配置不当，没有可行的国土资源集约利用激励机制和交易机制，价格、供需和竞争等市场信号对国土资源的调节作用较小，市场机制对资源配置的基础性作用没有得到发挥。

第三，社会化治理工具缺失。社会化治理是政府和市场之外的第三条道路，社区治理、个人和家庭、公众参与、听证会都是典型的社会化工具（陈振明，2003）。社会化工具作为政府和市场的重要补充，在公共资源配置理论研究中受到关注（埃莉诺·奥斯特罗姆，2000）。尽管公众参与的理念以及听证会等工具已在土地征收和土地行政处罚等领域初步应用，但我国资源配置仍是政府为主、市场为辅的治理模式，包含社会化治理工具在内的多中心治理模式基本上没有建立，资源配置的自主治理和政府干预机制相互排斥，资源低效利用局面无法根本改善（龙开胜、陈利根，2011）。

第四，技术性工具应用困难。通过采用新的技术标准，设定技术门槛，以技术手段限制和淘汰资源利用粗放的生产方式和产能，是实现土地和矿产高效利用的途径之一。但无论是技术创新，还是新技术的采用和推广，均需大量成本。高昂的技术成本为新技术的应用制造了障碍，技术性工具的应用面临重重困难。

四　政策执行不力，难以形成政策合力

一项良好的政策如果得不到有效执行，其效果也会大打折扣。近年来，我国已经出台了旨在促进国土资源高效利用的一系列调控政策，但效果并未如预期的那么明显。政策执行不力及其带来的政策合力不足已成为国土资源有效供给和高效配置的关键阻碍因素。

第一，政策执行偏离目标。资源配置政策目标的多重性加大了政策执行偏离目标的风险。政策执行偏离预定目标的结果，往往是资源配置的社会公益目标被部门或者个人的私利最大化目标所代替。政策执行偏离目标还会使政策受到目标团体的抵制，目标团体的不配合而使政策难以执行。

第二，政策执行缺乏效率。政策执行部门层级过多、审批手续繁杂，以及政策执行部门和人员间信息交流不畅、工作机制不协调，对工作相互推诿、敷衍，行事拖沓，都是导致政策执行缺乏效率的重要原因。尽管近年来我国国土资源政策执行效率有所提高，但总体上政策投入和产出绩效仍不成比例，政策执行效率仍然较低。

第三，上有政策，下有对策。以国土资源高效配置为出发点的政策常常会涉及政府和资源使用者的切身利益。因此，替换性执行、选择性执行、象征性执行、附加性执行等上有政策、下有对策的行为（陈振明，2003），在国土资源政策执行中普遍存在。

第四，政策执行不到位、不彻底，方法不科学，甚至违法执行。地方政府在财政的压力下，往往不严格执行相关政策，对低效利用国土资源的行为该处罚的不处罚，该禁止的不禁止。另外，政策执行还存在有法不依、执法不严、违法不究，违反既定执行程序的现象；政策执行方法上也是重行政干预、轻经济激励，导致资源使用者集约利用资源的动机不足。

第五，政策执行的创新性机制不够。部分政策执行部门为避免担责，机械地理解和执行国土资源政策，无法积极能动地、有创造性地执行相关政策，降低了政策的实施效果。

五　政策监控与评估机制缺乏，制度供给不足

政策监控和评估机制能够发现并纠正政策的缺陷，从而为国土资源政策目标的实现提供保障，但我国相关制度供给的不足制约了相关政策作用的发挥。

一是政策监控机制缺乏。政策监控的目的是保证政策和政策执行程序的合法性、政策方案的科学性以及政策实施的有效性。目前，违反国家法律的地方性政策能够得以实施、违反产业用地控制标准的项目得以建设、不符合国家产业政策和用地政策项目能够通过审批等不合法的现象，都是政策缺乏监督和控制的表现。政策监控机制的缺乏难以保障政策的合理性和权威性，不利于资源高效配置。

二是政策评估机制缺乏。一项政策出台或者废止，应该建立在科学且全面的政策评估基础上。尽管我国政策评估的理论和方法受到已有研究的重视，但实践中对某项政策的评估却非常不足。长期以来，我国比较偏重于制定新政策以应对资源利用中出现的新情况，而很少通过对政策的事前、事中和事后评估来发现原有政策的弊端并加以克服。政策评估机制的缺乏使决策者无法了解实施某项政策耗费了多少资源，产生了多少效益，获得了多少人力支持，存在哪些问题，哪些方面有待改进等有利于新政策制定的关键信息，加大了新政策重复原有政策失误之处的可能性。

三是配套制度供给不足影响主体政策效果。除了产权、市场、规划、管制和计划等国土资源利用和管理基本制度以外，产业、财政、税收、官员考核与问责、社会保障与管理等制度的作用也至关重要。而当前，我国社会保障制度建设、户籍制度改革、财政和税收杠杆、官员问责制正处于起步阶段，导致旨在推动国土资源有效供给和高效配置的政策难以取得预期效果。因此，相关制度供给不足影响了主体政策的效果是显而易见的。

第二节 国土资源有效供给与高效配置政策设计目标与思路

我国传统的资源消费和经济增长方式已经难以支撑经济持续增长。毫无疑问，转变经济发展方式已成为我国当前经济发展阶段的根本特征，也是我国国土资源利用方式革新的重要基础和前提。针对我国国土资源供给和配置政策面临的阻碍以及经济社会发展的新特点，本部分将提出我国国土资源有效供给和高效配置政策的具体目标以及改革思路。

一 政策目标

(一) 保障国土资源供给能力

我国国土资源的有限性，以及经济快速发展对国土资源的强烈需求，造成了国土资源供给的紧张局面。破解我国经济发展中国土资源的制约"瓶颈"，保障经济社会全面、协调、可持续发展，关键是要满足经济发展对国土资源消耗的必要需求。因此，国土资源有效供给与高效配置政策目标之一，就是保障国土资源的供给能力，为经济发展提供资源支撑。具体而言，保障国土资源供给能力，一方面，要通过后备资源挖掘和开发、存量低效利用资源的再开发等途径增加国土资源的绝对供给量，从根源上提高资源供给水平；另一方面，则是要通过综合考虑城乡之间、区域之间以及产业之间资源利用的差别，优化国土资源供应的优先顺序，有区别地保障国土资源供应，如增加保障房和生态保护等涉及国计民生用地的供给量，禁止"高投入、高消耗、高污染、低效益"产业用地的供应。

(二) 促进经济发展方式转变

长期以来，我国经济增长基本上是走资源高消耗、粗放利用的道路，资源浪费现象较为严重。当前，以资源大量消耗为代价的经济增长模式已经不符合我国现实，转变经济发展方式成为我国社会生产的必由之路。国土资源是国民经济发展的物质基础和支撑，国土资源供给和配置方式改革，无疑是促进经济发展方式转变的重要途径。国土资源有效供给与高效配置政策设计，应以促进经济发展方式转变为根本出发点，解决我国资源开发利用中长期存在的重近期、轻长远，重效率、轻效益，重数量、轻质量，重增长、轻发展，重外延扩张、轻内涵挖掘等严重问题。在促进经济发展转变这一总体目标指导下，粮食安全、环境友好、资源集约、民生保障成为国土资源政策设计的具体目标，这既是加快经济发展方式转变的基本要求，也是国土资源政策有效性的重要体现。

（三）提高国土资源配置水平

我国国土资源稀缺性决定了经济发展中资源投入必然走集约利用道路。因此，提高国土资源配置水平，以最少的国土资源消耗获得最大的社会和经济效益，提高社会公共福利水平，是国土资源有效供给和高效配置政策最直接的目标。这一政策目标包含国土资源投入量不变的前提下效益增加，以及效益不变的前提下国土资源消耗量减少两层含义，而增加资源消耗量的同时增加经济产出的方式则难以适应我国国土资源利用的现状。在提高国土资源配置水平的路径上，既要通过资源节约管制、集约利用和技术创新减少经济发展对国土资源的绝对消耗量，也要通过制度创新、体制机制完善避免经济发展过程中对国土资源的低效利用和过度消耗。在当前国际资源需求量居高不下、我国土地和矿产资源自然供给量严重不足的情形下，减少单位经济产出的资源消耗量，对促进我国资源可持续利用，显然具有积极意义。

二 设计思路

（一）以转变经济发展方式统领国土资源利用管理政策改革

加快转变经济发展方式，是推动科学发展的必由之路。转变经济发展方式必然要求调整经济结构，加快科技进步和创新，走可持续发展道路，这为我国国土资源配置政策改革提供了新的思路。未来一段时期内，我国国土资源配置政策改革的重点在于以转变经济发展方式为统领，以国土资源供给和配置政策效率改善为目标，建立起促进区域协调、城乡统筹、产业优化和民生保障的国土资源政策体系，促使国土资源利用方式由浪费向节约、由粗放向集约、由保经济增长向保民生等目标转变，实现国土资源有效供给和高效配置，为经济发展提供资源保障。

（二）以利益相关者合作博弈取代非合作博弈的政策机制

国土资源政策的制定和实施过程，都是涉及多元利益主体的多元目标过程，利益相关者之间的利益博弈必然影响政策效果。利益相关者的非合作博弈、只考虑自身利益的最大化，不利于资源配置公共利益目的的实现。合作博弈则能使利益相关者通过讨价还价达成共识，开展合作，各自获得合作收益。因此，我国国土资源供给和配置政策改革，应以利益相关者合作博弈取代非合作博弈为出发点，逐步实现由自上而下的、部门主导的政策机制向自下而上的、公众参与的政策机制的转变，增强利益相关者的共识、互信和利益交集，形成具有一致性的集体行动和合作组织，减少利益相关者非合作博弈导致的政策阻碍，从而达到国土资源有效供给和高效配置目标。

（三）以多中心治理替代单一的国土资源配置治理结构

由于制度变迁成本的制约以及我国国土资源的基本国情，不可能从根本上改变我国的土地基本制度，因此政策改革比较理想的方式是资源配置治理结构的改善（谭荣、曲福田，2010）。目前，多中心治理能够克服单中心治理过程中权力过度集中和垄断的问题，有利于调动不同层级组织的积极性，在理论和实践中受到重视。以多中心治理替代单一的国土资源配置治理结构，就是要在政府适度管制的基础上，充分发挥市场和自主治理机制的作用，创新管理体制，理顺不同主体之间的利益关系，消除单中心治理结构下行政命令主导国土资源供给和配置的负面影响，形成参与主体和治理工具多元化的国土资源供给和配置机制。

（四）以政策绩效评估引导国土资源管理政策的动态调整

以不断出台新政策为标志的政策更替机制，忽略了政策的延续性，未必能够实现资源高效利用的目标。同样，盲目、僵化地实施既定政策而没有适时改进，也不可取。实际上，以较低的政策成本获取良好的政策绩效，才是一项资源政策有效率的体现。强化政策实施监督，建立以政策投入绩效比为依据的评估机制，并以政策绩效评估结果引导政策动态调整，最大限度地达成新旧政策目标的一致，形成政策合力，实现从重政策制定向重政策实施的转变，是当前国土资源供给和配置政策改革迫切需要贯彻的思路。

第三节 国土资源有效供给与高效 配置的治理结构改善途径

在我国现行制度框架下，国土资源具有公共资源属性，资源配置需要满足多样化目标，传统的政府主导或者市场主导的单一治理方式已经不能适应国土资源供给和配置的现实需求，有必要寻求多样化的治理路径。本部分在政府和市场治理工具的基础上，分析社区自主治理所能发挥的作用，提出建立多中心治理模式、完善多元化治理机制的具体路径。

一 政府与市场：现行治理结构的主要选择

政府调控和市场交易无疑是国土资源配置的两种主要方式，政府和市场的相互补充和矫正也是实现国土资源有效供给与高效配置的前提。现阶段，政府和市场以各自的功能，在我国国土资源利用中发挥着重要作用，是国土资源有效供给和高效配置治理结构的主要选择。

（一）政府管制：现行治理结构的制度边界

政府管制是资源配置的重要机制，我国国土资源利用长期处于政府管制机制作用之下。政府配置资源主要是为国土资源利用制定交易规则，提供法律规范与政策框架，同时提供必要的公共服务。因此，有助于明晰产权、最小化交易成本的制度安排成为政府管制必须具备的要件。在政府管制的约束下，资源使用者按照政府既定规则合理开发利用国土资源，实现资源效益最大化，这也是完善国土资源治理结构应当遵循的原则。当前，改善国土资源有效供给与高效配置的政府治理机制的途径可从以下方面着手：一是政府管制在国土资源管理垄断中的放松。在现行法律框架范围内，政府不应过多介入属于市场配置资源的范畴，应允许资源供给者和需求者以多种方式和途径参与国土资源开发利用活动，破除政府对国土资源配置的垄断地位，实现国土资源的良好治理和资源的可持续性利用。二是转变政府职能。必须明确，政府管制作为资源配置的手段，仅在市场失灵的时候才能运用。据此，政府职能转变的核心在于为资源配置提供公共服务，包括科学制订土地利用规划和计划、强化土地产权权能与功能、监督和惩罚违法利用国土资源以及破坏资源配置市场的行为，引导国土资源的合理和高效配置。三是依法行政。在依法治国框架下，政府管制必须依法进行。在没有法律规定或者未获得法律授权的情况下，政府不得介入国土资源的微观配置领域。只有严格按照法律规定管制资源未利用，才能保证政府在配置资源过程中的公正地位，为国土资源有效供给和高效配置提供有效依据。

（二）市场交易：现行治理结构的基础工具

市场作为一种制度安排，在交易成本下降的情况下能够有效替代政府干预，并通过价格、竞争、供需机制的主导作用，达到促进国土资源有效供给和高效配置之目的。目前，我国已经建立社会主义市场经济制度，市场工具在国土资源利用和管理中的运用成为必然趋势。国有土地使用权出让、出租、转让、抵押、入股，土地承包经营权流转交易，矿业权出让、转让等资源有形交易市场的快速发展，以及矿产资源国际贸易的蓬勃发展，使市场机制在资源配置中的基础性作用得到发挥。但市场交易中也存在政府垄断、资源流动性不足、信息不充分等问题，限制了市场机制作用的范围，一定程度上削弱了市场对国土资源配置的调节能力。经济学研究已经指出，由于垄断、外部性、公共产品、信息不对称等外部条件，市场机制有时候无法正常发挥作用，资源配置无法达到最有效率的状态。因此，完善国土资源有效供给和高效配置的市场治理结构路径应注意以下几个方面：一是破除垄断。这既要破除我国国土资源市场配置的政府垄断和城乡二元结构，也要打破国外企业对矿产资源交易市场的国际垄断，通过破除垄断建立自由交易市场，实现资源优化配置。二是强化资源流动性。改革资源产权结构，强化资源物权属性，促进资源在区域间、城乡间自由流动，显化土地和矿产资源的资产功能，形成合理的资源资产价格。三是充分利用国内和国际两个市场。市场治理结构的完善不仅要依靠国内市场，更要充分利用国际市场，通过国际市场获得我国急需的资源，促进国外资源流向国内，进一步提高资源保障能力。

二　社区自主治理：资源治理方式的第三种选择

土地和矿产资源作为环境的一部分，具有明显的公共资源属性。由于市场和政府在公共资源治理中存在不足，社区自主治理成为资源配置方式的第三种选择。自主治理即是一群相互依赖的委托人把自己组织起来，通过规则制定、可信承诺和相互监督等一系列措施，在所有人都面对"搭便车"、规避责任或其他机会主义行为形态的情况下，取得持久的共同收益（埃莉诺·奥斯特罗姆，2000）。社区自主治理作为市场和政府机制的重要补充，需要在国土资源有效供给和高效配置治理结构中不断强化，这有赖于以下几方面的努力：一是自治组织的建设。建立农业合作组织、行业协会等自治组织，使具有共同利益的土地和矿产资源使用者群体组织化，并能够通过该组织减少资源使用者的盲目行为，优化公共资源利用。二是治理规则的建立。自主治理作为国土资源治理的一种新方式，需要建立区别于此前单纯市场或者政府机制下的规则体系。自治组织应发挥组织成员的积极性，制定能为全体成员所遵守的共同规则，并充分运用激励、选举和监督等工具，以实现国土资源有效供给和高效配置的目标。三是明确治理范围。国土资源利用管理中，自主治理作为资源治理方式的第三种选择，既要避免组织内部的冲突，也要避免与市场和政府机制相冲突，因此明确组织治理范围是非常必要的。在国土资源供给和配置过程中的资源保护与交易、应对国际矿产资源贸易纠纷等广泛领域，自主治理机制均能充分发挥作用。

三 构建"社区自治—所有者主导—政府干预"为一体的多中心治理模式

多中心治理模式能够充分发挥市场、政府以及自主治理的作用，有利于提高资源配置效率。在我国，土地属于国家和集体所有，矿产资源属于国家所有，资源使用者拥有的是资源使用权，政府则是资源管理者。因此，完善土地和矿产资源有效供给与高效配置治理结构，必然需要一个集社区、所有者和政府为一体的多中心治理方案。

（一）社区自主治理

社区自主治理，即资源使用者通过自主建立的合作组织、行业协会等，合理地支配资源。在自主治理模式下，资源使用者能够运用已有规则体系，进行资源利用决策与约束、双方协商、监督、自动履行责任等。社区自主治理行为通过资源使用者的自我约束、协议和相互监督实现国土资源优化配置，既节省了政策执行成本，又能满足资源使用者的需求。

（二）所有者主导治理

土地和矿产资源使用者与所有者的分离，决定了资源所有者应在国土资源配置中发挥主导作用。所有者主导治理，主要是在国土资源配置过程中发挥国家和集体经济组织的资源所有权主体作用，充分运用市场工具，与社区自治良好补充，从而维护资源所有者和使用者的共同利益。按照我国现行法律的规定，国家和集体经济组织有权对集体土地的闲置及其他不合理的利用采取措施，国家也有权对矿产资源利用中滥采、滥挖、滥用和破坏环境行为进行治理。因此，国土资源所有者主导治理，首先，应明确所有者治理范围，这主要包括土地回收、土地权利初始配置、探矿权及采矿权初始配置等属于国家和集体发挥作用的范围，这些领域涉及资源所有权配置，在现行法律框架下还不宜采取社区自主治理方式；其次，建立以资源产权为核心的资源所有权经济实现形式，按照产权关系分配资源收益，为国家和集体经济组织运用经济手段重新配置国土资源创造条件；再次，重构资源所有权主体及其成员之间的关系，按照契约或者企业组织的方式，明确所有权主体及其成员的权利和义务，彻底解决土地和矿产资源利用领域中所有权主体虚化、模糊等问题；最后，要建立公众参与的国土资源治理机构和村民自治制度，及时处理农村闲置土地收回、土地重新分配、土地再利用、国土资源开发利用保护等事宜。以国土资源所有者主导治理方式进行的资源配置，尽可能地将土地权益实现有效率和公平的分配，是国土资源利用管理中必须建构的治理形式。

（三）政府干预

政府干预是在自主治理和所有者治理的范围之外，政府以资源管理者的身份发挥其管理职能，为国土资源利用管理提供基础条件。这里主要包括两个方面的内容：一是政府提供国土资源配置的基本规则，避免造成政府作用的缺位；二是政府履行资源管理行政职能，只能在法律规定范围内，不能越位。具体而言，政府必须在制定国土资源利用法律法规、编制资源利用规划、资源开发利用项目审批、保障资源所有者和使用者权益、提供国土资源利用新技术和中介服务等方面发挥作用，确保国土资源被配置到真正的需求者手中。同时，政府干预是促进国土资源高效配置的基础环节和最后环节，因此也必须要限制政府作用的过度发挥。

四　完善国土资源配置政策工具，建立多元化治理机制

完善资源产权、市场、管制和公共服务等政策工具，构建多元化治理机制，形成多主体相互配合、相互促进的资源配置机制，最大限度地保障不同主体的权益，是实现国土资源有效供给和高效配置的根本之道。

一是以产权调节国土资源配置。产权具有资源配置功能（黄少安，2004）。明晰国土资源产权，赋予集体土地和国有土地平等的权能，合理配置探矿权和采矿权，是实现国土资源有效供给和高效配置的基础。目前，完善资源权属登记制度，强化土地承包经营权、建设用地使用权和宅基地使用权的物权属性，改革资源产权交易制度，促进生产要素合理流转，以产权流动激活土地和矿产资源财产功能，从而达到改善国土资源供给和配置效率的目的，是以产权调节国土资源配置的核心途径。

二是充分发挥市场的基础性作用。市场是资源配置的基础性工具，完善资源交易市场的重点是建设土地有形市场和矿业权有形市场。一方面，通过农地流转市场实现承包地的高效配置，通过城乡建设用地一体化市场实现经营性用地的有效供给和高效配置；另一方面，大力培育矿业权市场，发展国内和国际两个市场，充分利用国际矿产资源交易市场。但市场工具适用也要有限制，对于具有生态保护、民生保障以及其他国家公共利益目的的土地和矿产资源则不适宜过度采用市场工具。

三是适度管制和宏观调控国土资源利用。在产权和市场工具之外，政府对国土资源利用的适度管制和调控也非常有必要。政府管制主要是通过编制资源利用规划和运用行政执法职能，对不符合规划用途的国土资源利用行为进行强制性管理和惩罚，防止破坏资源行为的快速蔓延。政府宏观调控则是依靠计划指标、开发强度控制、资源价格和经济激励等手段，合理控制资源开发速度和规模，避免国土资源的低效利用。

四是完善国土资源利用的技术支持和服务体系。主要包括改善农田水利设施、改造中低产田、提高国土资源利用管理科学技术水平、加强国土资源管理人员培训等方面的技术和完善公共服务体系。对于政府而言，需要在管制制度之外，推广国土资源利用新技术和先进管理方式，制定土地和矿产资源利用行业标准，完善公共服务体系，促进国土资源节约集约利用；另外，还应建立多种形式的国土资源利用管理中介服务组织，为个人和企业的资源利用提供信息和技术服务，从而激发资源使用者高效利用资源的动机，促进国土资源利用效率的提高。

第四节　国土资源有效供给与高效配置的政策建议

围绕上述政策设计目标、思路以及治理结构完善路径，本部分将从产权、市场、管制、税收、价格、技术、贸易等方面提出激励与约束相容，市场、政府与公众参与相结合的国土资源有效供给和高效配置政策建议。

一　产权政策

产权明晰和完整是实现国土资源有效供给和高效配置的前提。土地资源产权政策着重包含以下三方面内容：一是明晰城乡土地的产权主体，解决土地产权初始归属问题；二是优化和制定土地产权调整政策，以此解决城乡建设用地增减挂钩、土地整理和农村宅基地退出中的土地权利归属问题，确保各经济主体的土地权益，提高土地资源供给效率；三是完善集体土地使用权流转制度，包括集体经营性建设用地使用权的流转和农村土地承包经营权的流转。矿产资源的产权政策应当集中在优化矿产资源的产权结构，强化产权权能，保证国家矿产资源产权经济利益的实现等方面，从而为矿产资源产权市场交易提供依据，提高资源配置效率。

（一）明晰城乡土地的产权主体

对农民集体所有土地而言，首先要明确土地所有权主体，保障集体经济组织成员土地权益；其次要明确集体土地使用权主体，充实集体土地使用权权能，实现土地权利的物权化。具体措施上，要进一步明确农民集体经济组织的范畴，规范以乡（镇）集体、村集体、村民小组等基层经济组织组成的事实上的农村集体土地所有者的权能职责和行为，明确农村集体建设用地产权主体，并通过登记发证，厘清乡镇、村、村民小组三类主体的产权界限，避免产权权能重叠。同时要进一步明晰集体土地内部土地权利体系，培育新型集体经济组织，将集体土地所有权主体具体化，明确界定农村行政机构和基层组织各自的权、责、利及相应关系。要进一步明确各产权主体的地位和职能。国家对国土资源利用的用途管制权利是土地所有者和使用者使用土地的前提和基础，其他土地使用者必须遵守国土资源用途管制的规定。在现行土地法律制度框架下，农村土地产权主体拥有独立的经济主体地位和权利，具有依法行使土地使用、收益、继承和担保等完整的权能。

对于城市土地而言，特别是对于城市住宅用地而言，土地确权发证相对比较完善，土地权利主体比较明确。但城市土地中的共有部分，仍需明确土地权利主体，有必要按照《物权法》的规定，对城市土地中的共有部分加以明确并在土地权利证书中注明，避免出现理论上享有权利但实际中无权利载体的局面。

（二）城乡土地产权调整与权属明晰

由于城乡建设用地增减挂钩、土地整理和农村宅基地退出打破了原有土地的权属界限，利益主体复杂，确权颇为困难。具体而言，既涉及集体土地之间、集体土地与国有土地之间的产权调整，也涉及土地使用者之间的产权调整。因此，土地产权调整以及利益分配是否成功，成为制约土地供给的关键。

对于因增减挂钩、土地整理和宅基地退出导致的权属变更，首先要在该项工作开展之初明确权利配置方式，即新增土地归集体经营是否还是原有个人使用，收益如何分配；然后再按照地类和面积准确、界址和权属清楚的原则进行确权，避免事前规定不明而导致的权属纠纷。对于以置换形式进行的土地调整，如果原土地使用权人并未减少土地权利享有，则依法换发土地权利证书即可；如果原土地使用权人因此失去土地使用权，则应依法给予经济补偿。对于新增耕地，如果新增耕地仍然属于原集体经济组织所有，一是可以给原土地使用者经营；二是可以作为集体经济组织的资产统一经营；三是可以重新发包给本集体经济组织成员耕种或者出租给本集体经济组织成员以外的单位或个人使用；四是可以按照土地整理复垦前的约定，按照"谁投资，谁受益"的原则，由整理复垦机构进行经营和管理。如果新增耕地权属界限已经无法辨识，则由原土地所有权人按照公平、合理的原则协商解决，同时辅以管理机构的权属争议解决机制，为土地确权提供最后的裁决。由于城乡建设用地增减挂钩、土地整理和农村宅基地退出导致的土地产权调整涉及集体经济组织成员的切身利益，因此其产权调整必须经原土地所有权人和使用权人同意，并且调整后需及时发放权利证书，避免土地权利人的权利受损。

（三）强化农村土地产权权能及产权实现方式

首先，建立集体经营性建设用地使用权流转制度，关键要从国家法律层面确认农村集体经营性建设用地使用权流转的合法性，采取自上而下的制度设计，规范经营性集体建设用地入市流转问题。经营性集体建设用地使用权制度的改革重点是打破禁止流转的禁锢，方式是流转过程中引入市场机制，目标是增加存量建设用地的有效供应，优化资源配置，保障农民的权益。我国《宪法》第十条与《土地管理法》第八条、第四十三条、第六十三条等规定对城市土地的来源、集体土地的使用与功能进行了限制，由于缺乏最终支配权，集体土地使用权难以与国有土地享有同等地位与权能。因此，有必要适时修改《宪法》第十条和《土地管理法》第八条、第四十三条、第六十三条，破除城市土地属于国有的有关规定以及集体土地所有制的限制，允许农村集体经营性建设用地依法进入土地市场自由流转。

其次，要积极探索宅基地退出机制。一是建立已建成宅基地无偿与有偿相结合的使用制度。对于在当地未规定宅基地面积标准之前已存在的合法取得的宅基地，承认其合法产权，应当继续使用无偿取得方式；对于当地规定宅基地面积标准之后合法取得、面积符合标准、保障基本居住的宅基地部分，继续使用无偿取得方式；对于合法取得，但建成之后却超过宅基地申请报批面积的宅基地，对其超出的宅基地部分实行有偿使用制度，有偿使用的费用应交由当地村农民集体分配使用。二是建立宅基地收回补偿制度。对于取得不合法的、长期闲置的宅基地，原则上无偿收回；制定相关的奖罚政策，积极引导农户退出多余的宅基地，并采取多样的宅基地退出补偿方式，如"宅基地换资金""宅基地换住房""宅基地换保险""宅基地换社保"等有偿回购方式，对于放弃宅基地在城镇已有住房的土地使用者，以城市住房的市场价格进行补偿。三是健全农村宅基地整理、置换、复垦机制，鼓励宅基地向中心村、小城镇集中，提倡相对集中建设的公寓式楼房，实行土地置换政策等，并推行建新与退旧挂钩制度，实施增减挂钩政策。四是在保障基本居住条件的前提下，允许宅基地使用权人经本集体组织同意，将其宅基地向符合宅基地申请条件的人转让、赠予或者出租但不能直接将宅基地使用权出让给集体组织外部的任何组织或个人。

最后，强化农村土地承包经营权权能，促进土地流转和权益保障。

无论是农地流转、合作化还是增减挂钩、"三置换"等各种形式的改革探索，都必须以对农户承包经营权的保障为前提，而不能只讲土地流转，不讲稳定承包关系和现有家庭经营的基础，从而导致农民"被进城"、"被上楼"甚至"被失地"，损害到农民的权益。所以，流转必须是建立在农民依法自愿有偿的基础之上的，按照现行法律明确赋予农民更加充分而有保障的土地承包经营权的规定，进一步修改《农村土地承包法》，完善《村民委员会组织法》，建立完善的以保障农民土地承包经营权为核心的法律体系，将农民土地承包权流转依法运行。在此基础上，促进农地流转形式的高级化。目前我国已有很多地方进行了更高级土地流转形式的探索和实践，形成了比较成熟的土地流转方式，比如大户经营、土地股份制、专业合作社、企业经营等。通过将农民的承包权财产化，使农民既能获得土地的直接收益，也能获得土地作为资本的增值收益。我国应鼓励各地政府结合自身情况，坚持以市场为导向，积极培育规模经营大户，大力扶持农村股份合作社及其他专业组织，发展农业产业龙头企业，推动农地流转形式的高级化，加快农地流转的步伐。

（四）优化矿产资源的产权结构并强化产权权能

我国矿产资源所有权和土地资源所有权归属不同，矿产资源所有权专属于国家。因此，矿产资源产权配置的重点是优化产权结构，核心是处理好探矿权和采矿权的配置问题。在探矿权方面，要破除传统的由地勘单位等国有事业单位主导的探矿体制，鼓励国有矿山、具有国际竞争力的矿业公司或企业集团积极找矿，并发展多种所有制的商业性矿产资源勘查公司和机制灵活的找矿企业（张广荣，2006）。在采矿权方面，要厘清现行矿产资源权利配置存在的问题，积极引导采矿企业通过公平竞争的方式获得采矿权，并适时建立采矿权的交易机制，促进采矿权向掌握高新技术的企业转移。另外，还要优化矿产资源探采权利的复合配置，使探矿单位和采矿单位能够有激励找矿和挖矿，特别是探矿单位和采矿单位可以采取联合开发机制，共同投入资金，共同享有投资收益，实现探采一体化。

在强化矿产资源探矿权和采矿权权能方面，则是要实现探矿权和采矿权的物权化。勘矿单位或者企业的探矿权和采矿权是依法获得的资源开发权利，理应具有占有、收益和处分等权能。当前，《物权法》已经赋予了探矿权和采矿权的用益物权属性，但对于权利内容和实现方式缺少必要规定。按照用益物权的一般原理，应明确探矿权和采矿权的转让功能，依法保障探矿权和采矿权的市场交易。因此，今后有必要在《物权法》和《矿产资源法》中对探矿权和采矿权的权利主体、客体和内容，以及权利实现方式加以明确，促进探矿权和采矿权的物权化和财产化，从而激励找矿和采矿单位发现矿产、提升矿产采集能力，增加矿产有效供给。鉴于采矿权和探矿权以矿产资源的消耗为实现目标，今后立法中也需要对采矿权和探矿权的行使加以严格限制，避免矿产资源过度耗竭。

二　市场政策

完善土地和矿产资源市场建设、通过市场机制提高土地资源要素流动是保障国土资源供给能力、促进经济发展方式转变、提高资源配置水平过程中实施市场政策的两个主要目标。如何通过建立城乡统一的非农建设用地市场，实现同地同权同价，进而增加建设用地有效供给；如何利用土地一级市场控制增量土地供给、通过土地二级市场盘活闲置土地实现土地集约利用和经济发展方式转变；如何充分利用国内、国际两个市场，通过贸易增加粮食产能；如何将土地指标交易与实物交易作为土地市场两大交易品种，建立土地要素交易市场，进一步促进资源优化配置；如何健全矿产资源的市场体系，优化矿产资源的配置，都是下一步市场政策设计中所必须考虑的重点内容。

（一）建立城乡统一的非农建设用地市场，实现同地同权同价

首先，要制定公平竞争的土地市场交易规则。公平竞争的市场规则是建立城乡统一土地市场的前提。目前，我国土地一级市场由国家垄断，政府既是土地征收的直接决定者和具体实施者，也是城市土地一级市场的唯一供给方。由于土地一级市场被政府垄断，土地价格难以通过土地市场中正常的供给与需求机制达到均衡，造成我国城乡土地市场和地价体系的割裂。因此，必须将土地征收严格界定在公共利益范围之内，明确非公共利益用地由城市土地存量市场和农村集体建设用地使用权市场供给，实现国家、集体、个人供给主体的多元化。经营性用地由农民集体经济组织与土地需求者直接谈判进行市场化交易，土地交易价格、交易方式及土地利用形式由土地市场供求关系和地租决定。公益性用地由农民集体经济组织与政府协商谈判并以市场价格为基础进行

补偿。

其次，要建立有效的土地流转收益分配机制。城乡统一的土地市场建设中，集体建设用地流转收益对于保障农民生计、维护农民土地权益、稳定集体经济组织有重要意义。集体建设用地流转收益分配比例或方式的差异，会对用地单位、农户个体、集体经济组织、地方政府和中央政府产生不同的激励效应，进而影响资源配置的效率和公平性。因此，提出以下政策建议：①流转收益在各主体间的分配必须坚持正确处理政府与集体经济组织、集体组织与农民的收益分配关系，保障集体经济组织的收益、保障农民在收益分配中的主体地位及其土地财产权益。②以"初次分配基于产权，二次分配基于税收"为原则，明确集体土地入市后增值的原因，对因规划所造成的土地升值，应征收土地增值收益超额累进税或者收取超额累进调节费，用于农民社会保障的补贴或耕地的保护；对非规划或其他公共利益原因所造成土地的增值，政府不应参与增值收益的分配。③允许集体经济组织收取管理费、增加村级财政，用来改善集体公益事业和农村基础设施。同时，在农民集体组织内部，保护农民权益，增强农民谈判能力，明确农民和农民集体组织的利益分配格局。④明确依法取得的农村集体建设用地使用权是用地单位的合法财产，用地单位依法享有其投资经营土地所带来的合法收益。

最后，要健全城乡地价评估体系和基准地价制度，完善城乡土地市场中介服务体系和交易平台建设。土地价格是土地市场的核心内容，健全城乡地价评估体系和基准地价制度是政府管理和调控土地市场的有力杠杆，城乡土地市场中介服务体系和交易平台等配套设施建设则有助于土地交易成本的降低。一要完全显化和量化农用地价格，为农地流转提供价格依据。二要健全土地价格评估体系，完善城镇国有土地、集体经营性建设用地、农用地的评估技术规程和适用规则，分区域制定基准地价并及时更新。三要逐步建立集体建设用地交易估价、委托—代理、政策法律咨询中介服务体系；在建立设施完善的、规范的有形交易市场的同时，重视网络平台的建设，提高城乡土地市场一体化水平。

（二）综合利用两种资源、两个市场，高效配置利用土地资源

首先，一级市场严控增量，二级市场盘活存量。土地一级市场以控制增量、促进转型为目标，提出以下政策建议：①在土地出让过程中，将新增建设用地尽可能安排在城市规划区内。②以提高耕地占用税、安

置补偿费、土地使用权出让金为手段，提高征地成本，缩小征地范围。③强化建设用地预审管理以及新增建设用地批后监管。严格执行国家建设项目用地控制指标标准，严格按照供地标准供地。执行产业用地项目准入制度，严格执行工业用地最低价标准，提高用地门槛。招商引资策略需要紧紧围绕地区规划的重点产业发展领域，通过行业建设节地控制和土地利用规划控制，不断引进、培育高新技术产业和现代服务业，重点保障发展战略性新兴产业用地。④扩大有偿使用和市场配置范围，减少划拨供地范围，推进经营性基础设施有偿使用，以价格为导向，提高资源配置效率。

土地二级市场以盘活存量、集约利用为目标，提出以下政策建议：①对于城市土地，第一，以市场机制为主要机制，引导闲置、空闲和低效用地有序退出，以腾笼换鸟、退低进高、土地置换等手段，保证土地资源向优势产业和重点、高效项目集中，逐步转移或淘汰劣势制造业，着力发展高新技术产业；第二，建立土地高效利用激励机制，鼓励企业建设多层或者高层标准厂房，提高容积率，增加投资强度，改进产品生产工艺，提高土地利用效率和效益；第三，推进旧城区改造政策，鼓励合理开发地上和地下空间。②对于农村土地，合理、有步骤、有条件地开展村镇整治，尤其是"空心村"整治工作，完善宅基地退出机制，推动集体经营性建设用地流转，完善土地信息公开制度，建立有形的土地二级市场。

其次，立足国内市场，参与国际市场，开拓国内外粮食生产资源。一方面，从立足国内市场出发，提出以下政策建议：①大力发展农业科技，建立促进新品种、新技术开发的激励体制，做好农业技术示范与推广。②鼓励财政政策向农村水利基础设施建设倾斜。③鼓励土地综合整治、复垦开发，建立高标准基本农田，以提高粮食产量替代补充耕地。④以提高环境税费为手段，减少土壤污染、环境污染，防治土地退化，保障粮食质量安全。⑤建立耕地保护补偿机制，提高农户种粮积极性。⑥完善国内各类农民协会和基层组织建设，提高农民在市场中的博弈能力，保护农民权益。

另一方面，国际市场以积极参与国际市场、缓解世界粮食压力为目标，提出以下政策建议：①建立大型跨国农业投资贸易公司，培养专业技术型人才，应对国际贸易技术壁垒和语言文化差异，以利于形成稳定和高效的农业链；建立稳定可靠的粮食保障体系，掌控定价权，防治外资价格操控。②加强国际农业合作，建立多方认可的市场规则和约束体系，以双方或多方共赢为目标，弥补国内资源与需求矛盾，缓解世界粮食市场压力。③对国外市场细分，鼓励国内农业龙头企业与周边国家开展农业合作，以互利为基础，技术示范和投资开发并重，兴办农场、发展种植业，建立国际农产品加工基地和营销网络，在强化项目管理、注重经济效益的同时提高周边国家农业生产水平。④支持国内各项资本走向海外，投资国际物流或收购、控股国际农产品物流企业，建立本国进出口渠道，进口土地资源密集型产品。

（三）完善要素市场建设，实现土地要素高效配置

将市场机制与最严格的土地管理制度有效结合，在国家建设用地指标指令性配置和耕地总量动态平衡制度下，将土地指标交易与实物交易作为土地要素市场交易的两种类型，实现土地要素的自由流动，促进国土资源的高效配置。

一要建立耕地占补平衡指标交易市场。随着工业化和城市化的快速推进，耕地保护和占补平衡难度越来越大。利用市场化运作，将补充耕地指标作为一种特殊商品进行交易不仅有利于后备耕地资源严重缺乏的地区完成占补平衡任务，而且有利于后备耕地资源相对丰富的地区缓解土地开发资金短缺矛盾，还有利于实现跨区域土地和资金资源的有效配置、提高耕地质量、保护生态环境、促进区域分工、协调社会可持续发展。目前，耕地占补平衡指标交易已在江苏等地实施。今后有必要引入市场竞争机制，显化指标价值，建立符合各区域特征的耕地占补平衡体系。具体提出以下政策建议：①完善省内交易机制，建立耕地占补平衡指标流转平台或者调剂中心，降低交易成本，确保交易信息公开和交易过程顺利进行，同时强化项目管理、健全监管机制。兼顾效率与公平，将农民纳入指标交易利益分配体系。②建立省域间耕地占补平衡交易体系，鼓励补地成本高的地区向补地成本低的地区购买占补平衡指标，建立一个基于不对称补偿的耕地占补平衡指标交易市场，欠发达地区通过级差地租分享发达地区经济发展成果，最终实现全国范围内建设用地和耕地资源的高效配置以及土地利用效率的提高。

二要建立新增建设用地指标交易市场。目前，我国新增建设用地指标由国家统一下达，省域内指标分配也缺乏透明度，指标配置有待完

善。建立新增建设用地指标交易市场，不仅有利于建立起各地保护耕地和农地非农化开发的利益平衡和激励约束机制，还能够显化新增建设用地的真实需求、促进各地土地节约集约利用。当然，新增建设用地指标交易也会导致某些贫穷地区因无力购买指标发展经济而更为贫困的局面，这意味着新增建设用地指标交易只能在一定地域范围内封闭运行。据此，提出以下政策建议：①利用农用地整理或增减挂钩的方式获得新增耕地，折抵为建设用地指标，允许指标有偿调剂、市场交易，提高新增建设用地指标产出效率。②通过明确市场交易对象、交易量、交易方式、交易时间、交易条件和规则等方式，建立新增建设用地指标交易组织机构和运行机制。对新增建设用地指标出让、受让主体资格严格限制，制定新增建设用地指标交易最低限价，保障出让方基本权利。③明确指标交易增值收益在区（县）、镇两级政府、集体经济组织和农民等利益主体间的分配，指标交易收入用于农村发展。④打破新增建设用地指标在区（县）内统一配置的限制，扩大交易统筹范围，适时建立全国性的交易平台，促进土地资源在全国范围内高效配置。

（四）健全矿产资源的市场体系，优化矿产资源的配置

健全矿产资源的市场体系，优化矿产资源的配置，是促进我国矿产资源市场健康发展的基础。为此，提出以下建议：

第一，完善我国矿产开发企业的准入机制。矿产开发企业准入机制的建立并非是要对矿产资源市场建设进行政府干预，而是要防止不达标的企业违规进入市场破坏矿产开发秩序，损害矿产资源。因此，高效、规范、透明、有序的矿产企业准入机制是矿产资源市场体系建设的重要内容。总体上，矿产企业能否进入市场应考察企业是否具备矿产开发的技术以及符合公司法所规定的企业要件；如何进入市场则意味着应为企业进入市场制定企业进入的规范程序和审查机制以及市场交易规则、交易平台等。这些企业所掌握的矿产资源开采技术、企业规模、矿山建设规划与安全、环境保护机制、企业诚信水平等均应作为企业准入考察的重要内容（陶应发、李忠武、朱曾汉，2001）。这意味着，准入机制的建设是为了确保矿产资源市场的有序发展，鼓励而非阻碍市场发展。

第二，紧密接轨国际市场，优化国内市场。一方面，在矿产资源国际贸易当中，加强矿产资源国际化战略的制定和实施，不断深化国际合作，深度参与国际资源开发市场，优化国内同行业的协作机制，增强国

际贸易中的谈判能力，将国内优势矿产资源的出口和主要矿产资源的进口有机联系起来，强化国外资源和国际市场对我国国内矿产资源需求保障的稳定性和持续性。另一方面，借鉴国外矿产资源市场运作的成功经验，学习国外矿产资源管理的先进理念，取长补短，构建有中国特色的矿产资源市场体系。具体而言，可建立分级的矿产市场体系，一级市场由国家将探矿权、采矿权初次有偿转让给探矿权人和采矿权人，使国家所拥有的物质形态自然资源的所有权转变为价值状态；二级市场则实现资源资产使用权的再次转让，实现矿产资源资产的市场化配置（王克强，2007）。

第三，强化矿产资源市场的竞争机制和秩序监管建设。矿产资源属于全民所有，资源收益应归全民共享。为充分实现资源价值，应完善市场竞争机制，为矿产资源开发提供公平的市场竞争环境（曹明、魏晓平，2013），使资源所有者、资源管理者和使用者按照真实目的和偏好利用资源，避免资源浪费。同时，为优化矿产资源市场秩序并促进矿产资源的可持续利用，还需要强化市场监管，规范企业竞争行为，无论是在一级出让市场还是在二级转让市场，矿产资源及其权利均要按照公平、公开、公正的原则进行交易，规范操作，避免"寻租"行为。同时还要规范矿业权市场中介服务行为，扩大探矿权和采矿权流转渠道（邹礼卿，2011）。

三 管制政策

目前，国土资源管制是资源市场不完善与市场经济基本要求冲突下的必然选择。虽然市场机制在配置国土资源方面具有一定优势，但在实践中仍存在诸多缺陷，因此需要政府对国土资源实行管制，实现对国土资源的刚性控制，保障国土资源的供给能力，避免经济发展中国土资源的过度消耗与低效利用，以达到国土资源可持续利用的目的。

（一）健全土地用途管制的法律保障体系

目前，我国土地用途管制的法律保障体系不够完善，在管制分区的划分、管制规则的制定、技术规范的统一以及法律责任的明确等具体操作层面还处于无法可依的境地。未来制度建设中，应尽快构建完善的法律保障体系，形成对象区分、分工明确、相互补充的完整法规体系，推进土地用途管制的法制化进程。首先要修订完善涉及土地用途管制内容的各项相关法，如《土地管理法》《物权法》《环境保护法》《城乡规划法》等，作为土地用途的法律依据。其次要制订土地规划方面的专门法，适时推进土地利用规划法实施的配套法规和规章，对土地利用总体规划的编制原则、程序、效力、实施、责任等问题做出明确规定，建立按照规划供应土地审批的土地利用规划审核许可制度、规划公示制度、规划公众参与制度、规划动态评估和调整制度，推进土地利用规划的法制化进程。最后要不断完善土地用途管制操作层面的相关规定，加强规划管理：一是具体划定土地的分区和类型，明确各管制规则；二是在强化农地专用的限制机制的同时，逐步建立灵活的激励机制，建立约束与激励相容的新机制；三是从立法层面改变用途管制的内容，由单一的用途管制扩展至开发顺序限制、开发强度、容积率和生态限制等管制内容。

（二）实行土地用途的全程管制

我国土地用途管制是以农地转用为重点对耕地实施特殊保护，往往重视数量的外延管制，却忽略对土地利用效率和效益的管制。土地用途全程管制则要求在土地利用行为发生前以及利用过程中均加以监管。从管制内容上而言，既要管制土地用途，也要对建筑密度、容积率、绿地率等规划指标进行管制；从管制依据上而言，既要有明确的管制法律规定，也要通过土地利用总体规划划分土地用途区，确定土地使用条件；从管制手段上而言，则可通过农地转用许可证、规划许可证、建筑许可证等防止土地的违法利用。在法律责任上，全程管制可根据违反用途管制的时期、违反管制的严重程度以及造成的破坏后果等方面综合考虑设定违法责任，明确违反规则的法律责任。通过土地利用的全过程管制，将可以起到直接管制与间接管制双管齐下的效果，即直接管制严格限制农用地转为建设用地，落实耕地总量动态平衡的具体目标；间接管制对土地利用程度和利用效益进行规范，实现土地利用方式由粗放型向集约型转变（袁枫朝、严金明、燕新程，2008）。

（三）实施资源产权与交易管制

资源产权和交易管制并非要限制国土资源市场配置的发展，而是通过管制规范土地利用和市场秩序，确保资源得到合理高效利用。实际上，在任何国家，产权都是有限的，产权的行使不可能无限膨胀。尽管我国资源产权制度尚不完善，产权主体享有的权利尚不充分，但这并不意味着我国资源开发利用中不会出现产权过度发挥的现象。土地产权和交易管制包括以下内容：

一是农村集体所有土地权能的限制。按照我国现行法律规定，集体所有农地不得用于非农建设，宅基地和耕地抵押也未被允许。任何以拥有和行使产权为依据的破坏资源行为均得不到法律支持。因此，集体土地所有权和使用权主体不能违背法律规定利用农地进行非农建设，也不能利用集体土地建设小产权房牟利。土地产权主体只能在法律允许范围内利用和交易土地，享有土地权利，不能突破法律。不过，这也要求立法机关和土地管理部门及时清理落后的法律条款，以便土地产权主体维护自身权益，不能让不合实际的法规限制土地权利主体的权益。

二是强化资源开发利用中的环境管制。不论是土地资源还是矿产资源，其开发利用对环境造成的破坏都将危及人类本身。我国环境的恶化与不合理的土地和矿产开发方式有很紧密的联系。因此，国土资源开发过程中应强化环境保护评估，禁止破坏环境的资源开发利用行为，并对允许开发的地区进行全方位监管，避免土地和矿产资源被肆意开发，生态环境被严重破坏。具体管制手段可采用环境影响评价和许可证制度等。

三是资源交易的管制。总体上，资源交易属于市场行为，无须政府的过度干预。资源交易管制主要是对违法交易行为的查处，比如重要矿产资源的破坏性开采的监管、土地违法利用行为的查处以及违反采矿许可证、土地规划条件使用资源等的管制。特别是对重要矿产资源的国际出口交易要严格管理，出口规模应从我国资源储量、现有需求和供给能力、技术水平进行综合考虑，不可为追求一时的经济利益而过度开发、出口矿产资源，造成资源收益无法弥补环境成本，以及要防止出现资源快速衰竭，未来又向国外高价进口的不利局面。

四 税收政策

税收政策的重点在于建立与资源利用效率挂钩、分级递增的税收制度，对于资源利用效率较低的土地使用者征收高税收，促使其进行技术和管理创新，提高资源利用效率。

（一）土地税制度改革

土地税是以土地为征税对象，由对土地进行占有、使用、收益的主体缴纳的一类税的总称（张守文，1999），其计税依据可以是土地面积、等级、价格、收益或增值等。我国的土地税是针对城市土地的，存在于城市土地的占有（取得）、保有和转让环节，包括土地占有环节（耕地占用税）、土地保有环节（如城镇土地使用税、房产税）、土地转让环节（如土地增值税、营业税、城市维护建设税及教育费附加、印花税、契税、企业所得税中的土地税、个人所得税中的土地税）等。土地税不仅是国家财政收入的主要来源，同时也是国家进行土地调控的重要手段之一。为此，我们应从土地利用的各环节出发，在税种、税基、税率及计税依据等方面进一步完善我国的土地税制度。

土地占有环节税收改革。目前我国耕地占用环节的税种只有耕地占用税。为了更好地发挥耕地占用税在调节土地供应方面的作用，我们应从税基、税率及计税依据三个方面进一步完善耕地占用税。具体措施如下：①拓宽税基，将菜地、园地、果园和养殖用地等全部农用地纳入征税范围。②在提高税率的同时，根据地区经济发展情况及土地利用类别的不同实行差别税率。具体而言，地区的经济水平越发达，税率水平越高；土地利用类别的产出水平越高，税率水平越高。③计税依据不仅要考虑所占用耕地的质量，而且也要考虑物价水平的变动。将从量计征改为从价计征，以事先评估的农用地宗地价格为计税依据（乔庆伟、许庆福、孟艳丽等，2010）。在今后较长的一段时期内，耕地占用税的完善应以严格控制农用地转用为其首要目标。

土地保有环节税收改革。土地保有税收的目的体现在两个方面：一是提高土地的保有成本，防止囤积居奇，以实现土地市场的有效供给；二是调节土地开发行为和持有土地行为，提高土地流转速度，增加土地流转规模，增加土地市场有效供给，实现土地资源的高效配置。因此，土地保有环节的土地税设置至关重要。目前我国土地保有环节的税种只有城镇土地使用税和房产税，其税种、税基及税率等各方面的设置都已经不能满足我国土地利用的需求，为此提出以下政策建议：①针对大量的农地抛荒现象，对抛荒农地1年以上的行为征收"荒地税"，以促进农地资源的有效利用。②取消针对城镇内土地的占而不用或者低效利用等行为收取的土地闲置费，改征高税率的"闲置税"，以促进城镇土地利用效率的提高。其中，如何有效合理地加重针对低效利用土地行为的课税是土地保有环节中土地税改革的重点。

土地转让环节税收改革。土地转让环节关系到土地资源的流动，这个环节的税收可以起到规范土地交易，引导土地资源的流向（路春城、张莉，2006），控制土地利用方向的作用。由于土地转让存在有偿转让和无偿转让两种形式，所以在土地税设置过程中应分情况考虑。土地转让环节主要涉及的是对土地增值征税，所以应以土地增值税的改革为重点。具体提出以下几点政策建议：①适当降低税率，以降低土地交易成本。②增加税率档次，提高税收弹性，加强税收的调控作用。③考虑时间因素，根据土地转让时间的长短采用不同的税率，抑制土地的投机行为。④科学合理确定土地增值额，安排专门的评估机构和评估人员对土地增值额进行评估。土地的无偿转让主要包括土地的赠予和继承行为，所以应开征遗产税和继承税，以防止社会分配不均和不劳而获。

由于土地税政策直接关系到土地的供给和配置，除以上改革之外，还应通过适当的税收减免加征政策来鼓励对后备土地资源的开发和利用、对低效用地的再次开发。具体包括以下几个方面：①住宅用地方面，对保障房等用地实行税收减免，对别墅类等用地实行税收加征。②工业用地方面，对工业用地的单位产出效能进行评估，对于高效益的产业用地实行适当的税收减免。③商业用地方面，对高容积率、高效益的商业用地实行税收减免。④鼓励对低效用地的再开发，对进行土地二次开发的企业实行税收减免。

（二）资源税改革

资源税是对我国境内从事应税矿产资源开发和生产盐的单位和个人征收的一种税。资源税对于矿产资源开发利用的激励作用主要体现在以下两个方面：一是可以增加资源的开发利用成本，使资源使用者承担相应的资源开采利用成本，缓解因资源价格偏低及低价开采利用导致的一系列问题；二是可以促进资源使用者注重资源节约，提高资源开采和利用效率，推动经济发展方式转变，逐步实现节能减排，保证社会经济可持续发展（徐晓亮，2010）。目前我国的资源税存在税负较低、征税范围较窄及计税依据不合理等问题，因此改革资源税刻不容缓。

扩大征税范围。我国现行资源税的征收范围只包括原油、天然气、煤炭、其他非金属矿原矿、黑色金属矿原矿、有色金属矿原矿和盐七个税目，而对一些非金属矿原矿和非矿产品没有征税。资源税征税范围的不全面直接导致了不在课税范围内资源的掠夺性开采利用，为此，应将资源税的征税范围扩大到所有矿种。因此，为实现资源税的新功能，资源税的征收范围应该涵盖土地资源、矿产资源、水资源、动植物资源等全部自然资源，以便全面体现资源的内涵和外延。

完善计税依据。目前我国资源税采用的"从量计征"只与资源数量有直接关系，不受资源价格变动的影响。在国际和国内市场资源价格不断上涨的现实环境下，只有与资源价格直接挂钩的资源税，才能更好地反映出资源的稀缺程度。所以，在资源税改革中，应将"从量计征"改为"从价计征"，其实质就是从"占多少，缴多少"改为"赚多少，缴多少"。"从价计征"方式是以资源销售价格为计税依据，质量较好、价格较高的资源高税，质量较差、价格较低的资源低税。这样有利于平衡不同质量资源的收益率，减少对质量较差资源的浪费，提高资源的开发效率，有利于资源的合理利用和节约保护（付丽，2012）。

实行差别税率。资源税应从纳税引导的角度鼓励企业利用新技术、新工艺进行节约化开采，鼓励企业对贫矿、难采矿、伴生矿的利用，限制对自然资源的掠夺性开采和浪费（曹爱红、韩伯棠、齐安甜，2011）。为此，应实行差别税率，通过税负的轻重来引导企业的资源开采利用行为。主要有两个方面的内容：①对矿产资源进行品级分类，根据采选难度和矿山储量的多个指标评定矿山品级，品级越高对该矿征收的资源税的税率越高；②根据矿产开采阶段的变化实行差别税率，在其成长期和成熟期采用较高税率，当矿山衰老临近报废期，采用较低税率。

（三）环境税的设定

这里的环境税是针对环境保护而征收的一类税，通过将土地和矿产资源开发利用过程中具有环境破坏特征的外部行为内部化，通过增加资源成本来影响资源的利用行为。

对农用地征收环境税的主要目的在于保护农用地的质量及其生态功能，根据农业生产行为特征和农用地类型，具体设置以下几种税种：①对农村及农业污染征税，为减少和控制粪便、化肥、农药对环境的污染，可征收超额粪便税、化肥税、农药税等；②为限制森林的开发速度，避免滥伐森林现象的产生，征收森林税；③为促进土地资源的合理利用，防止土地的滥用和水土流失，征收土壤保护税；④为保护湿地和草原的生态功能，防止湿地和草原的退化及减少，征收湿地和草原保护税。

建设用地环境税的设置主要集中于新增建设用地的供给过程中，主要体现的是对农用地生态价值的补偿。由于新增建设用地的供给来源于农用地，农用地被征收后，农用地转变为建设用地，失去了原有的净化空气、调节气候、保持水土、涵养水源等生态功能，生态环境受到了严重的破坏。为体现农地的生态价值，应对建设用地使用者征收农地生态补偿税。

为了鼓励企业自行保护和修复土地生态功能，土地环境税的实施中应配套适当的生态补偿机制。如对实施农地整理的企业给予一定的税收优惠；对进行生态农业生产的企业给予一定的退税优惠；对高效节约利用建设用地的使用者在农地生态补偿税方面给予一定的优惠等。

由于矿产开采利用行为会对生态环境造成一些不良的影响，为防止生态环境遭到破坏，需对矿山开发行为征收生态环境补偿费，费用直接用于生态环境整治及恢复。除了实施一些惩罚性的税收之外，为充分发挥税收的激励，还应实行一些配套的税收加征减免政策。例如，对可节约资源和提高资源利用效率的项目和工艺流程给予一定税收优惠来促进企业不断改进技术；对企业主动实施的生态恢复和保护措施给予一定的税收减免来促使其保护环境；同时对处于重要生态功能保护区、生态功能脆弱地区的矿产资源开发课以重税等。

五 价格政策

资源价格一般由市场交易主体偏好和供求关系决定，但我国矿产资源市场尚不完善，许多矿产资源处于无偿或低价开采阶段，没有形成合理的矿产资源的价格体系。同时，我国资源税费制度设计也没有考虑资源的巨大市场价值，对涉及国计民生的资源开采缺乏保护，无法保证国家资源安全。针对我国资源利用和价格体系现状，提出如下具体价格政策。

（一）完善矿产资源价格形成机制

制定资源价格政策，要构建反映市场供求状况、资源稀缺程度和环境损害成本的资源价格形成机制，为资源的市场配置提供真实价格信号。无疑，合理的矿产资源价格必须真实反映资源的稀缺程度、供求关系和环境成本。矿产资源具有资源、生态和环境多重属性，资源价值也相应地包含经济价值、生态价值和环境价值。目前，我国资源利用仅考虑了资源的经济价值，资源的生态价值和环境价值等外部补偿价值并未得到合理重视。今后，我国应将资源产品的生产成本、使用资源的机会成本、资源补偿成本全面纳入矿产资源价格体系，确保矿产资源价格得到真实体现。具体而言，通过改革资源性产品价格的形成机制，确立水、电、气等资源性产品的阶梯价格制度，完善矿产资源的有偿使用制度，把对资源的消耗纳入产品的生产成本，把对技术改善带来的效率增长纳入产品的消费成本，完善资源价格机制。

（二）完善矿产资源价格调节机制

总体来看，矿产资源价格调节机制的完善，应在坚持市场调节的同时，合理发挥政府的作用，提高国家和集体所有的资源所有权在资源收益分配中的比重，抑制因资源稀缺引起的产品价格上升及进入生产领域的企业利润的不合理增长，并进一步控制资源消费速度。

首先，价格调节应科学处理不同资源价格的比价关系。资源价格的重点是体现资源利用价值，在此基础上调整不同资源之间的比价关系，如石油、天然气、煤炭与汽油、管道燃气和电价之间的比价关系，建立健全资源价格与用户产品价格之间的市场联动调节机制。

其次，合理调整资源价格所体现的利润关系。政府对资源价格的有效调节，有助于社会福利的改进和资源最优配置。对于既具有垄断性又关系到国计民生的矿产资源，政府应根据资源储量、需求情况和合理利润建立价格动态调整机制，避免企业为获取暴利而不断提高价格的行为。对于竞争领域的资源价格，企业利润由市场竞争决定，政府不宜过于干预，应以市场调节为主要手段。

（三）建立与国际价格接轨的联动调节机制

一是资源价格改革要考虑国内和国际市场价格状况。国内资源价格要与国际市场资源价格相接轨，防止国内资源低价流出国内市场，造成国内资源储量快速减少。

二是建立与国际市场价格接轨的国内资源价格动态调整机制。对于我国进口的大宗矿产资源价格，应充分考虑国内资源消费情况，科学确定调价窗口时期，使国内市场价格充分反映国际市场变化，防止国外高价资源冲击国内市场。

三是构建战略资源产品交易平台，掌握国际资源定价话语权。整合国内矿产资源进口、出口企业在国际市场上的需求和供给信息，构建全国性和区域性的矿产资源交易平台，与国外资源进出口企业和矿山建立长期合作关系，稳定资源进出口价格，保证矿产资源供需平衡。

六 技术政策

技术创新是我国国土资源有效供给和高效配置的重要保障，当前我国社会发展对技术创新的需求比任何一个时期都要迫切。为确保技术创新能够提升我国国土资源的保障能力，从技术创新支持、技术指导和技术创新服务体系建设方面提出相关建议。

（一）技术创新支持政策

技术创新支持政策主要包括三个方面，一是对技术创新环境的改善，政府需制定人才引进、税收和金融优惠、科技成果奖励以及收益分配等方面的激励政策，鼓励科技人员开展土地资源和矿产资源利用技术创新；二是政府部门直接投入资金进行技术研发，或者通过政府对创新技术的采购，建立技术创新的国家资金支持体系，支持高校、企业以及科研机构联合攻关土地资源和矿产资源利用新技术，促进资源高效集约利用；三是扶持土地集约高效利用、资源低消耗的新兴企业的发展，对高新技术产业、高附加值产业、知识和资金密集型产业给予优先供地支持。

（二）技术指导政策

技术指导政策的目的在于通过提高技术标准的方式促进技术革新，达到国土资源有效供给与高效配置目标。在土地利用方面，需要制定土地节约集约利用评价标准、建设项目用地指标标准、土地整理复垦标准、土地质量标准，促进存量和增量建设用地的高效利用以及提高新增耕地的质量水平，保证可利用土地的数量和质量能够满足经济发展需求。在矿产资源方面，需要制定矿产资源开采、筛选、综合利用方面的技术标准，建立以技术标准为基础的企业进入和退出机制，及时淘汰技术水平不达标的矿产企业，提高矿产资源开发利用水平。

（三）技术创新服务体系建设

技术创新成果需要及时运用于生产领域才能真正促进资源有效供给和高效配置。技术创新服务体系建设的目标就是加快技术运用的速度和提高技术运用的质量，使技术创新能够快速服务资源开发利用领域。技术创新服务体系可从以下几个方面加以建设：一是技术成果的交易体系，通过建立技术交易服务平台，促进技术成果的转化，既为技术创新方提供资金，也为技术需求方解决实际问题；二是技术创新的社会化服务体系，通过技术中介、成果申报、成果推广等方面的综合服务，为科研单位、企业、高校的技术创新提供全面支持；三是企业自主创新的服务体系，通过建立现代企业制度，实施技术创新战略，有效激励企业创新动机，促进技术革新；四是组建技术创新联盟，促进技术成果交流，避免研发单位故步自封和重复劳动，提高技术研发效率和水平；五是建立技术创新成果的权利保护体系，防止科技创新成果被其他企业盗用、滥用，切实保护土地和资源利用新技术发明人的知识产权。

七　贸易政策

实现国土资源整体的有效供给和高效配置，就不能忽视作为重要组成部分的矿产资源，其本身也应得到合理的开发与利用，实现其量上的有效供给和质上的高效配置。从矿产资源贸易的层面来看，需要通过实行相关矿产资源贸易政策的设计，协调国内、国外两种市场和两种资源，着重在矿产资源进口、出口、国际贸易规则的运用以及利用外资开发利用矿产资源等方面加大政策的完善与制定，突出政府、市场、第三方等主体各自的作用，并有效实现各主体间的耦合，实现矿产资源的有效供给和高效配置，进而实现国土资源的有效供给和高效配置。

（一）进口资源的鼓励政策

我国矿产资源短缺，应对资源进口予以鼓励。鼓励措施包括减免关税、进口补贴等直接的货币手段；组建资源进口企业联盟避免企业恶意抬价，增强资源企业在国际谈判中的话语权；以及鼓励企业适时投资、控股或参股国外矿山掌握资源供给，实现矿产投资和贸易一体化等。对于长期依赖进口的矿产资源如石油、富铁等，需要在减免关税的同时进行战略储备，增加短缺性矿产资源的应对风险能力。

（二）出口资源的限制政策

对于我国大量出口的矿产资源，则应根据资源储量、国内资源消费以及环境保护成本等加以控制。一是要制定合理的出口配额，将我国优势矿产资源出口量的规划与相应矿产资源战略储备量相挂钩（张久铭，2007），不可无限制地出口资源；二是要进行保护性开采，不可破坏资源储量和环境，对于价格低廉、环境破坏严重、附加值低的矿产出口要严格限制；三是要避免竞相低价出口（王礼茂，2011），通过资源出口的统一规划和统筹安排，保持出口优势；四是要建立资源战略储备体系，避免资源出口对未来我国国家安全造成冲击。

（三）合理运用国际贸易规则与引进外资政策

在矿产资源对外进出口贸易上，要充分利用 WTO 的贸易规则，在遵守多边贸易规则的同时，寻求合法的贸易保护，实现矿产资源的有效供给和高效配置。在操作手段上，应实行行政方式与市场方式相结合的方式（李莉莉，2011），通过出口管制使矿产资源的价格和使用量回归到合理水平，充分利用技术性贸易壁垒而不是进出口配额等限制资源贸易。在国际贸易质量上，要减少原材料、初级矿产品的出口，鼓励矿产加工成具有高附加值的产品的出口，占据国际贸易的产业链的高端位置。在矿产资源综合利用投入上，政府既要设立专项资金，也要通过完善融资渠道、吸引外资投入等方式增加资金投入。

八 政策形成机制、体制与保障体系

（一）改革资源政策形成机制，提高政策有效性

一是明确政策目标及其优先顺序。当前，以资源大量消耗为代价的经济增长模式已经不符合我国现实的要求，亟须改变。在转变经济发展方式这一总要求下，粮食安全、环境保护、土地集约、民生保障成为国土资源利用政策的重要目标。同时，这些政策目标具有明确的针对性，应视具体情形有所侧重和取舍。因此，未来我国国土资源政策的制定，应充分体现关键政策目标的优先顺序，住宅用地政策领域应以民生保障为优先目标，农地利用方面应以粮食安全和环境保护为优先目标，工业用地领域则应当首先促进土地节约集约利用，矿产资源为经济发展提供能源支持。

二是强化国土资源政策的公共利益属性。政策制定中，政策主体必须以追求公共利益为目标，超越利己主义的束缚，才能保证政策的公正性。特别是要完善政策制定模式，充分发挥国家立法机关的作用，破除以行政部门制定政策为特征的封闭模式，确保政策的公共利益属性，防止某些利益部门以私人利益为主导或者妨碍国土资源利用与管理政策的制定。

三是完善政策制定的公众参与机制。公众参与是约束私人利益、防止部门利益损害国土资源政策制定的有力工具，也是国土资源政策制定充分吸收群众智慧的有效途径。公众参与可以通过听证会、咨询会、网络征求意见等途径实现，意在最大限度地保障立法部门、行政部门和群众的知情权、表达权、参与权和监督权，使政策能够符合公众意愿，具

有社会基础。对于目前以整村整治、农民上楼等方式进行的农村土地综合整治政策的制定，需要特别注重公众参与，农民应当具有否决权。

（二）创新管理机制和体制，提高政策执行力度

良好的政策需要有效的执行，才能取得预期的效果。针对我国土地和矿产资源政策执行面临的障碍，提出以下几点改革建议：

第一，改革现行土地财权和事权制度。加速土地财政制度改革，完善土地出让制度和出让金分配制度，建立土地财权和事权对等的制度，从根本上破除地方政府对土地财政的依赖，避免地方政府为追求土地出让收入而在土地管理中有法不依、执法不严。

第二，理顺政府及相关部门间的利益关系。一是处理好中央和地方的关系，在粮食安全、生态保护、民生保障等目标上，地方应该严格执行中央政策；二是处理好地方土地行政管理部门与地方政府的关系，进一步完善国土资源部门的垂直管理体制，使地方土地行政管理部门能够公正有效地执行相关政策；三是处理好不同部门之间的利益关系，对涉及较广的国土资源政策建立多部门联合执行机制，防止部门之间在执行上的推诿和不配合。

第三，建立国土资源管理的共同责任机制。对于耕地保护、土地征收、城市拆迁和违法用地治理、矿产开采等责任重大，利益复杂的管理领域，需要在明确各管理部门职责的基础上，建立土地、监察、公安、农业、司法、建设和规划等多部门参与的国土资源管理共同责任制，形成责任共同体，及时化解纠纷和矛盾，保障国土资源政策得到顺利执行。

第四，完善国土资源政策实施绩效评价和监管制度。强化资源政策实施监管，定期评估国土资源政策实施绩效，查找政策实施有效或者无效的原因，明确不同部门对政策执行不力应负的责任，并对相关部门和人员问责，在政策继续实施和动态调整间取得平衡。

（三）完善配套政策，构建政策保障体系

国土资源有效供给与高效配置不仅仅在于资源政策的改革与完善，还与社会管理方式创新、财税杠杆和政府绩效考核等配置政策改革息息相关。本书相应地提出相关改革建议，以此推动国土资源有效供给与高效配置政策保障体系的建立。

一是完善政府绩效考核制度。完善政府考核制度的重点是改变唯

GDP 的考核方式，将保红线、惠民生、绿色"GDP"等指标作为政府官员政绩考核的内容，促使地方政府积极推动国土资源配置效率改善。对于未能达到考核指标的责任人，则应启动问责程序，依法严肃处理。

二是改革户籍和社会保障制度。破除城乡二元户籍制度，建立城乡人口自由流动的户籍制度，全面改革社会保障制度，使农民能够分享我国经济社会发展的成果，不再将承包地和宅基地作为最后的生存保障，无疑有利于土地的高效配置。

三是完善财政、税收和产业等经济政策。建立与主体功能区管理相适应的财政转移支付制度，为耕地保护区提供经济补偿；建立与土地和矿产资源利用效率挂钩、分级递增的税收制度，对资源利用效率较低的土地和矿产资源使用者征收高税收，促使其进行技术和管理创新，提高国土资源利用效率；完善产业政策，适时调整产业指导目录，为国土资源利用管理提供依据。

参考文献

［1］阿玛蒂亚·森：《以自由看待发展》，中国人民大学出版社 2002 年版。

［2］奥利弗·E. 威廉姆森：《治理机制》，王健、方世建等译，中国社会科学出版社 2001 年版。

［3］白明：《从进口原油、铁矿石和铜的贸易看中国如何取得国际定价权》，《中国物价》2006 年第 3 期。

［4］北京天则经济研究所中国土地问题课题组：《城市化背景下土地产权的实施和保护》，《管理世界》2007 年第 12 期。

［5］卜善祥：《非传统矿产资源与可持续发展》，《中国地质矿产经济》1998 年第 12 期。

［6］蔡银莺、张安录：《耕地资源流失与经济发展的关系分析》，《中国人口·资源与环境》2005 年第 5 期。

［7］曹爱红、韩伯棠、齐安甜：《中国资源税改革的政策研究》，《中国人口·资源与环境》2011 年第 6 期。

［8］曹博谦：《我国石油储备体系研究》，硕士学位论文，北京化工大学，2008 年。

［9］曹俐、吴方卫：《巴西支持生物燃料乙醇发展的经验借鉴》，《经济纵横》2011 年第 7 期。

［10］曹俐、吴方卫：《中美生物燃料乙醇补贴政策比较研究》，《中国软科学》2010 年第 12 期。

［11］曹明、魏晓平：《试论矿产资源有效开发的本质内涵与市场机制完善》，《资源开发与市场》2013 年第 2 期。

［12］曹清华：《矿产勘查开发挑战与机遇并存》，《中国国土资源报》2009 年 2 月 19 日。

［13］曹献珍：《国外绿色矿业建设对我国的借鉴意义》，《矿产保护与

利用》2011 年第 5—6 期。

[14] 曹银贵、袁春、王静等：《1997—2005 年区域城市土地集约度变化与影响因子分析》，《地理科学进展》2008 年第 3 期。

[15] 车长波、袁际华：《世界生物质能源发展现状及方向》，《天然气工业》2011 年第 1 期。

[16] 陈安宁：《我国农业投入与粮食安全》，博士学位论文，中国科学院地理科学与资源研究，2001 年。

[17] 陈百明、周小萍：《中国粮食自给率与耕地资源安全底线的探讨》，《经济地理》2005 年第 2 期。

[18] 陈春、冯长春：《中国建设用地增长驱动力研究》，《中国人口·资源与环境》2010 年第 10 期。

[19] 陈从喜、曹苏扬、王静波：《矿产资源综合利用与发展循环经济》，《中国工程科学》2005 年第 7S1 期。

[20] 陈国壮：《我国城市土地集约利用研究综述及展望》，《发展研究》2014 年第 11 期。

[21] 陈海燕：《转变经济发展方式背景下土地集约利用机理研究——以江苏省昆山市为例》，博士学位论文，南京农业大学，2011 年。

[22] 陈怀满、郑春荣等：《中国土壤重金属污染现状与防治对策》，《AMBIO》1999 年第 3 期。

[23] 陈佳贵、黄群慧、钟宏武：《中国地区工业化进程的综合评价和特征分析》，《经济研究》2006 年第 6 期。

[24] 陈甲斌：《"走出去"获取份额矿产品需建立矿业财政政策体系》，《中国有色金属报》2005 年 3 月 24 日。

[25] 陈甲斌：《发达国家资源安全供应模式及其借鉴意义》，《天然气经济》2006 年第 2 期。

[26] 陈甲斌：《铅锌产业链结构状况及海外资源战略》，《地质学刊》2009 年第 1 期。

[27] 陈甲斌：《谈如何提升大宗矿产品贸易定价话语权》，《中国国土资源报》2012 年第 13 期。

[28] 陈甲斌：《我国矿业"走出去"风险勘探问题分析与建议》，《资源开发与市场》2003 年第 6 期。

[29] 陈甲斌：《要不失时机鼓励矿业"走出去"》，《中国有色金属报》

2005 年 2 月 24 日。

[30] 陈甲斌：《资源进口战略负面影响分析与建议》，《地质技术经济管理》2003 年第 2 期。

[31] 陈甲斌、许敬华：《国内外铁矿石市场形势分析》，《江苏地质》2007 年第 2 期。

[32] 陈劲松：《2010 年中国农村经济形势分析与 2011 年展望》，《中国农村经济》2011 年第 2 期。

[33] 陈俊楠、干飞：《我国矿业参与国际竞争面临的形势，挑战与对策》，《资源与产业》2012 年第 3 期。

[34] 陈利根、龙开胜：《耕地资源数量与经济发展关系的计量分析》，《中国土地科学》2007 年第 4 期。

[35] 陈柳钦：《国内外新能源产业发展动态》，《河北经贸大学学报》2011 年第 5 期。

[36] 陈民琼：《基本农田数据库建设及其应用》，《南方国土资源》2007 年第 5 期。

[37] 陈其慎、王安建、王高尚：《矿产资源需求驱动因素及全球矿业走势分析》，《中国矿业》2011 年第 1 期。

[38] 陈前恒、张黎华、王金晶：《农业"走出去"：现状、问题与对策》，《国际经济合作》2009 年第 2 期。

[39] 陈锡文：《当前农业和农村经济形势与"三农"面临的挑战》，《中国农村经济》2010 年第 1 期。

[40] 陈昱：《城市土地集约利用潜力挖掘分析与政策研究》，博士学位论文，华中农业大学，2012 年。

[41] 陈振明主编：《政策科学——公共政策分析导论》（第二版），中国人民大学出版社 2003 年版。

[42] 成金华：《中国工业化进程中矿产资源消耗现状与反思》，《中国地质大学学报》（社会科学版）2010 年第 4 期。

[43] 成金华、陈军、段平忠：《中国近十五年来非可再生资源有效供给水平评价》，《中国软科学》2006 年第 11 期。

[44] 成升奎、谷树忠、王礼茂等：《中国资源安全报告（2002）》，商务印书馆 2003 年版。

[45] 成舜、白冰冰：《包头市城市土地集约利用潜力宏观评价研究》，

《内蒙古师范大学学报》2003 年第 3 期。

[46] 崔娜：《矿产资源开发补偿税费政策研究》，博士学位论文，中国
地质大学（北京），2012 年。

[47] 崔熙琳：《中国矿业成为全球矿业经济主要驱动力》，《资源导
刊》2012 年第 1 期。

[48] 崔艳、张继东、白中科：《浅析生产建设项目土地复垦费用构
成》，《资源与产业》2009 年第 6 期。

[49] 大卫·李嘉图：《政治经济学及赋税原理》，郭大力、王亚南译，
商务印书馆 1962 年版。

[50] 单爱军、孙先明、于斌：《发达国家农业机械化促进政策对我国
的启示》，《农机化研究》2007 年第 4 期。

[51] 但承龙、王群：《西方国家与中国土地利用规划比较》，《中国土
地科学》2002 年第 1 期。

[52] 党青：《基于 GIS 的城市地价与土地集约利用研究》，博士学位论
文，成都理工大学，2013 年。

[53] 邓祥征、黄季焜、Scott Rozelle：《中国耕地变化及其对生物生产
力的影响》，《中国软科学》2005 年第 5 期。

[54] 段昌群、杨雪清等：《生态约束与生态支撑：生态环境与经济社
会关系互动的案例分析》，科学出版社 2006 年版。

[55] 《佛山关于贯彻省政府推进"三旧"改造促进节约集约用地若干
意见的实施意见》，http：//wenku. baidu. cn。

[56] 范辉、王立、周晋：《基于主成分分析和物元模型的河南省城市
土地集约利用对比研究》，《水土保持通报》2012 年第 3 期。

[57] 方敏、刘玉霞：《我国矿产资源综合利用潜力分析与对策建议》，
《中国国土资源经济》2004 年第 2 期。

[58] 费明明、赵鹏大、陶春：《中美战略石油储备的比较研究》，《中
国科技论坛》2011 年第 2 期。

[59] 丰雷、郭惠宁、王静等：《1999—2008 年中国土地资源经济安全
评价》，《农业工程学报》2010 年第 7 期。

[60] 封志明、杨艳昭、张晶：《中国基于人粮关系的土地资源承载力
研究：从分县到全国》，《自然资源学报》2008 年第 5 期。

[61] 冯春萍：《日本石油储备模式研究》，《现代日本经济》2004 年第

1 期。

［62］冯科、吴次芳、刘勇：《浙江省城市土地集约利用的空间差异研究——以 PSR 与主成分分析的视角》，《中国软科学》2007 年第 2 期。

［63］冯启高、毛罕平：《我国农业机械化发展现状及对策》，《农机化研究》2010 年第 2 期。

［64］冯天龙：《中国矿企海外资源并购风险探析》，《有色矿冶》2011 年第 1 期。

［65］付丽：《我国资源税改革问题研究》，《林业经济》2012 年第 5 期。

［66］付英、陈尚平等：《矿产资源与社会经济发展》，地质出版社 1994 年版。

［67］付英、袁国华、王永生：《让幸福的阳光照耀每一支野外地质勘探队——冀、豫、黔、渝国有地勘单位分类改革调研报告》，《国土资源经济参考》2012 年第 8 期。

［68］傅超、郑娟尔等：《建国以来我国耕地数量变化的历史考察与启示》，《国土资源科技管理》2007 年第 6 期。

［69］傅瑛、田立新：《江苏能源消费 Logistic 模型的统计检验估计法及预测》，《江苏理工大学学报》2001 年第 1 期。

［70］高圣平、刘守英：《集体建设用地进入市场：现实与法律困境》，《管理世界》2007 年第 3 期。

［71］耿林、张志：《我国非传统矿产资源的发展研究方向及建议》，《中国矿业》2006 年第 12 期。

［72］谷树忠、姚予龙、沈镭等：《资源安全及其基本属性与研究框架》，《自然资源学报》2002 年第 3 期。

［73］谷晓坤、陈百明、代兵：《发达地区农村居民点整理驱动力与模式——以浙江省嵊州市为例》，《自然资源学报》2007 年第 5 期。

［74］官春云：《农业概论》，中国农业出版社 2000 年版。

［75］郭东红：《日本扩大农地经营规模政策的演变及对我国的启示》，《中国农村经济》2003 年第 73—77 期。

［76］郭克莎：《中国工业化的进程、问题与出路》，《中国社会科学》2000 年第 3 期。

[77] 郭敏、胡四春、刘新海:《发展矿业循环经济实现矿产资源综合利用》,《矿产保护与利用》2007 年第 3 期。

[78] 郭敏、卢业授、贾志红等:《我国大宗尾矿废石资源化对策研究》,《中国矿业》2009 年第 4 期。

[79] 郭熙保、周军:《发展经济学》,中国金融出版社 2007 年版。

[80] 国土资源部代表团:《科学规划为"人多地少"解压》,《中国土地》2007 年第 9 期。

[81] 国务院发展研究中心课题组:《中国:加快结构调整和增长方式转变》,《管理世界》2007 年第 7 期。

[82] 国务院新闻办公室:《中国的矿产资源政策白皮书》,2003 年。

[83] H. 钱纳里、S. 鲁滨逊、M. 塞尔奎因:《工业化和经济增长的比较研究》,上海三联书店 1989 年版。

[84] 韩海青、苏迅:《建立完善土地和矿产资源节约集约利用新机制》,《中国国土资源经济》2008 年第 3 期。

[85] 韩劲、雷霆、吴文盛:《矿产资源价值的构成及其实现》,《石家庄经济学院学报》1997 年第 1 期。

[86] 韩琪:《对中国农业对外投资规模状况的分析与思考》,《国际经济合作》2010 年第 10 期。

[87] 郝美英、赵军伟、张克仁:《节约利用矿产资源发展循环经济建设节约型社会》,《矿产保护与利用》2009 年第 3 期。

[88] 何芳:《城市土地集约利用及其潜力评价》,同济大学出版社 2003 年版。

[89] 何芳、魏静:《城市化与城市土地集约利用》,《中国土地》2001 年第 3 期。

[90] 何金祥:《爱尔兰矿业投资环境》,《国土资源情报》2014 年第 8 期。

[91] 何贤杰:《资源核算的初步研究》,《数量经济技术经济研究》1990 年第 11 期。

[92] 何贤杰、余浩科、刘斌:《矿产资源管理通论》,中国大地出版社 2002 年版。

[93] 何晓伟、郑宏凯:《美国战略石油储备的经验及借鉴》,《宏观经济管理》2011 年第 12 期。

［94］ 贺一梅、杨子生：《基于粮食安全的区域人均粮食需求量分析》，《全国商情》（经济理论研究）2008 年第 7 期。

［95］ 侯大伟、杨玉华：《土地过度开发挑战承载极限成各级城市普遍现象》，《经济参考报》2010 年 1 月 11 日。

［96］ 侯万荣、李体刚、赵淑华等：《我国矿产资源综合利用现状及对策》，《采矿技术》2006 年第 3 期。

［97］ 胡爱斌：《做好跨文化管理实现和谐性并购——中色集团成功接管卢安夏铜矿管理经验谈》，《世界有色金属》2011 年第 10 期。

［98］ 胡萌：《再论我国能源强度降低问题》，《统计研究》2006 年第 3 期。

［99］ 胡小平、潘憨：《我国矿产资源勘查面临的形势与对策建议》，《中国国土资源经济》2006 年第 4 期。

［100］ 华桂宏：《有效供给与经济发展》，南京师范大学出版社 2000 年版。

［101］ 华强：《重庆户改跃进隐忧，地票交易过程不透明》，http：//gov. finance. sina. com. cn/chanquan/2012－03－28/117900. html。

［102］ 黄宁生：《耕地面积减少的两种不同类型》，《中国软科学》1999 年第 9 期。

［103］ 黄宁生：《广东耕地面积变化与经济发展关系的初步研究》，《中国人口·资源与环境》1998 年第 4 期。

［104］ 黄少安：《产权经济学导论》，经济科学出版社 2004 年版。

［105］ 黄忠华、吴次芳、杜雪君：《我国耕地变化与社会经济因素的实证分析》，《自然资源学报》2009 年第 2 期。

［106］ 贾绍凤、张军岩：《日本城市化中的耕地变动与经验》，《中国人口·资源与环境》2003 年第 1 期。

［107］ 贾生华、张娟锋：《土地资源配置体制中的灰色土地市场分析》，《中国软科学》2006 年第 3 期。

［108］ 贾文龙：《我国开展矿产资源领域国际合作的必要性及设想》，《中国矿业》2010 年第 6 期。

［109］ 贾文龙、陈甲斌、胡德文：《2009 年度全国主要矿产品供需形势分析研究》，中国大地出版社 2011 年版。

［110］ 贾治邦：《深入贯彻落实中央决策部署努力实现林业发展宏伟目

标》，《林业经济》2010 年第 1 期。

[111] 江立武：《开发区土地集约利用动态评价及潜力预测研究》，博士学位论文，南京农业大学，2011 年。

[112] 姜国峰：《"走出去"——海外开发实践》，《世界有色金属》2009 年第 2 期。

[113] 姜文来：《粮食安全与耕地资源保障》，《世界环境》2008 年第 4 期。

[114] 姜雅：《我国矿业企业境外并购现状及思考》，《国土资源情报》2009 年第 10 期。

[115] 姜异华：《日本节约能源的成效、经验及启示》，《特区经济》2007 年第 10 期。

[116] 蒋凯琦、郭朝晖、肖细元：《中国钒矿资源的区域分布与石煤中钒的提取工艺》，《湿法冶金》2010 年第 4 期。

[117] 蒋一军、罗明：《城镇化进程中的土地整理》，《农业工程学报》2001 年第 4 期。

[118] 金丹：《国内外土地复垦政策法规比较与借鉴》，《中国土地科学》2009 年第 10 期。

[119] 金庆花、唐金荣、朱丽丽等：《国外政府加强矿产勘查的主要措施》，《地质通报》2009 年第 3 期。

[120] 金三林、米建国：《我国石油储备体系建设的基本构想》，《中国软科学》2008 年第 1 期。

[121] 景晋秋：《基于矿产开发特殊性的收益分配机制研究》，《中国工业经济》2010 年第 9 期。

[122] 蓝庆新：《近年来我国资源类企业海外并购问题研究》，《国际贸易问题》2011 年第 8 期。

[123] 郎一环、周萍、沈镭：《中国矿产资源节约利用的潜力分析》，《资源科学》2005 年第 6 期。

[124] 雷涯邻：《我国矿产资源安全现状与对策》，http：//finance. sina. com. cn/economist/ jing – jixueren/20060802/19202786570. shtml，2010。

[125] 李炳轩：《韩国的能源战略研究》，博士学位论文，吉林大学，2011 年。

［126］李昌友、田心元等：《查清权属及时变动——遂宁市土地开发整理权属调整的实践》，《中国土地》2002 年第 2 期。

［127］李成勋：《中国经济发展战略（2008）——资源与战略》，社会科学文献出版社 2008 年版。

［128］李春超：《央企"走出去"——中央企业开发利用海外有色金属矿产资源现状》，《中国有色金属》2007 年第 8 期。

［129］李东坡、陈定贵：《土地开发整理项目管理及其经营模式》，《中国土地科学》2001 年第 1 期。

［130］李富莹：《加拿大矿业法律制度考察报告》，中国国土资源法律网，2006 - 06 - 16。

［131］李刚：《基于国际比较的我国铁矿企业税费改革探析》，《财会研究》2015 年第 2 期。

［132］李工农、阮晓青、徐晨等：《经济预测与决策及其 matlab 实现》，清华大学出版社 2007 年版。

［133］李果仁：《发达国家建立石油储备的经验》，《世界经济与政治论坛》2002 年第 3 期。

［134］李建华、唐荆元：《试论矿产地质勘查基本特点》，《中国国土资源经济》2006 年第 10 期。

［135］李景刚、何春阳、史培军等：《近 20 年中国北方 13 省的耕地变化与驱动力》，《地理学报》2004 年第 3 期。

［136］李静萍、谢邦昌：《多元统计分析方法与应用》，中国人民大学出版社 2008 年版。

［137］李凯、代丽华、韩爽：《产业生命周期与中国钢铁产业极值点》，《产业经济研究》2005 年第 4 期。

［138］李莉：《矿产资源综合利用的研究与对策》，《现代矿业》2009 年第 6 期。

［139］李莉莉：《大国博弈下我国自然资源进口战略研》，硕士学位论文，天津财经大学，2011 年。

［140］李明月、韩桐魁：《论土地市场不同发展阶段的政府职能》，《经济体制改革》2004 年第 6 期。

［141］李楠、曾伟：《矿产资源海外投资安全机制研究》，《理论月刊》2010 年第 1 期。

［142］李鹏蛟：《我国石油储备体系研究》，硕士学位论文，哈尔滨工程大学，2007 年。

［143］李荣光、任文菡：《国外农业科技发展与推广的经验启示》，《青岛行政学院学报》2012 年第 6 期。

［144］李睿璞、卢新海：《中国发展海外耕地投资的机遇与风险》，《华中科技大学学报》2010 年第 6 期。

［145］李士彬、姚志勇、强真等：《矿产勘查新机制的构建》，《中国矿业》2010 年第 10 期。

［146］李淑杰、宋丹、刘兆顺等：《开发区土地集约利用的区域效应分析——以吉林省中部开发区为例》，《中国人口·资源与环境》2012 年第 1 期。

［147］李万亨、杨昌明等：《矿产经济与管理》，中国地质大学出版社2001 年版。

［148］李先德、罗鸣、马晓春：《世界主要国家生物燃料发展动态与政策法规》，《世界农业》2008 年第 9 期。

［149］李效顺、曲福田、张绍良：《基于管理者认知调查下的土地指标配置分析》，《中国人口·资源与环境》2011 年第 11 期。

［150］李秀彬：《土地利用变化的解释》，《地理科学进展》2002 年第3 期。

［151］李秀彬：《中国近 20 年来耕地面积的变化及其政策启示》，《自然资源学报》1999 年第 10 期。

［152］李因才：《检视全球矿产资源争夺战》，《今日国土》2010 年第12 期。

［153］李永乐、吴群：《中国经济增长与耕地资源数量变化阶段性特征研究——协整分析及 Granger 因果检验》，《长江流域资源与环境》2011 年第 1 期。

［154］李元：《集约利用土地，不断提高城市土地运营水平》，《中国土地》2003 年第 12 期。

［155］李元：《生存与发展》，中国大地出版社 1997 年版。

［156］李元龙、陆文聪：《国外生物燃料发展政策及其对我国的启示》，《现代经济探讨》2011 年第 5 期。

［157］李真贤：《战后日本经济高速及其对我国的启示》，硕士学位论

文，吉林大学，2004 年。

[158] 廉婕：《我国金属矿产海外投资相关问题研究》，硕士学位论文，天津大学，2010 年。

[159] 梁慧、朱起煌：《从石油公团的作用看日本的石油储备和海外找油气政策》，《国际石油经济》2003 年第 3 期。

[160] 梁凯、兰井志：《我国矿产资源综合利用的现状及对策》，硕士学位论文，中国矿业大学，2004 年。

[161] 廖蓉、杜官印：《荷兰土地整理对我国土地整理发展的启示》，《中国国土资源经济》2004 年第 9 期。

[162] 林坚、李尧：《北京市农村居民点用地整理潜力分析》，《中国土地科学》2007 年第 1 期。

[163] 林培：《土地资源学》，中国农业大学出版社 1996 年版。

[164] 林平：《我国矿产资源对外投资战略研究》，博士学位论文，中国地质大学，2008 年。

[165] 林毅夫、苏剑：《论我国经济增长方式的转换》，《管理世界》2007 年第 11 期。

[166] 刘彬：《中铝联姻力拓失败的原因及经验教训》，《现代企业》2010 年第 6 期。

[167] 刘斌、艾光华：《关于矿产资源综合利用问题的探讨》，《矿业工程》2006 年第 2 期。

[168] 刘朝马、刘冬梅：《矿产资源的可持续利用问题研究》，《数量经济技术经济研究》2001 年第 1 期。

[169] 刘春江、薛惠锋、陶冶等：《矿产资源保障与稳定发展对策研究》，《中国矿业》2008 年第 1 期。

[170] 刘定惠、谭术魁等：《城市土地集约化利用的对策思考》，《湖北大学学报》（自然科学版）2003 年第 4 期。

[171] 刘东国：《日欧美新能源战略及其对中国的挑战》，《现代国际关系》2009 年第 10 期。

[172] 刘凤良、郭杰：《资源可耗竭，知识积累与内生经济增长》，《中央财经大学学报》2002 年第 11 期。

[173] 刘刚、顾培亮：《经济增长的系统理论分析》，《西北农林科技大学学报》（社会科学版）2003 年第 2 期。

［174］刘光华：《试论矿产资源的有效开发与综合利用》，《中国钼业》2001 年第 4 期。

［175］刘海龙：《生物多样性保护的伦理观建构》，《生态经济》2009 年第 1 期。

［176］刘洪林、王红岩、刘人和等：《中国页岩气资源及其勘探潜力分析》，《地质学报》2010 年第 9 期。

［177］刘建明：《我国非传统矿产资源的实例及其所涉及的科学问题》，《地球物理学进展》2001 年第 4 期。

［178］刘金红：《我国石油储备体系研究》，硕士学位论文，浙江大学，2006 年。

［179］刘金平：《矿产资源价值论及其模型》，《煤炭经济学报》1996 年第 5 期。

［180］刘静华、贾仁安、涂国平：《1995 年至 2007 年中国能源消费强度的分解模型及实证分析——基于结构份额和效率份额视角》，《资源科学》2010 年第 10 期。

［181］刘宁、张忠法：《国外生物质能源产业扶持政策》，《世界林业研究》2009 年第 2 期。

［182］刘书楷、曲福田：《土地经济学》，中国农业出版社 2004 年版。

［183］刘曙宇、刘东欢：《浅谈加强矿产资源管理》，《科技促进发展》2011 年第 S1 期。

［184］刘树臣：《新世纪以来全球矿产勘查发展态势》，《矿产勘查》2010 年第 1 期。

［185］刘晓岚：《中国企业海外矿产资源并购研究》，博士学位论文，中国地质大学，2011 年。

［186］刘新卫：《"黄金发展阶段"日本、韩国和中国台湾土地利用浅析》，《国土资源情报》2006 年第 2 期。

［187］刘彦随：《区域土地利用优化配置》，学苑出版社 1999 年版。

［188］刘彦随、刘玉：《中国农村空心化问题研究的进展与展望》，《地理研究》2010 年第 1 期。

［189］刘彦随、刘玉、翟荣新：《中国农村空心化的地理学研究与整治实践》，《地理学报》2009 年第 10 期。

［190］刘粤湘、赵鹏大：《传统矿业的变化与新型矿业经济的发展》，

《中国矿业》2002 年第 3 期。

[191] 刘志成、王娟：《制度框架、困境摆脱与矿产资源有偿使用的可能取向》，《改革》2015 年第 3 期。

[192] 刘志扬：《美国农业专业化的发展成因与启示》，《经济与管理研究》2003 年第 7 期。

[193] 龙花楼、孟吉军：《中国开发区土地资源优化配置研究》，吉林人民出版社 2004 年版。

[194] 龙开胜、陈利根：《基于农民土地处置意愿的农村土地配置机制分析》，《南京农业大学学报》（社会科学版）2011 年第 4 期。

[195] 龙云：《绿色矿业"绿"在何方》，《国土资源导刊》2011 年第 12 期。

[196] 娄昭、徐忠、张磊：《巴西农业发展的经验》，《新农村》2012 年第 3 期。

[197] 卢新海：《开发区土地资源的利用与管理》，《中国土地科学》2004 年第 2 期。

[198] 卢颖、孙胜义：《我国矿山尾矿生产现状及综合治理利用》，《矿业工业》2007 年第 2 期。

[199] 卢中原、胡鞍钢：《市场化改革对我国经济运行的影响》，《经济研究》1993 年第 6 期。

[200] 鲁明中：《我国经济发展与耕地占用》，《管理世界》1996 年第 5 期。

[201] 鹿心社：《论中国土地整理的总体方略》，《农业工程学报》2002 年第 1 期。

[202] 路春城、张莉：《论土地税在土地资源管理中的作用及其完善》，《国土资源情报》2006 年第 2 期。

[203] 吕政、郭克莎、张其仔：《论我国传统工业化道路的经验与教训》，《中国工业经济》2003 年第 1 期。

[204] 罗伯特·M. 索洛、史清琪等：《经济增长因素分析》，商务印书馆 2003 年版。

[205] 罗汉武：《能源与经济、环境协调发展的测度分析及政策研究——以河南为例》，博士学位论文，天津大学，2009 年。

[206] 罗鸿铭：《城市土地资源集约化配置模式与利用策略选择》，《现

代财经》2004 年第 7 期。

[207] 罗明、王军：《双轮驱动有力量——澳大利亚土地复垦制度建设与科技研究对我国的启示》，《资源导刊》2012 年第 6 期。

[208] 罗佐县：《美国页岩气勘探开发现状及其影响》，《中外能源》2012 年第 1 期。

[209] 麻志周：《我国矿产资源保障问题的思考》，《国土资源情报》2009 年第 3 期。

[210] ［美］埃莉诺·奥斯特罗姆著：《公共事务的治理之道》，余逊达、陈旭东译，上海三联书店 2000 年版。

[211] 《美国专业节能公司发展迅速》，《船舶节能》1996 年第 1 期。

[212] 马歇尔：《经济学原理》，陈良璧译，商务印书馆 2005 年版。

[213] 马亚华：《美国工业化阶段的历史评估》，《世界地理研究》2010 年第 9 期。

[214] 麦迪森：《世界经济两百年回顾》，改革出版社 1997 年版。

[215] 梅伟霞：《从"排斥"到"包容"——中国经济增长方式转变之路探析》，《宏观经济研究》2011 年第 3 期。

[216] 孟庆丰：《我国矿企海外矿业项目投资决策研究》，博士学位论文，中国地质大学，2011 年。

[217] 孟旭光：《关于国土资源经济安全若干问题的思考》，《地理学与国土研究》2000 年第 2 期。

[218] 孟一凡：《中国矿业资源战略与国际并购》，硕士学位论文，北京大学，2008 年。

[219] 牛艳春：《平顶山市矿区土地复垦的影响因素研究》，硕士学位论文，四川农业大学，2008 年。

[220] 欧名豪：《中国土地用途管制的耕地保护绩效及其区域差异》，《中国土地科学》2008 年第 9 期。

[221] 潘婉雯等：《我国矿业权的产权属性研究》，《地质技术经济管理》2003 年第 5 期。

[222] 庞铁力：《完善我国战略石油储备制度的法律探析》，《求索》2011 年第 8 期。

[223] 彭颖、邓军、王安建等：《日本海外矿产资源获取机制分析》，《地球学报》2010 年第 5 期。

［224］彭源贤、张光明：《中国能源消费效率提高因素分析》，《生产力研究》2007年第10期。

［225］彭征、廖和平、黄易禄等：《浅析土地征用补偿标准和失地农民安置问题》，《安徽农业科学》2006年第12期。

［226］蒲春玲、吴郁玲、金晶：《国外土地整理实施经验对新疆土地整理的启示》，《农村经济》2004年第2期。

［227］齐志新、陈文颖等：《工业轻重业结构变化对能源消费的影响》，《中国工业经济》2007年第2期。

［228］钱纳里等：《工业化和经济增长的比较研究》，上海人民出版社1995年版。

［229］钱文荣：《中国城市土地资源配置中的市场失灵，政府缺陷与用地规模的扩张》，《经济地理》2001年第4期。

［230］钱忠好、马凯：《我国城乡非农建设用地市场：垄断、分割与整合》，《管理世界》2007年第6期。

［231］乔庆伟、许庆福、孟艳丽、王增如：《现行土地税收体系存在问题及完善建议》，《经济研究导刊》2010年第16期。

［232］乔兴旺、陈德敏、张光兵：《中国资源类境外投资国际宏观促进机制研究》，《华东经济管理》2009年第9期。

［233］曲福田：《典型国家和地区土地整理的经验及启示》，《资源与人居环境》2007年第10期。

［234］曲福田：《资源经济学》，中国农业出版社2001年版。

［235］曲福田、陈江龙、陈会广：《经济发展与中国土地非农化》，商务印书馆2007年版。

［236］曲福田、高艳梅、姜海：《我国土地管理政策：理论命题与机制转变》，《管理世界》2005年第4期。

［237］曲福田、姜海、欧名豪等：《江苏土地集约利用研究》，社会科学文献出版社2008年版。

［238］曲福田、吴郁玲：《土地市场发育与土地利用集约度的理论与实证研究——以江苏省开发区为例》，《自然资源学报》2007年第3期。

［239］全国地质勘查规划编制研究编：《中国地质勘查工作现状分析与发展规划研究》，地质出版社2009年版。

[240] 任柏华：《山东省开发区土地集约利用研究》，硕士学位论文，山东师范大学，2013 年。

[241] 任若恩、郑海涛、柏满迎：《关于中美经济规模的国际比较研究》，《经济学》2006 年第 10 期。

[242] 任忠宝：《我国石油进口安全及国际合作潜力》，《天然气技术》2010 年第 1 期。

[243] 任忠宝、张华：《我国石油消费现状及需求预测》，《中国国土资源经济》2009 年第 1 期。

[244] 芮建伟、王立杰、刘海滨：《矿产资源价值动态经济评价模型》，《中国矿业》2001 年第 2 期。

[245] 萨伊：《政治经济学概论》，陈福生、陈振骅译，商务印书馆1963 年版。

[246] 邵建波：《论中国的矿产资源可持续发展战略》，中国科学院上海冶金研究所 2000 年版。

[247] 邵晓梅、刘庆等：《土地集约利用的研究进展与展望田》，《地理科学进展》2006 年第 2 期。

[248] 沈镭、成升魁：《论国家资源安全及其保障战略》，《自然资源学报》2002 年第 4 期。

[249] 沈镭、魏秀鸿：《区域矿产资源开发概论》，气象出版社 1998年版。

[250] 沈振宇、朱学义：《国有矿产资源总价值计量模型》，《中国地质矿产经济》1999 年第 2 期。

[251] 盛琴雯：《利比亚动乱引发对国外政治风险的思考》，《进出口经理人》2011 年第 4 期。

[252] 师学义、陈丽：《我国矿区土地复垦利用的困境——产权与政策层面分析》，《能源环境保护》2006 年第 2 期。

[253] 施俊法、周平、唐金荣等：《当前全球矿业形势分析与展望》，《地质通报》2012 年第 1 期。

[254] 施文泼、贾康：《中国矿产资源税费制度的整体配套改革：国际比较视野》，《改革》2011 年第 1 期。

[255] 石晓平：《经济转型期的政府职能与土地市场发育》，《公共管理学报》2005 年第 1 期。

［256］ 史丹、张金隆：《产业结构变动对能源消费的影响》，《经济理论与经济管理》2003 年第 8 期。

［257］ 宋瑞祥：《1996 中国矿产资源报告》，地质出版社 1997 年版。

［258］ 苏振锋：《我国大宗商品国际定价权困境成因及解决路径探析》，《经济问题探索》2011 年第 4 期。

［259］ 孙爱军、张飞、贺巧宁：《中国耕地利用现状，成因及对策研究》，《农业经济》2008 年第 11 期。

［260］ 孙利：《中国城市建设用地集约利用研究》，博士学位论文，福建师范大学，2011 年。

［261］ 孙仁金、邱坤：《论我国战略石油储备制度的构建》，《改革与战略》2008 年第 181 期。

［262］ 孙亚杰、王清旭等：《城市化对北京市景观格局的影响》，《应用生态学报》2005 年第 7 期。

［263］ 孙英辉、佟绍伟、蔡卫华等：《佛山市"三旧"改造调研报告》，《国土资源情报》2001 年第 4 期。

［264］ 谭荣、曲福田：《中国农地发展权之路：治理结构改革代替产权结构改革》，《管理世界》2010 年第 6 期。

［265］ 谭文兵、王永生：《发达国家的矿产资源战略以及对我国的启示》，《中国矿业》2007 年第 16 期。

［266］ 唐建光、童莉霞、李艳君：《我国生物燃料乙醇产业现状及发展政策研究》，《经济研究参考》2008 年第 43 期。

［267］ 唐鹏：《地方政府竞争对土地市场发育影响研究》，硕士学位论文，四川农业大学，2011 年。

［268］ 陶应发、李忠武、朱曾汉：《建立科学的矿山企业准入条件，促进矿产资源管理方式的转变》，《资源管理》2001 年第 2 期。

［269］ 陶志红：《城市土地集约利用几个基本问题探讨》，《中国土地科学》2000 年第 5 期。

［270］ 田惠敏：《我国金属矿产资源安全评价》，《当代经济》2010 年第 5 期。

［271］ 托达罗·M. P.、史密斯·S. C.：《经济发展》，中国经济出版社1999 年版。

［272］ 汪民：《中国矿产资源与可持续发展》，《中国科学院院刊》

2012 年第 3 期。

[273] 汪先平：《当代日本农村土地制度变迁及其启示》，《中国农村经济》2008 年第 10 期。

[274] 王安建：《中国经济发展与矿产资源瓶颈》，"绿色中国"第八届论坛发言，2005 年 8 月。

[275] 王安建、王高尚：《矿产资源与国家经济发展》，地震出版社2002 年版。

[276] 王安建、王高尚、陈其慎等：《矿产资源需求理论与模型预测》，《地球学报》2010 年第 2 期。

[277] 王安建、王高尚等：《能源与国家经济发展》，地质出版社 2008年版。

[278] 王春秋：《关于矿产资源综合利用的思考》，《矿产与地质》2005 年第 3 期。

[279] 王东升：《加强矿产勘查管理促进地区经济发展》，《内蒙古科技与经济》2008 年第 12 期。

[280] 王广成：《中国资源税费理论与实践》，《中国煤炭经济学院学报》2002 年第 2 期。

[281] 王家庭、季凯文：《中国城市土地集约利用的影响因素分析——基于 34 个典型城市数据的实证研究》，《经济地理》2009 年第7 期。

[282] 王甲山等：《油气田企业资源税费问题分析》，《辽宁工程技术大学学报》（社会科学版）2003 年第 4 期。

[283] 王金洲、杨尧忠：《矿产资源的耗竭补偿原理的探讨》，《生产力研究》2002 年第 3 期。

[284] 王京安、马立钊、高翀：《英国能源产业政策及其启示》，《河南社会科学》2010 年第 6 期。

[285] 王静、邵晓梅：《土地节约集约利用技术方法研究：现状问题与趋势》，《地理科学进展》2008 年第 3 期。

[286] 王军、余莉：《土地整理研究综述》，《地域研究与开发》2003 年第 2 期。

[287] 王珺：《日本的土地区画整理即对中国合理用地的启示》，《国土资源情报》2009 年第 9 期。

［288］王克强等主编：《资源与环境经济学》，上海财经大学出版社 2007 年版。

［289］王礼茂：《中国垄断性矿产资源的出口战略》，《资源科学》2001 年第 5 期。

［290］王礼茂：《资源安全的影响因素与评估指标》，《自然资源学报》2002 年第 4 期。

［291］王礼茂、郎一环：《中国资源安全研究的进展及问题》，《地理科学进展》2002 年第 4 期。

［292］王立杰：《矿产资源计价理论与方法研究》，《中国人口·资源与环境》1994 年第 9 期。

［293］王亮方：《美国能源发展战略的动向及其对我国的启示》，《系统工程》2006 年第 8 期。

［294］王全明、叶天竺、王保良等：《中国主要金属矿产勘查程度对比》，《地质通报》2005 年第 5 期。

［295］王瑞江、王义天、王高尚等：《世界矿产勘查态势分析》，《地质通报》2008 年第 1 期。

［296］王守军、杨明洪：《农村宅基地使用权地票交易分析》，《财经科学》2009 年第 4 期。

［297］王四光、赖文生、李静等：《矿产资源资产管理概论》，中国大地出版社 2001 年版。

［298］王四光等：《矿产资源资产的价值及其评估》，《国有资产管理》1997 年第 7 期。

［299］王炜瀚：《石油产业链战略环节的演进对我国石油战略的启示》，《国际贸易》2008 年第 8 期。

［300］王文创：《我国矿业企业"走出去"模式研究》，《国家行政学院学报》2006 年第 4 期。

［301］王文玲、阚酉浔、汪文雄、杨钢桥：《公众参与土地整理的研究综述》，《华中农业大学学报》2011 年第 3 期。

［302］王鑫鑫、郭红东：《国外生物燃料产业发展及其产生的影响》，《世界农业》2008 年第 4 期。

［303］王逸舟：《全球化时代的国际安全》，上海人民出版社 1999 年版。

［304］王逸舟：《中国与非传统安全》，《国际经济评论》2004 年第 6 期。

[305] 王永生：《我国矿产资源综合利用现状、潜力和对策措施》，《矿产保护与利用》2007 年第 10 期。

[306] 王玉潜：《能源消耗强度变动的因素分析方法及其应用》，《数量经济技术经济研究》2003 年第 8 期。

[307] 王玉堂：《灰色土地市场的博弈分析：成因、对策与创新》，《管理世界》1999 年第 2 期。

[308] 王元京：《城镇土地集约利用：走空间节约之路》，http://finance.   sina.com.cn/economist/jingjiguancha/20070910/15293963338.shtml。

[309] 王赞新：《矿业权市场与矿产资源可持续发展：国际经验与中国对策》，《资源与产业》2007 年第 3 期。

[310] 王志、董雅慧：《美国农业发展的经验对我国农业的启示》，《东南亚纵横》2010 年第 11 期。

[311] 威廉·配第：《赋税论》，邱霞、原磊译，华夏出版社 2006 年版。

[312] 隗合明、周军：《非传统矿产资源与新兴矿业》，《中国矿业》2001 年第 6 期。

[313] 魏晓平、王新宇：《矿产资源最适耗竭经济分析》，《中国管理科学》2002 年第 5 期。

[314] 温伟：《中国在国际铁矿石谈判中缺少定价权的原因分析及对策研究》，《产业与科技论坛》2011 年第 3 期。

[315] 文乐琴：《矿区土地复垦资金保障机制研究》，中国地质大学出版社 2012 年版。

[316] 吴次芳、鲍海君：《土地资源安全研究的理论与方法》，气象出版社 2004 年版。

[317] 吴丹红：《日本节约能源的经验与启示》，《郑州大学学报》（哲学社会科学版）2007 年第 1 期。

[318] 吴丹烨：《我国农业专项资金管理研究》，硕士学位论文，西南财经大学，2009 年。

[319] 吴凡：《巴西农业与农机化》，《当代农机》2012 年第 10 期。

[320] 吴宏超：《我国义务教育有效供给研究》，博士学位论文，华中师范大学，2007 年。

[321] 吴敬琏：《做好加快经济发展方式转变这篇大文章》，《学习月刊》

2010 年第 8 期。

[322] 吴丽：《中国城市建设用地集约利用研究》，硕士学位论文，中国科学技术大学，2014 年。

[323] 吴群、郭贯成、万丽平：《经济增长与耕地资源数量变化：国际比较及其启示》，《资源科学》2006 年第 4 期。

[324] 吴伟光、仇焕广、黄季焜：《全球生物乙醇发展现状、可能影响与我国的对策分析》，《中国软科学》2009 年第 3 期。

[325] 吴杨：《铜川市土地集约利用评价与战略思考》，硕士学位论文，中国地质大学，2010 年。

[326] 吴郁玲、曲福田：《中国城市土地集约利用的影响机理：理论与实证研究》，《资源科学》2007 年第 6 期。

[327] 吴郁玲、袁佳宇、余名星、冯忠垒、周勇：《基于面板数据的中国城市土地市场发育与土地集约利用的动态关系研究》，《中国土地科学》2014 年第 3 期。

[328] 武启祥：《河南省土地集约利用研究》，河南大学出版社 2013 年版。

[329] 西蒙·库兹涅茨：《各国的经济增长》，商务印书馆 1985 年版。

[330] 夏显力、赵凯、王劲荣等：《美国农业发展对加快我国现代农业建设的启示与借鉴》，《农业现代化研究》2007 年第 4 期。

[331] 向丽：《世界生物燃料发展与粮食安全保障的兼容性分析——基于土地的视角》，《世界经济与政治论坛》2011 年第 5 期。

[332] 谢高地、成升魁、于贵瑞等：《中国自然资源消耗与国家资源安全变化趋势》，《中国人口·资源与环境》2002 年第 3 期。

[333] 谢高地、肖玉、甄霖等：《我国粮食生产的生态服务价值研究》，《中国生态农业学报》2005 年第 3 期。

[334] 谢立峰：《采矿用地产权关系及其管理方式研究》，硕士学位论文，中国农业大学，2005 年。

[335] 谢敏、郝晋珉、丁忠义等：《城市土地集约利用内涵及其评价指标体系研究》，《中国农业大学学报》2006 年第 5 期。

[336] 谢雄标、严良：《矿产资源产业可持续发展研究综述》，《中国国土资源经济》2009 年第 7 期。

[337] 谢雄标、严良：《资源型企业资源效率管理行为分析及政策建议》，

《中国人口·资源与环境》2008 年第 1 期。

[338] 谢正峰：《主体功能区规划条件下土地集约利用的内涵分析》，《河北农业科学》2015 年第 1 期。

[339] 邢纪平、柴军、苗红萍：《新疆能源消费对经济增长的影响分析》，《能源研究与信息》2008 年第 3 期。

[340] 徐成德：《巴西发展现代农业的支持政策及借鉴》，《现代农业科技》2009 年第 6 期。

[341] 徐康宁、王剑：《自然资源丰裕程度与经济发展水平关系的研究》，《经济研究》2006 年第 1 期。

[342] 徐明华：《经济市场化进程:方法讨论与若干地区比较分析》，《中共浙江省委党校学报》1999 年第 5 期。

[343] 徐绍史：《积极稳妥推进国土资源管理制度改革，提高统筹保障发展保护资源能力》，《国土资源通讯》2009 年第 17 期。

[344] 徐绍史：《加强和改善土地宏观调控构建科学发展新机制》，《资源与人居环境》2010 年第 5 期。

[345] 徐绍史：《解放思想改革创新加快构建保障科学发展的新机制》，载《2008 年 1 月 30 日在全国国土资源管理工作会议上的报告》，《国土资源通讯》2008 年第 3 期。

[346] 徐晓亮：《资源税改革中的税率选择:一个资源 CGE 模型的分析》，《当代经济科学》2010 年第 11 期。

[347] 徐雪林：《公众参与土地整理项目的必然》，《资源产业》2004 年第 6 期。

[348] 许敬华、陈甲斌：《矿业"走出去"的首选区域——周边国家》，《采矿技术》2006 年第 3 期。

[349] 许树辉：《城镇土地集约利用研究》，《地域研究与开发》2001 年第 3 期。

[350] 亚当·斯密：《国民财富的性质和原因的研究》，郭大力、王亚南译，商务印书馆 2010 年版。

[351] 颜世强、姚华军、胡小平：《我国矿业破坏土地复垦问题及对策》，《中国矿业》2008 年第 3 期。

[352] 杨海军、肖灵机、邹泽清：《工业化阶段的判断标准:霍夫曼系数法的缺陷及其修正》，《财经论丛》2008 年第 3 期。

[353] 杨金花：《中国铁矿石定价权缺失的原因分析及对策探讨》，博士学位论文，江西财经大学，2009年。

[354] 杨静雅、张思：《完善我国战略石油储备模式研究》，《中国期货证券》2010年第5期。

[355] 杨昆、黄季焜：《以木薯为原料的燃料乙醇发展潜力：基于农户角度的分析》，《中国农村经济》2009年第5期。

[356] 杨炼：《矿产资源开发生态补偿机制的制度缺陷及法律完善》，《中国经贸导刊》2015年第5期。

[357] 杨瑞珍：《巴西现代农业的发展及其对我国的启示》，《中国农业资源与区划》2008年第5期。

[358] 杨树海：《城市土地集约利用的内涵及其评价指标体系构建》，《经济问题探索》2007年第1期。

[359] 杨晓龙、刘希宋：《多元化能源战略下美国石油进口态势分析及启示》，《中国国土资源经济》2005年第6期。

[360] 杨永磊：《完善我国资源产业法规与政策的思考》，《资源与产业》2010年第6期。

[361] 杨玉凤、魏晓平：《市场经济条件下矿产资源最优价格策略研究》，《中国管理科学》2001年第4期。

[362] 杨正存：《矿产资源开发管理中的政府主导作用研究》，硕士学位论文，华中师范大学，2013年。

[363] 杨正莲、胡亚丽：《闲置土地背后政府魅影黑名单让国土部门头疼》，http：//news.0898.net/2010/09/17/586204_1.html。

[364] 姚传江：《金融危机背景下中国有色企业开展国际并购回顾与总结》，《中国有色金属》2010年第1期。

[365] 姚洋：《小农体系和中国长期经济发展》，《读书》2010年第2期。

[366] 姚予龙、谷树忠：《资源安全机理及其经济学解释》，《资源科学》2002年第5期。

[367] 姚愉芳、陈杰、李花菊：《结构变化的节能潜力计算的方法论研究》，《数量经济技术经济研究》2007年第4期。

[368] 叶冬松：《我国矿产资源勘查现状及对策建议》，《中国矿业报》2002年第8期。

[369] 叶剑平、丰雷、蒋妍等：《2008年中国农村土地使用权调查研

究——17 省份调查结果及政策建议》，《管理世界》2010 年第
1 期。

[370] 叶涛、史培军：《从深圳经济特区透视中国土地政策改革对土地利
用效率与经济效益的影响》，《自然资源学报》2007 年第 3 期。

[371] 叶晓敏：《城市闲置土地的分布特征与形成机理研究——以杭州市
主城区为例》，硕士学位论文，浙江大学，2009 年。

[372] 殷炎炎：《试论建立和完善我国矿产资源有偿使用制度》，《中国
地质矿产经济》2002 年第 1 期。

[373] 殷燚：《适应资源性资产改革形势，维护国家矿业权资产权益》，
《中国地质矿产经济》2003 年第 6 期。

[374] 尤孝才、成金华、刘云忠：《地勘投入产出机制与中央地质勘查基
金运营》，《中国矿业》2008 年第 3 期。

[375] 于伯华：《20 世纪 60 年代以来日本耕地面积变化及其启示》，《资
源科学》2007 年第 5 期。

[376] 余际从、卿智渊：《关于我国资源保障能力的若干思考》，《中国
矿业》2004 年第 5 期。

[377] 余权华：《"三旧"改造法律问题研究》，硕士学位论文，华南理
工大学，2011 年。

[378] 余振国、胡小平：《我国粮食安全与耕地的数量和质量关系研究》，
《地理与地理信息科学》2003 年第 3 期。

[379] 俞孔坚、王思思、李迪华等：《北京城市扩张的生态底线——基本
生态系统服务及其安全格局》，《城市规划》2010 年第 2 期。

[380] 袁枫朝、严金明、燕新程：《管理视角下我国土地用途管制缺陷及
对策》，《广西社会科学》2008 年第 11 期。

[381] 袁绪亚：《土地市场运行理论研究》，复旦大学出版社 1999 年版。

[382] 袁中友、杜继丰、王枫：《日本土地整治经验及其对中国的启示》，
《国土资源情报》2012 年第 3 期。

[383] 原松华：《国外生物质能源产业发展经验与启示》，《中国经贸导
刊》2011 年第 12 期。

[384] 苑新丽：《能源节约中的财税政策选择》，《财经问题研究》2007
年第 2 期。

[385] 臧俊梅、王万茂：《农地发展权的设定及其在中国农地保护中的运

用——基于现行土地产权体系的制度创新》，《中国土地科学》2007年第3期。

[386] 臧俊梅、王万茂、陈茵茵：《农地发展权价值的经济学分析》，《经济体制改革》2008年第4期。

[387] 曾涛：《投资海外铜矿资源的经验和教训》，《中国金属通报》2009年第25期。

[388] 翟文侠、黄贤金：《城市开发区土地集约利用潜力研究》，《资源科学》2006年第2期。

[389] 翟雪玲：《我国农业"走出去"的问题及对策》，《研究与探索》2006年第7期。

[390] 翟雪玲、韩一军：《我国农业"走出去"的障碍及未来发展思路》，《中国经贸》2006年第9期。

[391] 詹明月、陈赛蓉：《美国农业政策对我国农业发展的启示》，《福建商业高等专科学校学报》2009年第6期。

[392] 张安录：《美国农地保护的政策措施》，《世界农业》2000年第1期。

[393] 张凤荣、周丁杨、徐艳等：《做好地块调整是发挥土地整理项目最大效益的重要环节》，《中国土地科学》2009年第11期。

[394] 张复明：《矿业收益的偏差性现象及其管理制度研究》，《中国工业经济》2013年第7期。

[395] 张复明、曹海霞：《我国矿产资源产权残缺与租值耗散问题研究》，《经济学动态》2013年第6期。

[396] 张广荣：《探矿权，采矿权的权利性质与权利流转》，《烟台大学学报》2006年第2期。

[397] 张慧君、高兵：《我国矿业权出让现状与制度分析》，《中国地质勘查经济学会地质经济理论与应用研讨会论文集》2010年。

[398] 张佳文：《提高矿产资源对经济社会发展的保障能力》，http://www.cgs.gov.cn/ ZTlanmu/qita/ HYluntan/DZZKdataolun/ ZTzhenwen/ 1117_ 7122. htm。

[399] 张建春、彭补拙：《土地利用变化与土地规划》，《经济地理》2001年第5期。

[400] 张健超：《重庆市统筹城乡发展过程中的地票制度探析》，硕士学

位论文，昆明理工大学，2011 年。

[401] 张久铭：《我国矿产资源安全及其战略对策》，《市场透视》2007 年第 10 期。

[402] 张军岩、贾绍凤：《基于中日比较的人口城市化对耕地影响机制研究》，《中国人口·资源与环境》2005 年第 1 期。

[403] 张克锋、李宪文、张定祥等：《中国土地资源退化时空变化分析》，《环境科学》2006 年第 6 期。

[404] 张魁中：《国际战略石油储备体系比较与中国的石油储备》，《黄冈师范学院学报》2009 年第 1 期。

[405] 张雷：《矿产资源开发与国家工业化》，商务印书馆 2004 年版。

[406] 张雷：《中国矿产资源持续开发与区域开发战略调整》，《自然资源学报》2002 年第 2 期。

[407] 张念、肖荣阁：《当前国内城市土地集约利用研究现状及趋势展望》，《中国矿业》2013 年第 1 期。

[408] 张琦、金继红等：《日本和韩国土地利用与经济发展关系实证分析及启示》，《资源科学》2007 年第 2 期。

[409] 张瑞、丁日佳、尹岚岚：《中国产业结构变动对能源强度的影响》，《统计与决策》2007 年第 5 期。

[410] 张守文：《税法原理》，北京大学出版社 1999 年版。

[411] 张文银：《广东省采矿权审批发证管理问题及对策研究》，硕士学位论文，中国地质大学，2012 年。

[412] 张炎治：《中国能源强度的演变机理及情景模拟研究》，硕士学位论文，中国矿业大学，2009 年。

[413] 张衍广、林振山、李茂玲等：《基于 EMD 的山东省 GDP 增长与耕地变化的关系》，《地理研究》2007 年第 6 期。

[414] 张媛媛、姚飞、俞珠峰：《矿区土地复垦投资的制度经济学分析》，《环境与可持续发展》2006 年第 5 期。

[415] 张志鹏：《美国矿业管理经验对我国的启示》，《西部资源》2014 年第 4 期。

[416] 章丽华：《日韩争相"海外垦田"御粮荒》，《社会观察》2008 年第 6 期。

[417] 章奇：《美国的石油安全战略以及战略石油储备计划与管理体制》，

《国际经济评论》2005 年第 4 期。

[418] 赵爱玲：《从两起并购案例看海外矿业并购如何淡化"中国色彩"与"政府色彩"》，《中国对外贸易》2010 年第 2 期。

[419] 赵航：《美日石油战略储备比较研究》，硕士学位论文，吉林大学，2007 年。

[420] 赵娟：《中央企业海外并购策略分析——基于五矿集团收购澳 OZ 矿业公司的思考》，《特区经济》2010 年第 7 期。

[421] 赵柳榕、田立新：《西部能源结构的 Logistic 模型及其预测》，《管理学报》2008 年第 9 期。

[422] 赵鹏大：《非传统矿产资源概论》，地质出版社 2003 年版。

[423] 赵鹏大：《非传统矿产资源研究：可持续发展的重要课题》，《中国地质》2001 年第 5 期。

[424] 赵鹏军：《城市土地高效集约化利用及其评价指标体系》，《资源科学》2001 年第 5 期。

[425] 赵其国、周炳中等：《中国耕地资源安全问题及相关对策思考》，《土壤》2002 年第 6 期。

[426] 赵强：《浅析我国能源安全保障的法律问题》，《中国矿业》2010 年第 4 期。

[427] 赵庆寺：《国际能源外交的经验与启示》，《阿拉伯世界研究》2010 年第 5 期。

[428] 赵蓉蓉：《发达国家扶持农业机械化发展的经验》，《当代农机》2010 年第 5 期。

[429] 赵伟、张正峰：《国外土地整理模式的分类及对我国的借鉴》，《江西农业学报》2010 年第 10 期。

[430] 赵英：《中国面临的经济安全问题》，《中国国情国力》1999 年第 2 期。

[431] 赵玉涛：《退耕还林工程在社会主义新农村建设中的作用》，《北京林业大学学报》2008 年第 2 期。

[432] 郑风田：《巴西农业为什么创造了奇迹》，《中国牧业通讯》2011 年第 1 期。

[433] 郑海霞、封志明：《中国耕地总量动态平衡的数量和质量分析》，《资源科学》2003 年第 9 期。

［434］郑新奇、邓红蒂、姚慧等：《中国设区市土地集约利用类型区划分研究》，《长江流域资源与环境》2010 年第 2 期。

［435］郑新奇等：《城市宗地集约利用潜力评价方法研究——以济南市主城区为例》，《资源科学》2005 年第 6 期。

［436］中国国土资源经济研究院：《2010 年度中国矿业投资环境调查报告》，2010 年。

［437］中国国土资源经济研究院编：《国土资源经济形势分析与展望》，地质出版社 2012 年版。

［438］中国科学院国情分析小组：《国情研究第八号报告——两种资源两个市场》，天津人民出版社 2001 年版。

［439］中国科学院可持续发展战略研究组：《2006 中国可持续发展战略报告——建设资源节约型和环境友好型社会》，科学出版社 2006 年版。

［440］中国社会科学院：《城市蓝皮书：中国城市发展报告》，社会科学文献出版社 2010 年版。

［441］中国土地矿产法律事务中心调研组：《惠民多赢的助推器——广东省佛山市"三旧"改造调研报告》，《国土资源通讯》2011 年。

［442］中国中长期食物发展研究组：《中国中长期食物发展战略》，农业出版社 1993 年版。

［443］周庚：《论英国石油特许勘探开发的法律制度》，《科技与法律》1996 年第 3 期。

［444］周海川、刘亚鹏、郭杰：《外商投资发展中国家土地的分析及对我国的启示》，《中国软科学》2011 年第 9 期。

［445］周浩、陈其慎：《日本矿产资源储备及对我国的启示》，《中国矿业》2011 年第 20 期。

［446］周宏春、王瑞江、陈仁义等：《中国矿产资源形势与对策研究》，科学出版社 2005 年版。

［447］周璐红、洪增林、余永林：《街区经济发展中土地集约利用评价研究》，《中国土地科学》2012 年第 7 期。

［448］周叔莲、郭克莎：《资源配置方式与我国经济体制改革》，《中国社会科学》1993 年第 3 期。

［449］周永康：《内涵挖掘，集约土地——在全国土地集约利用市长研讨

班上的总结讲话（摘要）》,《中国土地》1999 年第 12 期。

[450] 朱莉芬、黄季焜:《城镇化对耕地影响的研究》, 《经济研究》2007 年第 2 期。

[451] 朱耀琪:《构建地质找矿新机制的思考与建议》,《国土资源情报》2010 年第 6 期。

[452] 朱一中、曹裕:《基于 PSR 模型的广东省城市土地集约利用空间差异分析》,《经济地理》2011 年第 8 期。

[453] 祝小迁、程久苗、王娟、李渊:《近十年我国城市土地集约利用评价研究进展》,《现代城市研究》2007 年第 7 期。

[454] 卓成刚:《非传统矿产资源的可持续性开发利用研究》,《理论月刊》2002 年第 7 期。

[455] 邹礼卿:《资源价格形成机制改革路径》,《国土资源导刊》2011 年第 5 期。

[456]《日本：节能公司成就巨大产业》,《中华建设》2007 年第 7 期。

[457] Ang B. W. , Zhang F. Q. , Choi K. H. , "Factorizing Changes in Energy and Environmental Indicators through Decomposition", *Energy*, 1998, 23 (6).

[458] Ann L. Strong, *Land Banking - European Reality American Prospect*, The Johns Hopkins University Press, 1979.

[459] Bleischwitz R. , Bader N. , "Policies for the Transition towards a Hydrogen Economy: The EU Case", *Energy Policy*, 2010, 38 (10).

[460] Birol F. , Keppler J. H. , "Prices, Technology Development and the Rebound Effect", *Energy Policy*, 2000 (28).

[461] Cawood F. T. , "The South African Mineral and Petroleum Resources Royaltyact - Background and Fundamental Principles", *Resource Policy*, 2010, 35 (3).

[462] Chunbo Ma, David I. Stern. , "China's Changing Energy Intensity Trend: A Decomposition Analysis", *Energy Economics*, 2008 (30).

[463] Clausen F. , Barreto M. L. , Attaran A. , "Property Rights Theory and the Reform of Artisanaland Small - Scale Mining in Developing Countries", *Journal of Politics and Law*, 2011 (3).

[464] Dasgupta P. S. , Heal G. M. , *Economic Theory and Exhaustible Re-*

sources, London: Cambridge University Press, 1979.

[465] Douglas I. , Changes in Land Use and Land Cover: Human Settlements, In Meyer, W. B. , Turner II, B. L. (Eds.), *Changes in Land Use and Land Cover: A Global Perspective*, New York and London: Cambridge University Press, 1994.

[466] Douglass C. North, *Structure and Change in Economic History*, Norton, New York, 1981.

[467] Eddie C. M. Hui, Yuzhe Wu, Lijun Deng, Bibo Zheng, "Analysis on Coupling Relationship of Urban Scale and Intensive Use of Land in China", *Cite*, 2015 (42) .

[468] Edward L. Glaeser, Joseph Gyourko, The Impact of Zoning on Housing Afford Ability, http: //www. ubcr. org/papers/w8835. March, 2002.

[469] Eidt, Robert C. , "Japanese Agricultural Colonization: A New Attempt at Land Opening in Argentina", *Economic Geography*, 1968, 44 (1) .

[470] F. L. Liu, B. W. Ang. , "Eight Methods for Decomposing the Aggregate Energy – intensity of Industry", *Applied Energy*, 2003 (76) .

[471] Fikret Berkes, Johan Colding, and Carl Folke, "Rediscovery of Traditional Ecological Knowledge as Adaptive Management", *Ecological Application*, 2000, 10 (5) .

[472] Fishmen, R. P. and Gross, R. D. , "Public Land Banking: A New Praxis for Urban Growth", *Case Western Reserve Law Review* (Summer) , 1972.

[473] Gal Y, Hadas E. , "Land Allocation: Agriculture vs. Urban Development in Israel", *Land Use Policy the International Journal Covering All Aspects of Land Use*, 2013, 31 (2) .

[474] Hananel R. , "The Land Narrative: Rethinking Israel's National Land Policy", *Land Use Policy*, 2015.

[475] Hoekstra, R. , Van der Bergh, J. C. J. M. , "Comparing Structural and Index Decomposition Analysis", *Energy Economics*, 2003 (1) .

[476] Hotelling, H. , "The Economics of Exhaustible Resources", *Journal of Political Economy*, 1931 (39) .

［477］ Hutson R J. , "Models for gold in the Archean", *Canadian Mining Journals*, 1980 (2) .

［478］ Ian Sue Wing. , "Explaining the Declining Energy Intensity of the U. S. Economy", *Resource and Energy Economics*, 2008 (30) .

［479］ James Brown：《城市土地管理的国际经验和教训》，《国外城市规划》2005 年第 1 期。

［480］ Karashima K, Ohgai A, Saito Y. , "A GIS – based Support Tool for Exploring Land Use Policy Considering Future Depopulation and Urban Vulnerability to Natural Disasters – A Case Study of Toyohashi City, Japan", *Procedia Environmental Sciences*, 2014.

［481］ Koichi Mera, Eric J. Heikkila. , "The Linkage of Land Price with the Economy Policy Making Failures of the Japanese Government in the 1990s", presented at the Joint Conference of American Real Estate and Urban Economic Association the Asia Real Estate Society at Maui, Hawwiion, May 5 – 7, 1999.

［482］ Malenbaum W. , *World Demand for Raw Materials in* 1985 *and* 2000, New York : McGrawHill , 1978.

［483］ Milos K, Miloslov B. , *Prospecting and Exploration of Mineral Deposits*, Amsterdam: Elsevier, 1978.

［484］ Nino – Ruiz M, Bishop I, Pettit C. , "Spatial Model Steering, an Exploratory Approach Touncertainty Awareness in Land Use Sllocation", *Environmental Modelling & Software*, 2013, 39 (1) .

［485］ Northam R. M. , *Urban Geography*, New York: John Wiley & Sons, 1979.

［486］ Ostrom Elinor, *Governing the Commons*, Cambridge University Press, 1990.

［487］ Otavio Mielnika, Josle Goldemberg, "Foreign Direct Investment and Decoupling Between Energy and Gross Domestic Product in Developing Countries", *Energy Policy*, 2002 (30) .

［488］ Paul M. Romer, "Increasing Returns and Long Run Growth", *Journal of Political Economy*, 1986, Vol. 94, No. 5.

［489］ Plourde A. , "On Properties of Royalty and Tax Regimes in Alberta's

Oil Sands", *Energy Policy*, 2010, 38 (8).

[490] Reedman J. H. , *Techniques in Mineral Exploration*, London: Applied Science Publishers Ltd. , 1979.

[491] Slee B. , Brown I. , Donnelly D. , et al. , "The 'Squeezed Middle': Identifying and Addressing Conflicting Demands on Intermediate Quality Farmland in Scotland", *Land Use Policy*, 2014, 41.

[492] S S. Y Lau, R. Giridheran, S. Ganesen. , "Policies for Implementing Multiple Intensive Land Use in Hong Kong", *Journal of Housing and The Built Environment*, 2003 (18).

[493] Sinton, J. E. , Levine, M. D. , "Changing Energy Intensity in Chinese Industry: The Relative Importance of Structural Shiftand Intensity Change", *Energy Policy*, 1994 (22).

[494] Syrquin, M. , H. B. Chenery, "Three Decades of Industrialization", *The World Bank Economic Review*, 1989, Vol. 3.

[495] Theodore Panayotou, "Demystifying the Environmental Kuznets Curve: Turning a Black Box into a Policy Tool", *Environment and Development Economics*, 1997, 2 (4).

[496] Thomas A. J. , Chadwick M. J. , *Land Use Changes in Europe: Processes of Change*, Dordrecht: Kluwer Academic Publishers, 1991.

[497] Wang G M, Jiang G M, Zhou Y L, et al. , "Biodiversity Conservation in a Fast – Growing Metropolitan Area in China: A Case Study of Plant Diversity in Beijing", *Biodivers Conserv*, 2007, 16.

[498] Yoram Barzel, *Economic Analysis of Property Rights*, Cambridge University Press, 1997.

后　记

我国发展仍处于可大有作为的重要战略机遇期，也面临诸多矛盾叠加、风险隐患增多的严峻挑战。加强 21 世纪前 30 年战略机遇期我国国土资源的保障能力建设，对于经济发展新常态下全面建成小康社会具有十分重要的战略意义。而我国现阶段工业化城镇化还未完全摆脱先期工业化城市化国家的传统模式，土地、矿产等重要国土资源的短缺和后备资源的匮乏，特别是资源配置效率低下和资源浪费严重已成为现代化建设的"瓶颈"问题，迫使我们必须对国土资源有效供给与高效配置的机制进行深入的研究。

2009 年 10 月，我作为首席专家，以"我国国土资源有效供给与高效配置机制研究"为选题，以南京农业大学中国土地问题研究中心为依托，联合中国国土资源经济研究院共同投标国家社会科学基金重大项目。2009 年 12 月，该项目经招标答辩获得全国哲学社会科学规划办公室批准立项，基于该项目的研究对象主要是土地和矿产资源，因此课题名称最终确定为"土地和矿产资源有效供给与高效配置机制研究"。此后，研究团队进入紧张而又繁重的研究攻关中。团队成员分工合作、协调攻关，对拟定的我国经济社会可持续发展与国土资源保障能力研究，土地资源有效供给与集约利用机制研究，矿产资源有效供给与高效利用机制研究，国外国土资源有效供给和高效配置模式比较与借鉴，国土资源有效供给与高效配置的政策设计五个子课题展开深入研究。课题与书稿的分工如下：

我负责整个课题的顶层设计和研究协调，并与郭贯成教授（南京农业大学）负责第一章的撰写；子课题一负责人吴群教授（南京农业大学），对应本书的第二章、第三章，刘向南、王希睿参与撰写该子课题的研究；子课题二负责人欧名豪教授（南京农业大学），对应本书的第四章和第五章，刘琼、王婷协助完成本子课题；子课题三负责人陈甲斌研究员（中国国土资源经济研究院），对应本书的第六章、第七章，任忠宝、唐宇、王海军、胡明扬等参与了子课题三的研究工作。值得指出的是，中国国土资源经济研究院院长助理贾文龙研究员对课题申报和前期研究工作做出了重要贡献；子课题四负责人冯淑怡教授（南京农业大学），对应本书第八章，邵雪兰、刘子铭、邵黎明参与撰写本章；子课题五负责人陈利根教授（南京农业大学），对应本书的第九章，龙开胜协助完成本章。全书由我和吴群教授、郭贯成教授统稿。

在大家的关心下，课题攻关克服了一个又一个难题，取得了很好的进展及一些重要的研究成果，产生了良好的社会影响。2010 年 4 月 19 日，项目开题论证会在南京召开，与会专家学者对课题研究计划给予了充分肯定，并对课题研究方案与重点内容提出了宝贵建议。2011 年 3 月 26 日，课题组在南京举办"经济发展方式转变与国土资源管理创新"学术研讨会，会议得到了中国土地学会学术工作委员会和《管理世界》杂志社的支持与协助，专家学者及南京农业大学师生 200 多人参加了学术研讨会；会议分"经济发展与国土资源利用管理"、"国土资源高效配置"和"国土资源有效供给"三个方面进行了富有建设性的深入研讨，课题组的部分中期研究成果在会上进行了交流，受到了广泛的关注，与会嘉宾和代表提出的宝贵意见有助于课题组研究成果的进一步完善，并有力推动了后续研究工作的开展。该研究的部分成果在学术界和政策制定两个方面产生了较大的影响，尤其值得一提的是，全国哲学社会科学规划办公室于 2011 年第 9 期《成果要报》编发了课题组（我和冯淑怡教授主笔）的研究成果《从日本经验看我国耕地保护的压力及应对建议》，获得中央领导批示，并得到了该办公室的通报表扬，该通报表示，《从日本经验看我国耕地保护的压力及应对建议》的重要观点和对策建议受到了中央领导同志的重视，研究人员作为哲学社会科学研究工作者，坚持正确导向，深入开展调查研究，体现了较强的责任感和使命感，为国家社会科学基金更好地服务党和国家工作大局做出了贡献。

所有这些成绩的取得，离不开团队成员的努力与支持。在此谨表诚挚的感谢！在课题的申报或开题等环节中，石晓平教授、邹伟教授、诸培新教授、欧维新教授、陈会广教授、吴未副教授等也以不同形式参与了课题的讨论。我的博士研究生田光明、李效顺、陈海燕等同学也为本课题的研究工作做出了贡献。对他们有益的评论或工作表示感谢！

本书试图系统全面分析我国国土资源保障经济社会发展的总体形势、突出矛盾和关键机制，从理论上深入探讨国土资源保障能力建设的内涵、目标和实现路径，建立国土资源保障经济社会发展的一般性理论分析框架。现在这本书是我们对现阶段我国国土资源有效供给与高效配置机制的初步研究成果，由于这个课题体系庞大，内容丰富，有许多理论与在问题需要深入全面探索，本书的错误与缺陷在所难免，希望同仁们能提出宝贵的意见，以利于我们今后开展深入研究。

最后，感谢全国哲学社会科学规划办公室对本课题及书稿的支持和资助，感谢中国社会科学出版社对本书出版所做出的努力与帮助！

曲福田

二〇一六年十月